만국공법萬國公法

만국공법萬國公法

1판 1쇄 인쇄 2024년 7월 26일
1판 1쇄 발행 2024년 8월 14일

—

원 저 자 | 헨리 휘튼
중문 역자 | 윌리엄 마틴
한글 역자 | 윤영도
발행인 | 이방원

—

발행처 | 세창출판사
신고번호 · 제1990-000013호 | 주소 · 서울 서대문구 경기대로 58 경기빌딩 602호
전화 · 02-723-8660 | 팩스 · 02-720-4579
http: / /www.sechangpub.co.kr | e-mail: edit@sechangpub.co.kr

—

ISBN 979-11-6684-338-9 93340

—

· 이 책은 한국연구재단의 지원으로 세창출판사가 출판, 유통합니다.
· 잘못된 책은 구입하신 서점에서 바꾸어 드립니다.

—

이 번역서는 2020년 대한민국 교육부와 한국연구재단의 지원을 받아 수행된 연구임 (NRF-2020S1A5A7084774).

만국공법 萬國公法

The Translation and Annotation of
"A Classical Chinese Translation of Wheaton's Elements of International Law"

헨리 휘튼(Henry Wheaton) 영문 원저
윌리엄 마틴(William A. P. Martin) 중문 역
윤영도 한글 역

세창출판사

■

역자 서문

올해는 『만국공법』이 번역된 지 160년이 되는 해이다. 서구의 근대 국제법 질서가 그동안 '천하'라는 이름하에 유지되어 오던 전근대 조공질서에 균열을 내며 동아시아 지역에까지 수용됨으로써 진정한 '글로벌화'의 단계에 들어선 지 160년이 되는 셈이다.

그 사이 국제법이라는 명분하에 베트남, 타이완, 조선은 식민 지배를 겪어야만 했고, 전 세계는 두 차례의 세계대전을 겪었다. 그리고 그 세계대전 이후 그와 같은 참상의 재발을 막기 위해 모든 국가들이 조약과 합의를 통해 분쟁과 갈등을 중재 조정할 수 있는 법과 질서를 만들고자 UN이라는 조직을 만들어 냄으로써 국제법 질서가 새로운 단계로 접어들기는 하였지만, 그럼에도 불구하고 여전히 국민국가나 지역들 간의 갈등과 전쟁은 끊이지 않고 있다.

21세기에 들어선 이후로, 특히 최근 10년 동안 갈등과 불안은 점점 고조되고 있고, 분쟁과 전쟁은 갈수록 더욱 격렬해지고 있는 듯하다. UN의 이면에 놓여 있던 미국을 중심으로 하는 일극체제에 조금씩 균열이 가기 시작하면서 국제 질서에 근본적인 새로운 변화의 조짐이 나타나고 있는 것은 아닐까 하는 생각이 들기도 한다. 그리고 그 일극체제에 대한 도전 내지는 변화의 이면에 중국의 급부상이 놓여 있음은 주지의 사실이다. 사실 『만국공법』에 의해 비로소 서구 국제법 질서에 편입되었던 중국과, 그런 중국을 서구 국제법의 세계로 이끄는 역할을 하였던 미국이 160년이라는 시간을 지나 그 국제 질서의 패권을 두고 충돌하고 있는 현재의 상황이 다소 아이러니하게 보이기도 한다.

유럽 제국의 식민지에서 출발했다가 유럽을 능가하는 일극의 패권국가로 성장한 미국, 그리고 세계 최고의 봉건제국의 자리에서 밀려 유럽 제국주의 열강들에 의해 과분(瓜分, '수박처럼 쪼개져 나눠짐')의 위기에까지 몰렸다가 이제는 미국의 패권을 위협하는 신흥 강자로까지 성장한 중국, 이 양자의 관계는 근대 국제법 질서의 과거와 현재, 그리고 미래를 관통하는 핵심적인 위치에 있음은 부인하기 힘들 것이다.

근대 국제법 질서와 그 담론 질서의 밑바당에 놓여 있는 이러한 패권 다툼과 세력 균형(均勢)의 논리가 또 하나의 극단적인 파국을 만들어 내지 않도록 하기 위해, 그리고 더 나은 미래를 위한 새로운 가능성과 대안을 모색하기 위해, 그 기원과 본질에 대한 재조명을 참조점 삼아 근대 자체에 대한 본원적 탐색과 깊이 있는 반성이 절실한 시점이라 하겠다.

대학원 박사과정 당시 그런 고민과 문제의식 속에서 근대적 사상과 담론 질서의 기원을 찾아 거슬러 올라가는 탐색과정 속에서 만났던 것이 바로 『만국공법』이었다. 사실 근대화의 과정 속에서 동아시아의 국제 질서에, 그리고 담론 질서에 근본적인 전환을 가져왔다는 점에서 『만국공법』이야말로 근대의 기원이 되는 저술 가운데 하나라 할 수 있다. 그리고 그러한 위상으로 인해 그동안 한중일 각국은 물론 서구에서도 수많은 연구자들이 다양한 연구 성과를 통해 다각적인 설명과 해석들을 내놓았으며, 나 역시 탈식민주의적 관점과 번역이론의 관점에서 『만국공법』에 대해 비판적으로 재조명하는 논문을 쓴 바 있다.

하지만 그처럼 다양한 연구 성과들에도 불구하고, 국내에서는 당시까지도 아직 한글로 된 완역본은 나온 적이 없었다. 그래서 『만국공법』을 주제로 박사학위논문을 준비하는 동안 번역작업도 함께 진행하였지만, 시간에 쫓겨 미처 완역하지 못한 채 한동안 방치해 두고 있었다. 2005년에 논문을 다 쓰고 난 이후로도 다른 연구와 일들에 밀려 뒤로 미뤄 뒀던 미완의 번역 초고를 한참이 지난 2019년에서야 다시 꺼내어 추가 작업을 진행한 끝에 그해 연말쯤 완역해 낼 수 있었다. 그리고 마침 그 무렵 2020년 한국연구재단 명저번역사업에 선정되었던 덕분에 그 도움을 받아 이번에 이렇게 출간할 수 있게 되었다. 사실 번역을 완료하고서 교정과 해제 작업을 진행하는 사이에 다른 번역자에 의해 『만국공법』의 한글 번역이 나와서 더 이상 한국 최초의 완역이라는 타이틀은 불가능하게 되고 말았다. 20년간 묵혀 둔 채 미뤄 뒀던 게으름을 탓할 수밖에 없을 것 같다. 다만 과거 메이지 시기 일본에서 그러하였듯이, 이 번역이 국내 학계에서도 『만국공법』에 대한 다양한 참조체계 가운데 하나가 될 수 있기를 기대해 본다. 또한 진정한 글로벌 차원에서의 근대 국제법 질서가 시작된 출발점이라 할 수 있는 『만국공법』을 되돌아봄으로써 그 역사적 의미뿐만 아니라 현재적 의미까지도 되새겨 볼 수 있는 계기가 되길 기대해 본다.

내가 공부를 업으로 삼게 된 이후로 항상 진지한 자세로 연구하는 학자이자 지도교수로서 진정한 학문의 길로 이끌어 주셨던 정진배 교수님, 그리고 학위논문을 심사해 주시고 졸업 후에도 성공회대학교에서 새로운 확장된 연구의 방향으로 이끌어 주셨던 백원담 교수님, 두 분 모두 올해 정년 퇴임하셨다. 늘 애정을 갖고 도움 주셨던 두 분 은사님께 이 자리를 빌려 그동안 제대로 전해 드리지 못했던 감사의 인사말씀을 드리고 싶다. 그리고 언제나 믿어 주고 든든한 힘이 되어 준 아내와 아이에게도 감사의 말 전한다. 마지막으로 이 책이 나오기까지 여러모로 애써 주신 세창출판사 관계자 여러분께도 감사드리며, 이 책의 부족한 부분에 대해 부디 독자 여러분의 많은 질정 부탁드리면서 이 글을 마치고자 한다.

2024년 6월
항동골에서
윤영도 씀

※ 역자 서문의 일부는 『외국학연구』 68집에 실린 논문 「만국공법과 자연법론의 상관성 연구: 중국어 번역어휘와 번역방법을 중심으로」(2024년 6월)의 서두에서 인용한 것임을 밝혀둔다.

차례

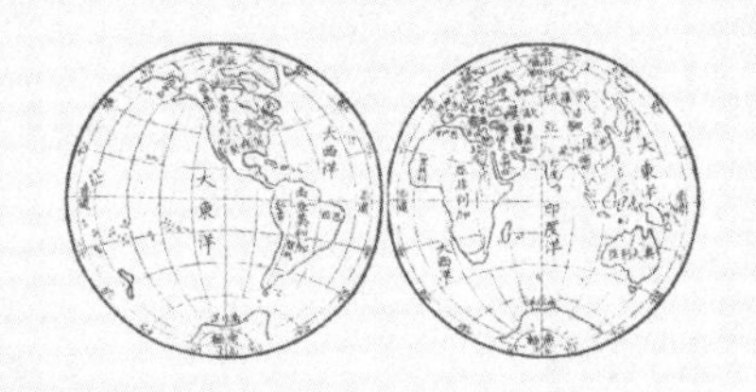

일러두기

— 한자나 원문 병기는 가급적이면 처음에 나올 때만 사용하되, 단음절 어이거나 동음이의어 등으로 인해 문맥상 혼동을 일으키기 쉽거나, 동일한 영어원문 어휘에 대해 다른 중문번역어를 사용한 경우 등에는 반복하여 병기하였다.

— 주요한 개념어의 경우 최대한 당시 맥락을 이해하기 용이하도록 원래 중문번역어 한자발음 그대로나 그에 가까운 의역어를 사용하였고, 그 옆에 중문번역어 한자와 영어원문 어휘, 그리고 필요한 경우 이해에 도움을 주기 위해 한국어 현대어를 ' ' 표기와 함께 괄호 안에 병기하였다.

— 인명 및 지명의 경우 원어명과 함께 당시의 중문 번역명을 병기하였다. 중국인명은 신해혁명(1911) 기준, 이전 사망한 사람은 한자 독음으로, 이후 사망한 사람은 중국어 발음으로 표기하였다. 그리고 지명은 현지 언어의 발음을 따라 표기하는 것을 원칙으로 하되, 중국의 경우 신해혁명 이전 시기에 사용되던 지명은 한자 독음으로 표기하고, 현재 통용되는 지명에 대해서는 중국어 발음으로 표기하였다.

— 윌리엄 마틴이 중문 번역서에 추가한 주석은 [— 원주]로 본문 내용 중에 삽입하였다.

— 역자 주의 경우, 원문에는 없지만 본문 문장의 맥락 이해에 필요한 경우 간단한 단어를 [ ] 안에 삽입한 경우가 있으며, 짧은 개념 설명이 필요한 경우에는 본문 중에 [— 역주]로 삽입하였고, 길고 자세한 설명이 필요한 경우에는 따로 각주를 달았다.

만국공법

萬國公法

Elements of International Law

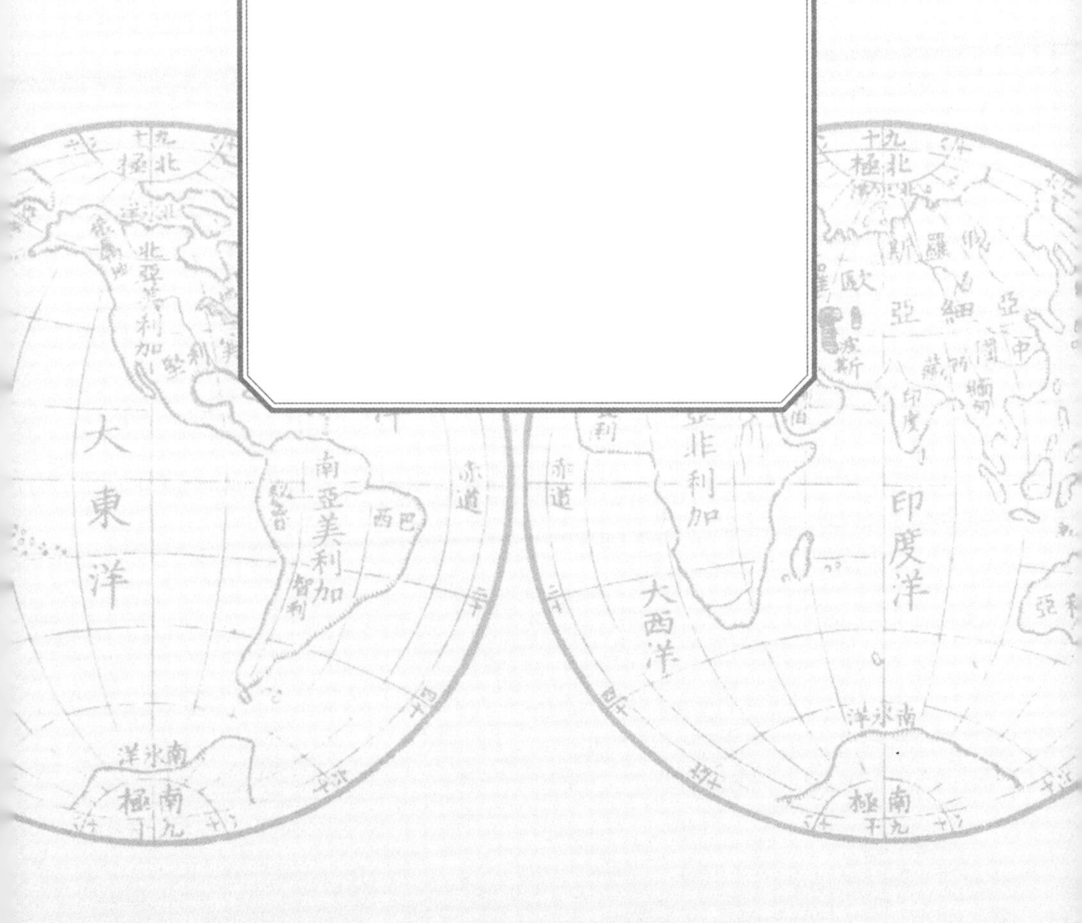

서(序) 1

도산(塗山)의 회합에 옥과 비단 예물(玉帛)을 가져온 나라가 만 개였다.[1] 다만 그 당시 어느 성씨 어느 땅의 나라들인지 그 상세한 바를 알 수 없을 따름이다. 생각건대 어쩌면 사관의 과장된 말이었거나, 아니면 구주(九州)[2] 밖의 나라까지도 모두 헤아렸던 것일지도 모르겠다. 오늘날 구주 밖에는 나라들이 숲처럼 즐비한데, 법으로써 이를 유지하지 않는다면 그 어찌 나라라 하겠는가? 이것이 윌리엄 마틴(William A. P. Martin; 丁韙良) 선교사가 『만국공법』을 번역한 이유이다. 윌리엄 마틴은 중국어에 능통하나 이 책의 교정을 원하기에 내 휘하의 역성(歷城) 출신 진흠(陳欽), 정주(鄭州) 출신 이상화(李常華), 정원(定遠) 출신 방준사(方濬師), 대죽(大竹) 출신

---

1 도산의 회합(塗山之會)에 관해서는 『좌전』(左傳) 「애공7년」(哀公七年)편에 "禹合諸侯於塗山, 執玉帛者萬國"이라는 기록이 남아 있다. 우(禹)임금이 순(舜)임금으로부터 왕위를 선양(禪讓) 받은 이후 도산[塗山: 지금의 안후이성(安徽省) 벙부시(蚌埠市) 화이위안현(懷遠縣)]에 제후들을 모아서 회합을 가졌는데, 이때 중국 내외 만여 개 나라의 제후와 부족장들이 옥과 비단 등의 공물을 들고 와서 예를 표했다고 한다.

2 구주(九州)는 원래 우임금이 황하의 치수 이후 기(冀), 곤(袞), 청(青), 서(徐), 양(揚), 형(荊), 예(豫), 량(梁), 옹(雍) 등으로 구분하였던 아홉 개의 구역을 가리키는데, 이후 중국 그 자체를 가리키는 의미로 사용되었다.

모홍도(毛鴻圖)[3] 등이 잘못된 부분을 삭제 교정하여 돌려주었다.[4] 윌리엄 마틴은 옛 것을 좋아하는 박식한 선비이다.

동치(同治) 3년 갑자년 겨울 12월 하순[5]

양주(楊州) 동순(董恂)[6] 서(序)

---

3 진흠, 이상화, 방준사, 모홍도 등은 이 서를 쓴 동순의 휘하에 있던 총리각국사무아문(總理各國事務衙門)의 실무관료인 장경(章京)들로, 이들의 이름 앞에 있는 출신지역들은 지금의 행정구역상으로 각기 역성(歷城)은 산동성(山東省) 지난시(濟南市) 중부에 위치한 구, 정주(鄭州)는 허난성(河南省)의 성도(省都), 정원(定遠)은 안후이성(安徽省) 중부에 위치한 현(縣), 대죽(大竹)은 쓰촨성(四川省) 동부에 위치한 현에 해당한다.

4 이 부분은 미국 공사 벌링게임(A. Burlingame)의 주선으로 윌리엄 마틴이 1863년 9월 10일 총리각국사무아문의 대신들과 만나서 번역의 조속한 완성을 위한 출판비의 보조와 중국인의 협력을 요청해 옴에 따라, 총리각국사무아문에서 장경들을 동원하여 그의 번역본 초본에서 어휘나 문장이 공식문서에 적합하지 않거나 이해하기 힘든 부분들을 고치기 위해 교정 작업에 도움을 주었던 사실을 설명한 내용이다.

5 동치 3년, 갑자년은 서기 1864년에 해당하는데, 청 왕조를 위태롭게 하였던 태평천국의 난이 완전히 진압된 해이자, 일본에서는 막부 정권 몰락의 계기가 된 조슈(長州) 전쟁이 시작된 해이며, 조선에서는 어린 나이의 고종이 즉위한 해이기도 하다. 그러한 점에서 보자면 이 책의 번역이 동아시아 각국에게 있어서 외적 충격과 내적 모순으로 인한 사회적 혼란이 중첩되면서 국제질서의 패러다임 전환이라는 역사적 전변이 막 시작하던 시점에 이루어졌다는 점을 되새겨 볼 만하다. 덧붙여 동순이 서를 쓴 음력 12월 하순은 양력으로 따지면 1865년 1월 하순에 해당하므로, 실질적으로는 이 책이 출간되어 세상에 나오게 된 것은 1865년 초엽의 일이다.

6 동순(董恂, 1810~1892)은 장쑤(江蘇)성 양저우(揚州)사람으로, 병부상서(兵部尚書), 호부상서(戶部尚書), 총리각국사무아문 전권대신(全權大臣) 등을 지냈다. 이 서를 쓴 1864년 당시에는 이부좌시랑(吏部左侍郎)과 함께 총리각국사무아문 대신의 역할도 겸하고 있었다. 총리각국사무아문은 기존에 예부(禮部: 조공국과의 사무 관할), 이번원(理藩院: 몽골, 티베트, 신장 등의 번국 관련 사무 관할), 양광총독(兩廣總督: 광저우의 조공무역 사무 관할) 등으로 업무가 분할되어 따로 외교 사무를 총괄하는 부서가 없었던 청 왕조에 대해 제2차 아편전쟁 종결 이후 영국, 프랑스 등의 서구 열강이 외무부서의 신설을 요구함에 따라 베이징조약

의 후속조치로 1861년에 신설된 부서였다. 당시 서구 열강과의 교섭을 담당했던 책임자이자 정치 실세 가운데 한 명이었던 공친왕(恭親王) 혁흔(奕訢)의 주도하에 설립된 총리각국사무아문은 이후 청 왕조의 대외 정책 전환과 양무운동 발전에 커다란 기여를 하였는데, 동순은『만국공법』의 번역 과정에 있어서 중요한 역할을 했던 한족 대신들 가운데 한 명이었다.

서(序) 2

천하의 대국(大局)을 살펴보건대 중화가 가장 뛰어난 지역으로, 사해(四海)가 회동하고 만국이 찾아와 왕으로 섬기니, 먼 곳까지 다 언급하기 힘들 따름이다.[7] 이 바깥의 여러 국가들은 춘추시기의 강대 열국들과 마찬가지 형세이다. 영국(英吉利), 프랑스(法郎西), 러시아(俄羅斯), 미국(美利堅) 등의 네 나라가 있는데, 이들이 강하기는 하지만 처음부터 강했던 것은 아니다.

영국은 일개 섬나라에 불과하다. 그 임금이 마치 재상과 마찬가지로, 인재를 기르고 농업을 육성하고 통상과 공업을 발전시켜 재화가 풍족하며, 군비를 갖추고 진영을 굳건히 정비하여 군사력이 강성해져 마침내 서양의 패자(霸者)가 되었다. 하지만 토산물이 풍부하지 못하여 쉽사

---

7 이는 주홍사(周興嗣, 470~521)의 『천자문』(千字文)에 나오는 "먼 곳이든 가까운 곳이든 모두 하나가 되어, 빈객들을 이끌고 와서 왕에게 귀의한다"(遐邇壹體, 率賓歸王)는 구절을 연상시키는 표현으로, 당시 중국 지식인들이 일반적으로 지니고 있던 전통 중화사상을 보여 준다. 다만 「서」를 쓴 장사계는 그 뒤에 이어지는 내용에서 그러한 중화 천하의 바깥에 열강들이 존재하며, 그들이 만들어 내고 있는 전 세계의 상황이 춘추시대의 열국들과 유사함을 비교 설명하면서 '만국공법'의 필요성을 강조하고 있다는 점에서 당시 변화를 주도하던 양무파의 세계 인식 또한 보여 주고 있다.

리 곤경에 처하게 되는 것을 우려하여, 많은 병선을 만들어 천하에 포진시켜 놓았다. 평상시에는 산천을 편력하며 지도를 만들지만, 위급할 때에는 요충지를 탈취하고 단번에 바다를 건너 쳐들어올 수 있는 강력함을 지니고 있다. 때문에 월(越)나라처럼 멀고 편벽된 곳에 있지만 어려움을 알지 못한다.

프랑스는 기기제조 기술이 정교하고, 군사 용병술에 있어서 서양 국가들 가운데 가장 뛰어나다. 이에 영국과 어깨를 나란히 하여, 마치 진(晉)나라와 초(楚)나라가 대치하고 있던 것과 마찬가지의 형세를 이루고 있다.

러시아는 오랫동안 약세였으나, 선왕이 서양 여러 나라들의 승승장구함을 보고서, 외환이 일어날 것을 두려워하여 내치에 여념이 없었다. 이에 조(趙)나라 무령(武靈)왕이 평복으로 위장하고서 진(秦)나라를 지나갔던 것(微服過秦)[8]을 본받아 여러 나라를 편력하면서 뛰어난 인재들을 신하로 초빙하고, 우수한 무기를 구입하여 온 나라를 교육시킨 지 20년이 채 안 되어, 마침내 북방의 여러 나라들을 군현으로 만들어 그 통치하는 땅이 중국에 맞닿게 되었다. 그러나 북쪽 땅은 몹시 한랭하고 남방에는 통상할 항구가 없으니, 이는 지세로 인한 것이다.

미국은 처음에는 영국의 속지였으나, 워싱턴이라는 이가 혹정을 근심하여 큰 뜻을 펼쳐 8년간의 전쟁 끝에 나라를 세웠다. 그리고 그는 천하를 관할하되 이를 가업으로 삼지 않고 엄연히 선양(禪讓)의 유풍을 따

---

8 '趙武靈微服過秦之術'에 관한 고사는 전국시대에 조(趙)나라 무령왕(武靈王, 기원전 340~기원전 295)이 왕의 신분을 감춘 채 일반 평복(微服)을 입고 사신들과 함께 이웃나라인 진(秦)나라를 둘러본 뒤에 귀국하여 자신의 나라를 군사 강국으로 만들었던 일을 가리킨다.

랐다. 또한 관리는 민중이 선발하고, 병사는 농가에 기거하며, 안으로는 물자를 정비하면서 다른 나라의 힘을 전혀 빌리지 않고, 밖으로는 강자들을 막아내면서 남의 땅을 전혀 탐하지 않았으니, 워싱턴이야말로 모든 왕들을 넘어선다!

옛날 춘추시대에 진(秦)나라는 기(岐)와 풍(豐) 지역[9]을 병탄하고 관중(關中)의 험한 지세를 지키며 동쪽으로 제후국들과 대립하였으니, 이는 지금의 러시아와 유사하다. 초(楚)나라는 방성(方城)과 한수(漢水)가 있어서 비록 많은 군사로 공격하여도 소용이 없으며, 진(晉)나라와는 산과 강으로 표리를 이루면서도 서로 해를 끼치지 않았으니, 이는 영국과 프랑스 양국과 비슷하다.[10] 제(齊)나라는 동쪽에 바다를 접해 있고 부강함이

---

9 기(岐)와 풍(豐)은 각기 지금의 산시성(陝西省) 지산(岐山)현과 시안(西安) 서남쪽에 해당하는 지역으로, 주(周) 무왕(武王)의 증조부인 고공단보(古公亶父)와 아버지인 문왕(文王)이 기반으로 삼아 주 왕조의 기틀을 마련하였던 곳이다. 춘추 초기에 견융(犬戎)에게 빼앗겼으나 진(秦) 양공(襄公)이 이를 물리친 공으로 주 평왕(平王)에게서 이 두 지역을 하사받으면서부터 제후국으로서의 기반을 다지게 된다. 이후 동쪽으로 세력을 확장하면서 함곡관(函谷關) 서쪽의 관중 지역을 터전으로 전국칠웅(戰國七雄)으로 성장하게 되는데, 함곡관의 험준한 지세를 이용하여 그 동쪽의 육국(六國)과 맞설 수 있었다.

10 방성은 초나라 북동쪽의 험난한 산세를 이용하여 축조한 장성(長城)으로, 지금의 허난성(河南省) 팡청현(方城縣)에서 덩현(鄧縣) 사이에 지어졌다. 초나라는 방성과 장강 중류의 지류인 한수를 이용하여 그 북동쪽에 접한 다른 제후국들에 맞섰다. 춘추시대 초 성왕(成王) 당시 쳐들어온 제(齊) 환공(桓公)이 군사가 많음을 자랑하자 초나라의 사신 굴완(屈完)이 "공께서 도리에 맞게 행하는 거라면 그럴 수 있겠지만, 그렇지 않다면 초나라는 방성을 성벽으로 삼고, 장강과 한수를 해자로 삼아 맞설 텐데 과연 진군하실 수 있겠습니까? (君以道則可, 若不, 則楚方城以爲城, 江漢以爲溝, 君安能進乎?)"라고 설득하여 물러나도록 한 사실이 있는데, 이는 방성과 한수의 지리적 장벽으로서의 의미를 잘 보여 준다[『사기』(史記) 「제태공세가」(齊太公世家)]. 이 문장에서는 방성과 한수를 사이에 두고 대치하였던 초나라와 진(晉)나라의 사이를 빗대어 도버해협을 사이에 두고 대치하고 있던 유럽의 두 강대국 영국과 프랑스의 상황을 설명하고 있다.

으뜸이었으니, 이는 미국과 흡사하다. 오스트리아(澳地利)와 프로이센(普魯斯) 역시 유럽의 대국인데, 이들은 마치 노(魯)나라와 위(衛)나라의 정치가 형제처럼 닮았던 것과 마찬가지다.[11] 오스만제국(土爾其)[12]이나 이탈리아(意大利)는 마치 송(宋)나라나 정(鄭)나라처럼 대국들 사이에 끼어 있다. 스위스(瑞士)와 벨기에(比利時)는 크기는 작지만 충분히 스스로를 지킬 수 있다. 덴마크(丹尼), 네덜란드(荷蘭), 스페인(西班牙), 포르투갈(葡萄牙) 등은 과거에 대국이었다가 후에 점차 쇠퇴하긴 하였지만, 동맹(會盟)을 맺거나 정벌을 하는 데 있어서 믿고 의지할 바가 있으니 두려워할 필요가 없고, 명령에 끌려다니느라 피곤할 정도의 지경은 아니다. 이처럼 국가들 사이에 있는 작은 나라들은 강(江), 황(黃), 주(州), 요(蓼)[13] 등과 같이 큰 나라에

---

11 "魯衛之政兄弟也"는 『논어』에 나오는 문장인데, 공자(孔子)는 노(魯)와 위(衛) 두 나라의 정치가 마치 주공(周公)과 강숙(康叔)이 형제인 것처럼 서로 비슷하다고 평하였다. 노나라와 위나라는 각기 주(周)나라를 세운 무왕(武王)의 동생 주공과 강숙의 봉국(封國)으로, 이 둘은 서로 화목하였고 두 나라의 정치도 형제처럼 비슷하였던 데서 나온 말이다. 오스트리아와 프로이센은 각기 남쪽과 북쪽, 천주교와 개신교 세력을 이끄는 국가들로서 19세기 독일 연방에서의 주도권을 놓고서 상당 기간 동안 서로 반목 경쟁하기는 하였지만, 같은 게르만족에 속하고 같은 언어를 사용하는 형제와도 같은 나라였다는 점에서 노나라와 위나라의 관계와 유사성을 지니고 있다고 할 수 있겠다.

12 '土爾其'는 투르크나 터키, 튀르키예의 음역어로 사용되었는데, 여기서는 19세기 중엽 당시 중동지역의 패자였던 오스만튀르크, 즉 오스만제국을 가리키는 것으로, 현재의 공화국 튀르키예(구 명칭 '터키')라는 명칭과의 혼동을 피하기 위하여 당시의 공식 명칭인 오스만제국(Ottoman Empire)으로 번역하고자 한다. 『만국공법』의 다른 부분에서는 '土耳其'로 번역되고 있기도 한데, 이처럼 비록 같은 발음이기는 하지만 서로 다른 한자어가 사용되는 것은 애초에 윌리엄 마틴의 구술 번역을 각기 다른 중국인 조력자들이 받아 적는 과정에서 생겨난 오류로 짐작된다.

13 강(江)은 지금의 허난성 정양(正陽)현 서남쪽에 위치한 주나라 시기의 고대국가명이고, 황(黃)은 허난성 황촨(潢川)현에 있던 고대국가명이고, 주(州)는 허난성 친양(沁陽)현 근처에 있던 고대국가명이고, 료(蓼)는 허난성에 위치한 춘추시대의 고대국가명이다. 이들은 모두 춘추전국시대를 거치면서 다른 대국들에 병합되어 사라져 버린 작은 제후

투항하여 부속국(附庸)의 처지에 안주하거나, 땅을 떼어 주고 화친을 청하거나, 동맹으로 신의를 맺으려다가 사직도 지키지 못한 채 사라져 간 나라들이 이루 헤아릴 수 없다. 미리 대비하지 않고 우려하지 않는다면 군사를 일으킬 수 없으니,[14] 이는 선우(鮮虞)가 변방을 경계치 않고 서용국(舒庸國)이 미리 준비를 해 두지 않아 천고의 통탄할 바가 된 사실을 보더라도 가히 알 수 있다.[15] 동방 아시아의 일본과 베트남 양국은 진실로 진작하고 노력하여 힘을 길러 낸다면, 부강한 나라가 될 수 있을 것이다.

지구상의 판도를 살펴보건대 대소 국가들이 수십 개가 넘는데, 그들이 살아남을 수 있었던 것은 그 선왕의 명을 유지하여 맹부(盟府)[16]에 올려 두고 세세토록 지켜 오랫동안 바꾸지 않았기 때문이다. 이 맹약을 위반하면 천지신명이 벌하였으니, 이것이 바로 『만국율례』(萬國律例)[17]라는

국들이다.

14 "不備不虞, 不可以師"는 『춘추좌전』(春秋左傳) 「은공」(隱公)편에 나오는 말로, 춘추시대에 연(燕)나라가 정(鄭)나라를 공격할 때 제[制: 지금의 허난성 싱양(滎陽)시에 해당하는 고대 고을] 지역의 사람들을 미리 대비하지 못했다가 북제(北制)에서 패배한 사건을 통해 미리 우려하고 대비하지 않으면 안 된다는 교훈을 설명한 문장이다.

15 선우(鮮虞)는 춘추 시기 북방의 이민족인 백적(白狄)의 일파로, 춘추 말기에 중산국(中山國)을 세웠던 민족이고, 서용국(舒庸國)은 지금의 안후이(安徽)성 훠산(霍山)현 위치에 있던 고대 국가이다. 중산국과 서용국은 미리 군사적 대비를 제대로 하지 않은 탓에 전자는 전국시기 조나라 무령왕에 의해 멸망하고, 후자는 춘추시기 초나라에 의해 멸망하였다.

16 맹부는 고대에 국가들 사이나 제후들 사이에 맺은 맹서와 조약 등의 문서를 보존하던 관청을 말한다.

17 장사계가 「서」를 쓰던 1863년 6월 당시에는 아직 이 번역서의 이름을 '만국공법'이 아니라 '만국율례'(萬國律例)라 불렀지만, 이후 총리각국사무아문의 관료들과 만나고 교정하는 과정에서 '율례'라는 명칭이 다소 구체적인 실정법적인 법률 조문과 조례라는 의미를 지니고 있기 때문에 그렇지 못한 국제법의 명칭으로 부적합한 측면이 있기도 하고, 또한 범례에서도 설명하고 있듯이 '여러 국가들에 통용되는 것'이라는 의미를 강조

책이다. 그래서 서양 각국의 공사(公使), 대신, 육해군의 원수, 영사(領事), 통역, 교사, 상인, 세무사 등이 모두 신주단지 모시듯이 한다. 이번에 미국의 선교사 윌리엄 마틴이 이 책을 번역한 것은 우리 중화가 국제 정세를 잘 살피고 그 논의를 따르기를 바라기 때문이다. 우리 중화는 일시동인(一視同仁)하고 낮은 곳의 말도 반드시 살펴 왔기에 "월상(越裳)국에서 흰 꿩을 헌상하고, 서여(西旅)족이 큰 개를 공물(貢)로 바쳤던 것"[18]이니, 이들이 중역(重譯)을 통해서라도 찾아왔던 것은 위엄을 경외하고 덕을 그리워했기 때문이다. 이 책 역시 중화에 크게 도움이 될 터이니, 이를 잘 마련해 두면 변방의 일을 대비하는 데 도움이 될 수 있을 것이기에 이 서문을 쓴다.

동치 계해(癸亥)년 단오,[19]
사명(四明) 사람 노생(魯生) 장사계(張斯桂)[20]가
강남 춘신포(江南春申浦)[21]에서 적다.

하기 위하여 '공법'이라는 명칭으로 변경하였던 것으로 보인다. 사실 '율례'라는 명칭은 아편전쟁 직전 임칙서(林則徐)의 부탁으로 파커(伯駕)와 원덕휘(袁德輝)가 번역한 '바텔의 각국율례'(滑達爾各國律例)에 등장하기도 하는데, 이는 스위스 법학자 바텔(Emerich de Vattel)의 저서 *Le Droit Des Gens* (*Law of Nations*, 1758)의 제목을 직역한 것이다. 참고로 '바텔의 각국율례'에는 '공법'이라는 어휘도 등장하는데, 서구에서 각국 간의 무역과 전쟁이 근거로 삼는 것들을 나열하는 가운데 "五公法者. 但有人買賣違禁之貨物, 貨與人止法照辨"(『海國圖志』 卷八十三)에서 '공법'이라는 말을 쓰고 있기는 하지만, 여기서는 문맥상 딱히 'international law'와 같은 국가들 간의 법이라기보다는 오히려 실정법으로서의 '국법'이라는 의미로 사용되고 있다.

18 "越裳獻雉, 西旅貢獒"은 고대 중국에 머나먼 변방의 나라들이 조공을 바치러 왔던 사실을 가리킨다. 월상국은 중국 남해지역에 있던 국가로, 주나라가 세워질 당시에는 아직 그 세력이 미치지 못하던 변방이었기에 서로의 말을 직접 통역할 수 있는 방법이 없었음에도 불구하고 여러 나라 말의 중역을 거쳐 가면서 한(漢)나라에 흰 꿩을 공물로 바쳤는

데, 이에 관한 기록은 『한서』(漢書) 「평제기」(平帝紀)에 남아 있다. 그리고 서여족은 서쪽의 이민족으로, 이들 역시 주나라에 소위 '티베트 사자개'로 불리는 큰 개를 공물로 바쳤는데, 이에 관한 기록은 『서경』(書經) 「여오」(旅獒)편에 남아 있다.

19 동치(同治) 계해(癸亥)년 단오는 양력 1863년 6월 20일로, 대략 윌리엄 마틴이 1863년 9월 베이징에 올라가서 총리각국사무아문의 관료들과 만나기 석 달 전의 시점에 해당한다.

20 장사계(1816~1888)는 저장(浙江)성 닝보(宁波) 인근 사명(四明, 닝보 서쪽 외곽지역에 위치함) 출신으로, 호는 노생(魯生)이다. 원래 서학에 관심이 많던 그는 당시 닝보에 선교사로 와 있던 윌리엄 마틴과 서로 중국어와 영어를 가르쳐 주며 친분을 맺었던 사이이다. 한때 중국이 수입한 첫 증기선의 지휘관을 맡기도 하였던 장사계는 이후 양무파의 주요 인물인 증국번(曾國藩)의 막료로 들어가서 푸저우선정국(福州船政局)과 양무학당(洋務學堂) 등을 관장하며 양무운동에 있어서 중요한 역할을 하였다. 이후 1876년에는 일본에 외교관으로 파견되어 메이지유신 이후 일본의 상황을 중국에 소개하기도 하였다. 마틴의 번역 초고를 살펴본 장사계는 이 서문(序文)을 통해 당시 중국의 지식인들이 이해하기 쉽도록 춘추전국시대와 비교하는 방식으로 세계정세를 개괄함으로써 『만국공법』 번역의 필요성과 의미를 강조하고 있다.

21 춘신포(春申浦)는 원래 상하이를 가로지르며 흐르는 황포강(黃浦江)의 옛 이름으로, 여기서는 당시 증국번의 막하에 들어가 활동하던 장사계가 머물고 있던 상하이를 가리킨다.

범 례

— 이 책의 원본은 미국의 휘튼이 펴낸 책이다.[22] 휘튼은 잘츠부르크에 수년간 외교관으로 상주하면서, 유럽 여러 나라를 편력하였다. 고금의 서적에 깊은 조예를 갖추고, 거기에 두루 견문이 넓어, 그 지론의 공정함은 꽤 유명하였다. 그런 까닭에 각국이 공론이 있을 때마다, 그의 책을 인용하여 의문을 풀곤 하니, 외국에 사신으로 나갈 때 이 책을 휴대하지 않는 자가 없었고, 항시 지니고 있으면서 이를 참고하였다. 젊은이를 파견하여 통역 등의 직무를 배우게 할 때에도 또한 모두 이 책을 교본삼아 가르친다.

— 이 책에 수록된 조례들을 이름하여 『만국공법』이라 한 것은 이것이 여러 국가들에 통용되는 것으로, 한 나라에만 국한되는 사적인 것이 아니기 때문이다. 또한 그것이 각국의 율례와도 유사하기 때문에 『만국율례』라고도 한다.

---

22 미국의 국제법학자 헨리 휘튼(Henry Wheaton, 1785~1848)의 저서 *Elements of International Law*(1836년)를 가리키는데 이후 수차례 증보 재판되었는데, 마틴이 저본으로 삼은 판본은 제6판(1855년판)이다.

— 이 책에서 말하는 공법학자(公師)란 각국의 학자(學士)나 대신과 같이 국가들 간의 교제(交際)의 도(道)를 논변하는 이를 말하는 것으로, 그 의리(義理)를 밝힘에 있어 본국의 입장에만 치우치지 않기 때문에 국가들의 공법학자라고 칭하는 것이다.

— 이 책을 한문으로 번역한 것은 본래 미국의 선교사 윌리엄 마틴이다. 보건대 의리에 부족함이 없고 중국과 외국 사이의 외교문제를 판단함에 무익하지 않다고 여겨, 강녕(江寧) 하사맹(何師孟), 통주(通州) 이대문(李大文), 대흥(大興) 장위(張煒), 정해(定海) 조경영(曹景榮) 등과 함께 여러 권을 모두 번역하였고,[23] 총리각국사무아문(總理各國事務衙門)이 교열 수정하였으며, 왕대신(王大臣)[24]이 관원을 파견하여 원고를 교정하고 자

---

23 여기 범례에 나오는 번역의 조력자들은 하사맹, 조경영을 제외하면 이대문, 장위 등과 관련해서는 역사적 문헌에 별다른 기록이 남아 있지 않은 것으로 보아 마틴이 닝보와 상하이에서 포교활동 중에 알게 된 지방의 향신(鄕紳)이거나 신도였을 것으로 보인다. 하사맹의 경우 장닝[江寧, 현재는 난징시(南京市) 산하의 江寧區] 출신의 수재(秀才, 지방 縣 단위에서 실시하던 1단계 과거시험에 급제한 자)로, 일찍이 태평천국의 난 당시 지방 의병으로서 이에 맞서다가 난징 함락 이후 상하이로 피신해 온 향신이었다는 기록이 남아 있다. 그에 관한 기록은 『清史稿』 卷493 충의지사 장계경(張繼庚)에 관한 기록에서도 찾아볼 수 있는데, "會欽差大臣向榮軍至, 因與諸生週葆濂, 夏家銑及錢塘人金樹本謀結賊爲內應, 而使金和, 李鈞祥, 何師孟出報大營"라는 설명으로 미루어보건대, 후난 바오징현의 지현(湖南保靖縣知縣)까지 지냈다가 태평천국군에 맞서 스파이 활동을 하던 도중 순국한 장계경의 지인 가운데 하나였던 하나맹은 그를 돕다가 나중에는 상하이로 피신하게 되었던 것으로 보인다. 그는 『만국공법』 이외에도, 마틴의 어학서인 『상자쌍천인자신법』(常字雙千認字新法; 영문명 *Analytical Reader Short Method*)을 번역하는 데도 도움을 주었다[孫建軍 「『万国公法』の翻訳に関わった中国人」(2012) pp.357-359; 윤영도 「국제법과 춘추의 유비(類比)적 사유 연구」(2020) p.388].

24 왕대신은 공친왕(恭親王) 혁흔(奕訢)을 가리키는데, 1861년 사망한 함풍제(咸豐帝)의 동생인 그는 어린 나이에 제위에 오른 조카 동치제(同治帝)의 섭정왕이자, 군기대신(軍機大臣) 겸 총리각국사무아문 수석대신으로서 당시 최고의 실력자라고 할 수 있었다.

금을 대어 출간하였다.

— 역자는 오로지 정확하고 바른 뜻의 번역에 전념하여 사사로운 의견은 보태지 않았으며, 원서의 모든 조례를 전부 수록하였지만, 인용하여 증명하기 번잡하고 쓸데없는 부분은 일부 생략하였다.

— 서양의 연도표기는 모두 예수 탄생으로부터 시작되는데, 이는 한(漢)나라 평제(平帝) 원시(元始) 원년에 해당하며, 지금은 1864년이다. 원서가 서양에서 온 것이라, 역자는 그 연도표기를 바꾸지 않았다.

지구 전도 동반구/서반구

땅은 구슬처럼 둥그런 모양으로, 직경은 약 3만 리, 둘레는 9만 리 남짓 된다. 그 운행은 수레바퀴와 같이 회전하는데 한 바퀴 회전하면 하루 밤 낮이 되고, 태양 주위를 한 바퀴 돌면 1년이 된다. 지구는 동반구와 서반구로 나뉘며, 육지는 오대주로 나뉜다. 동반구에 있는 것은 우선 아시아로, 그 안에 중화, 일본, 미얀마, 인도, 티베트, 페르시아, 유대 등의 나라가 있다. 다음은 유럽으로 그 안에 영국, 프랑스, 러시아, 오스트리아, 프로이센, 스페인, 포르투갈, 네덜란드, 이탈리아, 오스만제국 등의 나라가 있다. 다음은 아프리카로 그 안에 이집트, 바르바리(巴巴里)[25] 등의 나라가 있다. 서반구에는 우선 북아메리카가 있으며, 그 안에는 미국, 멕시코 등의 나라가 있다. 다음으로 남아메리카가 있으며, 그 안에는 브라질, 페루, 칠레 등의 나라가 있다. 오대주 이외에도 넓은 대양에는 섬들이 매우 많아, 천하에 국가들이 비록 만 개에 달하지만, 인민들은 실로 한 줄

25 바르바리(Barbary)는 과거 북아프리카에 있던 지역으로, 오스만제국에 명목적으로 종속되어 있던 트리폴리(리비아), 튀니스, 알제리 등의 세 지역을 묶어서 일컫던 명칭이다. 대항해시대에 해적들의 소굴로 유명하였지만 미국과의 두 차례 전쟁 이후로 해적활동이 쇠퇴하였고, 19~20세기 초에 걸쳐 차례로 유럽 열강의 식민지로 전락하였다.

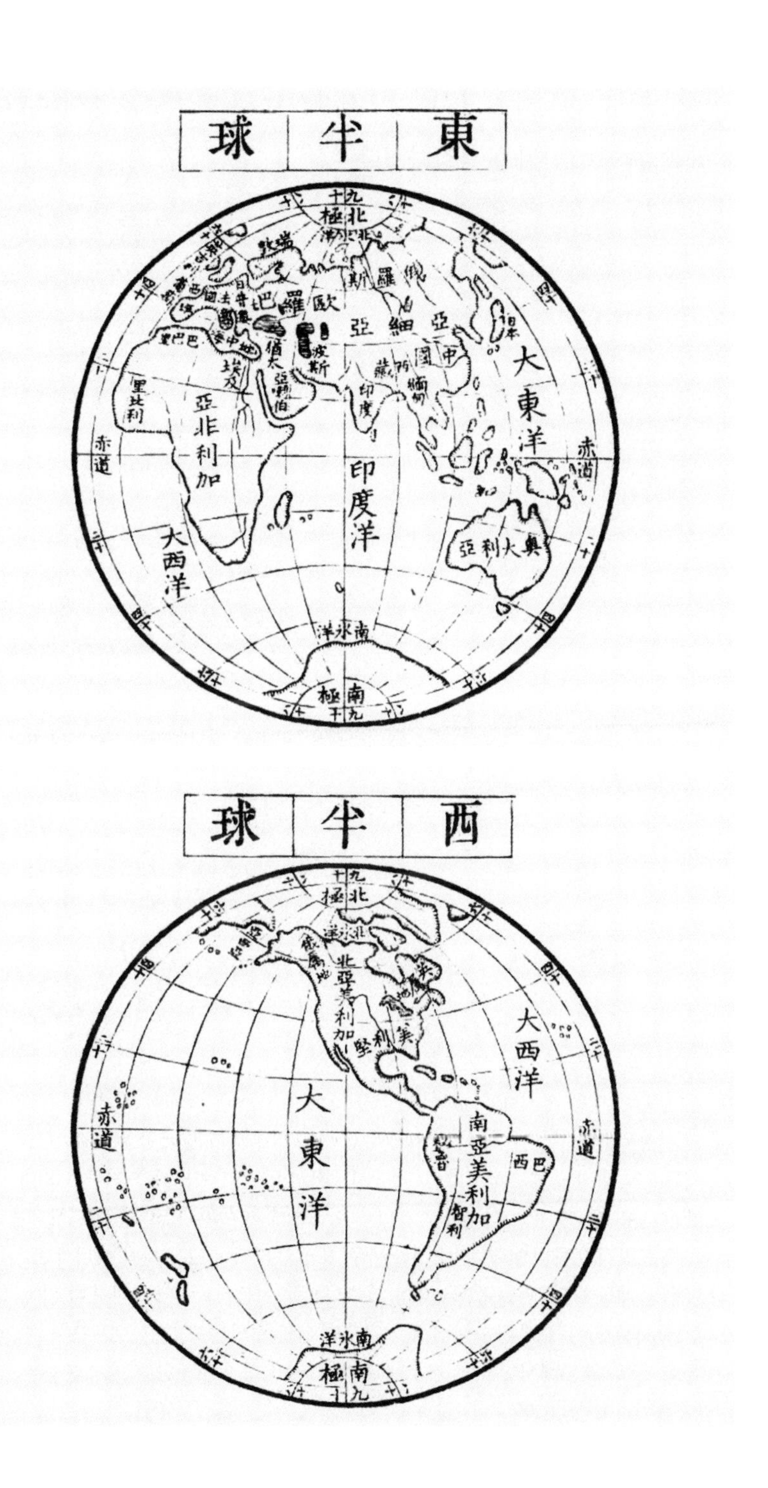

東半球
北極
歐羅巴
亞細亞
亞非利加
印度洋
大東洋
大西洋
赤道
日本
中國
印度
南氷洋
南極
西半球
北極
北氷洋
北亞美利加
亞美利堅
大東洋
大西洋
赤道
南亞美利加
巴西
智利
南氷洋
南極

기에서 나왔으니, 유일의 대(大)주재자께서 그 시조를 창조하고, 살아가도록 보우하며, 만사를 관장하신다.[26]

26 이 부분은 영문 원서에는 없고 『만국공법』에만 있는데, 국제적인 지리 지식을 전달하기 위한 목적으로 추가된 부분이다. 다만 마지막 부분은 '만국공법'의 보편성과 서구의 기독교적 관점을 강조하고자 한 선교사로서의 마틴의 의도가 드러나고 있다. 덧붙여 본문 내용에는 중동 지역 패권국가였던 오스만제국(土爾其; 土耳其)을 지도상에는 유럽지역에 포함시킨 데다 '土'라는 초성만 아주 작게 표기되어 있을 뿐만 아니라 오히려 당시에는 존재하지 않던 '유대'(猶太)라는 표기만이 보이는데, 이 역시 다분히 기독교세계였던 당시 유럽의 세계관과 마틴의 기독교적 입장이 반영된 것으로 보인다. 참고로 『해국도지』(海國圖志)에서도 전 지구도에 '유대'(猶太)가 명기되어 있고, 오스만제국은 '都魯机'로 표기하고 있다.

제1권

공법의 뜻을 설명하고,
그 본원을 밝히며,
그 요지(大旨; subject)를 적다

제1장

뜻을 설명하고, 본원을 밝히다

제1절 공의(公義; *principles of justice*)에 근본이 있다[27]

천하에 능히 법을 정하여 만국이 준수하도록 하고, 소송을 판결하여 만국이 반드시 따르도록 만들 수 있는 사람은 없다. 그러나 만국에는 공법(公法; international law, 현대어로 '국제법')이 있으니, 이를 가지고 그 사무를 다스리고 그 송사를 판단한다. 혹자는 이 공법이 군주에 의해 정해진 것이 아니라면, 과연 어디로부터 나온 것이란 말인가라고 묻는다. 대답하건대, 모든 국가들의 교제(交接; reciprocal relations)에 관한 일들에 있어서, 그 사정을 살피고 이치를 따져 공의의 대도(公義之大道; principles of justice, 현대어로 '정의의 원칙')[28]를 깊이 헤아린다면, 그 연원을 알 수 있을 것이다.

---

27 이 제1절 부분은 영어 원서 초판본(1836년)에는 없는 부분으로 제4판 이후 추가된 부분이다.

28 절 제목에 등장하는 '公義'나, '公義之大道', '義法' 모두 영어 원문과 대조해 보면 'principles of justice'에 해당하는 번역어들이다. 마틴은 서구 근대 국제법의 주요 개념들을 번역할 때 하나의 통일된 번역어를 사용하기보다는 그 문맥의 전개상 필요에 따라 유사한 의

무릇 각국은 본디 임금이 자신의 백성을 위해 법을 만들고 안건을 판단해 왔다. 만국에 어찌 이처럼 통령(統領; legislative)할 수 있는 군주가 있으며, 어찌 이처럼 통용될 법이 있을 수 있겠는가? 모든 통용되는 법은 합의(公議; convention)에 의해서 만들어진 것이다.[29] 다만 만국에는 그 왕래의 조례를 명백히 할 수 있는 통령하는 군주가 없고 그 분쟁을 종식시킬 공동의 관리가 없으니, 설령 공법을 추구한다 하더라도 한 나라의 군주가 그 권한을 사용하거나 한 나라의 관리가 그 뜻을 해석해 주는 것에 기대

미를 지니거나 때로는 상당히 다른 의미를 지니는 번역어들을 뒤섞어서 혼용하는 경우가 종종 보인다. 때로는 역으로 여러 개의 다른 영어 원문상의 개념을 하나의 번역어로 번역한 경우도 있다. 이는 아직 서구 개념에 대해 일대일 대응의 번역어가 정립되지 않은 상황하에서 낯선 서구의 근대적 개념들을 번역하는 데 있어서 중국인들에게 낯선 새로운 개념을 이해시키기 위하여 초기 불경번역에서 사용하였던 '격의'(格義)식 의역 방식을 채택하여 단어 자체에 얽매이기보다는 문맥 전체적인 의미 전달 위주로 번역하였기 때문인 것으로 보인다. 원래 영어 원문의 문맥에 따라 모두 현대 개념어에 맞게 번역하는 것이 문맥을 이해하는 데는 더 도움이 될 수 있겠지만, 여기서는 이 저서가 번역되던 19세기 후반기 중국인과 동아시아 각국의 지식인들에게 서구 국제법의 개념들이 어떻게 자기화된 방식으로 인식 수용되었는지 당시 상황을 이해하는 데는 원래 마틴의 번역어를 그대로 사용하는 것이 더 도움이 될 것이라는 판단하에 가급적이면 한문체 번역어를 그대로 사용하고자 한다. 최대한 마틴의 번역어를 기준으로 삼아 통일하여 번역하되, 영어와 용어를 대조하는 것이 필요한 경우에는 처음 등장할 때 영문 용어를 병기하고 각주에 설명을 추가하였으며, 또한 상황에 따라서 필요한 경우에는 영어 원문의 의미를 고려하여 현대 우리말의 맥락에서 이해할 수 있는 용어로 바꾸어 번역하기도 하였다.

29 공의(公義; principles of justice)의 연원을 합의(公議; convention)로 보는 것이야말로 『만국공법』의 핵심이자, 근대 국제법 체계로의 패러다임 전환의 핵심적인 개념이라고 할 수 있을 것이다. 모두가 인정하는 의(義)가 천리의 선험성이나 봉건적 상하관계가 아닌 각 국가들 사이의 합의에 의해 인정된다는 점, 그 합의가 평등한 관계성 속에서 이루어진다는 점, 그리고 그 합의를 경험적인 구체적 조약 형식으로 만들고 이를 축적시킨 관습법으로 형성 내지는 구성(construction)해 나가는 것이 바로 국제법이라는 점 등이 바로 그러한 차이의 근본적인 핵심이다.

고자 한다면, 이는 실현될 수 없을 것이다.

이 공법이 어떤 권위(權; authority)에 의해 성립되는 것인지 알고자 한다면, 오로지 각국이 서로가 마땅히 지켜야 할 자연의 의법(天然之義法; principles of justice)을 고찰하는 방법밖에 없다. 각 공법학자(公師; publicist)[30]들은 이 의법(義法)을 변론함에 있어서 각자가 자신의 학설을 가지고 설명하기 때문에 그 논하는 바에 차이가 있을 수밖에 없다.

제2절 천성(天性; *natural law*, 현대어로 '자연법')에서 나온 것이다

공법학은 네덜란드의 그로티우스(Hugo Grotius; 虎哥)[31]라는 이가 창립하였다. 그로티우스와 그의 제자들은 공법을 논하되, 두 가지로 나누었다. 세상 사람들이 만약에 임금도 없고 왕법(王法; positive law, 현대어로 '실정법')[32]도 없다면, 자연 상태 그대로 함께 살아가면서 서로 왕래하고 대하는 이치는 과연 어떻게 찾아낼 수 있을 것인가? 이것이 공법의 첫 번째

---

30 '公師'는 영어 원문상 publicist(공법학자/국제법학자), magistrate(법관/판사), public jurist(법관/법학자) 등의 번역어로 사용되고 있다.

31 휴고 그로티우스(Hugo Grotius, 1583~1645)는 네덜란드의 법학자로, 소위 '국제법의 아버지'로 불리는 인물이다. 네덜란드 독립전쟁(1567~1648), 그리고 천주교도와 개신교도 사이에 벌이졌던 30년 전쟁(1618~1648)의 결과로 나온 베스트팔렌 조약(Westfälischer Friede, 1648)은 서구 국제법의 출발점으로 불리는데, 그로티우스 국제법 저서인 *De jure belli ac pacis* (On the Law of War and Peace, 1625)는 그 베스트팔렌 체제의 중요한 이론적 배경이 되었다. 그로티우스의 네덜란드식 이름은 'Hugo de Groot'이지만 그의 라틴어식 이름인 'Grotius'로 더 널리 알려져 있는데, 마틴의 번역에서는 다른 서양인 인명에 대한 일반적인 번역과 달리, 그의 성이 아니라 이름인 'Hugo'를 음역하여 '虎哥'로 번역하고 있다.

32 '王法'은 영어 원문상 'voluntary or positive law'(자의법 혹은 실정법)의 번역어로 사용되고 있는데, 이는 왕조국가였던 당시 중국의 상황에 맞춘 번역 개념이라 할 수 있다.

종류로, 이름하여 성법(性法; natural law, 현대어로 '자연법')[33]이라 한다.

무릇 모든 국가들의 왕래도 사람들 사이의 왕래와 이치는 마찬가지이다. 이 성법이 사람들 간에 서로 대하는 방식을 규정한 것을 가지고 각국 교제의 의를 밝혔으니, 이것이 그 두 번째 종류이다.

그로티우스의 저서 『평전조규』(平戰條規; The Rights of War and Peace)[34]는 고금의 성법에 대한 논의의 오류들을 내부적으로 비판하였다. 혹자는 선악을 전혀 분별하지 않는 이도 있고, 상제의 명이 있은 후에야 선악에 분별이 있게 되었다고 하는 이도 있고, 왕법이 세워지고 나서야 비로소 선악의 분별이 생기게 되었다고 하는 이도 있다. 이 삼자 모두에 대해 그로티우스는 그 잘못을 지적하며 다음과 같이 말하였다. "인간 세상에는 이치(理; reasonable nature)도 있고 사정(情; social nature)도 있다. 일이 이치에 맞으면 응당 해야 하고, 이치에 맞지 않으면 응당 하지 말아야 하니, 이것이 바로 인간의 양지(良知; right reason, 현대어로 '올바른 이성')라는 것이다. 이는 마치 법을 인간의 마음속에 새겨 둠으로써 해야 할 바와 하지 말아야 할 바를 구별하는 것과 같은 것이다. 본성(性; nature)에 위배되는 것은 곧 조물주의 주재로 금한 것이요, 본성에 부합하는 것은 곧 그의 명령하는 바이다. 인간이 이를 생각해 본다면, 그 주재자가 금하거나 명령한 바

---

33 '性法'은 영어 원문상 'natural law'에 해당하는 번역어로, 위의 절 제목에서는 '天性'으로 번역하기도 하였다.

34 *The Rights of War and Peace*(1625년)는 네덜란드 법학자인 그로티우스의 저작으로, 그는 이 책에서 자연법적 논리에 근거하여 전시와 평시의 국제 관계와 조약 규정에 대해 논하였다. 당시 개신교 지지 국가(네덜란드 포함)들과 천주교 지지 국가들 사이에서 벌어졌던 30년전쟁이 한창이던 시기에 나온 이 책은 교황과 봉건제를 중심으로 하던 중세 유럽의 국제질서로부터 근대국민국가에 기반한 국제법질서로의 전환을 알리는 중요한 저작이다.

를 알 수 있으며, 그것이 범법인지 아닌지 절로 알 수 있다.

제3절 천법(天法)이라는 것

소위 '성법'이라는 것은 다름이 아니라, 세상 사람들이 자연 상태 그대로 함께 살면서 마땅히 지켜야 할 본분을 말하는 것이므로, 천법(天法; law of god or Divine law, 현대어로 '신법')이라고 불러야 할 것이다. 모두 상제가 정하여 사람들이 준수하도록 한 것으로, 어떤 것은 사람들의 마음속에 새기고, 어떤 것은 성경을 통해 드러내 보이셨다.

국가들(邦國; independent communities)도 자연 상태 그대로 함께 살아가는데, 비록 통령하는 군주는 없지만, 이 성법을 가지고 분쟁을 해결하니, 이것이 바로 국가들의 의법(諸國之義法; law of nations, Jus Gentium, 현대어로 '만민법' 내지는 '국제법')[35]인 것이다.

제4절 공법과 성법은 여전히 구별된다

그로티우스는 공법(公法; law of nations)을 대체로 공동 합의(共議; general consent, 현대어로 '만장일치' '보편적 합의')[36]를 통해 나온 것이기에 각국이 모

35 마틴은 'law of nations', 'Jus Gentium', 'international law'를 번역할 때 '국가들의 의법'(諸國之義法), '공법'(公法), '국가들의 공법'(諸國之公法), '만국공법'(萬國公法) 등의 여러 가지 용어를 뒤섞어 가며 혼용하여 번역하고 있다.

36 '동의'나 '합의', '협의', '인정', '회의'에 해당할 만한 용어들의 번역어 역시 다수가 교차 혼용되고 있는데, 영어 원문상의 'consent', 'convention', 'conventional' 등에 대응하여 '共議', '公議', '同議', '許' 등의 단어를 함께 쓰고 있다.

두 복종하는 것이라고 보았다. 그는 다음과 같이 말하였다. "내가 이 공법을 논함에 있어서 여러 국가들의 도리(道理; testimony of philosopher)와 역사, 시편을 그 증거로 삼았으되, 전부 다 충분한 증거가 있다고는 못할 것이며, 대체로 그 속에는 편협되고 왜곡된 부분도 있을 것이다. 하지만 시대가 요원하고 국가들이 서로 멀리 떨어져 있기는 하지만, 모두가 동의하고 똑같이 말하는 데에는 반드시 그 이유가 있다. 그 이유란 다름 아니라, 천리의 자연(天理之自然; principles of natural justice)이거나 국가들의 합의(諸國之公議; universal consent)라 할 것이니, 하나는 성법이요, 또 하나는 공법이다. 양자는 같은 학문의 분파이되 서로 뒤섞일 수 없으니, 대체로 하나의 통용되는 규범이 어디에서나 준수되지만 궁극적으로 천리로부터 나온 것이 아니라면, 이 규범들은 협약에서 나온 것임이 분명하다." 또한 그는 "각국이 법을 만들어 국가를 이롭게 하는 것을 으뜸으로 삼고, 여러 국가들이 동의(同議; consent)를 통해 공익(公好; the utility of the great body of states communities)을 추구하는 것이 그 추세이니, 이는 바로 만국의 공법(萬國之公法; law of nations)이 인간의 성법(人心之性法; Natural Law)과 구별되는 바"라고 하였다.[37]

---

37 마틴의 중국어 번역에는 이 뒷부분에 다음과 같은 영어 원문상의 긴 문단이 생략되어 있다. "그로티우스의 논거들은 모두 그 구분에 근거하고 있는데, 그는 제 민족의 자연법과 실정법(혹은 자의법)을 구분하고 있는 것이다. 그는 만민법(law of nations)의 최초의 요소를 인간이 소위 자연의 상태 속에서 함께 살고 있다고 하는 사회의 한 가정된 조건으로부터 추론해 내었다. 그 자연적 사회는 신 이외의 지배자는 없으며, 인간의 마음속에 새겨지고 양심의 소리에 의해 밝혀지는 신성 법 이외에는 다른 어떤 규범도 없다. 그와 같은 상호 독립적인 상태 속에 함께 살아가고 있는 여러 민족들은 반드시 이와 마찬가지의 법에 의해 통치되어야만 한다. 그로티우스는 자연법에 대한 다소 모호한 정의를 명확히 하기 위해 방대한 증거들을 보여 줌과 동시에, 그의 지식의 모든 원천들은 우리를 매료시킨다. 그리고 그는 여러 민족들의 실정법 혹은 자의법을 상호 관계 속에

생각해 보건대 그로티우스의 이 말은 오히려 근거 없는 것이라 하겠다. 라이프니츠(Gottfried Wilhelm Leibniz; 萊本尼子)[38]와 컴벌랜드(Richard Cumberland; 根不蘭)[39]가 "공법은 이로움(利; principle of utility, 현대어로 '이익/효용의 원칙')으로부터 나온 것"이라고 말했던 것이 실제에 부합하니, 이는 마치 운무를 걷어 내고 바른 길을 밝힌 것과 같다. 그러나 [그로티우스]

서 일정한 행동의 법칙들을 지킬 것에 대한 모든 민족들, 혹은 대다수의 민족들의 합의에 근거지우고 있다. 자연법에 대한 그의 정의에서처럼 그는 마찬가지의 권위를 환기시킴으로써 이런 법칙들이 실재함을 보여 주고자 애썼다.(All the reasonings of Grotius rest on the distinction, which he makes between the natural and the positive or voluntary law of nations. He derives the first element of the law of nations from a supposed condition of society, where men live together in what has been called a state of nature. That natural society has no other superior but god, no other code than the divine law engraved in the heart of man, and announced by the voice of conscience. Nations living together in such a state of mutual independence must necessarily be governed by this same law. Grotius, in demonstrating the accuracy of his somewhat obscure definition of natural law, has given proof of a vast erudition, as well as put us in possession of all the sources of his knowledge. He then bases the positive or voluntary law of nations on the consent of all nations, or of the greater part of them, to observe certain rules of conduct in their reciprocal relations. He has endeavored to demonstrate the existence of these rules by invoking the same authorities, as in the case of his definition of natural law.)" 이 부분은 그로티우스의 자연법적 경향을 강조하는 내용인데 오히려 생략되었다는 점을 놓고 봤을 때, 이는 마틴이 자연법적 경향이 강하다고 설명해 온 후대 학자들의 주장과 다소 배치되는 측면이 있다. 그리고 이 부분이 생략됨으로 인해 바로 뒤에 나오는 "그로티우스의 이 말은 오히려 근거 없는 것이라 하겠다"라는 문장의 맥락이 잘 이해되지 않도록 만드는 측면도 있다. 만약에 이 부분의 생략이 마틴의 의도에 의한 것이라면, 이는 공법과 성법, 즉 국제법과 자연법 사이의 차이와 구분을 더 명확히 하기 위하여 만민법의 자연법적 속성을 강조한 이 부분을 일부러 생략한 것으로 이해할 수 있을 것이다.

38 고트프리트 빌헬름 라이프니츠(Gottfried Wilhelm Leibniz; 때로 Leibnitz로 씀. 1646~1716)는 독일의 철학자이자 수학자이며, 또한 법학자이기도 하다.

39 리차드 컴벌랜드(Richard Cumberland, 1631~1718)는 영국의 신학자이자 성공회 주교이며, 또한 철학자 겸 법학자이기도 하다.

당시에는 어째서 만국의 실리가 오히려 명백히 밝혀지지 못했던 것일까? 그것을 밝히고자 하였지만 그저 사람들 간에 서로 대하는 정리(情理; rules)를 가지고 여러 국가들의 공적인 사무에까지 범위를 확장시켰을 뿐이었기에 이는 불가한 일이었다. 그런즉 위정자는 어떻게 해야 비로소 천하의 공익(天下之公好; general happiness of mankind, 현대어로 '인류 보편의 행복')에 이를 수 있을지 반드시 연구 관찰해야 할 것이다. 연구 관찰의 방법에는 두 가지가 있는데, 하나는 널리 보는 것이고, 하나는 깊이 생각해 보는 것이다. 널리 살펴보면 사리를 알 수 있고, 깊이 생각해 보면 그 일의 이로움과 해로움을 알 수 있다.

제5절 이름은 다르나 이치는 같다

홉스(Thomas Hobbes; 霍畢寺)[40]와 푸펜도르프(Samuel Pufendorf; 布番多)[41]는 공법이 어디로부터 연원하였는지, 어떤 권위에 근거해서 행사되는지를 논하였는데, 이들 또한 그로티우스와는 약간 다르다. 홉스는 저서에서 말하길 "성법에는 두 종류가 있는데, 하나는 일반 사람들의 왕래를 위주로 한 것이고, 하나는 국가들 간의 교제를 위주로 한 것인데, 소위 만국공법(萬國公法; Law of Nations, 현대어로 '만민법')[42]이라는 것이다. 이 둘은 이

---

40 토마스 홉스(Thomas Hobbes, 1588~1679)는 영국의 철학자이자 정치학자이다.

41 사무엘 푸펜도르프(Samuel Pufendorf, 1632~1694)는 독일의 저명한 법학자로, 자연법주의적 관점에 기초한 국제법 저서인 『자연법과 국제법』([라] De jure naturae et gentium libri octo)으로 유명하다.

42 영어 원문에는 홉스의 저서 『시민론』(De Cive)에 나오는 "the natural law of states, commonly called the Law of Nations"라는 문장을 인용하고 있는데, 마틴은 여기에 나오는 'Law of Nations'를 'International Law'와 마찬가지로 '만국공법'으로 번역하고 있다. 원

름은 다르나 원리는 하나이다. 대체로 여러 국가들로 나뉜 상태에서 사람들 간의 왕래의 도를 가지고 국가 간 교제(交際)의 규범을 삼은 것이다. 사람 간의 왕래의 도를 논하는 것을 이름하여 '성법'이라 하고, 이를 국가 간 교제의 일에까지 확장하여 적용하는 것을 이름하여 '공법'이라고 한다"고 하였다. 푸펜도르프는 자신의 학설을 통해 "이 외에 따로 통용되는 공법(公法; voluntary or positive law, 현대어로 '자의법 혹은 실정법')이 있는 것이 아니라, 오직 성법만이 만국을 기꺼이 따르게 할 수 있다"고 하였다.

문명화(服化; civilized)된 나라[43]에서는 관례와 예절(例款; usages and comity)을 정하여 교전 시 잔인한 일을 피하도록 하고 있다. 그 조규(條規; rules)는 사람들이 의논하여 만든 것인데, 여러 국가들 가운데 일부는 명

래 홉스가 사용한 'Law of Nations'라는 개념은 고대 로마법인 'Jus Gentium'(만민법)을 영어로 직역한 것으로, 프랑스어로는 'droit des gens'에 해당한다. '만민법'은 원래 고대 로마시기에 로마 시민권을 가지지 못한 외국인에게 적용하기 위해 제정한 법으로, 근대 국제법의 형성 과정에서 자연법주의적 관념이 농후하였던 초기에 주로 사용되었던 개념이기 때문에 18세기 말 이후로는 실정법주의적 관념이 반영되면서 제러미 벤담(Jeremy Bentham, 1748~1832)에 의해 1789년 'international law'라는 신조어가 만들어져 사용되면서 이로 대체되었기 때문에 구분해서 번역할 필요가 있었겠지만, 마틴은 별도로 구분하지 않고 'Law of Nations'와 'International Law' 모두 '만국공법'으로 번역하였다. 이는 마틴이 지니고 있던 자연법주의적 성향으로 인해 'Law of Nations'와 'International Law'가 연속성을 가진 동일한 개념으로 이해되었기 때문이라고 해석되기도 하는데, 19세기 후반 일본에서 'International Law'이 번역어로 '국제법'이라는 새로운 번역이가 나오게 되는 배경이 되기도 한다.

43 영어 원문의 'civilized nations'은 服化之國으로 번역되고 있는데, 아직까지 문명화/문명 등의 번역어가 없었던 당시에 '중화의 왕도와 문화를 따르다'는 의미를 지닌 중국 전통적 개념인 '服化'를 가지고 번역하였다. 이처럼 기독교 문명을 바탕으로 한 서구의 근대화 과정에서 형성된 'civilization'이라는 개념을 '중화의 왕도와 문화를 따르다'는 의미의 '服化'로 번역한 것은 사실상 당시 중국인의 입장에서 정반대로 오독하도록 만들었을 가능성이 크다.

시적으로 동의(明許; admitting)하거나, 일부는 암묵적으로 동의(默許; tacit consent)하고 있다. 만일 두 나라가 교전할 때, 혹여 한쪽이 스스로 옳다고 여겨 "이 교전의 규정을 다시는 따르지 않겠다"고 한다 해서 그가 불의하다고 할 수는 없다. 하지만 이 나라가 국가들의 조규를 어기고서 싸울 경우, 상대국의 보복이 두려울 뿐만 아니라 또한 만국의 공격을 받게 될 것이 두려울 따름이다.

상례의 보편적 쓰임[44]

영국의 공법학자(公師) 스코트(William Scott, 즉 Lord Stowell; 斯果德)[45]가 말하길 "공법은 국가들의 상례(常例; usage and practice, 현대어로 '관행')에 근거한 것으로, 그 근본은 반드시 이치(理; general principles, 현대어로 '일반 원칙')에서 나온다. 하지만 천리 자연의 의(天理自然之義; general principles)를 가지고 만사를 다스릴 수는 없으며, 또한 공허한 논리(憑虛之論; general speculation, 현대어로 '일반 추측')를 가지고 공법을 삼을 수도 없다. 즉 만약 이치를 가지고 논하자면 적을 죽여도 된다지만, 이치는 원래 그 죽이는 방법을 구분하지는 않는다. 다만 그 합의된 조규가 이 방법은 동의하고

---

44 미제(眉題)는 영어원문에서 일련번호 형태의 절 제목과 별개로 일련번호 없이 삽입된 부가적인 소제목을 가리키는데, 기본적으로 중국어 번역에서도 영어 원문의 순서와 내용 그대로 따르고 있다. 다만 두 미제에 차이가 있는 경우가 있는데, 여기의 경우에서처럼 때로 영문 원본에는 없지만 중문 번역본에는 번역자가 의도적으로 특별히 삽입한 경우도 종종 보인다.

45 윌리엄 스코트(William Scott, 1745~1836)는 제1대 스토웰 남작(Baron Stowell)이자 영국의 판사 겸 법학자로, 1798년부터 1828년까지 영국 해사고등법원(High Court of Admiralty)의 재판관으로 재임하였다. 영어 원문에서는 이름을 대신하여 그의 작위인 'Lord Stowell'을 가지고 표기하고 있는데, 마틴은 중국어로 번역할 때 그의 이름 스코트를 가지고 음역하였다.

저 방법은 금하는 것일 뿐이다. 전쟁에서 적을 죽이되, 반드시 세상 사람들이 공통적으로 사용하는 '적을 죽이는 방법'을 가지고 죽여야 한다. 비록 이치에 부합하지 않는 바가 없다 하더라도, 여러 국가들이 공동으로 동의한 적이 없는 방법이라고 한다면 전시에 결코 사용해서는 안 된다.

그로티우스는 국가사절(國使; ambassadors, 현대어로 '대사')의 권리(權利; privileges, 현대어로 '특권', 특히 '불체포특권')는 모두 합의(公議; voluntary law of nations, 현대어로 '자의적 만민법')[46]에서 나온다고 봤다. 푸펜도르프는 "국가사절의 존엄 불가침성(尊爵而不可犯; sacred and inviolable character)은 [상대편] 국왕에 대한 존중이 그 신하에게까지 미친 것이니, 진실로 성법에서 나온 것이다. 그 이해관계에 따라 혹은 성법에 근거를 두거나, 아니면 암묵적 동의에 근거를 두는데, 동의하느냐 안 하느냐는 원래 강제성이 없다"고 하였다. 푸펜도르프는 국가사절의 권리를 두 가지로 나눌 수 있는데, 어떤 것은 천성으로부터 나온 것으로 불가침하며, 어떤 것은 상례로부터 나온 것으로 경우에 따라 바꿀 수 있다고 하였는데, 생각해 보면 이 설은 근거가 전혀 없는 것이다. 국가가 어느 한쪽이 폐지할 수 있다면, 다른 한쪽도 폐지할 수 있으니, 이렇게 된다면 다른 나라의 보복을 야기할까 두려울 따름이다.

이쪽 국가의 공사(公使; ambassador)는 저쪽 국가에 가더라도 그 나라의 관할(管轄; jurisdiction)을 받지 않는다. 만약 저쪽 국가가 이미 암묵적으로 동의해 놓고서 후에 이를 어겨 불허한다면 [공사를] 파견한 국가의 보복을

---

46 영어 원문상 그로티우스가 근거로 삼았던 'voluntary law of nations'를 번역자인 마틴은 앞서 'consent'에 대한 번역어로 썼던 '公議'로 번역하고 있다. 이것이 단순한 번역상의 실수에 의한 오역인지, 자연법과는 달리 합의가 필요하다는 점을 강조하기 위한 의역 내지는 의도적 오역인지는 확실치 않다.

받게 될 것이다. 공법의 조례는 모두 이러하니, 이를 위반하고자 하는 국가는 위반할 수는 있지만, 그 굴욕을 받은 국가가 장차 받은 대로 되갚을 것이요, 또한 만국의 공분의 대상이 될 것이다.

제6절 이치와 관례라는 두 가지 기원

빈커쇼크(Cornelius van Bynkershoek; 賓克舍)[47]는 공법의 기원을 이치(理; reason)와 관례(例; usage), 두 가지로 보았다. 관례는 각국의 법률(律法; ordinances)과 조약(盟約; treaties)으로 증거를 삼는 것이다. 중립국의 항해권(局外者航海之權; rights of neutral navigation)을 논하면서 그는 "내게 두 친구가 있는데 둘이 원수가 된다면, 나는 응당 둘 다 우의로서 대하고 어느 한 쪽을 도와 다른 쪽에 해를 입혀서는 안 될 터이니, 이것이 이치이다. 각국의 국왕은 평시에 조약을 맺고 전시에 법률을 시행하여 안정적으로 제3자가 왕래할 수 있도록 하니, 이것이 관례이다. 상례(常例; general usage)가 공법이 되면, 한두 개의 조약이 맞지 않는다고 해서 폐기될 수 없다"고 하였다.

국가사절의 권리에 관해서 그는 다음과 같이 말하였다. "과거 법학자(法師; jurisconsult)들의 논의에 따르면 공법은 이치(理; reason)에서 나오므로 만국 가운데 문명국이라면 준수하지 않는 자가 없다. 즉 공법에는 두 가지 근원이 있음이니, 이치와 관례인 것이다. 무릇 이런 변론은 아무리 이야기해 봤자 결국 하나로 귀결된다. 곧 국가들의 정리(情理; reason)상 마

---

47 코넬리스 반 빈커쇼크(Cornelis van Bijnkershoek; 혹은 Cornelius van Bynkershoek, 1673~1743)는 네덜란드의 국제법학자이다.

땅히 행해 왔던 것들과 교제 왕래 시 관행(慣行; custom)으로 해 왔던 것들을 묶어서 공법을 이루니, 그 외에 따로 공법이라 할 것은 없다. 모든 사람이 사람답게 행동하는 데는 반드시 정리(情理)라는 것이 있으니, 심사숙고해 본다면 일의 당위 여부는 저절로 드러나게 될 것이다. 무릇 이 관행이라는 것이 곧 관례가 되니, 모든 국가들이 위반해서는 안 된다. 이런 관례법(例法; usage)이 없다면, 교전, 강화, 동맹(會盟; alliance), 통사(通使; embassies, 현대어로 '대사관'), 통상(通商; commerce) 등은 모두 행해질 수 없을 것이다."

그리고 "고대 로마의 법률과 교리상의 조규는 지침으로 삼기에는 부족하다. 반드시 정리(情理)를 헤아려 보고, 모든 나라들의 관행(常行; usage)을 두루 살펴보면 이런 도를 명확히 할 수 있다. 그 일의 정리가 어떠한지는 이미 위에서 밝혔다. 오늘날에는 다시 상례(常例; usage)가 어떠한지를 살펴보니, 공법은 관례(例; usage)에서 나온다"고 하였다. 또한 다음과 같이 말하였다. "1651년 네덜란드는 국가사절은 비록 죄가 있다 하더라도 공법에 따라 체포되어서는 안 된다고 하였다. 그 이후로 네덜란드가 이 조규를 더 이상 따르지 않겠다고 명확히 밝히지 않은 채 이전의 말을 식언한다면, 이는 공정(公; equity)하지 못한 것이다. 공법은 관례에서 나오는 것이므로, 이 관례를 따르지 않겠다고 명확히 말한다면 이 관례는 더 이상 상례(常例; law of nations)가 아닌 것이다. 울릭 후버(Ulrik Huber; [라] Huberus; 胡北路)[48]는 국가사절의 권리가 오래되었다고 해서 이를 고수하려고만 해서는 안 된다고 하였다. 그러나 그가 말한 것은 오로지 신민(民人;

---

48 울릭 후버(Ulrik Huber, 1636~1694)는 네덜란드의 법학교수이자 정치철학자로, 영어 원문에서는 그의 라틴어식 이름인 후베루스(Ulricus Huberus)를 사용하였다.

subject)이 국왕의 뜻을 거스르고 다른 나라의 공사에게 보호를 구하는 경우만을 가리키는 것이었다. 하지만 그가 미처 다 말하지 않은 국가사절의 모든 권리가 모두 그러하다. 대체로 소재지의 국왕이 [권리를] 주고자 하지 않는다면, 이에 대해 다툴 수 없다. 국왕이 이 상례를 따르지 않겠다고 표명한다면 어찌 암묵적으로 동의 받을 수 있겠는가? 기꺼이 따라야만 비로소 암묵적으로 동의될 수 있는 것이다. 만약 암묵적 동의가 아니라면 공법은 행해질 수 없다."

제7절 성리(性理)의 일파

푸펜도르프의 제자들은 공법학(公法之學; science of international law, 현대어로 '국제법학')을 성리(性理; science of ethics, 현대어로 '윤리학')의 부류라고 여겼는데, 대체로 사람들이 서로 대하는 성법을 국가들의 교제에까지 확장시킨 것이라고 보았다. 그 이후로 볼프(Christian Wolff; 俄拉費)[49]가 국가들의 공법을 사람들의 성법과 분리하여 별개의 분야로 나누었는데, 바텔(Emmerich de Vattel; 發得耳)[50]은 그가 공법학에 기여한 공로가 크다고 높이 평가하였다.

볼프는 그의 저서에서 다음과 같이 말하고 있다. "인간 세상에서 서로 대하는 방식이 매우 번다하여 성법을 가지고 이를 추론하기란 쉽지

49 크리스티안 볼프(Christian Wolff, 간혹 Wolf로 잘못 쓰기도 함. 1679~1754)는 독일의 철학자로 유명하며, *Jus Gentium Methodo Scientifica Pertractum* (*The Law of Nations According to the Scientific Method*) (1749)을 쓴 국제법학자이기도 하다.

50 에머리히 드 바텔(Emmerich de Vattel, 1714~1767)는 국제변호사(국제법학자)로, 그로티우스(Hugo Grotius)의 영향을 받았다.

않다. 그래서 국내에 따로 만들어 둔 법률은 성법과는 다소 다르다. 즉 국가들 간에 따로 만들어 둔 조례가 국가들의 이법(理法; natural law, 현대어로 '자연법')[51]과 다소 다른 것 역시 이런 이유에서이다. 그 조례가 이법과 다른 이유는 대체로 국가들의 공익(公好; common welfare)으로 인해 이와 같기 때문에, 여러 국가들이 마땅히 이 조례(條例; common law)를 따르는 것이니, 이는 이법과 다를 바가 없다. 또한 이 조례가 이법과 모순되지 않기에 만국의 통례(通例; common law)로 삼는 것이니, 그로티우스가 '국가들이 기꺼이 따르는 법'(甘服之法; voluntary law of nations, 현대어로 '자의적 만민법')[52]이라고 불렀던 것이 바로 이것이다.

세 가지 종류

또 그는 다음과 같이 말하였다. "공법에는 세 가지 종류가 있는데, 국가들이 아직 동의하지는 않았지만(未許; presumed consent) 기꺼이 따르는 것이 하나요. 명시적으로 동의하여(明許; express consent) 준수하는 것이 둘

---

51 앞서 영어 원문상 'natural law'에 해당하는 용어에 대한 번역어로 '天性', '性法' 등으로 번역하였는데, 여기서는 '理法'라는 용어를 사용하고 있다. 그리고 바로 윗 문단에서 'science of ethics'에 해당하는 부분도 '性理'라고 번역하고 있듯이, 마틴은 'nature'를 '天', '性', '理'를 뒤섞어 가며 번역하고 있는데, 이는 의도적으로 중국인들이 이해하기 용이하고 쉽게 받아들일 수 있는 유교 주자학의 핵심개념인 '性'과 '理'를 활용한 것으로 보인다. 이는 오히려 번역상의 통일성과 일관성을 떨어뜨려 서구의 개념에 대한 이해를 더 어렵게 만든 측면도 있고, 또한 중국인들이 낯선 개념으로서 새로운 인식의 전환을 가져왔어야 할 서구 국제법 개념을 자기화하여 이해하도록 만드는 하나의 요인이 되기도 하였다.

52 마틴은 'voluntary law of nations'를 '甘服之法'으로 번역하였는데, 이는 현대 법률용어상으로는 '자의법'에 해당하지만, 여기서는 당시의 중문의 어감을 살리기 위하여 '국가들이 기꺼이 따르는 법'으로 풀어서 번역하였다.

이요, 암묵적으로 동의하여(默許; tacit consent) 관행(慣行; consuetudinary)으로 삼는 것이 셋이다. 아직 동의하지는 않았지만 기꺼이 따르는 것은 국가들이 천하에 동거함(諸國之同居於天下; great commonwealth of nations; [라] civitate gentium maxima)이 마치 백성들이 한 국가에 동거하는 것과 마찬가지이기 때문이다. 무릇 각국이 스스로 법률을 제정하여 이를 기꺼이 따르고 있듯이, 국가들 또한 법률을 만들어 각국이 기꺼이 따르도록 하는 것이다. 이에 따라 법률은 본래 성법에서 나온 것으로 이를 증감 변통(變通; modification)하여 그 사실에 맞추었을 따름이다. 한 국가 안에 있는 사람들은 곧 그 법률을 따르고, 천하에 있는 여러 국가들은 마땅히 이 공법을 따라야 한다."

생각건대 볼프가 말한 만국이 하나의 나라가 된다는 것은 확실한 근거가 없고, 만민이 하나가 된다는 것 역시 명확한 증거를 찾기 힘들다.

제8절 양자가 논한 바의 미묘한 차이

볼프가 논한 국가들이 기꺼이 따르는 법의 근거는 그로티우스와 미묘하게 다르다.

그로티우스는 협의하여 만든 법(同議而設者; positive institution, 현대어로 '실정법')은 반드시 그 공동 동의(同許; general consent)에 근거해서 만들어지므로, 그 동의 여부는 그 준수 여부를 보고 판단한다. 볼프는 인류와 자연이 상호 부합하여 하늘이 이 법을 내려 준 것이므로, 각국이 따르지 않으면 안 된다고 여겼다.

그로티우스는 '국가들이 기꺼이 따르는 법'을 논하되, 관례법(例法; customary law of nations, 현대어로 '관습적 만민법')과 뒤섞어 구분하지 않았다.

볼프는 이를 전혀 다르다고 여겨, 그 기꺼이 따르는 법은 만국에 두루 행해지지만, 관례법은 이를 관행으로 삼은 나라에서만 행해질 뿐이라고 여겼다.

제9절 바텔의 대의

바텔의 책은 비록 볼프에게서 그 자료를 가져왔지만, 기꺼이 따르는 법의 근거를 이야기함에 있어서는 볼프와 약간 다르다. 볼프는 대체로 만국을 한 나라로 여겨, 이 법이 하늘이 부여한 것이므로 국가들의 공법이 바로 천하의 법률이라고 여겼다. 바텔은 그렇게 보지 않았다. 만국을 한 나라로 삼는다는 말은 허황되어, 자주국(自主之國; sovereign state, 현대어로 '주권국')에서 법으로 삼기에는 부족하니, 진실로 자고이래로 세상 사람들은 자연 상태 그대로 함께 살아왔지만, 이른바 국가들이 자연 상태 그대로 함께 살아가는 일은 없었다고 하였다. 무릇 국가 성립의 근거는 반드시 두 가지 일을 통해서 이루어진다. 첫째, 사람들이 자신의 사권(私權: civil rights)을 공공(公; civil society)에 귀속시키는 것이다. 둘째, 통솔권을 지닌 군주가 법을 제정하고 폭력을 금하게 하는 것이다. 만약 볼프가 말했듯이 만국이 한 나라로 합쳐진다면, 이 두 가지 일이 가능하겠는가? 또한 각국이 자주국이라고 칭하는 것은 다른 나라의 명을 따르지 않기 때문이다. 만약 볼프의 설을 따르자면, 여러 국가들이 자연 상태로 동거하면서 오직 성법만 알고 천성을 부여한(賦性) 주재자만이 있다고 한다면, 어찌 개인(私; individuals)을 귀속시킬 공공이 있으며, 어찌 통할할 군주가 있을 수 있겠는가?

바텔은 또한 공법의 본원은 모두 성법 가운데서 추론되어 나온 것으로, 대강(大綱; axiom, 현대어로 '공리')이 정해진다면 여러 국가들의 일을 통제할 수는 있겠지만, 반드시 이를 변통(變通; modify)하고 증익 보완해야만 한다고 여겼다. 국가들과 백성들은 각기 아주 다르므로, 그 명분(名分; obligations, 현대어로 '의무')[53]과 권리(權利; rights)[54] 역시 같지 않다. 이 양자가 같지 않으므로, 비록 그 대강은 같다 하더라도, 그 준수해야 할 조규는 자연히 같을 수 없다. 만국의 사람들이 이 성법에 근거하지 않은 자가 없지만, 다만 국사(國事)의 변통 증익은 각기 그 합당한 바가 있다. 따라서 성법의 공통된 바를 가지고 양자의 차이를 헤아리되, 정리상 당연한 선을 넘지 않아야 한다. 이에 공법이라는 또 다른 학파가 생기게 된 것이다.

성법을 국가들의 교류(交通; intercourse)에 관한 일에까지 확장시킨 것을 볼프와 바텔은 자연법(自然之法; necessary law of nations, 현대어로 '필연법')이라고 불렀다. 이른바 자연(自然; necessary, 현대어로 '필연')[55]이라는 것은

---

53 마틴은 'obligation'이나 'duty'에 대한 번역어로 '名分'이나 '分'을 사용하고 있다. '分' 자체가 워낙 다양한 의미를 지니고 있는 어휘이기 때문에 여기서는 '직분' '본분'과 같은 의미로 볼 수 있겠지만, 근대 국민국가와 국민 사이의 관계를 규정하는 가장 근본적인 개념이라 할 수 있는 '의무','책임'이라는 개념을 표현하기에는 기존의 봉건적인 신분질서하의 개념처럼 느껴지는 측면이 있다. 이 때문에 현대 한국어나 중국어에서 'obligation'이나 'duty'와 '分' 사이의 대응관계는 거의 사라졌다.

54 마틴은 중국어번역에서 국가사절(대사)의 불체포특권을 의미하는 'privilege'나 개인의 권리를 의미하는 'right'를 구분하지 않고 '權利'로 번역하고 있는데, 주로 'privilege'는 '權利'로, 'right'는 '權'이나 '私權'으로 번역하는 경우가 많은 편이다.

55 마틴은 여기서 'necessary law of nations'를 '自然之法'으로, 'necessary'를 '自然'이라고 번역하고 있는데, 이는 원래 'necessary law of nations' 용어 자체가 자연상태에서도 필수적/필연적으로 지키는 법이라는 의미에서 'natural law of nations'와 유사한 개념처럼 사용되었다는 점에서 어느 정도 이해될 수 있기는 하지만, 이는 어휘의 일대일 대응관계를 놓고 봤을 때 중국어 어휘의 맥락과는 다소 거리가 있어 보인다.

대체로 국가들이 이 이치를 따르지 않을 수 없는 것이다. 성법은 사람들이 반드시 지키고, 각국 역시 반드시 지키는 것이다. 사람들이 모여 국가가 되니, 인간에 대한 인간의 행위는 성법의 범위에서 결코 벗어나지 않는다. 이에 대해 그로티우스와 그 문인들은 "공법에 내외 구분이 있다"고 칭했다. 국내의 공법은 여러 국가의 사람들이 마음속으로 이를 마땅히 따라야 함을 모두 알고 있으니, 이를 이법(理法; natural law)이라 하기도 한다.

이 법은 불편부당(不偏不倚; immutable)[56]하기에, 이 불편부당의 성법을 국사에까지 확장시킨 것이다. 불편부당하다고 한 것은 자연에 속하는 것이라 폐지할 수 없으며, 국가들이 논의하여 이를 고칠 수 없음이다. 자연히 폐지하여 이를 따르지 않거나 할 수 있는 게 아니며, 또한 다른 나라로 하여금 따르지 않도록 할 수도 없는 것이다.

혹자는 이 설이 잘못되었다고 말한다. 바텔은 "여러 국가들이 장정(章程)을 정하는데, 만약 자연의 이법과 맞지 않는다면, 양심에 따라 가히 폐지하거나 폐지하지 않거나 할 수 있으며, 이는 국내법(內法; internal law)에서는 폐지되지만 국외법(外法; external law)에서는 행해질 수 있다"고 하였다. 무릇 이처럼 불합리한 경우를 만날 경우, 그 부득이한 상황의 구분에 따라 간섭하지 않거나 여러 국가들이 자주 자의대로 하는데, 볼프가 말한 국가들의 기꺼이 따르는 법이 바로 이것이다.

바텔이 논한 그 마땅히 준수해야 할 의(當遵之義; voluntary law of nations)

56 영어 원문의 문맥상 'immutable'(불변의)를 '불편부당(不偏不倚)'으로 번역한 것으로, 원래 맥락과 잘 맞지는 않지만, 항구적 보편성을 강조한다는 맥락에서 이렇게 번역한 것으로 이해된다.

는 볼프와 약간 다르지만, 그 연원한 바에 있어서는 볼프와 동일하다. 대체로 양자 모두 기꺼이 따르는 법이란 국가들의 상호 동의(互認; presumed or tacit consent)에서 나오는 것으로, 평등한 자주권을 가지고 각자 자신들의 시비를 판단하며, 오직 상제(上帝; Supreme Ruler of the universe)만을 따를 따름이라 여겼다.

이 기꺼이 따르는 법 이외에 볼프와 바텔은 따로 합의(公議; convention)와 상례(常例; custom) 두 가지를 논한다.

이른바 '합의'란 곧 국가들의 조약 장정(盟約章程; compact)이다. 무릇 조약 장정의 권한은 단지 이를 맺은 국가에만 해당하는 것이니, 특별히 만들어진 것이지 통용되는 것은 아니다.

관례법(例法; customary law)은 여러 국가들의 관행(常行; usage)으로부터 나온 것이지, 통용되는 것은 아니다. 대체로 그 권한은 단지 암묵적으로 동의한 국가에 한한다.

바텔은 '기꺼이 따르는 것(甘服; the voluntary)', '합의(公議; the conventional)', '관행(常行; the customary)' 등의 세 가지가 혼합되어 국가들의 공법(公法; positive law)을 이룬다고 여겼다. 이 세 가지 모두 국가들의 의지(情願; will)에서 나오는 것이다. 볼프가 말한 '기꺼이 따르는 법'은 아직 동의하지는 않았지만 반드시 동의해야 하는 것이요, 합의법은 명시적으로 동의하여 함께 만든 것이요, 관례법은 암묵적으로 동의하여 관행으로 삼은 것이다.

생각건대 공법을 이 세 가지로 나누는 것은 혼란스러워 불명확함을 면하기 힘들다. 기꺼이 따르는 법을 가지고 국가 간 교류의 규정(定章; the rules)을 총괄하고, 다시 이를 합의와 관례의 두 가지로 나누는 것이 비교적 명료할 것이다. 대체로 국가들이 명시적으로 동의하는 것이 합의요, 암묵적으로 동의하는 것이 상례다.

제10절 헤프터의 대의

헤프터(August Wilhelm Heffter; 海付達)[57]는 독일[58]의 저명한 공법학자이다. 그는 "로마의 법률서에서 말한 만국의 공법(萬國之公法; [라] *jus gentium*)[59]이 가장 오래된 가장 광의의 공법으로, 여러 국가들이 관례로 삼아 암묵적으로 동의하는 법이다. 여러 국가들이 이를 근거로 삼아 교제(交際; mutual relation)할 뿐만 아니라 사람들 사이의 왕래 역시 이 법을 따른다. 이를 시행할 만한 권한도 있고, 이를 지켜야 할 명분도 있으니, 여기서 각국의 법률이 나왔을 뿐 아니라, 모든 곳에서 마찬가지로 통용된다"고 하였다.

두 가지 유파

헤프터는 공법을 두 가지 유파로 분류하였다. 세상 사람들의 자연권과 각국이 타 국가 인민(人民; individual)들에 대해서도 통용된다고 인정되

---

57 헤프터(August Wilhelm Heffter, 1796~1880)는 독일의 법학자로, *Das europäische Völkerrecht der Gegenwart (현대 유럽의 국제법)*(1844)의 저자이다.

58 게르만의 음역어인 '日耳曼'은 마틴의 번역서에서 대체로 독일연방을, 그리고 '日耳曼國'은 독일왕국을 가리킬 때 사용되고 있다. 때로 '日耳曼'과 '日耳曼國'이 혼용되기도 하는데 시기와 문맥에 따라 달리 번역될 수 있지만, 역사적 맥락과 상관이 없는 경우에는 편의상 독일로 번역하였다. 신성로마제국의 일부로서 유지되었던 독일왕국이 1815년 신성로마제국 붕괴 이후 빈회의 체제에 의해 성립된 연방국가인 독일연방으로 전환되었다가, 이 책이 나온 이후인 1866년 프로이센-오스트리아 전쟁 이후 붕괴되었다. 이후 프로이센 중심의 북독일연방(1866~1871), 독일제국(1871~1918), 바이마르공화국(1919~1933), 나치독일(1933~1945) 등으로 이어진다.

59 고대 로마법에 존재하였던 'jus gentium'(the law of nations)은 로마 제국의 통치하에 있던 여러 민족들에 대해 적용하던 법으로, 소위 '만민법', 내지는 '민족들의 법'으로 번역된다.

는 권리에 관한 논의가 그 하나이다. 국가 간 교제의 도에 관한 논의가 다른 하나이다. 오늘날 소위 공법이라는 것은 바로 교제의 도를 가리키는 것이니, 외공법(外公法; external public law)이라 하여 각국의 자치 국내법(內法; internal public law)과 구분 지을 수 있다. 무릇 이 공법의 두 가지 유파 가운데 하나는 각국의 법률과 부합하여 혼동되지 않는다. 대체로 오로지 세상 사람들의 자연권(自然之權; rights of men in general)과 사람들 사이에 당연하게 여겨지면서 각국에 의해 보호받는 인민의 사권(私權; private relations)만을 가리킨다. 따라서 이들이 논하는 것을 사권의 법(私權之法; private international law)이라 칭한다.

공법의 정묘한 의의(精義)[60]

헤프터는 국가들의 법(諸國之法; international law)이 로마의 법학자들이 말하는 공법의 의의(公法之義; the idea of the jus gentium)를 모두 담아내기에는 부족하다고 여겼다. 세상 사람들의 공법(世人之公法; law of nations, 즉 '만민법')은 각국이 따르지 않을 수 없으니, 어느 누구나 어느 국가나 모두 믿고 보호하는 것이다. 대체로 사람이 있는 곳이라면 반드시 법제로서 그들 사이 관계를 유지하니, 각국의 교제 역시 마찬가지이다.

법은 사람을 보호하여 외적인 폭압을 받지 않게 하기 위한 것이다. 집권자가 직접 이를 실행하거나 각자가 자위권(自護之權; self-protection)을 가지고 실행하기도 하는데 이는 로마의 법학자가 말하는 공법의 의의이

---

60 이 미제는 영어 원문상에는 없지만 마틴이 이 부분을 강조하기 위하여 삽입한 미제로, 모든 장절의 제목은 남김없이 번역한 반면 미제는 추가하거나 생략한 경우가 종종 보이는데, 이는 번역과정에서 당시 마틴의 인식과 의도를 보여 주는 중요한 흔적이라고 할 수 있다.

다. 어떤 나라가 여러 나라들과 교유함에 있어, 모두가 국가 간 왕래의 통례를 암묵적으로 인정(默認; recognize)한다. 이 통례를 위반하면 다른 나라들의 공분을 사서 나라가 위태롭게 된다. 이에 각국이 이 통례를 준수하는 까닭은 다른 나라도 우리를 대함에 이를 준수할 것을 바라기 때문이다. 그래서 공법 하나로 통용될 따름이며, 법을 제정하는 군주도 없고, 또한 판결하는 관리도 없다. 대체로 자주 국가는 타국에 굴종할 필요 없이 천하의 공익(天下之公好; public opinion)을 권형(權衡; regulator) 삼아 사안의 옳고 그름을 역사(史鑒; history)에 기록하는 것이다. 대체로 역사는 각국의 시비를 기록하여 포폄으로써 상벌을 주고, 공법의 간성(公法之干城; rampart of justice)을 옹호하니, 이를 마땅히 준수하여 천지의 정의(天經地義; moral order of the universe)로 삼는다면 천하의 평화를 보전할 수 있다. 각국과 각자가 이로부터 벗어나 혼자 살아남으려 한다면 천지간의 조화를 잃고 용납되지 않을 것이요. 각국과 각자가 서로 어울려 공존한다면 천지간의 조화가 순조롭고 보우 받게 될 것이다.

공법은 하나가 아니다

혹자가 만국의 공법이 모두 한가지냐고 묻는다면 아니라고 답할 것이다. 이 공법은 예수를 숭배하는 문명화(服化; civilized)[61]된 유럽의 국가

---

61 마틴은 앞에서는 영어 원문의 'civilized'를 '服化'로 번역하였지만, 여기서는 '教化'라는 어휘를 써서 번역하고 있다. 이는 '服化'와 마찬가지로 '문명'이라는 근대적 번역어가 등장하기 전까지 전통적인 중국의 관념을 차용한 번역어에 해당한다. 여기서는 영어 원문상으로나, 문맥상으로나 'civilized'의 개념을 의미하고 있는 경우는 '문명화'로 번역하고 경우에 따라서 '교화'로 번역하기도 하였다. 다만 뒤에 'religous faith'를 '教化'로 번역한 경우는 문맥상 혼동의 여지가 있어서 '종교'로 번역하였다. 'civilized'와 'religous faith'를 모두 '教化'로 번역한 것은 선교사인 마틴의 주관적인 의도의 반영이거나, 당시 서구 기

들에 국한되거나, 혹은 유럽의 기독교인들이 이주(遷居)해 간 곳에서는 행해지지만, 그 외에 이 공법을 따르는 곳은 거의 없다. 유럽의 공법과 다른 곳에서 따르는 공법은 다르니, 이는 일찍이 공법학자들이 말한 바 있다.

그로티우스는 다음과 같이 말하였다. "공법이 시행되는 이유는 만국 가운데 많은 나라가 동의하였기 때문일 것이다. 대체로 성법이 진정 만국에 통용되는 것은 이 외에 별도로 통용된다고 할 만한 법이 없기 때문이다. 사실 여기서는 이 법을 따르고 저기에서는 저 법을 따르는 것을 자주 볼 수 있으며, 이는 내가 '많은 이들이 따른다고 말하지 모든 사람들이 따른다고 말하지 않는' 이유이다." 빈커쇼크는 "국가들의 공법은 곧 국가들의 사정과 이치에 따라 준수되는 것이다. 비록 모두 준수하는 것은 아닐지라도 준수하는 국가가 과반수를 차지하고, 또한 이를 준수하는 국가는 문명화(教化; civilized) 정도가 가장 높은 곳"이라고 하였다. 라이프니츠는 "여러 국가들의 기꺼이 따르는 법이란 암묵적 동의를 받은 것이지, 만국에서 만세토록 모두가 하나의 법을 따름을 가리키는 것은 아니다. 대체로 유럽과 인도에서의 국가들의 공법은 많은 부분이 같지 않다. 우리들조차도 오랜 세월을 거치면서 공법이 바뀌어 왔다"고 하였다. 몽테스키외(C. de Montesquieu; 孟得斯咎)[62]는 『법의 정신』(*De l'esprit des lois*; 律例精義)에서 이르길 "각국에는 각자의 공법이 있다. 즉 오랑캐(夷狄)들이[63] 포로로

독교국가의 서구중심주의적 담론의 영향 때문인 것으로 보인다.

62 몽테스키외(Charles Louis de Secondat, Baron de La Brède et de Montesquieu; 현대중국어 '孟德斯鳩', 1689~1755)는 프랑스의 계몽주의 사상가이자 법학자로, 서구의 근대 국가론과 법철학 형성에 지대한 영향을 끼쳤다.

63 영어 원문에는 북미 인디언 부족 가운데 하나인 '이로쿼이족'(Iroquois)으로 표기되어 있

잡힌 사람을 잡아먹는 것 역시 공법이다. 그들도 서로 사신을 보내고 받는 데 있어서 화평과 전쟁의 조규가 있는데, 그 어찌 공법이 아니라 하겠는가? 다만 올바른 이치(正理; true principle)에 근본을 두지 않았을 따름"이라고 하였다.

이로 보건대 키케로(Marcus Tullius Cicero; 得哩)[64]가 말한 '온 세상에 통용되는 법'(遍世通行之法; universal law of nations)이란 없다. 대체로 고금 만국 가운데 야만국(蠻貊; savage)이건 문명국(文雅; civilized)이건, 기독교 지역(教內; Christian)이건 그 바깥(教外; Pagan)이건 간에 모두에게 인정되고 준수되는 관례는 본 적이 없다.

법으로 불러야 할 것인가

프랑스의 유명한 학자 레네발(Joseph-Mathias Gérard de Rayneval; 來內法)[65]

는데, 여기서는 일반적인 야만상태의 민족을 가리키는 '夷狄'으로 의역하였다.

64 마르쿠스 툴리우스 키케로(Marcus Tullius Cicero, 기원전 106~기원전 43)는 고대 로마의 정치인이자 철학자 겸 법률학자이다. 영어 원문에서는 'Cicero'라고 명기되어 있지만, 마틴은 그의 중간 이름인 'Tullius'를 음역하여 '得哩'라고 번역하였다. 徐中約이나 김용구는 이를 키케로의 저서인 de Republica의 음역으로 보고 있으나(김용구, 『만국공법』, p. 73), 뒤에 1-2-14절에서 영문에 de Republica가 나오지 않음에도 키케로를 '得哩'로 음역하고 있는 점, 문맥상으로나 상식적으로나 저서명을 인명으로 대체한다는 것이 말이 되지 않는다는 점, 그리고 영어권에서 키케로의 별칭으로 'Tully'가 사용되었던 점 등을 고려해 봤을 때, '得哩'는 키케로의 가문(씨족)명인 Tullius 내지는 그의 별칭 'Tully'의 음역으로 보는 것이 옳을 것이다.

65 레네발(Joseph-Mathias Gérard de Rayneval, 1736~1812)은 프랑스의 외교관이자 앙시앵레짐(Ancien Régime) 시기 정치가로, *Institutions du Droit de la Nature, et Des Gens* (1803) 저자이기도 하다. 원래 영어 원문의 본문에는 '유명한 프랑스 저자'라고만 이야기하고 이름을 직접 언급하지 않은 채 각주에만 이름을 명기해 놓았는데, 마틴은 중문 번역문에서는 본문에 이름을 직접 명기하고 있는 점이 특이하다.

은 만국율례(萬國律例; law of nations; [불] droit des gens)가 공법이라 이름 붙이기에 적합하지 않다고 보았다. 대체로 법 제정의 권한이 없는데 어찌 법률의 금령(禁令)이 있을 수 있겠는가? 사람들에게 왕법이 없다면 그 '본분에 마땅한 행위'(分所當行; moral obligation)는 '이치상의 마땅함'(情理之當然; natural reason)에서 유추해 나올 수밖에 없으니 각국이 서로를 대하는 것 역시 이와 같을 따름이다.

영국의 공법학자 벤담(Jeremy Bentham; 本唐)[66] 역시 이 율례를 법이라 부르는 것이 합당한지 여부에 관해 논한 적이 있다. 벤담의 제자는 다음과 같이 논하였다. "소위 법이라는 것은 한 사람 혹은 여러 사람들의 합의로부터 나오는 것으로, 형법(刑典; sanction)을 가지고 사람들이 준수하도록 한다. 그래서 성법(性法; law of nature)은 곧 천리(天理; divine law)이므로, 상제의 법(上帝之法; law of God)이라 불러야 할 것이다. 각국의 법률은 그 상위 권력(上權; political superior)으로부터 나오는 것으로, 아래의 백성들에게 시행된다. 다만 관례(例)는 만인 공동의 호오(共好共惡)로부터 나오는 것이므로 법이라는 단어를 차용하여 이를 칭하는 것일 따름이다. 군자가 준수하는 영욕의 관례(榮辱之例; the laws of honor)가 이와 같아서 가히 법이라 부를 수 있으니, 영예로 상을 삼고, 굴욕으로 벌을 삼는다. 각국이 서로 상대하는 관례가 곧 만국공법이라 칭하는 것이니 이 역시 마찬가지이다. 법을 제정하는 군주가 없지만 법이라 칭하는데, 이는 모두 단어를 차용한 것이다. 이는 만국 공동의 호오에서 나온 것으로 집권자의 금령에 의한 것이 아니다. 그 권한은 마음속에 있는 것이지 몸에 있는 것이 아니

---

66 제러미 벤담(Jeremy Bentham, 1748~1832)은 영국의 철학자이자 법학자로, 공리주의 철학 형성에 커다란 영향을 끼쳤다.

다. 군주국이 이를 위반하지 않는 것은 다만 타국의 분노를 사서 환란이 닥칠 것을 두려워하기 때문이다."[67]

같은 풍속으로부터 나왔지만 다른 지역에서도 행해진다

사비니(Friedrich Karl von Savigny; 賽賓尼)[68]는 다음과 같이 말하였다. "일국의 법률(律法; positive unwritten law, 현대어로 '불문화된 실정법')은 그 종교(敎化; religious faith)와 풍속을 따른다. 따라서 여러 국가들이 같은 문화, 같은 풍속이라면 가히 하나의 공법(公法; international law)을 따를 수 있다. 즉 유럽의 여러 국가들이 같은 뿌리를 지녔고 기독교(耶穌之教; Christian)를 신봉하는 까닭에 하나의 공법을 따른다. 이런 공법은 옛날 사람들도 몰랐던 바는 아닌데, 로마제국의 서적 가운데 그 명칭을 볼 수 있다. 공법은 법률(律法; positive law)이라 할 수 있는데, 다만 각국의 법률이나 금령만큼 상세하지는 못하며, 국가 세력에 근거하여 시행되고 관리의 판단에 의존한다. 그런데 우리 문화(吾儕之化; civilization)[69]는 기독교로부터 기원하여 점

---

67 영어 원문에는 이 문단의 아래 부분에 영국과 프랑스에서의 '국제법'(international law)이라는 명칭의 형성 정착 과정에 대해 설명하는 문단이 있는데, 1773년 프랑스 대법관 앙리-프랑수아 다게소(Henri François d'Aguesseau)에 의해 'le droit entre les gens'라는 어휘가 먼저 만들어지고 이후 그 영어식 표현인 'international law'라는 어휘가 1778년 벤담에 의해 만들어지면서부터 그 명칭이 정착되었다고 설명하고 있다. 이런 서양 언어들 사이에서의 어휘 정착과정에 대한 자세한 설명은 당시 중국 맥락에서 이해되기 쉽지 않기도 하고 그다지 중요한 의미를 지니지 않은 부분이기 때문에 마틴의 중문 번역서에서는 생략되었다.

68 사비니(Friedrich Karl von Savigny, 1779~1861)는 독일의 역사학자 겸 법학자로, 고대 로마법을 연구하여 근대사법의 기초를 닦은 인물이다.

69 영어 원문의 'civilization'이라는 표현을 마틴은 여기서 '우리 문화'(吾儕之化), 즉 서양의 문화로 의역하고 있다.

차 발전해 왔으며, 우리로 하여금 이 공법을 가지고 천하의 만국들을 대하도록 해 왔다. 그들이 어떤 종교를 신봉하고, 우리를 어떻게 대하는가의 여부와는 상관없이 말이다."

사비니의 이 학설은 옳으며, 또한 근래의 사안들을 가지고 입증할 수 있다. 유럽과 아메리카의 여러 나라들은 기독교를 신봉하는데, 아시아나 아프리카(Africa; 阿非利加) 회교국가(Mohammedan; 回回國, 현대어로 '이슬람국가')와도 교제 왕래한다. 그들은 비록 종교는 다르지만, 종종 자신들의 관례를 버리고 서방의 공법을 따른다. 즉 오스만제국, 페르시아, 이집트, 바르바리 등의 나라들은 사절 교환의 관례를 준수하여 우리들과 사신을 상호 파견한다. 유럽의 국가들은 항상 오스만제국의 자주 통일과 세력균형(均勢之法; balance of power)[70] [소위 '세력균형'이란 강국들의 세력의 균형을 유지하여 서로 무시하지 못하도록 하여 약소국이 안전을 확보할 수 있도록 하는 것이다. 진실로 태평세를 이루는 데 있어 중요한 책략이다 ― 원주]과 밀접히 연관되어 있기 때문에 오스만제국과의 조약을 상호 합의한 것이다. 오스만제국은 이로 인해 유럽의 공법을 따른다.

기독교를 신봉하는 유럽과 아메리카의 국가들이 근래 중국과도 평화조약(和約; diplomatic transaction)을 합의하였다. 중국은 이미 과거의 금령을 해제하고 각국과 교제 왕래하며, 평시든 전시든 간에 상관없이 모두 평

---

70 마틴은 영어 원문상의 'balance of power'를 국제법상의 법률이 아님에도 불구하고 '均勢之法'으로 번역하고 있는데, 이는 원주에서 '爲太平之要術'이라고 밝히고 있듯이 세력 균형의 '술책', '책략', '방법' 내지는 '원리'라는 개념을 '法'이라는 용어로 표현한 것으로 볼 수도 있겠지만, 그 이면에는 다분히 중국인들이 '세력 균형'이라는 개념을 국제법적으로 일종의 법적 강제성을 지닌 것으로 받아들이도록 하기 위한 의도가 숨어 있었을 가능성도 적지 않아 보인다. 여기서는 현대어 이해상의 편의를 위해 맥락에 따라 '세력 균형'이나 '세력 균형의 방법'으로 번역하였음을 밝혀 둔다.

등 자주국임을 인정하고 있다.[71]

제11절 공법의 총지

문명국(服化之國; civilized nation)이 따르는 공법 조례는 두 가지 종류가 있다. 인륜의 당연한 바와 국가들의 자주권을 가지고 사정과 이치를 헤아려 공의(公義; justice)에 부합시킨 것이 그 첫 번째이다. 국가들의 협상과 변론을 통해 확정한 것으로, 수시로 개혁하여 공동 동의(共許; general consent)한 것이 그 두 번째이다.

제12절 공법의 원류(源流; *sources*)

만국의 공법에는 여섯 가지의 원류가 있다.

첫째는 유명한 공법학자가 판단하고 개정한 여러 국가들의 상례로,

---

71 이 부분은 아편전쟁 이후 1842년 중국과 영국 사이에 맺어진 난징조약을 비롯한 서구 열강들과 맺은 일련의 조약들을 가리킨다. 원래 영어 원문에서는 "The same remark may be applied to the recent diplomatic transactions between the Chinese Empire and the Christian nations of Europe and America, in which the former has been compelled to abandon its inveterate anti-commercial and anti-social principles, and to acknowledge the independence and equality of other nations in the mutual intercourse of war and peace."라고 표현되어 있는데, '외교적 화해' 정도의 의미를 지니는 'diplomatic transactions'을 '和約'으로 번역하거나, '반사회적 원칙'이라는 부정적 함의를 담고 있는 부분을 생략한 부분은 중국인에게 다소 민감할 수 있는 부분을 의도적으로 순화하여 번역한 것으로 보인다. '휘튼의 *Elements of International Law* 초판본이 나온 1836년 이후의 사건들로, 저자가 직접 대대적으로 개정 증보한 제4판(프랑스어판)이 출간된 1848년 직후 저자가 사망하였던 점을 고려해 본다면, 중국과 관련된 사건들은 초판과 제4판 사이에 추가된 당시의 최신 국제법 사례들이었다.

국가들의 상호 대우의 시비를 포폄(褒貶)하여, 수시로 세부적인 개혁을 판단하여 공동 합의한 것이다. 이런 공법학자들의 논의는 진실로 인심의 정리(人心情理; principles of reason, 현대어로 '이성의 원리')를 저버리고서 혼란스럽게 해서는 안 될 것이다. 그러므로 대사(大事)를 논함에 있어서 공정성(公; impartial)을 유지하고 편향되어서는 안 된다. 각국의 공법학자는 각국의 신앙과 관행을 가지고 입증할 수 있다. 역대 그 어느 누구도 그 설을 반박하지 않았고, 또한 후세에 각국의 군주나 재상들이 매번 이를 인용하여 권형(權衡; rule)을 삼아 왔기 때문에, 그 글이 갈수록 귀중해지는 것이다.

둘째는 각국의 동맹 협약(會盟立約; treaties of peace, alliance)과 통상 장정(通商章程; treaties of commerce)으로, 이전의 공법을 개혁하거나 명확히 하거나 바로잡은 것이다. 대체로 그 조약을 살펴보면, 각국이 시행하는 공법을 알 수 있다. 비록 그 조약이 국가들의 몇몇 상례와 다르다고 하여 공법의 조례를 개정 폐지할 수는 없다. 만약 역대 조약이 모두 동일한 규정을 따른다면 거의 확실한 근거로 삼아 공법의 의의를 바로 세울 수 있을 것이다. 모든 공법 개혁의 대강(大端; most important modifications and improvements)은 대부분 조약에서 나온다.

미국의 공법학자 매디슨(James Madison; 馬的遜)[72]은 "조약과 공법의 관계가 어떠한지는 반드시 그 논의되는 사안을 보고서 정해야 한다"고 보았다. 어떤 것은 공법을 다시 확고히 한 것이고, 어떤 것은 공법의 상시적인 원칙(公法之常經; general law)을 개정한 것이다. 의견이 서로 같다

---

72 제임스 매디슨(James Madison Jr., 1751~1836)은 미국의 법률가, 외교관, 정치가이자, 미국의 제4대 대통령(1809~1817)이기도 하다.

면 임기응변(從權; making exceptions)[73]하여 조약을 맺은 국가에 법을 별도로 제정하거나 혹은 공법의 명확하지 않은 부분을 명확히 함으로써, 조약을 맺은 국가에 법을 만들 수 있을 뿐만 아니라, 해석의 이치(情理; reasonableness)와 지위 품계의 고하(人品之鄭重; character)[74]를 가지고서 공법을 더욱 확고하게 할 수 있다. 이것이 바로 국가들의 공동 합의로 만들어진 공법이다.

셋째는 각국이 정한 장정으로, 이는 순양하는 해군(巡洋之水師; commissioned cruisers)에 지침을 내리고, 해사법원(司海法院; court of admiralty) [혹은 전리법원(戰利法院; prize tribunals) — 원주][75]의 범주를 규정하는 것이다. 대체

---

73 중국어에서 權은 매우 다양한 의미를 지니는데, 앞서 번역문에 나온 '권력', '권리', '권한' 등의 의미 이외에, 중국적 맥락에서 흔히 사용되는 '권형'(權衡: 저울질, 형세 판단)에서 파생된 의미로 '임시' '권형상의 임시변통'과 같은 의미로도 쓰인다. 여기서 나오는 '從權'은 '형편에 따라 임기응변/임시변통하다'라는 의미를 지니며, 이때 불변의 원칙으로서의 '經'이라는 개념이 상대어로 사용되고 있다. 마틴은 영어 원문에서의 'general law'나 'general principles'를 원칙이라는 의미의 '常經', '經'으로 번역하고 'exception'은 당시 중국어 맥락에 맞게 '임기응변', '임시변통', '변칙', '예외'라는 의미를 지니는 '從權'으로 번역하였다. 여기서는 본문의 다른 문장에서 'modification', 혹은 'determining the conflicts'에 대응하는 번역어로 '변통'(變通)이라는 용어를 사용하고 있기에 혼동을 피하기 위하여 '임기응변'으로 번역해 두었다.

74 영어 원문의 'character'에 해당하는 중문 번역어로 '人品之鄭重'을 사용하고 있는데, 여기서 '인품'은 개인의 '인성'이나 '품성'을 가리키는 것이 아니라, 조약을 맺을 때 고려해야 할 소약 당사국의 지위 품세의 중요도나 고하를 가리키는 것으로 보인다.

75 해사법원(司海法院; court of admiralty)은 해상에서의 사안을 다루는 법원을 가리키는데 이는 현대 용어로 보자면 '해군재판소' 내지는 '해양재판소', '해사재판소'에 해당하고, 전리법원(戰利法院; prize tribunals)은 전쟁으로 인한 전리품의 획득이나 피해 보상과 같은 사안을 다루는 법원 혹은 재판소를 가리키는데, 이 양자는 현대에 와서 국제법과 국제기구제도의 발달과 함께 거의 사라진 제도라 할 수 있다. 원래 영어 원문상 이 문장에서는 'prize tribunals'만이 언급되고 있는데, 뒤이은 내용에 나오는 'courts of admiralty'를 병치하여 설명하고 있다.

로 항해 장정(航海之章程; marine ordinances; 현대어로 '해양 조례')은 각국 해전의 상례를 입증해 주며, 또한 어떤 조례에 대한 공법학자의 견해가 통용되는 공법에 부합하는지를 입증해 준다. 지금까지의 공법 가운데 국가들 사이에 상용되는 관행에 의거하여 공평무사하게 해양의 사안(海案; maritime capture)들을 판결할 수 있는 관할 법원(統理之法院; tribunal)이 설치되었던 적은 아직 없었다. 이로 인해 전쟁당사자가 각자 전리법원을 가지고서 본국의 권력에 근거하여 본국 국경 내(疆內; territory)에서 이런 공안을 전적으로 관리하였다. 혹여 그 판단에 불복하는 자는 군주에게 상소하여 그의 직접 판단을 따를 수 있다. 전리법원이 이런 사안을 심사할 때는 본국의 법률에 근거하지 않고 국가들의 공법과 본국이 타국과 맺은 조약에 근거한다. 때로는 법원의 판단을 듣거나 공법학자의 논의를 고찰하여 공법을 만들어 내는 것도 가능하며, 때로는 본국의 군주가 따로 장정을 제정하여 공표하는 것도 가능하다. 그러므로 이런 장정은 공법의 진의(公法之眞義; just principles of international law)를 가지고 만들어 낸 것이다. 영국의 공법학자 그란트(William Grant; 戈蘭得)[76]는 이에 대해 다음과 같이 논하였다. "프랑스의 군주 루이 14세는 〈항해장정〉[77]을 반포하였는데, 사람들은 이것이 유럽에 대해 제정한 법이라 생각하지 않았다. 다만 이는 프랑스가 공표하거나 따르고 있는 해상법의 조례(海法之例; principles

---

76 윌리엄 그란트 경(Sir William Grant, 1752~1832)은 영국의 법조인으로, 하원의원(1790~1812)과 Master of the Rolls(사법부의 제2인자로 민사부 원장에 해당, 1801~1817) 등을 역임한 인물이다.

77 이는 루이 14세(Louis XIV, 1638~1715)가 1681년 8월에 반포한 'Grande ordonnance de la marine d'août'(Great Ordinance of Marine)을 말한다. 해상에서의 전반적인 사안들에 대한 조례를 묶어 집대성한 법전이다.

of marine law)만을 편찬하여 본국의 장정으로 만든 것이다. 내가 그저 프랑스가 공표하거나 따를 뿐이라고 이야기한 것은, 대체로 공법은 장소에 따라 변해서는 안 되지만, 공법을 다스리는 자는 각기 자주의 권한이 있으므로, 양자가 서로 맞지 않으면 각기 다르게 시행하게 되니 해법에 차이가 생김을 피할 수 없기 때문이다. 그 당시까지는 한 나라가 국가들의 공법을 개혁한 적이 없었다. 오직 이 장정만이 일찍부터 본국의 법원에서 권형으로 쓰였고, 중립국(局外者; neutral)에게도 일찌감치 고지되었기에, 이 장정이 어떤 권한을 갖는지는 프랑스 법원도 몰랐던 것은 아니었다. 대체로 중립국에게 이를 따르도록 강제하지 않았고, 다만 판결할 때, 반드시 그 사실을 명확히 밝히고 이를 인용하여 강령으로 삼을 뿐이었다."

넷째는 각국에 의해 심판된 공안(所審斷公案; adjudications)으로, 이는 국가사절이 모여 함께 전쟁을 종식시키고 법원이 전리품(戰利; prize)을 심사한 것이다. 양자 간에 양국 공사[즉 국가사절을 말한다 — 원주]의 회동을 통해 단안을 내리는 것을 위주로 한다. 대체로 전리법원은 오직 한 나라의 세력에만 기대며 한 나라의 명령만을 받는다.

다섯째는 법학자가 사안을 논하여 본국에 기밀문서(秘書; written opinion)로 보낸 것이다. 국가들이 교제하다가 마음이 상하고 불평이 생기게 된다고 해서, 황급히 양자가 서로 공론할 수 있는 것은 아니다. 대체로 이쪽 국가가 만약 저쪽 국가로부터 요구받는 바가 생기면, 결국 일반인들의 고소방식에 따라 법학자에게 청하여 이치를 따진 후에야 시행한다. 만약 법학자가 자신의 군주가 잘못했다고 할 경우, 그 군주의 권세가 비록 저쪽 국가보다 더 클지라도 법학자의 판단을 따라야만 가히 당시 공법의 공정함을 가지고 판단한 것이라 할 수 있다. 이런 기밀문서는 각국의 외교부가 대부분 보관해 둔다. 만약 이를 책으로 펴낸다면 공법학에 대한 보탬이 적지 않을 것이다.

여섯째로 역사에 기록된 각국의 교전과 평화조약(和約; treaties of peace), 협의(公議; negotiation) 등의 내용이 공법의 여섯 번째 원류이다.

제2장
국가(邦國; nations)의 자치 자주권을 논함

제1절 공법이 논하는 바[78]

사람들이 모여서 국가를 세우고 국가들 간에 교제하면서 생기는 일들이 공법이 논하는 바이다.

제2절 국가란 무엇인가

키케로는 "이른바 국가는 인민들이 서로 단합하여 협력하고 서로 보호하기 위해 함께 세운 것"이라고 말하였다. 오늘날의 공법학자들 역시

78 영어 원문에서는 'Subjects of international law'라는 제목이 있음에도 불구하고, 마틴은 제2장 제1절의 제목을 따로 번역하지 않았다. 선장본 형태로 제작한 『만국공법』의 페이지 구성상, 위 여백 부분에 절 제목을 삽입해 두었는데, 내용이 워낙 짧아서 절 제목을 넣을 만한 공간이 없었기 때문에 부득이하게 생략한 것으로 추정된다. 후인들이 편집한 『만국공법』에서 본문 문장 마지막에 있는 핵심적인 부분인 '公法所論'을 절 제목으로 사용한 경우가 있어서 여기서는 이를 활용하여 절 제목으로 사용하였다(『萬國公法』, 上海書店出版社, 2002).

그 설을 따르지만, 그 미진한 부분에 대해서는 반드시 제한을 두어야 하는데, 거기에는 네 가지가 있다.

첫째, 국권에 의거하여 세워진 민간단체(民間大會; corporations)[79]는 어떤 이유로 세워진 것이건 간에 제외되어야 한다. 즉 과거 영국에 있었던 동인도회사(客商大會; great association of British merchants)[80]는 군주의 명령에 의해 세워졌고, 국회의 승인(申命)을 받아 동인도 등지에서 통상행위를 하였다. 이 동인도회사(商會; East India Company)[81]는 예전에 비록 자주권을 행사하여 동방에서 전쟁을 하거나 평화조약을 맺을 때조차 군주의 명령을 받지 않았지만, 국가라 불리지 않았다. 하물며 나중에 와서 매번 군주의 명령을 받들어야만 하게 된 상황에서야 더 말할 나위가 있겠는가? 대체로 상인단체가 권한을 행사하는 것은 모두 본국의 권한에 의거한 것이며, 오직 인도 여러 국가의 군주 및 백성들과 교제할 때에만 상인단체가

---

79 마틴은 'corporations'를 '民間大會'로 번역하였는데, 이는 '단체', '법인', '조합', '회사' 등의 번역어가 아직 정착되지 않은 상황하에서 '대회'라는 용어를 사용한 것으로 보인다. 여기서는 독자의 오해를 막기 위하여 '민간단체'로 의역하고자 한다.

80 여기서 말하는 '客商大會'는 영어 원문상 'the great association of British merchants'으로 표기되어 있는데, 이는 영국의 동인도회사(East India Company, 정식명칭은 United Company of Merchants of England Trading to the East Indies)를 말한다. 1600년 영국의 상인들이 설립한 동인도회사는 여왕 엘리자베스 1세의 특허를 받아 동인도 지역 무역 독점권을 얻었으며, 이후 국회의 감독을 받다가 1814년에 인도무역 독점권이 폐지되면서 점차 국가 관할하에 들어가고, 1874년에는 결국 해산되었다. 이 책이 저술되던 당시 동인도회사는 이미 국가 관할하에 들어간 상태였다.

81 '商會'는 그 당시 일반적으로 'company', 'association', 'factory' 등의 다양한 개념에 대한 번역어로 사용되고 있었는데, 당시 서양에서처럼 상업적 기업이나 사회적 집단의 형태가 다양하지 않았던 탓에, 대체로 '商會', 즉 '상인 단체/집단'이라는 통칭으로 번역되었다. 여기서는 '商會'가 영어 원문상 앞 문장에 나오는 '동인도회사'(the great association of British merchants)의 간칭인 'East India Company'의 번역어로 사용되고 있기에 문맥에 맞춰 이를 '동인도회사'로 번역하였다.

본국을 대표하여 권한을 행사하며, 다른 나라들에 대한 동인도회사의 모든 일은 본국이 경영관리 한다.

둘째, 도적과 같이 국가(邦國; societies)[82]의 법 바깥에 있는 경우에는 비록 서로 의지하고 보호받아 세워졌을지라도 국가로 부를 수 없다.

셋째, 오랑캐(蠻夷; savage)와 같이 정처 없이 유랑하고, 왕래에 정해진 법규가 없는 경우도 국가가 될 수 없다. 대체로 국가에 대해 정의하자면 다름 아니라 일반인들이 모든 일에 있어 항상 따를 군주가 있고, 거주에 있어서 반드시 정해진 곳이 있고, 그 자주권에 귀속되는 토지 경계(地土疆界; definite territory)가 있어야 하는데, 이 세 가지 중 하나라도 빠진다면 국가가 될 수 없다.

넷째, 때로 동종의 인민(民; nation)이 서로 보호하여 상존할지라도 국가를 이루지 못할 수 있다. 대체로 오스트리아나 프로이센, 오스만제국 등의 세 나라와 같이 여러 종류의 인민(人民; nation and people)이 하나의 군주를 따르는 경우가 그러하다. 오스트리아, 프로이센, 러시아 등의 세 나라의 군주를 따르는 폴란드 민족과 같이 한 종류의 인민이 여러 군주를 따르는 경우도 있다.

---

82 영어 원문상 'societies'에 대한 중문 번역어로 '邦國'이 사용되고 있는데, 'nation'이나 'state'도 '邦國'으로 번역하여 서로 다른 여러 개념에 대해 하나의 번역어를 혼용하고 있다. 이는 다른 개념어들의 경우에서와 마찬가지로 정확한 번역 대응어가 확립되지 않은 상황하에서 의미 전달 위주의 의역을 위하여 유사한 개념의 번역어들을 혼용할 수밖에 없었던 당시 상황과 마틴의 한계로 보인다.

제3절 군주(君身; *sovereign prince*)의 사권

군주의 사권(私權; personal right)은 때로 공법의 판단하에 놓이기도 한다. 즉 국가의 군주 개인에 의한 사업의 매매나 지속 등에 관한 권한과 같은 경우이거나 혹은 그것이 다른 국가의 군주나 인민과 관련된 경우인데, 공법 중 일부 분파는 이런 권리에 대해서만 전문적으로 논하기도 한다.

제4절 개인(民人; *Individuals*)[83]의 사권

개인과 민간단체(民間之會; corporations)는 공공의 것이든 개인의 것이든 간에 때로 공법의 판단하에 놓인다. 대체로 그 권리가 다른 국가의 군주와 인민(民; subjects and citizens)과 관련이 된 경우에 그러하다. 공법의 일부 분파는 인민의 사권에 관하여 전문적으로 논하는데, 각국의 법률에는 부합하지 않는 부분이 있지만, 공법에서 중요한 부분은 곧 국가들 간의 상호 소통이다.

군주와 국가는 통용된다

만약 군권이 무한하다면 군주 자신은 국체와 구별되지 않는다. 프랑스 루이14세가 "내가 곧 국가다"라고 했던 것과 같은 경우 공법에서 군주

---

83 마틴은 'nation and people'과 같이 집합적 개념에 대해서는 '人民'으로 번역하고, 'individual'과 같은 개체적 개념에 대해서는 '民人'으로 번역하고 있다. 바로 연이은 문장에서 이처럼 구별하여 번역한 것은 후자에 담긴 개체로서의 함의를 담고자 한 의도를 지닌 것으로 보이며, 그런 의도를 살리고자 '民人'은 '개인'으로 의역하고자 한다.

와 국가는 통용된다. 그러므로 이 두 단어의 통용은 법도에 구속받지 않는다. 대체로 그 국가가 군주주의든 민주주의(民主; republican)[84]든, 혹은 군권이 유한하든 무한하든, 모두 군주라는 말을 가지고 국가를 대변한다.

제5절 주권의 내외 분별

국가 통치의 상위 권력(上權; supreme power)이란 주권(主權; sovereignty)을 말한다. 이 상위 권력은 국내에서 행사되기도 하고 국외에서 행사되기도 한다.

국내에서 행사될 경우, 각국의 법도에 따라 백성들에게 적용하거나 군주에게 귀속된다. 이에 관하여 논하는 것을 가리켜 일찍이 내공법(內公法; internal public law, droit public interne)이라 이름 붙였지만, 국법(國法; constitutional law)이라 칭하는 것이 나을 것이다.

주권이 밖에서 행사된다는 것은 곧 본국이 자주이며 다른 나라의 명령을 듣지 않는다는 것이다. 각국이 화평이나 전쟁을 하고 교제를 하는 것은 이 권력에 의거한 것이다. 이에 관하여 논하는 것은 일찍이 외공법(外公法; external public law, droit public externe)이라 이름 붙였지만, 속칭 공법(公法; international law)이라는 것이 바로 이것이다.

주권이 상실되지 않았다면 국가가 망한 것이 아니다[85]

만약 새로 세워진 나라라면, 국가들의 상호 승인(相認; recognition)을 받

---

84 마틴은 영어 원문상 'republican'을 '民主'로 번역하였는데, 여기서는 마틴의 용어 그대로 '민주'로 번역하였다.

게 된다[소위 승인한다는 것은 그가 자립 자주 국가이며 그와 왕래할 것임을 승인하는 것이다. — 원주]. 국가들의 사회(大宗; general society of nations)[86]에 받아들일지 여부는 모두 국가들의 의향에 달렸는데, 혹은 그 국내법을 살펴보거나, 혹은 그 군주의 정하는 바를 살펴 가부를 정한다. 오래된 국가의 경우라면 그 국내법이 어떻든지, 그리고 집권자가 누구든지 간에 상관없이, 민간에 분쟁이 있더라도 공법은 그 국가가 여전히 존재한다고 보며, 반드시 내란(內亂; dissolution of social tie)이 극심해지거나 외적에 정복당하여 그 주권을 완전히 상실하게 되어야만 비로소 그 국가가 망한 것으로 본다.

제6절 국내에서의 주권

한 국가가 주권을 획득하는 것은 민중이 단합하여 국가를 세우거나 다른 나라로부터 갈라져 나와 자립하는 경우로, 그 주권은 국내와 국외에 행사될 수 있다. 그 주권이 국내에 행사되는 것은 다른 나라의 승인을 필요로 하지 않는다. 새로 세운 국가는 비록 타국의 승인을 받지 않았더라도 국내의 일에 대해 자주적일 수 있다. 그 국가에는 그런 권리가 있다.

---

85 이 부분에 대한 소절 제목은 원래 영어 원문에는 없지만 마틴이 임의로 제목을 붙인 것으로, 주권이라는 근대 서구 국제법 질서와 그 근간이 되는 주체로서의 주권국이라는 핵심적인 내용을 설명하는 중요한 부분이라서 별도로 "주권이 상실되지 않았다면 국가가 망한 것이 아니다"라는 소절 제목을 삽입한 것으로 보인다.

86 'general society of nations', 즉 소위 '국가들의 사회' 내지는 '국제사회'에 해당하는 번역어로 마틴은 '大宗'을 사용하고 있는데, 왕조나 가문 적통을 의미하는 '宗'을 사용하여 당시 중국인들이 이해하기 쉽게 번역하기는 하였지만, 봉건적인 질서 관념의 틀에 갇힌 개념을 사용하고 있다는 점에서는 일정정도 한계를 보여 주고 있다.

미합중국(美國之合邦; United States of America)과 같은 경우, 1776년 선언문(出誥)에서 "이후로는 자주 자립하여 더 이상 영국에 복종하지 않겠다"고 하였으며, 이로부터 국내에서 그 주권이 행사되었다. 그리하여 1808년 연방 대법원(上法院; Supreme Court)은 "미합중국의 각 주(邦)[87]는 선언문 이후로 그 국내 법률을 가지며 각기 자주의 모든 권리는 영국 왕의 양도에 의하지 않고도 가질 수 있다"고 단언하였다. 영국 역시 1782년 미국과 평화조약을 맺어 그 주권 행사를 승인하였는데, 이는 결코 권한을 부여한 것이 아니었다. 그래서 독립선언 이후로 각 주가 법률을 제정하였는데, 이는 자주국가로서의 법률이었으며 주 내의 백성들은 준수해야만 했다. 이것이 각 주가 기존의 법률을 준수하지 않아도 된다는 말은 아니었다.

국외에 대한 주권[88]

국외에서의 자주권 행사의 경우, 반드시 다른 나라의 승인을 받아야만 비로소 완전해질 수 있다.[89] 하지만 새로 세워진 국가는 자신의 강역

---

87 국가의 연합의 형태나 역사적 연원에 따라 그 하위 지역의 명칭이 state(미국), province(네덜란드), canton(스위스) 등으로 각기 다른데, 『만국공법』에서는 이를 省, 邦, 國 등으로 번역하였으며, 그 자주권 범위나 상하위 범위상 대체로 省<邦<國으로 층위를 나누어 번역하고 있다. 현대 한국어에서는 그런 구분이 명확하지 않은 편이어서, 본서에서는 '邦'의 경우, 자주국이나 연방국과 같은 경우에는 '국가'로 번역하고 문맥에 따라 미국과 같은 합중국의 경우에는 '주(州)'로 번역하였다.

88 이 부분에 대한 소절 제목 역시 마찬가지로 원래 영어 원문에는 없지만 주권의 대외적 작용에 대한 내용을 설명하는 중요한 부분이라서 별도로 소절 제목을 삽입한 것으로 보인다.

89 이 부분의 영어 원문은 "The external sovereignty of any State, on the other hand, may require recognition by other States in order to render it perfect and complete"로, 맥락상 "다른 국가들로부터의 인정이 필요할 수도 있다"로 해석될 수 있지만, 중문 번역에서 마틴은 "반드시 다른 나라가 인정해 줘야 한다"(必須他國認之)라고 표현하여 상당히 다른 뉘앙

내에서 권리를 행사하는 것은 꼭 다른 나라의 승인을 받을 필요는 없다. 만약 국가들의 사회에 들어가고자 한다면 각국의 상호 승인을 통해 행사할 수 있는 권리(有權可行; right)와 행해야 할 본분(有分當爲; duty)을 가질 수 있다. 다른 나라가 만약 승인하지 않는다면 이런 권리는 누릴 수 없다. 각국의 상호 승인 여부는 모두 자주에 의한 것으로 그 관계에 걸맞게 결정하는 것이다. 국가들 중에 만약 승인하지 않은 국가가 있다면, 새로 세워진 국가가 국외에서 그 권리를 행사하는 것은 승인받은 국가에 대해서만 행사 가능하다.

제7절 내란 이외의 이유로 멸망함

하나의 국가가 국가로 간주되는 것은 그 뿌리가 같기 때문이다. 그리고 그 국가가 다른 국가와 다른 것은 그 뿌리가 다르기 때문이다. 한 국가의 사람들 가운데 죽거나 떠나는 경우가 있지만, 그 백성들만 상존한다면 그 국가에는 다름이 없다. 만약 커다란 변화가 일어나 멸망하지 않는다면, 그 국가는 대대로 영구히 존재한다.

만약 내란(內變; internal revolution)이 일어나 일부가 국법과 제도를 바꾼다 하더라도, 그 국가는 여전히 둘이 아니라 하나이다. 그 권리를 누림에

스를 전달해 주고 있다. 이는 어쩌면 이 책이 저술되던 시기, 특히 초판이 저술되던 시기가 중문으로 번역되던 시기보다 30년 정도 앞선 시기였고, 아직 국제법이 국제적으로 인정 통용되는 지역과 위상이 변화하면서 다른 나라의 인정이 좀 더 필수적인 요건으로 바뀌었기 때문에 이를 강조하기 위해서 그렇게 번역한 것이었을 수도 있겠지만, 그보다는 당시 중국 정부와 지식인들에게 다른 나라의 인정을 받지 않으면 대외적으로 주권을 행사할 수 없을 것이라는 외교적 압박을 가하기 위한 의도에서 이렇게 번역하였을 가능성이 높아 보인다.

있어서 상실되는 바가 없고, 그 지켜야 할 본분 역시 소멸되지 않는다.

국가가 처음 세워지는 것은 반드시 군주에 대한 백성의 복종에 의해야만 한다. 그러므로 내란으로 인하여 잠시 불복종한다 하여 그 국가가 망하는 것은 아니지만 다른 국가와의 교제에 있어서 간혹 잠시 동안 변동이 있을 수 있을 따름이다.

다른 국가는 방관하거나 돕는다

그 내란이 아직 성공하지 못하여 민간에서 국가 세력에 대한 다툼이 있다면, 다른 국가들은 어떤 경우에는 그 일에 대해 방관하고 간여하지 않은 채 과거의 군주를 국가의 주권자로 여긴다. 어떤 경우에는 반란민을 엄연한 국가로 보아 교전의 권리를 갖는 것으로 보기도 하고, 또 어떤 경우에는 양자 중에 논리적으로 바른 쪽을 택하여 돕는 것도 가능하다. 만약 방관하여 간여하지 않는 경우라면, 외국은 반드시 그 공법의 본분을 지켜 중립국으로서의 위치를 고수하여 편들지 않고 중립을 지켜야 전쟁당사자 양쪽으로부터 원망을 사지 않을 수 있다. 만약 논리적으로 바른 쪽을 택하여 돕고자 한다면 이쪽 편에는 우방이지만 저쪽 편에는 적이 된다. 국가들의 공법은 전쟁당사자의 논리상의 옳고 그름을 따지지 않는다. 한쪽을 돕는 국가는 그 적을 공격할 수 있으니, 곧 전쟁권(交戰之權; rights of war)을 누릴 수 있는 것이다.

다투는 자는 모두 전쟁권을 갖는다

만약 다른 국가가 중립(局外; neutrality)의 위치에 있다면 반드시 편들지 않고 중립을 지켜야 한다. 전쟁당사자의 상호 공격에 의거하여 서로가 일체의 교전 권리, 즉 항구 봉쇄(封港; blockade), 금수품(禁物; contraband)과

적산(敵貨; enemy's property)의 나포(捕拿; capturing)[90] 등과 같은 권리를 지님을 용납한다.

하지만 반란민이나 속국(屬國; colony)이 본국을 공격할 경우, 그들이 이런 권리를 갖는가 여부는 반드시 그 본국과 외국이 기존에 맺었던 조약 여하에 따라 정해야만 한다.

제8절 외적에 의한 변란

만약 한 국가가 외적의 침략으로 인한 변란이 생긴 경우, 즉 적에 의해 정복당한 이후 평화조약을 맺어 이를 확정 짓는다면, 그 국가의 존망 여부는 어떻게 되는가? 이 평화조약의 장정, 즉 정복 이후 이양한 땅이 전국인지, 아니면 일부분인지를 보고서 판단해야 한다. 만약 일부분이라면 본국은 상존하지만, 만약 전국이라면 국가가 멸망한 것이다. 전국이나 일부 지역이 이미 정복당하여 복종하는 국가에 병합되었다면, 어떤 경우에는 속지(藩屬; province)가 되어 그 관할을 받고, 어떤 경우에는 평등하게 서로 주권을 누린다.

제9절 내란과 외적에 의한 변란이 동시에 일어나다

이런 커다란 변란이 국가의 존망과 관계될 때, 어떤 경우는 내부 반

---

90 마틴은 'capture'나 'seizure', 'reprisal'(보복적 나포) 등을 모두 '捕拿'로 번역하고 있는데다, 현대 중국어에서 '捕拿'는 선박, 사람, 사물에 상관없이 모두 동일하게 사용되고 있기 때문에, 한국어 맥락상 어색하거나 혼동을 줄 수 있다는 점을 고려하여 여기서는 각기 문맥과 객체에 따라 '나포'(선박), '체포'(사람), '압수'(사물 및 재산) 등으로 나누어 의역하였다.

란과 외적의 정복이 함께 일어난 이후 조약을 맺기도 한다. 즉 1797년 네덜란드의 7개 주(省; Province)에 변란이 일어났는데, 프랑스가 이를 정복하고 그 왕가를 축출하고 이어서 그 국법을 바꿔 민주국가(民主之國; democratic republic)로 만들었다. 벨기에의 여러 주들은 오랫동안 오스트리아와 평등하게 화합하였는데, 이 당시 프랑스에 정복당한 후 조약을 맺어 그 땅을 프랑스에 귀속시켰다. 16년 뒤에 네덜란드 왕가가 복위하여 주공을 칭하였다. 이후 네덜란드왕은 조약을 맺어 7개 주와 벨기에의 여러 주들을 병합하여 하나의 국가로 삼아 통치영역으로 귀속시켰는데, 이에 두 국가가 통합하여 하나의 새로운 국가가 되었다. 피차가 서로를 상대하던 [국가로서의 – 역주] 지위는 모두 완전히 사라졌고, 다른 국가와의 왕래의 경우에는 두 국가가 공존한다고 할 수 있는데, 다만 새로 정립된 국가의 조약에 의해 개혁되었을 따름이다.

1830년, 벨기에의 반란세력은 네덜란드와 분리하였는데, 오스트리아, 프랑스, 영국, 프로이센, 러시아 등의 유럽 5대국이 모두 자주 자립국으로 인정한 이후 벨기에 국회는 레오폴드(Prince Leopold of Saxe-Cobourg; 留波爾多)를 왕으로 추대하고, 5대국과 조약을 맺어 분립의 장정을 확정하였다. 5대국의 공사는 영국의 수도에서 모여 합의문을 통해 다음과 같이 말하였다. "이 조약은 벨기에의 분립을 영구불변한 것으로 하는 장정이다. 그 국경(疆界; state of territorial possession), 그리고 그 자주적이며 영구적인 중립의 지위를 확정한다. 벨기에와 네덜란드 스스로의 합의 없이는 이를 바꿀 수 없다."

제10절 지방이 반란을 일으켜 자립함

국내의 지방(省部; province or colony)의 군주가 반란을 일으켜 자립하였을 때, 만약 다른 국가가 새로 세워진 국가를 아직 인정하지 않았다면, 공법의 논의에 의거하여 그 주권이 비록 민간에서는 행사될지라도 결국 그 타당성 여부는 논의의 여지가 있다. 민간의 전쟁이 종료되지 않은 상태에서 다른 국가들 가운데 어떤 경우에는 방관하며 간여하지 않고 전쟁당사자 피차가 모두 교전의 권리가 있음을 용납하며, 어떤 경우에는 신설 국가가 자주국가임을 인정하고 우호 통상 조약을 맺기도 하며, 어떤 경우에는 조약을 맺은 이쪽 편을 도와 상대편을 공격하기도 하니, 이는 위에서 이미 간략히 언급한 바 있다. 만약 방관하여 간여하지 않고 중립을 지켜 편들지 않으며 전쟁이 끝나기를 기다린다면, 이쪽 편이든 저쪽 편이든 원망을 하지 않을 수 있다. 만약 새로운 국가를 인정하여 혹여 이쪽 편을 도와 상대편을 공격한다면 그 이치가 어떠한지 공법에 맞추어 살펴보고, 국가 정치를 헤아려 보는 것이 바람직하다.

아직 인정받지 않았지만 주권을 행사하는 경우

이런 의심스러운 문제들은 비록 해석할 만한 정해진 관례가 없지만, 국가들의 관행에 근거하여 명확히 할 수 있을 것이다. 두 가지 선택에 대해서는 스위스와 네덜란드의 사례를 거울삼아 볼 수 있다. 스위스연방의 주(邦; Canton)들과 네덜란드의 7개 주는 비록 다른 국가들로부터 자주국으로 인정받지는 못하였지만 그들은 오랫동안 교전, 강화, 동맹 등에서 자주권을 행사해 왔다. 스위스는 결국 독일왕국의 인정을 받았고, 네덜란드는 스페인의 인정을 받았다.

다른 국가 가운데 먼저 인정한 국가가 있는 경우

미국이 영국과의 관계를 끊고 자립하였을 때, 프랑스는 이를 인정하고 암암리에 도왔는데, 이에 대해 영국은 자신들에게 불공정하다고 여겼다. 이 일에 관하여 논하면서, 프랑스의 행태가 타당하지 않으므로 프랑스로 하여금 신용 있게 행동하고 중립국으로서 중립을 지키고 편들지 말라고 하였다. 그 뒤로 비록 미국과 통상 조약을 맺고 동맹을 맺어 도움을 주긴 하였지만, 영국과의 교전까지는 일으키지 않았다. 다른 한편으로 스페인의 아메리카 속지에서 반란이 일어나 자립하자, 스페인은 끝내 인정하기를 거부하였지만, 미국과 영국, 그리고 다른 국가들은 모두 이를 인정하였다. 이로써 보건대, 한 국가의 일부 지방이 반란을 일으켜 자위 자립할 경우, 만약 자주할 능력이 있다면 다른 국가들이 그 자주국가 여부를 인정해 주되, 다만 자신들의 국정에 이익이 되는지 여부를 따져 국가들의 동의를 얻을 수 있음을 알 수 있다.

승인해야 할 것인지 여부는 오직 상위 권력이 결정한다

새로 세워진 국가에 대한 인정이 유익할지와 무익할지는 반드시 그 법 제정과 법 행사의 권리가 있어야만 비로소 정해질 수 있으니, 신하나 백성 모두 이를 판단 결정하기는 힘들다. 만약 종전에 속해 있던 국가가 아직 인정하지 않은 상태에서 어떤 국가가 이를 아직 인정하지 않았다면, 그 국가의 법원과 개인은 반드시 기존의 관행에 따라 행동해야만 한다.

제11절 군주의 교체(易君)와 변법(變法; *change in the internal constitution of the state*)

국가(邦國; state)가 군주를 바꾸고 국법을 바꿀 때, 공법상 이를 어떻게 봐야 할지의 문제에 관하여 네 가지 논쟁거리가 있다. 첫째, 동맹 통상 조약의 문제, 둘째 국채(國債; public debts) 문제, 셋째 국토(國土; public domain)와 민간재산(民產; private rights of property)의 문제, 넷째 다른 국가의 피해와 다른 국가 인민의 굴욕당함의 문제이다.

조약에 관하여

첫째, 공법학자는 조약에는 두 가지 종류가 있다고 보는데, 하나는 군주의 조약(君約; personal treaties)이고, 하나는 국가의 조약(國約; real treaties)이다. '군주의 조약'은 군주의 자신과 가족에 관한 것만 가리키는 것으로, 예를 들자면 그 자신과 가족의 재위를 보장하고 화친을 맺는 것과 같은 경우이다. 만약 군주가 죽거나 왕가가 몰락하면 이 조약은 자동 폐기된다. '국가의 조약'은 합의된 일만을 가리키는 것으로, 그 일이란 개인에 관한 것이 아니다. 비록 군주를 교체하고 국법을 바꾸더라도 그 조약은 여전히 존재하며 구애받지 않는다. 즉 변혁이 일어나더라도 그 국가가 여전히 존재하면 그 자주권 역시 존재하므로, 그 조약 역시 오래도록 폐기되지 않는다. 만약 그 맺은 조약이 국법의 변화를 막는 것에 관한 경우에만, 변화 이후 그 조약 역시 자동 폐기된다.

조약을 이 두 종류로 나눈 것은 바텔에서 시작하였는데, 그 뒤의 공법학자 가운데 다수가 이를 평하면서 불합리한 부분이 있음을 지적하였다. 그러한즉 국가가 군주를 교체하고 국법을 바꾸는 경우, 때로 그 조약 역시 폐기될 수 있다. 대체로 조약의 시행에 있어서, 어떤 조약이라 이름 붙이든 간에, 조약에 문서화하여 양국이 조약을 맺은 이유가 아직 사라진 것은 아니다. 군주의 조약이라 칭하건, 국가의 조약이라 칭하건 간에, 그 조약을 맺은 이유가 존재하기에 그 조약 역시 존재하는 것이다. 즉 이처럼 국내의 변고가 이런 극단적인 상황에 이르게 될지를 저쪽 국가가 예견할 수 있었다면 반드시 조약을 맺지 않았을 것이니, 이는 이미 조약 맺을 이유가 없어진 것이니, 꼭 조약을 준수하여 시행할 필요는 없는 것이다.

국채에 관하여

둘째, 국채에 관하여 논하자면, 국가가 개인에게 진 빚이건 개인이 국가에 진 빚이건 간에, 비록 군주가 교체되고 국법이 바뀔지라도 이는 모두 빚과 상관없다. 대체로 국가가 여전히 자주국가라면 그 국체(國體; essential form of the State)는 여전히 존재하므로, 변화된 것은 그 행적(迹; accidental form)이지 그 국체가 아니다. 공사가 국가를 대신하여 이 빚을 빌려 공용으로 쓴 것이므로, 그 국법이 비록 변하였을지라도, 그 국가가 망한 것이 아니라면 이 채무는 반드시 갚아야 한다. 대체로 새로운 군주는 이전 군주의 징수권을 계승하였으므로 반드시 이전 군주의 빚을 책임져야 한다. 국토와 공적 사업은 새로운 군주의 관할에 귀속되므로, 그 국가가 진 빚의 상환 역시 귀속되는 것이 공평타당하다.

국토와 민간 재산에 관하여

셋째, 국토와 민간재산(民產; private property)에 관하여 논하자면, 내란이 성공하여 국법이 개혁된다면 국토는 새로운 군주의 관할하에 들어간다. 하지만 국가는 군주가 비록 바뀌더라도 민간재산이 반드시 이와 관련되는 것은 아니며, 또한 반드시 무관하다고 말할 수도 없다. 대체로 반란민 가운데 패한 쪽의 경우, 새로운 군주에게 그 재산을 공유화(入公; confiscation, 현대어로 '몰수', '압수')할 수 있는 권리가 있다. 만일 이처럼 엄격히 행해진 것이 공법에 부합하다면, 민간재산의 주인을 바꾸는 것은 우선 공유화를 명확히 한 후 관례에 따라 행해질 수 있다.

만약 변란 이후 다시 변란이 일어나 구 정권이 복원된다면 공공사업, 개인 재산 가운데 아직 공유화되지 않은 것은 원래의 주인에게 복귀되어야 하니, 이는 다른 국가가 영토(地; territory)를 정복한 이후 되돌려주는 관례와 같은 것이다. 그 공공 토지가 아직 국권에 근거하여 개인에게 양도되지 않은 상태에서, 국권이 구 군주에게 복원되었다면, 공공 토지 역시 구 군주에 귀속되어야 하며, 민간재산으로 잠시 점유하였던 것들은 원래 주인에게 돌려줘야 하니, 이는 전시 적군에 포획되었다가 이후 탈환된 경우의 관례와 마찬가지이다. 공공 토지가 국권에 근거하여 개인에게 양도되었거나, 민간재산이 국권에 근거하여 공유화된 경우라면, 해당 토지와 재화(貨; property)[91]의 새로운 주인이 그 권리를 지킬 수 있는지 여부는 판단하기 쉽지 않다.

치국의 진정한 군주(眞主; lawful sovereign)에게 공공토지의 양도에 대한 권리가 있는지 여부는 반드시 그 국법을 살펴 정해야 한다. 자신의 백성에 대해서는 권리가 없지만, 다른 국가에 대해서는 권리가 있다. 대체

---

91 마틴은 영어 원문상의 'property'라는 '재화', '재물', '화물' 등의 의미를 지니는 '貨'나 '貨物'로 번역하고 있는데, 여기서는 한국어 맥락을 고려하여 '운반할 수 있는 물건'으로서의 의미가 강한 경우에는 '화물'로, '일반적인 재산이 되는 물건'을 가리키는 경우에는 '재화'로 번역하였다.

로 만일 군주가 국법의 제한을 받는 경우가 아니라면, 이미 조약 체결의 권리가 있으니, 곧 토지 양도의 권리 역시 그 속에 이미 은연중 포함되어 있는 것이다. 만약 다른 국가나 다른 국가의 백성이 그 국가에 의해 인정된 가짜 군주가 매매한 공공토지와 공유화한 민간재산에 대해, 진정한 군주의 복권 이후 이전 가짜 군주를 반역자로 간주할지라도 그가 행한 매매 행위를 폐기할 수 없다. 만약 공공토지와 민간재산이 종전에 이미 자신의 백성에게 하사되었다면, 국내의 일이 되어 진정한 군주가 복권한 후 그 일을 인준하거나 폐기하는 것은 군주의 뜻에 부합하는지, 국정에 부합하는지 여부만을 물으면 된다. 만약 재산과 사업이 원래의 군주에게 되돌아가 이 사업이 실제로 매매된다고 하면, 군주는 반드시 그 가치에 맞게 비용을 보상하여야 한다. 만약 해당 재산의 매매 가치가 이미 공용으로 귀속되었다면 군주는 이 일을 윤허하여 국고(帑; public treasury)를 열어 원래 주인에게 보상할 수 있다. 예를 들어 건륭(乾隆) 연간 프랑스에서 반란이 일어나 그 군주를 시해하고 국법을 바꾸었으며, 그 귀족 가문(世家)을 폐하여 그 세습귀족들이 국외로 도피하자, 프랑스인들은 그 재산과 사업을 공유화하였다.[92] 뒤이어 가경(嘉慶) 연간에 이전의 구 왕조가 복벽하게 되자, 이미 판매한 재산을 구입자에게 환원 청구하였으나, 원래 주인에게 돌려주지 않고 국고를 풀어 이를 배상한 것은 이런 까닭이다.[93] 당시 프랑스는 독일왕국, 프로이센, 이탈리아 등의 국가를 정복

---

92 여기서 언급되고 있는 사건은 1789년부터 1799년 사이에 있었던 프랑스대혁명을 가리키는데, 이는 중국 청 왕조의 건륭제(乾隆帝, 1736~1795) 말기와 가경제(嘉慶帝, 1796~1821) 초기에 걸쳐 일어난 사건이지만, 마틴은 프랑스대혁명의 주요 사건이 시작된 시기를 기준으로 삼아 건륭 연간으로 설명하고 있다.

93 이 부분에서는 나폴레옹의 몰락 이후 빈 회의의 결정에 따라 프랑스대혁명 때 처형당

하여 그 공공 토지를 공유화하여 판매하였다. 그 뒤로 각국의 원래 주인이 복위하였지만, 대부분 판매된 땅을 환원 청구하지 않고 평화조약 내에 구입주의 권리를 특별히 집어넣었던 것도 이런 뜻이다. 하지만 그 기간에 소송을 일으킨 경우도 있는데, 프랑스가 할거한 헤센(Hessen; 黑西)[독일 서남부에 위치한 주의 이름으로, 영문표기로는 Hesse임 – 역주], 브라운슈바이크(Braunschweig; 本瓦) [현재 독일 중부의 도시로, 영문표기로는 Brunswick임 – 역주], 프로이센 등의 토지를 병합하여 하나의 소국[나폴레옹이 세우고 그의 동생 제롬 보나파르트가 통치한 베스트팔렌 왕국을 말함 – 역주]을 만들었는데, 이 삼국의 군주 가운데 두 군주가 이전 군주가 토지를 판매한 일을 허락하지 않았지만, 프로이센의 군주만이 이를 허락하였다. 예전에 이미 소국[베스트팔렌 왕국 – 역주]을 인정하였던 군주는 그래서 어쩔 수 없이 그 행위를 허락할 수밖에 없었다.

다른 국가의 피해자에 관하여

넷째, 다른 국가가 피해를 입고 다른 국가의 백성이 굴욕을 당한 경우에 관하여 논해 보자면, 비록 군주를 교체하고, 국법을 바꾸었다 하더라도, 그 책임을 전가할 수는 없다. 즉 1814~1815년에, 동맹국들이 프랑스와 교전하여 승리를 얻은 후, 이 관례에 따라 엄중히 프랑스에게 배상을 요구하였다. 그 이후로 미국의 상인이 입은 피해에 대해 프랑스, 네덜란드, 나폴리(Naples; 那不勒斯)에게 배상을 청구하였던 것 역시 이 관례를 따

하였던 루이16세의 동생인 루이18세(1814~1824)가 다시 왕위에 오르게 되면서 일어났던 사건들을 설명하고 있는데, 이는 시기상으로 중국 가경제(嘉慶帝, 1796~1821) 때에 일어났던 일들이다.

른 것이다. 그 당시 이 두 국가는 나폴레옹(Napoleon; 拿破侖) 1세의 명령하에 있었지만, 프랑스가 이전 왕조로 복벽한 이후 그 군주들이 나폴레옹의 소행이라고 핑계 대기 힘들어지자, 이를 명확히 인정하고 미국과 조약을 맺어 손해를 배상하였다. 나폴리의 구 군주가 복벽하여 이전 군주의 소행으로 미루고자 하였지만, 이후 미국과 조약을 맺어 손해를 배상하였으니, 이는 프랑스와 마찬가지 관례에 따른 것이다.

제12절 자주의 의미

무릇 국가라면 국법이 어떠하든 간에, 자국의 일을 자치할 수 있고 다른 국가의 명령을 받지 않는다면 자주국가라 할 수 있다.

공법학자들은 대체로 이와 같이 말하지만, 이 설에 제한을 두지 않는다면 자칫 잘못을 저지를 수도 있을 것이다. 국가들 가운데 완전한 자주국은 천지의 지존인 주재자만을 인정하고, 다른 주인이 있음을 인정하지 않는다. 국가의 주권이 제한을 받는 경우 또한 있는데, 이 가운데에는 다시 차등이 나뉜다.

공법으로 논하자면, 자주국은 그 국가 세력의 크고 작음에 상관없이 모두 평등(平行; equal)하다. 한 국가가 문제가 생겼을 때, 우연히 다른 국가의 명령을 받거나, 다른 국가에 항상 논의를 청한다고 해서 그 주권에 문제(礙; impair)가 있는 것은 아니다. 하지만 명령을 받고 논의를 청해야 하는 것이 조약에 기재되어 장정으로 정해져 있다면, 다른 국가의 통제를 받아 주권이 약해진 것에 해당한다.

무릇 국가가 의존함이 없는 평등한 동맹을 맺는 경우라면, 그 주권에는 문제될 것이 없다. 하지만 그 동맹이 만약 불평등(非平行; unequal)하여 조약에 따라 사무 처리, 논의의 주관, 영토의 보호 등의 사항을 다른 국가에 의존한다면, 이는 모두 조약 장정에 따라 그 주권의 제한이 규정된 것이다.

제13절 반자주의 의미

무릇 국가가 다른 국가에 의존하여 그 권한을 행사하는 경우, 사람들은 반자주국(半主國; semi-sovereign States, 현대어로 '반주권국' 혹은 '준주권국')이라고 칭한다. 완전한 권한이 없으므로, 완전한 자주라고 할 수 없다.

폴란드 크라쿠프(Cracow; 戈拉告)[94]의 영토를 할양하여, 빈 회의(Congress of Vienna; 維也納公使會, 1815년)에서 하나의 국가로 삼기로 합의하였다. 그리고 영구적인 자주 자립의 중립국임을 선포하고, 러시아, 오스트리아, 프로이센 삼국의 보호하에 두었다.

빈 회의의 제9조에 따라 러시아, 오스트리아, 프로이센 삼국이 상호 승인하여 크라쿠프의 중립 영토를 침범하지 않고, 또한 다른 국가의 침략을 인정하지 않기로 하였다.

그리고 천하에 공포하여 어떤 국가의 군대건, 그리고 어떤 이유건, 크라쿠프의 국경을 넘지 못하도록 하였다. 또한 크라쿠프 성 안과 밖에서 범죄자에 대한 도주 은닉을 불허하고, 만약 다른 국가의 관리가 도주 범죄자에 대한 체포를 요청할 경우, 크라쿠프의 관리가 체포하여 국경(疆; frontier)까지 호송하여 인도하도록 하였다.

---

94 크라쿠프(Cracow)는 폴란드의 남부에 위치한 도시로, 과거에는 크라카우로 불리기도 하였으며, 폴란드어로는 Kraków로 표기한다.

1815년, 영국, 오스트리아, 프로이센, 러시아 등의 4국은 프랑스 파리(Paris; 巴勒)에서 조약을 맺었는데, 그 조약은 다음과 같다. 제1조 "이오니아 제도(Ionian Islands; 以阿尼諸島)를 하나의 국가로 병합하여 자립 자주국가로 삼으며, 이오니아 제도 합중국(United States of the Ionian Islands; 以阿尼合邦)이라 명명한다." 제2조 "이 국가는 전적으로 영국 군주에 의존하며 그 후대의 보호를 받는다." 제3조 "이오니아 제도 합중국은 그 국내 일은 자치하되, 그 보호군주의 응답에 따라 시행하며, 대영군주 역시 그 법제를 감찰하고 그 논의를 주관해야 한다." 제4조 " 대영제국의 흠차사신(欽差; High Commissioner)이 그 국가에 주재하면서 입법회를 소집하고 논의를 주관할 수 있다." 제5조 "이오니아 제도 합중국은 이런 보호를 받고 있으므로, 대영제국 군주의 군대를 그 항구와 포대 등지에 주둔시키고, 그 합중국 군대 역시 영국 장교의 휘하에 두도록 한다." 제6조 "장정을 따로 두어, 보호 군대의 수와 합중국과의 군비 예산분담을 정한다." 제7조 "합중국 상선과 이전 깃발 역시 모두 영국기로 바꿔 달도록 한다."

이상의 조항들을 보건대, 이오니아의 자주권은 크라쿠프보다 훨씬 못하다. 대체로 크라쿠프는 비록 오스트리아, 프로이센, 러시아 삼국의 보호를 받기는 하지만 조약에 따라 자주 자립을 지키고 있고, 중립국의 지위를 유지하고 있어서 완전한 자주국이라 할 수 있다. 하지만 이오니아 제도는 비록 병합하여 하나의 국가가 되었다고는 하지만, 자주 자립권이 대영제국의 보호하에 있다. 그래서 조약 장정에 따라 보호국에 의존하고 있으며, 또한 그 법의 제정 역시 반드시 영국에 의견을 물어야 하니, 국내와 국외에서 행사되는 자주권이 모두 훼손되었다. 실질적으로 이오니아 제도 합중국은 영국의 명령을 받아야 할 뿐만 아니라, 영국 흠차사신이 주재하며 그 법 제정과 시행의 권한을 통할하고 있어서, 영국의 속국(屛藩; colony)과 다를 바 없다.

이 두 국가 이외에도 유럽에 반자주국가는 더 있으며, 공법에 의해 인정받고 있다.

예를 들어 몰다비아(Moldavia; 摩爾達), 왈라키아(Wallachia; 襪拉幾), 세르비아(Servia; 塞爾維) 등의 삼국은 러시아의 보호를 받으면서 오스만제국(Ottoman; 土耳其)의 명령을 받는데, 오스만제국과 러시아는 오랫동안 조약을 맺어 그 장정을 정하였다.

모나코(Monaco; 摩納哥)는 공후국으로 프랑스의 보호를 받았지만 후에 파리조약[95]에 따라 사르데냐(Sardinia; 薩爾的尼) 왕국의 보호하에 들어갔다.

폴리차(Polizza; Poljica; 波里薩)[96]는 민주주의 소국으로 오스트리아 보호하에 있다.

독일왕국(日耳曼國; Germanic Empire)은 과거의 여러 국가들이 서로 병합된 것인데, 각국이 비록 내치는 감당하였지만, 독일왕국의 황제[실제로는 신성로마제국의 황제가 독일국왕의 직위도 겸하였음 — 역주]가 정한 법과 사법재판권을 따랐던 탓에, 완전한 자주국은 아니었다. 오늘날 독일연방에는 총통할 수 있는 황제가 없고, 예전의 국법과는 달라져, 여러 나라들이 서

---

95 이는 1815년 11월 20일에 맺어진 제2차 파리조약(the second treaty of Paris)을 가리키는데, 1814년 5월 30일에 맺어진 제1차 파리조약(treaty of Paris)과 1814년 9월 1일부터 1815년 6월 9일 사이에 열린 빈 회의(Congress of Vienna)에 뒤이어 맺어진 이 조약은 나폴레옹 전쟁에서 승리한 전승국들이 파리에 모여 전후 처리를 결정한 조약이다.

96 폴리차 공화국은 달마시아 지역(현재 크로아티아)에 있었던 소국으로, 15세기부터 1797년 오스트리아에 정복당하기까지 존재하였던 농촌형 민주주의 공동체 형태의 공화국이다. 영어 원문에는 "Republic of Polizza in Dalmatia"라고 표기되어 있는데, 이는 원래 크로아티아어 Poljička(폴리츠카) 혹은 Poljica(폴리차)의 이탈리아식 발음 표기법(politia, polizza, policia, polizia) 가운데 하나다.

로 연합하여 나라를 다스렸는데, 그 반자주의 소국들은 대부분 자주국에 의해 합병되었다. 다만 북해의 제후국 한 곳만이 옛 장정에 따라, 올덴부르크 대공국(Grand Duchy of Oldenburgh; 俄定堡公)의 명령을 받았기 때문에 반주권국가로 불렸다.

이집트는 과거에 맘루크(Mamelukes; 馬每路)[97] 일당이 점령하여 권력을 잡고 있었으나, 그 당시에는 오스만제국에 복속되었는데, 지방의 성(省)이라기보다는 속국(藩屬; vassal state)에 가까웠다. 무함마드 알리(Muhammad Ali; 阿里) 파샤(pasha; 巴沙)[98]가 맘루크 일당을 멸망시킨 이후, 속국으로서 오스만제국을 섬기지 않고 자립하고자 하였으며, 뿐만 아니라 오스만제국 부근의 지방들을 복속시키고자 하였다. 이를 위해 영국, 오스트리아, 프로이센, 러시아 4국의 런던(London; 倫敦) 회의에서 장정을 정하였으며, 오스만제국 역시 이 합의를 윤허함에 따라, 이집트는 파샤에게 귀속되었으며, 세습될 수 있도록 허락하였다. 다만 매년 오스만제국 황제에게 조공을 바쳐, 그 주권을 존중하도록 하였다. 오스만제국의 법률, 조약, 장정이 모두 이집트에서 시행되었던 점은 다른 곳들과 다르지 않다. 오스만제국은 파샤에게 매년 조공을 바치되 정해진 액수에 부족함이 없도록 하였는데, 왕이 세금 징수를 하되, 파샤가 왕을 대신해서 징수할 수 있다. 또한 그 국가 내의 문무관료의 봉록과 일체 비용은 모두 파샤가 내

---

97 맘루크는 아랍어로 '소유된 자', '피소유자'라는 뜻으로, 9세기부터 19세기까지 존재했던 무슬림 노예 군인이나 노예 출신 지배자를 일컫는 말이다.

98 무함마드 알리(Muhammad Ali, 1769~1849)는 오스만제국의 이집트 총독으로, 맘루크 봉건영주를 제압하였으며 나중에는 무함마드 알리 세습왕조를 세워 이집트를 통치하였다. 흔히 오스만제국 최고위층 귀족을 가리키는 Pasha(사령관, 주지사)라는 호칭과 함께 불리는 탓에 중국어번역에서 巴沙라는 명칭이 함께 붙어 있다.

며, 또한 그 수륙 군사는 언제나 오스만제국이 사용할 수 있도록 규정하였다.

제14절 조공 속국이 가지는 주권

조공국(進貢之國; tributary states)과 속국(藩邦; feudal relation)의 경우, 공법에서는 그 국가가 지닌 주권이 많고 적건 간에, 자주국의 지위를 지닌다고 규정하였다. 예를 들어 유럽의 해양 국가들이 과거에 바르바리에 조공을 바쳤을 당시, 자립 자주권에는 아무런 문제가 없었다.

7백 년 동안, 나폴리의 왕은 로마교황의 속국이라는 명의를 지녀 오다가, 40년 전에 이르러서야 비로소 그 조공을 끊었다. 하지만 로마의 속국이라는 점으로 인해 자립 자주국이 아니었던 것은 아니다.

오스만제국에게 있어서 바르바리는 상당히 특이한 경우이다. 명령을 받는 것도 일정치 않고, 조공 또한 정해진 바가 없었던 탓에, 유럽과 아메리카의 기독교 국가들은 바르바리를 자주국가로 보아, 우호조약을 맺거나 교전을 논의할 때에도 자주국인 이슬람국가와 동일한 관례에 따랐다. 중세시대(中古時; Middle Age)에 다른 국가들은 바르바리의 국가들을 도적집단으로 보았지만, 지금은 관례에 따라 국가로 간주해 온 지 오래되었다. 대체로 국가가 도적집단과는 다른 차이점을 바르바리가 지녀 왔기 때문이다. 빈커쇼크는 다음과 같이 말한 바 있다. "바르바리 국가들은 도적집단이 아니라 엄연한 국가이다. 대체로 정해진 영토(定地)가 있고, 법도가 있다. 우리가 그들과 교전하거나 강화를 맺는 데 있어서 다른 국가들과 다를 바가 없다. 따라서 다른 국가들의 자주의 권리가 그들에게도 부여되는 것이 당연하다. 여러 국가의 군주들이 누차 조약을 맺어 왔으며, 우리 네덜란드 역시 그런 사례가 다수 있다." 키케로는 『필리피카이』(Philippicae; 論戰)[99]에서 다음과 같이 말한다. "무릇 법치가 있고, 창고가 있고, 사람들이 화합하고, 또한 조약의 의를 안다면 적국으로 삼을 수 있고, 그렇지 않다면 도적이다." 키케로가 말한 바에 따르면, 바르바리 사람들은 이를 모두 갖췄고, 평화조약과 동맹의 의를 준수함이 다른 국가들과 마찬가지이다. 다른 국가들도 조약 준수에 있어서 종종 그 편의를 따르니, 바르바리가 신용을 지키지 못하는 부분이 있는 것 역시 이상하다고 볼 수만은 없다. 비교적 다른 국가들에 비해 더 불의한 부분이 있지만, 다른 국가들 역시 이로 인해 그들에게 자주의 권리가 없다고 할 수는 없다.

미국 국경 내의 인디언민족(Indian nations; 紅苗)은 미국의 보호에 의존하므로 반자주상태라 할 수 있다. 이 민족은 고대의 불꽃(古火; national fire)을 꺼뜨려[이 고대의 불꽃은 대대로 꺼지지 않은 불꽃이었는데, 마치 중국의 상명등(常明之燈)[100]과 같은 것이다. — 원주], 완전히 그 소재 주(邦)의 관할을 따르는 부족도 있고, 조약을 맺어 그 존폐를 조약을 맺은 주에 맡기는 부족도 있으며, 그 영토 전체를 보전하고 있지만 권한은 일부만 갖는 부족 역시 있다. 조지아주(Georgia; 若耳治)의 인디언이 이와 같은 경우이다.

그래서 1831년 미국 연방 대법원은 다음과 같이 판단하였다. "인디언

---

99 필리피카이(Philippicae)는 기원전 44~기원전 43년 사이에 키케로가 안토니우스에 맞서 공화정을 옹호하기 위해 작성했던 연설문을 가리킨다.

100 상명등(常明之燈)은 장명등(長明燈)이라고도 하는데, 불당이나 다른 신전에 바치는 항상 꺼지지 않도록 켜 놓은 기름등을 말한다. 마틴은 유구히 이어져 온 민족주의적 전통과 열망을 은유적으로 표현한 영어 원문 'national fire'의 번역어인 '古火'를 설명하기 위하여 주석을 달아 중국의 상명등에 비유하여 설명하고 있다.

은 조지아주의 관할 내에 있고, 또한 법률에서 칭하는 외국이 아니므로, 본 법원에서 조지아주에 항소할 수 없다." 그러나 이 인디언들은 엄연히 하나의 국가를 이루어 왔고, 자치 자주할 수 있으므로, 그들이 처음 영토를 개척한 이래로 이 권리가 부여되어 왔다. 대체로 미국은 그들과 누차 평화조약을 맺어 왔다. 어찌 그들의 화평 및 교전의 권리에 대한 합의와 자율 행위에 대한 책임을 인정하지 않을 수 있겠는가? 그러나 그들과 미국 사이의 교제는 다른 국가들과 다르다. 그들의 우리에 대한 관계는 일반적인 가족 권속들과 같을 뿐만 아니라, 그들에 대한 우리의 관계도 마치 고아를 위탁받는 것과 같다. 그 거주지를 만약에 우리에게 기꺼이 할양해 주지 않는 한 그들에게 그 권리가 속해 있을 것이니, 이런 판단에는 논쟁의 여지가 없다.

1832년 연방 대법원은 또한 그와 마찬가지의 안건을 심의하여 다음과 같이 판단하였다. "우리 미국이 아직 개국하기 이전에 영국왕은 인디언의 내치에 대해 살폈던 적이 없다. 다만 그들이 다른 국가의 사절과 접촉하는 것을 허락하지 않았으며, 다른 국가들과 조약을 맺는 것을 두려워하였을 뿐이다. 영국은 인디언 동맹(alliance and dependence of the Indian nations; 苗人會盟)을 소집하여 권리를 양도하도록 하였으며, 은으로 보상해 주고 그들의 영토를 취득하였다. 기꺼이 하는 것인지 여부를 묻고서 그 요구받은 가치만큼 배상해 주었지, 강제로 영토를 할양받은 적은 없었다. 영국은 그들을 국가로 보아, 화평 및 교전의 논의를 정할 수 있고, 대국에 의존해서 자치를 할 수도 있다고 여겼다. 미국은 영국왕의 권한을 뒤이어, 인디언들을 처우하였으며, 영국왕의 정책을 이어받았다. 인디언은 보호를 요구하였고, 미국은 이를 허락하였다. 피차간에 모두 인디언과 우호관계를 맺고, 미국에 의존하도록 하는 방법밖에 없음을 알고 있었다." 약국이 강국에 의존하면서 보호를 받는 것은 그 자주 자치권을 버렸기 때문이 아니며, 이는 공법의 상례이다. 법원은 이에 대해 다음과 같이 판단하였다. "체로키 인디언(Cherokee nation; 奇羅基苗人)은 하나의 별개의 국가로, 자신들의 땅을 근거 삼아 국경을 정하였다. 조지아주 법률은 그 국경 내에서 행해질 수 없으며, 만약 인디언의 허락과 미국의 평화조약 장정의 인준이 없다면 조지아주 사람도 그 국경을 넘어갈 수 없다."

제15절 독립하거나 연합하거나

국가(邦國; states)는 독립(獨立; single)하기도 하고, 몇 개의 국가가 연합(相合; united)하기도 하는데, 하나의 군주를 섬김으로써 연합하는 경우도 있고, 동맹(會盟; federal compact)을 맺어 연합하는 경우도 있다.

제16절 연합(相合; *union*)하여도 그 주권을 상실하지 않는 경우

여러 나라가 하나의 군주를 섬기되 국가의 연합(以國相合; incorporate union)이 아니라 군주의 작위 통합(以君身相合; personal union under the same sovereign 혹은 personal union under the same crowned head)된 경우라고 한다면, 각국의 주권에는 문제가 없다. 국가가 병합하되 만약 피차가 모두 권리를 가진다면 이 역시 자주국의 지위에는 문제가 없다.

과거에 영국의 군주가 하노버(Hanover; 亞諾威爾)라는 소국을 다스렸지만 본국에 병합하지 않았다. 하노버와 영국 두 국가가 하나의 군주를 섬겼는데, 각기 서로 의존하지 않고 두 국가가 그 주권을 온전히 지니고 있었다. 또한 스위스의 뇌샤텔주(Neufchatel; 牛邦)가 프로이센 왕을 군주로 섬겼던 것도 마찬가지의 경우였다. 스위스연방(Swiss Confederation; 瑞士盟邦)에서 분리되지 않았으면서, 또한 프로이센 본국에 병합되지도 않았다.

스웨덴(Sweden; 瑞威敦), 노르웨이(Norway; 挪耳瓦) 두 국가 역시 하나의 군주를 섬기고 각기 자국의 법률을 유지하며 일체의 내무를 다스린다. 다만 그 주권을 대외적으로 행사하는 경우에는 한 군주가 이를 조정한다.

제17절 연합하여도 그 국내 주권은 상실하지 않는 경우

오스트리아는 여러 국가들의 연합(相合; union)이다. 오스트리아 군주의 연고국가는 헝가리(Hungary; 匈牙里), 보헤미아(Bohemia; 波希米), 베네치아(Lombardo-Venetian kingdom; 威內薩) 등으로, 이들 모두 하나의 군주를 섬기는데, 각기 자신들의 국가를 마음대로 다스리지는 못하지만, 여전히 각기 그 국법과 정치를 유지하고 있다.

이 오스트리아 국가들의 연합은 다른 국가들의 군주 작위 통합과는 차이가 있다. 대체로 그 내치에 관한 일은 각 국가가 비록 주권을 행사하지만, 대외적인 일과 군주에 관한 일은 그 주권을 하나로 통합시킨다. 여러 국가가 이처럼 통합된 경우를 병국(拼國; community of states; [독] Gesammtstaat)이라고 부른다. 그렇게 된 까닭은 각국이 그 옛 관례를 굳건히 지키며 오스트리아에 통합되었기 때문이니, 그 추세의 부득이함에 의한 것이다.

제18절 연합하여 그 국내외 주권을 모두 상실하는 경우

국가가 통합하여 하나가 된 경우가 있는데, 예를 들자면 스코틀랜드

(Scotland; 蘇格蘭), 잉글랜드(England; 英吉利), 아일랜드(Ireland; 阿爾蘭)가 통합된 대영제국(Great Britain; 大英)이 그러하다. 그 군주의 작위가 하나로 통합되고, 그 입법회(制法之會; legislature) 역시 하나로 귀속된다. 하지만 각국에는 여전히 자신들의 법률과 통치(理治; administration)가 있다. 각국의 주권은 국내에서건 국외에서건 모두 통일국가(統一之國; united kingdom)에 귀속된다.

제19절 폴란드가 러시아에 처음 합병되었을 때

빈 회의에서는 폴란드를 러시아에 병합시켰는데, 그 병합의 방법이 매우 다르다. 그 회의가 해산될 무렵, 바르샤바(Warsaw; 瓦瑣都城)와 그 관할지역을 러시아에 다시 병합시켰는데, 다만 국경 내 몇몇 도시는 따로 예속시키는 것으로 정하였다. 조약상으로 규정하길, 바르샤바와 러시아를 하나로 병합하여 분리시킬 수 없도록 하며, 그에 따라 러시아 군주와 그 후손은 대대로 이를 통치하도록 하였다. 그리고 폴란드왕을 별호로 함께 사용하면서 그 국가를 별도로 통치하되, 러시아 군주가 임의로 그 영토를 확장시킬 수 있는 권리를 갖도록 하였다. 폴란드의 백성 가운데 러시아를 섬기거나, 오스트리아를 섬기거나, 프로이센을 섬기는 이들이 있는 것에 관해서는, 어느 쪽 관료가 권리를 행사하고 어떤 법률을 제정할 것인지는 모두 각국의 논의를 따라 정하여 시행하는 것으로 하였다.

국법과 권리를 계속 갖다

러시아 군주 알렉산드르 1세(Emperor Alexander; 亞勒山德第一)는 1815년 이 장정에 따라 폴란드에 별도의 국법권리가 있음을 인준하였다. 그 문서에서는 폴란드가 러시아와 합병하며 러시아 군주가 폴란드를 통치할 주권을 가지되, 그 국법의 범위를 넘어설 수는 없다고 밝혀 놓았다. 덧붙여 폴란드왕 칭호를 더하되, 폴란드 도성[바르샤바]에서 대관식을 행할 때 그 국법을 위배하지 않을 것을 서약해야만 한다. 폴란드 본국의 국회(國會; Diet)는 상원(上房)과 하원(下房)으로 구성되며 백성을 대신하여 권한을 행사한다. 다만 러시아 군주와 함께 논의를 하며, 러시아 군주가 법 제정권과 세금 징수권을 함께 가지되, 그 본국의 화폐법, 군대, 무관 작위 등은 존속시킨다.

결국 러시아에 병합되다

이후 폴란드가 반란을 일으키자 러시아가 이를 정벌하고, 러시아 군주 니콜라이 1세(Emperor Nicholas; 尼哥勞) 1832년 다음과 같은 칙령을 반포하였다. "러시아 대관식과 폴란드 대관식은 통합하여 러시아 수도에서 행하며, 그 국회를 폐지한다. 그 모든 군대는 러시아 군대에 통합시켜 다시는 러시아군대와 폴란드군대로 나누지 않는다." 그리고 러시아 군주는 따로 총독(總督; Governor-General)을 임명하여 그가 참의부(參議部; Council of Administration) 관료와 폴란드를 통치하도록 하되 그 법률은 폐지하지는 않았다. 다만 폴란드 지방 정부는 새로 심의하되, 이후 러시아에서 분리된 폴란드 지방부를 통해 감독 시행한다. 각 부서는 모두 협의체(議士; consultative provincial states)를 만들어 국익에 관한 사무를 심의하도록 하되, 폴란드의 기존 귀족회의(爵會; Assemblies of the Nobles)나 지방관회의(紳會; Communal Assemblies and Council of the Waiwodes)[101] 등과 같은 것은

101 마틴은 영어 원문상 '지역사회 회의와 군벌회의'에 해당하는 'Communal Assemblies and

존치시켰다.

러시아의 이런 조치에 대해 영국과 프랑스 양국은 비록 빈 회의 조약문을 위배한 것은 아니지만, 실질적으로 그 뜻을 위배한 것이라고 비난하였다.

제20절 동맹으로 영구 통합하는 데에는 두 가지가 있다

자주국가가 동맹으로 영구 통합(會盟永合; federal union)하는 데에는 두 가지가 있다. 여러 국가(邦; state)가 상호동맹(相盟)을 맺어 연방국가(衆盟之邦; confederated states)를 이루거나, 여러 국가들이 통합동맹(合盟)을 맺어 합중국(合成之國; supreme federal government; compositive state)을 이루는 것이 그것이다.

제21절 동맹 연횡(會盟連横; *confederated states*)

연방국가(衆盟邦; confederated states)는 여러 국가들이 조약(立約; compact)을 맺어, 상호 연횡한 것으로, 국가들 간의 평등한 동맹(平行會盟; treaty of equal alliance)과 별다를 바 없으며, 각 국가의 국내 주권 역시 감소되지 않는다. 총회(總會; federal body, 현대어로 '연방체' 내지는 '연방기구')의 합의(公議; resolution)는 법을 넘어서 그 인민을 제약할 수 없으니, 우선 각국이 이를

Council of the Waiwodes'을 '紳會'로 번역하였다. 'Waiwodes'는 'voivode'의 다른 표기방식 중 하나로, 중세 시기 중부 및 동유럽에 있었던 지방 총독이나 군 사령관을 가리키는데, 마틴은 폴란드에 있었던 지방관이나 총독의 협의체를 중국의 지식인 지주계층인 '紳士'의 회의에 빗대어 번역하였다.

허락해야만 비로소 법도로 정해질 수 있으며, 자신들의 국경 내에서 시행될 수 있다. 따라서 각국이나 총회는 자기에게 필요한 경우라면 별도로 다른 국가와 교섭하는 데 제한받지 않는다.

제22절 통합동맹(合盟; *compositive state*)을 통한 통일

만약 통합동맹(合盟; act of union)을 맺어 한 국가가 된다면 그 조약에서 규정한 바는 모두 상위의 주권에 의해 통괄되며, 그 권한은 조약을 맺은 각국에 미칠 뿐만 아니라 그 서민들(庶民; citizens)[102]에게도 직접 미칠 수 있다. 각국이 총회에 권한을 양도하여 그 제한을 받기로 하였기 때문에, 그 주권은 국내 국외를 막론하고 모두 감소된다. 각국[즉 현대어로 각 '주'(州)]이 자주국이 될 수 없음은 곧 합중국(合成之國; compositive State)이 독자적으로 자주국이 되기 때문이다.

제23절 독일은 연방 동맹(衆邦會盟; *confederation*)[103]

독일은 연방국가(衆盟邦; confederation)이다. 즉 자주국인 각국이 평등하

102 마틴은 집합적 개념으로서의 일반적인 사람들을 가리키는 'citizen'을 여기서는 '庶民'으로 번역하고 있는데, 뒤에서 'people' 역시 '庶民'으로 번역하고 있고, 또한 앞서 각주 83)에서 언급하였듯이 'people'을 '人民'으로 번역하고 있어서 다소 번역어가 혼용되고 있다. 이는 다른 번역어들의 경우와 마찬가지로 하나의 현대적 개념어로서 고정된 일대일 대응 방식의 번역어를 사용하기보다는 맥락에 따라 유사한 용어를 사용하여 번역하였기 때문이다.

103 독일연방에 대한 영어원문의 설명은 역사적 배경이나 통합 과정, 그리고 조약 내용 등에 이르기까지 상당히 긴 분량을 할애하고 있는데, 중국어 번역은 영어원문 23절의 앞

며 동맹으로 영구적으로 통합된 경우이다. 그 연방조약에서 다음과 같이 말하고 있다. "통합의 이유는 원래 독일의 통일 영토의 보호와 그 내외의 평안을 위함이다. 각국의 자주권에는 아무런 장애도 없으며, 연방 내 각국의 권리는 평등하다. 연방 내 국가들은 새로운 국가가 연방에 계속 가입할 수 있도록 해야 한다." 이 연방 내에서 오스트리아 제국이 맹주이다. 이로 보건대 연방 내 각 국가가 그 제한에 대해 명확히 언급하지 않는 한, 국내외적인 주권은 전혀 감소되지 않는다.

제24절 미국은 연방 합일(衆邦合一; United States)

미합중국(美國之合邦; United States)은 그 통합 방식이 독일연방과 전혀 다르다. 자주국으로서 연합하여 국내외의 폭압을 방어한다는 점에서뿐만 아니라 합중국(合成之國)이 최상위 권한을 가지고서 연방 내 각 주(邦; state)를 통제하고 직접 서민들에게까지 영향을 미친다는 점에서 그러하다. 그 통합동맹(合盟; the Constitution, 현대어로 '미국 헌법')에서 다음과 같이 밝히고 있다. "이 동맹은 연방 서민들(庶民; the people)을 위하여 만든 것이다. 서민들이 이를 만든 까닭은 통합을 더욱 긴밀히 하고, 합의를 견고히 하고, 민간 안전을 보장하고, 외세의 폭압을 방어하고, 대중의 행복(衆慶; general welfare)을 갖추게 하고, 자주의 축복(自主之福; blessings of liberty)을 보호하여 후세에까지 이르게 하고자 함이다." 이 통합동맹[즉 미국 헌법]과 그에 근거하여 만든 법, 그리고 그 조약장정은 국권에 근거하여 만들어

부분에 있는 간단한 개요(23절 전체 내용의 약 2~3% 정도 분량)만을 번역하고 나머지 부분은 모두 생략하였다.

내었으므로, 국내에 그 상위의 법은 없다. 비록 각 주의 법과 율례에 서로 맞지 않는 부분이 있기는 하지만, 그 법원 역시 그 최상위법(無上之法; supreme law)을 준수하여 판단해야만 한다.

연방(上國; the Union)**의 법 제정권**(制法之權; legislative power)

연방의 법 제정권은 그 연방의회(總會; Congress)[104]에 있다. 연방의회는 상원(上房; Senate)과 하원(下房; House of Representatives)이 있는데, 상원은 각 주의 의회에서 선출되며, 하원은 각 주의 인민들이 선거하여 뽑는다. 연방의회는 세금 징수를 통해 국채 보상, 피해 방지, 안전 보장 등 연방의 공익(共好; general welfare)을 추구할 수 있는 권리를 가지고 있다. 연방의 신용을 근거로 자금을 빌릴 수 있고, 내외 통상장정을 정할 수 있다. 그리고 외국인의 국적 획득 규정을 정하고, 파산(虧空; bankruptcy)한 통화에 관한 규정을 정하고, 화폐(通寶; money)를 주조하고, 도량형을 정하고, 우체국을 만들고, 우편역로를 개통하고, 저자 및 기기 제조업자의 전매권리(專賣之利; exclusive right)을 보호하고, 해적(海盜; piracy)을 금하고 해상 범죄를 처벌하고, 모든 공법 범죄안을 심의하고, 교전에 관한 사무를 정하고, 강제 배상의 권한을 부여하고, 수륙 나포의 규정을 정하고, 군대 소집과 군량 매입·병선(兵船; navy) 제조·해군 양성 등을 하고, 육군 및 해군 조규를 정하고, 수도와 수도권 지역 및 각처의 [연방] 소속 포대, 조선소(船廠; dock-yard), 군기국(軍器局; arsenal) 등의 관리를 전담하며, 법령 제정을 통해

---

104 마틴은 'Congress'를 '총회'라고 번역하여 연방국의 'federal body'의 번역어인 '총회'와 혼용하고 있다. 서구에서 연방국과 합중국에서 두 개념의 실질적인 차이가 크지만, 두 개념에 익숙치 않은 당시 중국인들의 시각에서 유사해 보이는 두 개념을 뭉뚱그려서 '총회' 한 어휘로 번역한 것으로 보인다.

연방으로부터 위임받은 직무를 수행한다. 무릇 이러한 것들이 모두 연방 의회의 권한에 속한다.

대통령의 법 시행권

그 주권과 직무가 이처럼 번다하므로, 합중국의 대통령(首領; President)이 이를 통괄하여 수행한다. 대통령은 미국말로 소위 프레지던트(伯理璽天德; president)라고 한다. 그 직위에 오르는 것은 각 주에서 파견된 사람들이 합의 선거(選擧; chosen by electors)하여 이루어지는데, 파견되는 사람들 역시 각 주의 백성이 그 주 의회(邦會; state legislature)가 정한 관례에 따라 천거(公擧; appoint)한 자이다.

사법권

사법권은 연방 대법원(上法院; Supreme Court), 그리고 그 아래에 연방 의회에서 설치한 법원(法院; tribunal)에 있으며, 모든 연방법(合邦律法; the Constitution and laws of the Union)과 조약(盟約; treaty)을 위반한 사안에 대해 심의 판단을 묻는다. 그래서 연방의회와 각 주의 의회는 법을 제정하되, 이는 모두 연방 법관에 귀결된다. 이런 권리에 근거하여 살피되 사안에 대해 국가 연방에 부합하여 시행할 수 있을지 여부를 판단한다. 모든 공사 영사와 관련된 안건이나, 해상 전리품 관할 등의 안건, 합중국(上國; United states)의 모든 공안, 여러 주 사이의 모든 분쟁, 피차 민간의 모든 분쟁, 한 주의 백성이 다른 주의 권리에 근거하여 토지를 찾고자 일으킨 소송, 각 주 및 각 주의 백성이 다른 국가나 다른 국가의 백성과 일으킨 송사 등은 모두 연방법원의 권한에 속하며, 이들에 의해 심의 판단될 수 있다.

조약체결권

조약 체결의 권한은 모두 대통령과 연방의회의 상원에 있다. 무릇 다른 국가와 논의한 조약은 모두 대통령과 상원의 비준을 받아 시행되어야 한다.

각 주에는 없는 권한

국내 각 주에는 조약(約據; treaty)을 논의 체결할 권한, 강제 배상의 위임장(強償之牌票; letters of marque and reprisal, 현대어로 '타국 선박 나포 면허장') 발급의 권한, 통화 주조의 권한, 전표(錢票; bills of credit, 현대어로 '신용장') 발급의 권한, 금은 이외에 다른 물건으로 채무 배상할 권한, 자손이 법률을 정해 과거의 일에 대해 소추하여 벌을 부과할 권한, 법을 제정하여 타인에게 계약(約據; contract)을 지키지 않도록 할 권한, 작위를 부여할 권한 등이 없다. 재화의 수입과 수출 시 화물 검수 비용을 제외한 여타 세금 징수의 권한도 없다. 즉 이런 세금은 국고에 들어가며, 그 화물 검수의 경우 역시 국회가 심의 주관할 수 있으며, 만약 국회가 허락하지 않는다면 각 주는 선박세(船費; tonnage duty)를 징수할 수 없다. 평시에 해군과 육군을 양성할 수 없으며, 이웃 주나 외국과 조약을 맺을 수도 없다. 만약 적이 국경을 넘거나, 상황이 위급하여 잠시도 기다릴 수 없는 경우가 아니라면 교전을 할 수 없다. 미국은 각 주들이 민주적인 법을 유지할 수 있도록 보장하며, 각 주에 외부로부터의 폭력이나 내란이 없도록 보호해야 한다. 다만 사안이 매우 급박할 경우, 그 주는 구원을 청할 수 있다. 혹여 주 의회의 소집이 힘들 경우, 각 주의 헌법 제정을 통해 요청하는 것도 가능하다.

미국의 통합동맹[즉 헌법] 조규가 이러하므로, 각 주의 국내에서의 주권이 어떻게 감소되는지를 더 논할 필요는 없을 것이다. 하지만 외국과의 화평·교전·교제의 권한은 통합동맹에 의해 모두 합중국에 양도하였기에, 각 주가 이 권한을 쓰는 것은 금지되어 있다. 즉 국외에서의 주권은 모두 합중국에 있다. 각 주는 이 부분의 주권을 모두 상위 연방국가의 주권에 귀속시켰기에 그런 국가를 통합동맹국가(合盟之國; [독] Bundesstaat)라 부르는 것이다.

제25절 앞의 두 나라의 차이점과 공통점은 무엇인가

스위스연방은 1815년에 성립되었는데, 그 국법을 개혁하여 22개 주(邦; canton)가 통합하였다. 그 통합의 이유는 그 자주 자립을 보호함으로써, 외적의 침입이나 내란 분란이 일어나지 않도록 하고자 함이었다. 각 주들이 서로를 보호하는 것은 그 법도와 영토를 보존하고자 함이다. 연방에서는 군대와 국고를 보유하며 병사를 모집하고 세금을 징수하는데, 각 주는 일정한 금액을 낸다. 만약 군비가 부족하면 변방 지역의 주들에서 국경을 넘어 수입된 재화로부터 세금을 징수하여 국고에 귀속시킨다. 국회(國會; Diet)는 매년 한 차례씩 3대 주에서 돌아가며 소집된다. 국회의원은 모두 22명으로 각 주에서 1명씩 파견한다. 선전포고나 강화, 통상조약 체결 등은 모두 국회의 권한이다. 이런 일들이 생길 경우, 국회 내 인원의 3/4이 응낙하면 시행할 수 있으며, 다른 일들은 과반수면 족하다. 각 주는 자신들의 군대와 자신들의 내무를 다스리며, 외국과 조약을 맺을 수 있다. 그러나 이런 조약은 그들의 통합동맹에 위배되거나 다른 주의 권리를 침해하거나 해서는 안 된다. 국회는 국내외적으로 각 주들을 보호하고 군사 사무를 주관하고, 장교를 임명하여 군대를 통솔하도록 하고, 공사를 외국에 파견한다. 국회가 아직 소집되지 못하였다면, 3대 주 가운데 하나가 국사(國事)를 대리하여 맡게 되는데, 세 주가 매 2년마다 대리주(代理之邦; directing Canton) 직위를 교대로 맡는다. 국회가 소집된 상태에서 급한 일이 생길 경우 전권을 대리주에 위임하여 그 해산 이후에 시행되도록 할 수 있으며, 사람을 파견하여 수행하도록 할 수 있다. 만약 국내외에 위급한 변란이 발생하면 각 주는 다른 주에 도움을 구할 수 있되, 반드시 먼저 대리주에 알려야 하며, 국회를 소집하여 피해를 막고 안전을 보장할 수 있는 자원을 준비하도록 해야 한다.

스위스연방의 이런 상황을 놓고 보면, 그 국법이 독일연방과 유사한 점도 있고 미국과 유사한 점도 있다. 그 내무에 관해서 각 주가 원래부터 갖고 있던 권한은 독일연방에 비해 더 크다. 교전이나 다른 국가와의 조약 체결에 관해서는 이 모든 권리가 국회에 있으며, 외국과의 교제에 관한 일은 모두 국회의 감사와 규정을 받는데, 이는 이전의 국법과는 다르다. 이전의 통합동맹은 다름 아니라 오직 상호 보호를 통해 외적인 폭력을 막고자 함이었다. 하지만 각 주 사이에 상호 조약을 체결하거나 외국과 조약을 체결하는 데는 제한이 없었다.

1830년 이후로는 각 주의 내치에 변화가 생겨 그 민주권이 더 증강되었다. 누차의 합의를 통해 통합동맹을 바꾸어 그 통솔권이 각 주의 내무에까지 미칠 수 있도록 하고자 하였지만 이 논의는 아직 완료되지 않아, 스위스의 1815년 통합동맹에서 별다른 변화는 없다. 다만 세 주가 분할하여, 현재는 연방주가 모두 25개이다.

제2권

국가들의 자연권(自然之權; absolute international rights)을 논함

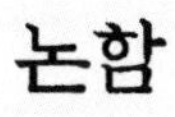

제1장
그 자위권(自護之權; right of self-preservation), 자주권(自主之權; right of independence)을 논함

제1절 두 종류의 행사권

무릇 자주국가가 서로를 상대함에 있어서의 행사권(操權; right)에는 두 가지가 있다. 하나는 저절로 갖는 원래의 권리(原權; primitive or absolute rights)와 경우에 따라 갖는 특권(特權; conditional or hypothetical rights)이 그것이다.

국가가 국가인 것은 그 자주를 위하여 당연히 지켜야 할 도의(義; moral)가 있고 행사할 수 있는 권리가 있기 때문이다. 이를 저절로 갖는 원래의 권리라고 부른다. 대체로 이는 어떤 사안에서 나오는 것이 아니며 어떤 사안에 의해 제한되는 것도 아니다. 만약 자주국가가 서로 상대할 때 어떤 사안에 따라 그 권리를 얻는다면 이는 경우에 따라 갖는 특권이라고 부른다. 이는 어떤 사안이 있으면 생기고, 그 사안이 없어지면 사라지는데, 오직 자주국가만이 가질 수 있는 것이지만, 항상 있는 것은 아니며, 사안에 따라 얻을 수 있다. 예를 들어 전시라면 전쟁당사자는 전쟁권(戰權; right of war)을 얻지만, 전쟁이 끝나면 전쟁권은 저절로 없어진다.

제2절 자위권의 중요성

국가들이 저절로 갖는 원래의 권리 가운데 자위권보다 중요한 것은 없다. 이것이 가장 기초이니 나머지 권리들은 그 위에 세워진 것이다. 이는 다른 국가에 대해서는 행사될 수 있는 권리이지만, 자신들의 백성에게 있어서는 행사하지 않으면 안 되는 본분(分; duty)이다. 이 권리는 많은 것을 포함하고 있는데, 대체로 부득이하여 자위하는 행위들 모두가 이 권리가 행할 수 있는 것들이다. 적을 막기 위하여 자위권으로 할 수 있는 것은 군수물자를 모으고, 육해군을 양성하고, 포대를 건축하고, 서민들을 병사로 삼고, 세금을 징수하여 군비로 삼는 것 등이 모두 가능하다. 그래서 이런 저절로 갖는 원래의 권리에는 별다른 제한이 없다. 하지만 만약 다른 국가를 위험에 빠지게 한다면 다른 국가 역시 그 자위권을 가지고 그 행위를 막거나, 그 국가가 기꺼이(自甘; freely) 조약을 맺어 이를 바꾸는 것도 가능하다.

만약 다른 국가가 우리나라의 행위가 자신들의 존망과 관련되어 있거나 영토를 불안정하게 만들 수 있다고 여긴다면 자위권을 가지고 그 문제를 따질 수 있다. 다른 국가가 이와 같이 인정과 도리에 맞게 선의를 가지고 문제를 따진다면 우리는 신뢰와 정치적 도의를 지켜 잘 분석하여 답변해야만 한다. 예를 들어 포대의 건축과 같은 경우, 자신들의 영토 내이므로 자신들의 권리에 속하지만 그 포대가 다른 국가에 위협이 될 수 있다면 누차 조약을 맺어 바꿀 수 있다.

조약을 개혁하거나 양보하는 것 모두 가능하다

강국이 승리에 교만하여 패자(敗者)에게 이 권리를 양도하도록 하여 화평을 맺는 경우도 있다. 영국과 프랑스가 위트레흐트(Utrecht; 烏達拉)에서 맺은 조약은 프랑스 덩케르크(Dunkirk; 頓及耳客)의 포대를 파괴하도록 하였다. 하지만 이 조항은 프랑스에게 치욕이었기에 양국은 1783년 다시 조약을 맺어 이 조항을 삭제하였다. 1815년 프랑스와 5개 동맹국이 맺은 조약에서는 위냉그([불] Huningue; [독] Huningen; 虎凝)의 포대를 파괴하도록 하였다. 비록 자신의 국경 내(疆內; territory)에 있었지만, 스위스를 항상 불안하게 하였기에 프랑스는 다시는 포대를 건설하지 않고, 스위스 바젤(Basel; [불] Basle; 巴細耳城)에서 30리 떨어진 지역 안에는 다른 포대를 추가하지 않기로 하였다.

제3절 다른 국가에게 정사에 관한 의견을 묻는(聞他國政事; Intervention or Interference) 관례[105]

영토를 개척하는 것은 민중의 재산을 풍부하게 하고 국가를 강성하

---

105 마틴은 영어 원문상 'Intervention or Interference'에 대한 번역어로 '聞他國政事' 혹은 '與', '與聞', '預聞' 등과 같은 용어를 써서 번역하고 있다. 현대어로 '개입이나 간섭'의 의미를 지니는 개념을 마치 '자문' '조언'과 같은 매우 유화된 뉘앙스로 느껴지도록 번역한 것은 논어의 '必聞其政'(들어서 관여하다)라는 표현과 같이 봉건 예제 질서하에서 상국이 신하국에 대해 간섭하는 방식이 서구에서와는 달랐기 때문에 부득이하게 '聞政'과 같은 표현을 썼던 것으로 볼 수도 있겠지만, 다른 한편으로 외세의 개입이나 간섭에 대한 거부감을 완화시키기 위해 좀 더 순화된 표현을 사용한 것으로 이해할 수도 있을 것이다. 다만 다른 문장에서는 'Intervention'이나 'Interference'에 대한 번역어로 좀 더 강제성을 지닌 '管制', '居間管理'와 같은 용어로 번역하거나, 'mediation'을 '居間管理'나 '中議' 같은 용어를 혼용하여 번역하거나, 'interposition'을 '出於其間'과 같은 표현으로 번역한 경우도 있는데, 여기서는 현대어 맥락 이해의 편의상 각 문맥에 따라 '관여', '간여', '중재', '간섭' 등으로 번역하였음을 밝혀 둔다.

게 한다. 만약 순리에 따라 다른 국가에 해가 없다면 이는 자주권에 속한다. 예를 들어 평화적 논의를 통해 토지를 추가하거나, 새로운 도시를 찾아 백성을 이주시켜 개척하고, 그 항해 어업을 증대시키고, 농업을 권장하고, 여러 공업을 힘쓰도록 하고, 무역을 확장하고, 군대를 확대하고, 세금을 늘리는 것 등은 모두 자주권에 귀속되지 않는 것이 없다. 각국은 이를 상례로 여기며, 이를 행함에 별다른 제한이 없다. 하지만 다른 국가에게도 이런 원래의 권리가 마찬가지로 있기에, 혹여 이를 막아 자위권을 행사할 수도 있다. 만약 이러한 권리를 행사하는 것이 다른 국가가 자립 자주하기 힘들게 만든다면 그것이 무엇이든 제한받을 것임이 분명하다. 만약 별다른 피해는 없지만 그 국가가 강성해짐으로 인해 이웃국가에 위협이 되거나 국가들의 세력 불균형을 가져올 우려가 있는 경우라면, 어떻게 처리해야 할 것인지 정하기 쉽지 않다. 그러한즉 이는 국가정치에 귀속되지, 공법에 귀속되는 문제는 아니다.

한 국가가 이치에 맞게 행동하여 점차 강성해짐에 있어서 다른 국가에 저애되는 일을 한 바 없음에도 다른 국가들이 경계심을 품어 이를 강제로 막았던 경우는 예로부터 거의 없었다. 만약 이유 없이 군대를 늘린 것이 아니라면, 이웃국가가 두려워하고 질투하여 이를 강제로 막고자 하는 것은 실로 불공정한 일이다. 유럽 국가들은 내부적으로 자원(財源; resources)을 개발하거나, 대외적으로 멀리 떨어진 지역에 속국을 추가하는 경우라면, 강제적으로 막을 이유가 없다고 여긴다. 대외적으로 속국을 늘리는 것은 대체로 계속 증강하지 않으면 반대로 약해진다고 보았다. 보전하기 힘들고 오히려 해를 입기 쉽기 때문이다. 내적으로 자원을 개발하는 것도 비록 국가가 강해지는 것이기는 하지만, 민중이 국가를 풍성하게 하는 것이 가장 중요하다. 그러므로 이 양자는 점진적으로 진행하여 급속히 서두르지 않는다면 이웃국가의 두려움을 일으키지 않을 것이다. 만약 이쪽 국가(此國)에게 강제로 저쪽 국가(彼國)의 흥성을 막아 그 안전과 번영을 위축시킬 권리가 있다고 말한다면 이는 불공정함의 극치일 것이다. 그 폐해가 심하여 인심에 맞지 않으므로, 결코 공법의 조규에 들어갈 수 없다. 어떤 경우에는 강제적으로 세력 균형을 보전하기 위해, 강력한 군주가 정복한 국가를 병탄하거나 친족국가와 연합하거나 선왕을 계승하여 토지를 늘리는 것을 막기도 하는데, 이는 그 세력이 과대해져서 이웃국가가 자주국의 본분을 행사하기 힘들게 될까 두렵기 때문일 따름이다.

무릇 여러 국가들이 자연 상태 그대로 공존하며 서로 의지하지도 않고, 통령의 주인이 될 사람도 없고, 이들이 받드는 법은 각국의 법률만도 못하다. 범죄자를 벌할 형법전서 없이도 이를 준수하는 까닭은 외적인 권력(外權; external sanctions) 때문이 아니라 내적인 사정(內情; moral sanctions) 때문이다. 그래서 일국이 과도하게 강성해지면 공법을 준수하지 않고 이웃국가에 우환을 끼칠 것을 우려한다. 따라서 유럽 대륙 내에서는 만약 국가 세력이 균형을 잃으면 여러 국가들이 이를 두려워하여, 약한 국가를 보호하고 그 세력균형을 보전하고자 협력한다. 그런데 그 탐욕스럽고 호전적인 국가는 매번 강한 자를 막아 균형을 지키겠다는 말을 가지고 구실로 삼았지만, 오히려 반대로 천하에 환란만 가져왔다. 사실 다른 국가의 병탄 음모를 두려워하여 경계심을 불러일으킨 경우도 간혹 있었지만, 폭군 간웅이 트집을 잡아 군대를 일으킨 경우가 더 많았다.

무릇 강국이 안으로는 정벌의 의지를 키우면서, 밖으로는 강폭한 일들을 자주 일으킨다면, 그 품은 속마음이 드러나는 것을 피할 수 없으며, 또한 다른 국가들의 방어와 경계심을 불러일으키기에 충분하다. 예를 들어 1600년 무렵, 스페인과 독일왕국이 결합하여 그 왕위를 함께 가지고 있던 카를 5세(Charles V; 查理第五)가 이웃국가를 침략 병탄하고자 하자, 여러 국가들이 협력하여 이를 막았다. 오랜 전쟁 이후 비로소 베스트팔렌(Westphalia; [독]Westfalen; 韋似非略)에서 조약을 맺은 이후로 국가 세력의 균형을 이루었으며, 유럽 대륙의 법을 만들었다. 300년 전 기독교 내의 변란으로 군대를 일으켰던 것 역시 그때 일이었다. 천주교(天主教; Catholic)와 개신교(耶穌教; Protestant) 국가들이 비록 다른 국가의 백성일지라도 서로 자신들의 교우를 보호하였다. 천주교도 가운데 프랑스, 독일, 잉글랜드에 살고 있던 이들은 오스트리아와 스페인이 수차례 보호해 주었고, 개신교도 가운데 독일, 프랑스, 네덜란드에 살고 있던 이들은 북방의 여러 나라들이 보호해 주었다.

세력균형은 또한 프랑스 루이 14세에 의해 깨졌었는데, 북방의 여러 국가들이 오스트리아를 도와 이를 막았다. 그 뒤로 영국에 변란이 일어났는데, 여러 동맹국들은 새로운 군주를 도왔지만, 프랑스는 옛 군주를 도왔다. 이런 역사적인 사건을 놓고 봤을 때 각국은 다른 국가에게 정사를 묻는 경우가 종종 있었는데, 자신들의 유리함과 해로움 중 어느 것에서 기인한 것인지가 하나의 사례로 귀결되지는 않기 때문에 후세에 법으로 삼기에는 부족하다.

제4절 본보기로서의 프랑스[106]

건륭연간에 프랑스에 커다란 변란이 일어나자 이를 빌미로 분분히

106 제4절 부분은 영어 원문(원서 pp. 94-95)의 내용에 비해 구체적인 역사적 상황에 대한 설

군대를 일으켰는데, 이 역시 하나의 사례로 귀결되지 않지만, 그 사안을 살펴 세력균형의 방법으로 삼는다면, 공법의 조규를 보완하여 경계(戒; admonition)로 삼기에는 충분할 것이다. 그 이치를 뒤섞어 명확히 하지 않고 잘못 사용한다면, 그 해가 적지 않을 것이다.

5개국이 연횡한 까닭

그 당시 프랑스 백성들의 변란이 이웃 백성들 역시 함께 변란을 일으키도록 만들었던 까닭에 여러 대국들이 연합동맹을 맺어 이를 막고자 하였던 것이다. 그 뜻은 백성의 변란을 막고 각국의 군주 지위를 보호하고자 함이었다. 프랑스는 그 사건을 자주국의 행위라 여겨 다른 국가들에 의견을 묻지 않았다. 정리해 보자면, 다른 국가의 내무에 어떻게 간여할 수 있을 것인지에 관하여 조규를 정하기 힘들고, 정해진 조규가 없다면 혼란스럽고 명확하지 않게 되고, 명확하지 않으면 오용하여 해를 가져오기 쉽게 될 것이다.

제5절 삼국이 나폴리(Naples; 那不勒斯)에 대해 관여하자, 영국이 이에 대해 논박하다[107]

1820년 나폴리에 내란이 일어나자 오스트리아, 러시아, 프로이센 삼

명이 절반 이상 생략되어 있는데, 번역자(마틴)의 생략 의도가 무엇인지 확실치는 않다.

107 이 미제는 영어 원문에는 없지만 번역본에 의도적으로 삽입하고 있는데, 아래의 6절, 7절의 경우도 마찬가지이다. 모두 영국이 유럽에서의 국제적 사건에 개입 간섭한 사건들로, 문단 길이나 내용상 삽입할 필요가 없어 보임에도 불구하고 굳이 영국이라는 국명을 드러내며 이런 미제를 붙인 것은 글로벌 패자로서의 영국의 지위를 강조하면서

국이 공동 합의를 통해 이 일에 대해 관여(預聞; interfering)하였다. 그 논의된 바에 따라 유럽의 대국들이 소국의 내정 권한에 대해 관여(管制; interfering)할 수 있도록 하자, 영국이 이에 반박하며 다음과 같이 논하였다. "만약 언급된 바에 따르자면 이는 영국의 기본법(英國大綱; fundamental laws of Great Britain)에 위배될 뿐만 아니라, 이것이 공법에 들어간다면 많은 국가들에 더욱 해로울 것이다." 그 당시 영국은 삼국의 공사에게 서신을 전달하며 다음과 같이 밝혔다. "만약 저쪽 국가의 행위가 이쪽 국가에 위해하다면, 이쪽 국가는 실로 간여할 까닭이 있으며, 이런 경우라고 한다면 우리 영국도 동의한다. 그러나 부득이한 경우가 아니라고 한다면 이를 행해서는 안 되며, 행한다 하더라도 멈출 수 있는 데서 멈추어야 한다. 만약 어느 국가에 해가 되는지 여부를 따지지 않고, 세력을 등에 업고서 모든 백성들의 내란을 억압하거나 우선 동맹을 맺어 이들을 막고자 한다면, 우리는 결코 동의할 수 없다." 이처럼 다른 국가의 내무에 대해 간여하는 것이 임기응변(從權; exception to general principles)이라고 영국은 보았다. 만약 임기응변을 원칙(經; rule)으로 삼고 이를 공법에 집어넣는다면 반드시 커다란 폐해가 있을 것이다.

제6절 4개국이 스페인에 관여(管制; *interference*)하였지만, 영국이 이에 동의하지 않다

1822년 오스트리아, 러시아, 프로이센, 프랑스가 베로나(Verona; 非羅

또한 중국에 대한 가장 강력한 침략자인 영국을 강조하고자 한 의도 때문인 것으로 보인다.

那)에서 모여, 스페인 내정에 대해 논의하였고, 이후 프랑스 군대가 스페인을 정벌하여 그 국법을 폐지하였다. 영국은 참여를 고사(固辭)하고 이 회의에 간여하지 않았다. "다른 국가가 자주국이라면 우리 영국은 강제로 그 내정을 개혁할 권리가 없다. 다른 국가가 이를 행하려 한다면, 우리는 또한 인정하지 않을 것이다. 스페인은 비록 내란이 있었지만, 이웃 국가에 심각한 위해가 없었는데, 어찌 강제로 경압할 수 있겠는가? 또한 과거에 영국이 여러 국가들과 동맹을 맺었던 본의는 다름 아니라 유럽을 프랑스의 침략으로부터 구하기 위함이었다. 프랑스의 침략이 이미 사라지고 화평 우호관계가 안정되었으니, 각국이 지닌 영토(疆土; possession)는 모두 이 동맹의 보호에 의존한 것이다. 이는 동맹 조약을 가지고 천하를 제어하거나 다른 국가의 내정을 감찰하려는 것이 아니다. 스페인이 장차 프랑스의 국경(邊界; territory)에 소란을 가져올 것이라 이야기하는 것은 그 군대를 기만하여 그 법도를 바꾸는 것이니, 그 확실한 근거도 없다. 스페인인은 자신들의 국내에서 서로 전쟁을 벌이면서 국경(疆; territory) 밖으로 나온 적도 없으니, 영국에게는 다른 국가에 대해 이처럼 관여할 권리가 없다. 과거에 유럽 전체가 협력하여 프랑스를 공격한 것은 프랑스가 그 내정을 바꾸었기 때문이 아니라, 국가의 강성함을 가지고 다른 국가들을 핍박하여 자신들의 정치와 법도를 따르도록 하였기 때문이었다.

제7절 4개국이 스페인에 반발한 속국들에 관여하자, 영국과 미국이 이를 비판하다

스페인의 아메리카 속국에서 반란이 일어나 자립하자, 오스트리아, 러시아, 프로이센, 프랑스가 이를 힘으로 제압하고자 하였다.

영국과 미국 양국은 이 일에 대해 그들에게 이런 권리가 없다고 비판하였다. 영국은 이에 대해 다음과 같이 경고하였다. "오늘날 전쟁이 오랫동안 끊이지 않는데, 우리는 그 중립국으로서 처신해 왔다. 하지만 만약 다른 국가가 스페인을 도와 그 속국을 공격한다면 따로 숙고할 것이다. 만일 우리로 하여금 그 속국[의 독립]을 승인하지 말라고 한다면 우리는 동의하지 않을 것이다. 만약 우리로 하여금 스페인이 먼저 승인하기를 기다렸다가 이후에 승인하라고 한다 해도 우리는 동의하지 않을 것이다. 다른 국가가 힘으로 그 사이에 끼어든다면 우리는 즉각 그들[독립한 속국들]을 승인할 것이다.

미국은 다음과 같이 경고하였다. "유럽의 연횡한 국가들이 그 정치를 아메리카 대륙 내에서 시행하려 한다면 우리 미국이 안정과 통치를 보존하기 힘들게 될 것이다. 아메리카에 있는 그들의 모든 속국에 대해 우리는 그동안 관여해 오지 않았으며, 이후로도 관여하지 않을 것이다. 하지만 이미 자립하였고 우리가 이미 승인한 국가에 대해서는 만약 다른 국가가 그들 사이에 끼어들어 그들을 학대하거나 운명을 통제하려 한다면, 우리는 이를 우리나라와 불화하려 하는 것으로 간주할 것이다. 스페인이 이 신생 국가와 전쟁을 하는 것에 대해 우리 미국은 인정하며, 우리나라가 중립의 본분을 지킬 것임을 밝힌다. 만약 이후 변경이 없고, 우리 미국이 피해가 없도록 한다면 우리는 영구히 중립의 본분을 지킬 것이다. 스페인과 포르투갈 두 국가의 최근 사안들을 보면, 유럽 대륙이 아직 안정되지 않았음을 알 수 있다. 연횡 국가들이 스페인 내정에 관여하는 것이 그 확실한 증거이다. 이 같은 다른 국가 내정에 대한 관여는 어디까지 뻗치게 될 것인가? 다른 국가의 내정에 혹여 이상한 점이 있다면 비록 멀리 떨어진 지역에 있다 하더라도 깊이 우려하지 않을 수 없을 텐데, 심히 우려하는 자 가운데 우리 미국보다 더 한 이는 없을 것이다. 유럽에 대하여 우리 미국은 일찍이 방침(箴規; policy)을 정하였기에, 이후 비록 여러 국가들이 오랫동안 전쟁을 해 왔지만 우리는 이를 굳건히 지켜 왔으며, 각국의 내정에 대해서도 우리는 도모하지 않았다. 국가가 이미 성립되었다면 이를 승인하고, 그들과 교제를 논의하고 우호관계를 돈독히 하여 이를 손상시키지 않았다. 이런 당당한 신뢰관계로 인해 각국이 우리에게 문제를 따지는 일이 있어도 우리는 이를 도리에 맞게 바로잡았다. 각국이 연횡하여 우리에게 해를 입히면, 우리는 이를 방어하였다. 아메리카 대륙의 일에 관해서는 그 지리적 위상이 매우 다르다. 연횡한 국가들이 만일 그 정치를 이 대륙[아메리카]의 아주 작은 국가에서라도 시행하려 한다면 이는 우리 미국이 행복을 지키고 그 영토를 안정시키기 힘들게 만들 것이다. 따라서 연횡 국가가 어떤 식으로 간섭(出於其間; interposition)하든 간에, 우리 미국은 심히 우려하지 않을 수 없다."[108]

제8절 포르투갈에 분쟁이 일자, 영국이 이에 관여하다

프랑스가 스페인의 내정에 관여하자, 영국은 처음에는 이를 말로는 비난하였지만, 후에 프랑스가 그 땅을 정복하자 이를 힘으로 막지는 않

---

108 여기서 언급하고 있는 미국의 비판은 바로 '먼로주의'(Monroe Doctrine)를 가리키는데, 1823년 12월 2일 미국 의회에서 제5대 대통령 제임스 먼로(James Monroe)가 당시 중남미 스페인 식민지 국가들의 독립에 간섭하려는 움직임을 보이고 있던 러시아, 프로이센, 오스트리아 등의 신성동맹국들에 대해 유럽 제국 열강들의 아메리카에 대한 간섭을 거부하며 이를 미국에 대한 위협으로 간주하겠다고 표명한 외교 방침을 밝힌 연설문에 나오는 내용들이다.

았다. 국법이 이미 폐지되고, 옛 군주가 복위되어 그 권한에 제한이 없게 되었다. 이후 포르투갈 군주 주앙 6세(John VI; [포]João VI; 約翰第六)가 죽고, 브라질 군주가 본래 왕위를 이어야 했지만, 브라질에는 군주가 두 국가의 왕관을 쓸 수 없도록 법률이 금하고 있었기에, 브라질 군주가 이를 그 딸에게 양위하였다. 딸이 아직 어려서 그 아버지가 섭정대신을 대리로 파견하여 나라를 다스리고, 백성에게 국법 간책(國法簡冊; constitutional charter)을 보내 군권의 제한을 정하였다. 스페인 군주의 전권이 복원된 이후, 어떤 이가 포르투갈 군주의 자리를 도모하려 하자, 스페인 군주는 이를 몰래 도와, 그 국법을 폐지하고 섭정대신을 좇아내려 하였다. 자신들의 백성이 포르투갈을 본받아 내란을 일으킬까 두려웠기 때문이었다. 이에 포르투갈의 모반자가 영토를 빌려 병사를 모아 포르투갈을 습격하는 것을 인준하였다.

그 당시 상황이 매우 급박하여 포르투갈의 섭정대신이 영국에 구원을 요청하면서, 우리 양국 사이에 옛 동맹조약이 있는데, 현재 스페인이 우리 영토에서 소요를 일으키고 있으니, 영국이 군대를 보내 이를 막아달라고 청하였다. 영국은 이에 구원병을 파견하면서 다음과 같이 언급하였다. "포르투갈의 국법 간책은 진정한 군주가 반포한 것이기에 포르투갈 백성들이 더욱 기뻐하는 바였다. 만일 백성들이 기꺼이 복종하지 않는다면 영국이 강제로 복종하도록 만들 수는 없다. 만약 포르투갈 백성에 불복하는 자가 있다면 영국이 또한 이를 막을 수도 없다. 오늘 영국이 포르투갈을 돕는 것은 실로 역대의 동맹조약으로 인해 그 책임을 물리칠 수 없기 때문이다. 우리는 저쪽 국가에 가서도, 결코 포르투갈 백성이 그 국법을 복원시키는 것을 강제하지 않을 것이고, 다른 국가가 이를 막도록 놔두지도 않을 것이다. 스페인이 도와주고 있는 사람이 국법을 전복시키는 것은 실로 앞서 언급한 이치에 맞지 않는다. 스페인이 이미 우리에게 서신을 보내어 그 일에 관여하지 않을 것을 동의하였는데, 그 동의한 바에 대해서는 우리가 충분히 성사시킬 수 있다. 우리의 뜻은 다름 아니라, 스페인으로 하여금 그 동의된 바에 따라 행동하도록 하는 것일 뿐이다. 과거에 프랑스가 스페인을 정복하였을 때, 그 국법을 전복시킨 것은 이와는 다르다. 프랑스가 스페인을 강제하여 그 자주권을 인정하지 않았기에 우리 영국이 그들을 막았던 것이니, 공법에서 불가하다 한 것이 아니었지만, 또한 반드시 해야만 할 상황인 것도 아니었다. 지금은 포르투갈과 맺은 동맹조약이 있기에 서로 돕는 것은 당연히 해야 할 본분이다. 과거에는 전쟁 여부가 우리에게 달려 있었지만, 지금의 경우는 만약 서로 돕지 않는다면 신뢰를 저버리는 것이니, 우리 국가의 명성이 달린 문제이다."

제9절 그리스가 괴롭힘을 당하자 3국이 도와주다

그리스는 대대로 오스만제국의 회교도(回回人)들로부터 능욕을 받아왔기에, 유럽의 기독교(奉教; Christian) 국가는 그리스의 자립을 도왔는데, 이 일은 가히 공법으로부터 그 사례를 끌어올 수 있다. 어떤 국가의 내정이 이웃 국가에 위협이 될 경우 공법은 이를 구원할 수 있다고 하였을 뿐만 아니라, 야만 흉폭하고 무자비한 살육의 경우에도 역시 인의(仁義; humanity)의 군사를 일으켜 이를 제압할 수 있다.

영국, 프랑스, 러시아 삼국은 1827년, 영국의 수도에서 모여 조약을 맺어 그리스를 평정하기로 하였다. 조약 내에서 이들을 원조하는 사례에 대해 간략히 다음과 같이 밝히고 있다. "그리스, 오스만제국 양국이 상호 공격하여 피가 바다를 이루었으며, 그리스 여러 지역들과 인근 섬에 소요가 일어나 유럽과의 무역은 손실을 입고, 도적이 봉기하였다. 이에 우리 삼국은 누차 피해를 입었으며, 자위 방어하는 데 들어간 군비 또한 헤아릴 수 없다. 그리스가 만약 영국 프랑스 양국에 조사와 처리를 부탁한다면 삼국은 한마음으로 그 잔혹한 전쟁을 제재하고, 피해를 막을 것이다. 따라서 협력 합의하여 조약을 맺어 전쟁당사자로 하여금 평화를 회복하도록 할 것이다. 이는 인의 정치상의 마땅한 바이며, 유럽에도 크게 이로울 것이다." 제1조에서는 다음과 같이 밝혔다. "삼국의 주(駐)오스만제국 공사는 연명으로 공문서를 오스만제국 군주에게 보내, 대신 작성한 절충안에 동의하고, 피차간에 즉시 군사행위를 멈추고, 합의를 기다리도록 한다." 제2조에서는 영국과 러시아가 사전에 진행한 그리스의 내정과 외교에 대한 논의 내용을 약술하였다. 제3조에서는 "이 사안의 세부항목과 오스만제국의 영토 국경 등에 관한 상황은 삼국이 그들과 따로 논의하여 정할 것"이라고 밝혔다.

이상의 공동조약 외에도, 삼국은 따로 다음과 같은 밀약을 추가하였다. "삼국은 그리스와 통상한다. 그리스의 집권자가 교제의 예를 다할 수 있다면, 영사 등의 관리를 파견하여 그들과 상호 왕래한다. 또한 우선 1월에는 그리스와 오스만제국이 군대를 거두도록 하되, 만약 거두려 하지 않는 자가 있다면 삼국이 협력하여 전쟁을 막는다." 또한 "오스만제국이 삼국의 합의를 받아들이지 않거나, 그리스가 보호 장정을 따르지 않는다면, 삼국은 조약에 따라 그 분쟁을 종식시킨다. 따라서 공사를 영국 수도에 주재하도록 하여, 이후 사안이 발생할 경우 합의하는 데 편리하도록 한다."

삼국의 합의를 그리스는 받아들였고 오스만제국은 거절하였다. 삼국은 이에 해군과 육군을 동원해서 그 전쟁을 막았으며, 오스만제국의 육해군을 나바리노(Navarino; 那瓦利諾) [그리스 펠로폰네소스의 해안도시로 이탈리아어로는 Navarino, 그리스어로는 Pylos임 – 역주]에서 패퇴시켰다. 프랑스가 모레아(Morea; 木利耶) [중세시대에 그리스 남부 펠로폰네소스 반도를 일컫던 명칭 – 역주]에 군대를 주둔시키자 오스만제국은 그리스를 자립시키고, 삼국의 보호하에 둘 것을 승인하였다.

간혹 오스만제국과 같은 국가들은 기독교국가의 공법의 제한을 받지 않으려 한다. 그러나 기독교국가가 회교도(Mohammedan; 回回人)의 능욕을 받는 기독교도를 보호하려고 한다면 오스만제국은 이를 원망할 수 없다. 과거에 교화가 아직 흥성하지 않았을 때, 유럽의 국가들은 기독교도가 유대에 있는 성지인 예수의 묘지(聖墓)에 갔다가 수차례 회교도들에 의해 잔혹하게 해를 당하자, 이를 불쌍히 여겨 동방정벌을 일으켜 성지를 구하고 불신자가 그 땅을 관할하지 못하도록 하고자 하였다. 또한 1500~1600년간에, 유럽의 천주교를 신봉하는 국가에서 인민들 가운데 개신교를 믿는 자가 생겼는데, 그들의 교례를 허락하지 않자 개신교를 신봉하는 국가들이 협력하여 전쟁을 일으켜, 같은 교인들이 종교를 따르는 데 장애가 없도록 하였다. 지금의 그리스는 회교도에 의해 교례를 금지당하였을 뿐만 아니라, 또한 잔혹하게 살해 약탈당하기까지 하여, 외국의 기독교 국가에 군사를 일으켜 구원해 주기를 청하였으니, 이 어찌 마땅한 일이 아니겠는가? 하물며 유럽의 문명(文教; arts and letters)이 그리스에서 나왔는데, 이들이 6년간 흉포한 일을 당해 왔음을 알게 되어 천하의 인심이 공분하고 있으니, 이들을 구하는 일을 어찌 늦출 수 있겠는가? 영국의 공법학자 매킨토시(Sir James Mackintosh; 麥金托士)[109]는 "각국이 자국을 보호하는 권리가 또한 우방국을 보호할 수 있는 그 권리"라고 말하였다.

생각해 보면 기독교국가들이 군사를 일으켜 오스만제국의 잔학함을 멈추게 하고자 하였던 것만으로도 그 이유가 충분한데, 굳이 조약 내에 무역의 이익과 여러 국가들의 안녕을 언급하여 관여의 이유를 더 밝힐 필요가 있겠는가.

제10절 이집트가 오스만제국에 반란을 일으키자 5개국이 이를 정리하다

오스만제국과 기독교국가의 교제는 그 보호관계에 따른 것으로, 근래에도 기독교국가가 따르는 공법을 준수하고 있음은 위에서 이미 간략히 언급하였다. 기독교국가의 도리, 방침, 풍속 등은 대체로 같기에 이로부터 공법이 유래한 것인데, 이는 모두 회교국가와는 다르다. 그러나 오스만제국이 자립 자주하고 다른 국가로부터 정복 할거당하지 않을 수 있는 데에는 유럽의 세력균형이 가장 중요한 관건이다. 과거 여러 국가들이 그 강성함을 두려워하여 그를 멸하려 하였지만, 지금은 그 약함을 불쌍히 여겨 존치시키려 하고 있다. 삼국은 그리스와 오스만제국을 위해 중재논의(中議; interference)를 주관하였는데, 그 당시 러시아가 오스만제국과 또 다른 전쟁을 벌이고 있어, 두 사안을 분리하기 어려웠다. 결국 1829년 양국이 평화조약을 맺었고, 그 4년 뒤에는 동맹조약을 맺어 군사를 연합하였다. 그들이 군사를 연합한 이유는 이집트 총독 무함마드 알

109 매킨토시(Sir James Mackintosh, 1765~1832)는 스코트랜드 공법학자이자 휘그당원 겸 역사학자이기도 하였다. 마틴은 제4권 제2장에서는 매킨토시를 '麥金督士'로 음역하기도 하였다.

리가 오스만제국에 반기를 들어 자립하고자 하였기 때문이었다. 알리 총독이 몇몇 지방을 할거하자, 오스만제국의 군주는 이를 바로잡고자 하였다. 1839년 오스만제국의 육군은 패배하고, 해군은 알리에게 투항하였다. 동시에 오스만제국의 군주가 죽자, 한편에서는 알리가 이들을 공격하였고, 한편에서는 러시아가 이들을 보호해 주었다. 이 둘 사이에서 오스만제국이 자주를 지키기 힘들게 되자, 영국과 프랑스 등의 국가가 공동으로 관여하였다. 5대국이 함께 이 일을 오랫동안 논의하였는데, 그 가운데 세세한 부분은 일일이 열거하기 힘들고, 다만 그 안의 장정 3조는 각국이 공동으로 동의한 부분이다.

1. 5대국이 권한을 갖고 중재 관여하여 이 전쟁을 종식시키려는 이유는 그 우환이 유럽에까지 미쳐 세력균형 유지에 장애가 될까 우려되기 때문이다. 후일의 전쟁을 막는 문제에 관해서는 그 당시 5개국의 의견이 같지는 않았다.
2. 만약 오스만제국 군주가 5개국의 합의를 자청하지 않았다면, 5개국은 이 일에 관여할 수 없었을 것이다. 1818년 공사 회의[110]에서 정한 장정에서 다음과 같이 밝혔다. "이후 5대국은 다른 국가의 일에 함부로 관여하지 않되, 반드시 저쪽 국가가 먼저 논의해 줄 것을 요청해야만 5개국이 비로소 그 사안에 대한 논의를 할 수 있으며, 저쪽 국가를 공사회의에 초청하여 함께

110 이 회의는 1818년 10월 1일부터 11월 15일 사이에 열렸던 '엑스라샤펠 회의(Congress of Aix-la-Chapelle)'를 가리키는데, 이는 1815년의 빈회의에 뒤이어 영국, 오스트리아, 프로이센, 러시아, 프랑스의 대표들이 엑스라샤펠[현재 독일 아헨(Aachen) 주에 위치함]에 모여 나폴레옹 전쟁의 뒷수습에 관하여 논의하였던 회의이다.

논의 결정해야 한다

3. 5개국은 모두 오스만제국의 자주를 보호할 것과 그 왕위의 후대에 대한 세습을 보장할 것에 동의하며, 각국은 결코 이 기회를 틈타 그 땅을 빼앗거나 그 권리를 전횡하지 않을 것임을 밝힌다.

오스트리아, 영국, 프로이센, 러시아 4국은 마침내 1840년에 이 합의를 확정하고 오스만제국은 이에 동의하였다. 4국은 알리에게 종전에 몰래 할거한 지역들을 되돌려 놓도록 하되, 이집트 한 국가만은 후대에 세습할 수 있도록 보장해 주었다.

제11절 벨기에에 반란이 일어나자, 5개국이 이를 논의하다

1830년, 벨기에가 네덜란드에 반기를 들어 자립하였다. 5대국이 런던에서 회의를 열어 이 일에 대해 합의하였는데, 그 이전까지 네덜란드와 맺었던 조약을 폐지하지 않고, 다만 장정을 다시 논의하여 시의에 맞게 개정하기로 하였다. 이런 권리를 행사한 이유는 국가들의 안전을 보장하고자 함이었다.

이 사안에 대한 합의는 오래 지속되었는데, 그 둘 사이에 관여하는 데 있어 혹자는 평화롭게 관여할 것을, 혹자는 강제로 관여할 것을 주장하였다. 그 나머지는 다른 책에서 상세히 서술하였기에 여기서는 자세히 기록하지 않는다.[111] 벨기에가 이미 자립하여 5개국이 이를 승인하자 네덜란드 역시 이후로 승인하고, 조약을 맺었다.

제12절 각국의 내정은 자주적이다

각국이 자국의 일에 자주적이고 스스로 책임을 진다는 것은 모두 그 주권을 마음대로 행사할 수 있음을 말하되, 다만 다른 국가의 권리에 장해를 주어서는 안 된다. 그 국법[소위 '국법'이라는 것은 그 국가가 군주의 것인지, 민주의 것인지, 또한 군권이 유한한지 무한한지를 말하는 것으로, 다른 일상적인 법률과는 다르다. ─ 원주]을 정하거나 개정하거나 폐지하는 것은 모두 각국의 주권에 속한다, 다른 국가는 만약에 조약이나 특별한 동의가 있는 경우이거나, 부득이하게 자위권을 행사해야 하는 경우가 아니라면 이에 관여할 수 없다. 관여할 수 없는 것은 원칙(經; general rule)이고, 관여할 수 있는 것은 임기응변(權; exceptions)이다. 임기응변이라는 것은 시세에 좇겨 부득이하여 하는 것을 말한다.

제13절 타국이 간여하는 것은, 사안에 닥쳐 요청하거나, 사건이 있기 전에 조약을 맺은 경우이다

이쪽 국가가 내란을 직면하게 되었을 때, 저쪽 국가가 와서 조정해 주길 바라는 것은 본디 정당한 관례이다. 만약 전쟁당사자가 동의한다면

---

111 여기서 언급하는 다른 책은 휘튼이 1842년도에 펴낸 *History of the Law of Nations in Europe and America: From the Earliest Times to the Treaty of Washington* (New York: Gould, Banks, 1842, pp. 555-588)을 가리킨다. 당시에는 이 책이 중국에 번역 소개되지도 않았고, 원주를 달아 부연 설명하지도 않았기 때문에 사실상 불필요한 문장임에도 불구하고 마틴은 이를 삭제하지 않고 영어 원문의 내용을 그대로 번역해 두었는데, 영어 원문상 이 문장 다음에 나오는 벨기에의 독립 과정에 대해 간단히 설명하고 있는 부분은 오히려 번역하지 않고 생략하였다.

그 사이의 중재를 주관할 권리가 있다. 혹여 이쪽 국가가 일찍이 조약을 맺어, 사건이 생겼을 때 저쪽 국가가 그 사이에서 관리 보호할 수 있도록 동의했었다면 또한 권리가 있다. 과거에 독일의 여러 주들이 30년간의 전쟁을 통해, 오스트리아에 맞서 자신들의 국가와 교리를 지켜 냈다. 1648년 화평을 맺은 뒤, 프랑스와 스웨덴 양국이 독일왕국과 조약을 맺어 그 국법을 지켜 냈던 것이 이 관례이다.

1738년, 스위스의 제네바(Geneva; 日內哇) 주에 내란이 일어났다. 베른(Berne; 伯爾尼) 주와 취리히(Zurich; 蘇黎) 주가 프랑스와 합의하여 이를 조정하였는데, 이들 삼국은 기존에 이러한 동맹조약이 체결되어 있었다. 조정이 이루어진 뒤에 다시 분란이 일어나자 두 주와 프랑스가 다시 그 사이에서 중재(居間管理; intervention)를 하였다. 1782년에는 두 주와 프랑스와 사르데냐(Sardinia; 薩爾的尼)[이탈리아 서남부의 섬에 있는 주 — 역주]가 그 사이 중재를 주관하였다. 그러나 이 사안에는 불합리한 부분이 있는데, 공법에 의하면, 자주국은 그 크기에 상관없이 모두 그 권리를 박탈해서는 안 된다는 점이다.

연방 간의 상호 보호

스위스의 최근 국법 역시 5대국이 1813년에 관여 정리한 것이다. 빈 회의 이후, 여러 주들의 연방조약 강령을 스위스 국법으로 삼고, 스위스 또한 이를 통해 각 주의 법을 보호할 것을 승인하였다.

독일 내 각 주 역시 총회를 요청할 경우, 마찬가지 관례에 따라 그 주 내의 법을 보장해 줄 수 있다. 총회는 이를 보장해 주되, 그 국법에 대한 해석이나 시행으로 인하여 분쟁이 일어날 경우에 이는 총회의 분석 판단에 맡긴다.

미합중국의 헌법(大法; the Constitution)은 각 주가 영구히 민주에 귀속되고, 외적의 침략을 받지 않을 것을 보장한다. 만약 내란이 일어나 지방관의 요청이 있을 경우라면 마땅히 국가 세력을 동원해서 내란을 멈추도록 해야 한다.

제14절[112] 국왕을 옹립하고 관료를 뽑는 데 타국이 간여할 수 없다

무릇 자주국은 그 내정에 대해 전권을 가지며 다른 국가에 의지하지 않는다. 그 군주나 관료는 스스로 선택할 수 있으며, 그 국법은 스스로 논의하여 결정할 수 있다. 왕위를 세습하는 경우, 왕위 계승은 국법에 따라 정한다. 혹여 계승 문제로 인하여 분쟁이 생길 경우 본국이 스스로 정리할 수 있으며, 다른 국가가 그 사이에서 관여 정리할 필요는 없다. 만약 민주국가라면 그 대통령과 관료의 선거는 자주적으로 시행하되 국법에 따르며, 다른 국가는 거기에 권세를 행사해서는 안 된다.

제15절 국왕을 옹립하고 관료를 뽑는 데 타국이 간여할 수 있는 경우

이상의 조항은 상례의 일반 원칙(大綱; general rule)이며 간혹 다른 경우

---

112 영어 원문에는 14절이 보이지 않고, 15절 이후에 16절이 두 번 나오는데 이는 편집상의 오류로 보인다. 마틴의 중국어번역문에서는 영문의 오류를 지적하고 절의 일련번호를 정정하여 표기하고 있다. 참고로 1866년에 나온 영문 개정판에서는 사례의 참조와 검색에 편리하도록 chapter 단위로 나뉘어 있던 절 번호가 사라지고, 책 전체 section의 총괄적인 일련번호로 바뀌었다.

도 있다. 다만 그 국가가 동맹 보호나 중재관리(居間管理; mediation) 등의 조약을 맺은 경우, 혹은 다른 국가가 중재관리를 통해 자위를 하여 더 큰 국면에서의 변란이 일어나는 것을 피하고자 하는 경우, 그리고 이를 위해 공동으로 장정을 논의하고자 하는 경우 등이 그러하다. 예를 들어 백년 전 스페인, 바이에른(Bavaria; [독] Bayern; 巳華里), 오스트리아 삼국이 각기 왕위쟁탈로 내란이 일어났는데, 다른 국가가 군사를 일으켜 이를 중재 관리하였다. 무릇 유럽에서는 한 국가가 그 국법에 따라 그 군주를 스스로 선택하고 다른 국가가 중재 관리하여 이를 확정한다. 이 세 가지 사안에만 국한되지 않는데, 예를 들어 독일왕국의 통할군주, 폴란드왕, 로마교황 등은 수차례 다른 국가가 그 사이에서 주관하여 왕위를 정하였다. 그러나 이전에 시행되었던 사례를 따름으로써 후일에 시행될 일의 편의를 도모하는 것은 잘못된 것이다. 교황의 선거의 경우, 그는 로마군주일 뿐만 아니라 또한 천주교 수장이기도 하다. 그래서 선거에 임해서 오스트리아, 프랑스, 스페인 삼국의 군주가 모두 이 일에 간여하였다. 과거의 사례에 따라, 삼국의 군주는 각기 왕위를 다투는 이 가운데 한 명을 제외할 권리가 있으며, 그렇게 되면 이 사람은 교황으로 선출될 수 없다.

제16절 스페인 포르투갈이 국왕을 세우는 데 영국과 프랑스의 의견을 듣다

스페인과 포르투갈은 과거에 왕위 쟁탈전이 있었는데, 영국과 프랑스가 1834년에 두 국가와 조약을 맺어 이 일을 중재 관리하였다.[113] 중재

---

113 이는 1834년에 있었던 포르투갈의 왕위 쟁탈전을 둘러싼 일련의 사건들과 관련되어 있

관리의 이유는 두 가지였다.

하나는 이전의 조약에서 이렇게 시행하기로 동의하였기 때문이며, 다른 하나는 그 사안이 유럽 서남부 지역에 관련이 있을 뿐만 아니라 유럽 전체의 국면과도 관련이 있기 때문에 이를 시행하지 않을 수 없었다. 4개국의 연횡이 어떤 일에서 기인하였고 각 장정의 조항이 무엇인지에 대해서는 다른 책에서 이미 기재한 바 있기에 여기서는 자세히 서술하지는 않겠다. 다만 그 개요만을 골라 기록하여 이 사건을 상세히 다루고자 하는 것은 대영제국이 그 장정으로 인해 일으켰던 공론을 고찰해 보고자 함이다.

로버트 필 경(Sir Robert Peel; 畢耳)[114]과 그 동료들은 비록 이 사안의 부당함에 대해 알고 있었지만, 결국 원칙을 지키지 않고 임기응변하여 영국

다. 1826년 7살의 나이에 왕위에 오른 마리아 2세(Dona Maria II, 1819~1853)의 삼촌이자 약혼자이기도 하였던 미구엘 1세(Dom Miguel I, 1802~1866)가 1828년 왕위를 빼앗게 되면서 왕위 쟁탈전이 일어났다. 그리고 거의 비슷한 시기인 1833년 사망한 스페인 국왕 페르디난도 7세(Fernando VII, 1784~1833)의 왕위를 이은 3살짜리 딸이었던 이사벨 2세(Isabel II, Isabel María Luisa de Borbón, 1830~1904) 대신에 왕위를 차지하고자 하였던 그녀의 삼촌 카를로스 5세(Don Carlos María Isidro Benito de Borbón, 1788~1855) 사이의 왕위 쟁탈전이 이와 얽히게 되면서 포르투갈 마리아 2세 및 스페인 페르디난도 7세-이사벨 2세의 진영과 포르투갈 미구엘 1세 및 스페인 카를로스 5세의 진영 사이의 전쟁으로 번졌다. 게다가 전자를 지원하는 영국과 신성동맹국의 개입으로까지 확산되면서 유럽의 상당수 국가들이 얽힌 복잡한 왕위 쟁탈전이 되었지만, 결국 열강들의 후원에 힘입은 포르투갈의 마리아 2세(1834년 복귀)와 스페인의 이사벨 2세의 승리로 귀결되었다.

114 로버트 필 경(Sir Robert Peel, 1788~1850)은 영국의 금융 및 화폐 관련 위원회인 불리언 위원회(Bullion Committee)의 의장, 재무장관, 내무장관 등을 역임하고, 1834~1835년과 1841~1846년에 걸쳐 두 차례나 영국의 수상을 지낸 보수주의 정치인이다. 여기서 언급하고 있는 스페인-포르트갈 왕위 쟁탈전 시기에 그는 영국 수상의 자리에 있으면서 영국인이 외국의 군대에 입대하지 못하도록 한 영국 의회법에 예외 규정을 두어 자국민이 스페인 군대에 입대할 수 있도록 하여 스페인을 지원해 주는 조치를 취하였다.

백성이 스페인군에 입대할 수 있도록 허락하면서 이것이 불가능하지 않다고 보았다. 4개국의 연횡 조약에 따라 영국은 스페인에 무기와 해군의 도움을 주면서, 이 또한 합당한 행위라 인정하였다. 그러나 선전포고문도 없이 몰래 군사 원조를 하였는데, 어쩌면 이런 군사 원조는 공법의 통례에 부합되는 부분도 있고 그렇지 않은 부분도 있을 수 있다. 즉 대영제국이 이전의 조약에 따라 마땅히 도와야 할 본분도 있지만, 여전히 다른 국가가 스페인의 적국에 대해 무기를 공급하는 것을 막을 권리도 없었다. 선전포고가 없다면, 중립국이 대양에서 배를 운항하는 것을 막을 권리가 없었던 것이다.

또한 다음과 같이 논하였다. "영국에는 백성이 외국의 군대에 입대하는 것을 금하는 법이 있는데, 이 법률을 잠시 효력정지(暫置; suspend)시키고 임기응변한 것은 직접 군대를 동원해서 다른 국가의 내정을 중재 관리한 것으로, 무릇 중재 관리해서는 안 되는 것이었다. 영국이 일찍이 원칙을 만들어 놓고도 간혹 임기응변하는 경우가 있었는데, 오직 사안이 급박하고 지리적으로 가까워 국사에 대한 위험과 관련이 있었을 때뿐이었다. 이런 국법을 가진 영국이 스페인에 대해서만 유독 이런 도움을 주어 그들을 중재 관리하였던 것은 곧 중재 관리해서는 안 된다는 큰 원칙을 전폐한 것이었다. 약소국이 이웃에 강대국이 있게 되면 모두 위험해질 것이니, 영국 군주가 만약 군인이 외국 군대에 입대할 수 있도록 허락하고, 영국의 땅을 외국인의 군영으로 빌려준 것이 그러한 사례이다. 영국은 세력을 이용하여 다른 국가를 도와 그 백성을 탄압하도록 한 것 역시 가능하다고 말한다. 하물며 국회 하원(紳房; house of commons)이 외국 군대에 입대하는 관례에 대해 논의하면서 그 한 조항에서 "추밀원(君合議部; king in council)[115]이 사안에 닥쳐 상시적인 금지를 잠시 효력 정지시킬 수 있다"고 하였는데, 사람들은 이 조항이 잘못되었다고 비판하였다. 외국에 나가 군대에 입대하는 것에 대한 특별 금지가 사라진다면, 영국 백성이 다른 국가에 멋대로 입대하여도 죄가 되지 않게 될 것이다. 만약 어떤 국가에서 전쟁이 일어났을 때, 추밀원이 바로 그 금지령에 대해 효력 정지 명령을 내릴 수 있다면 영국이 군대를 동원해서 저쪽 국가를 돕는 것 역시 가능할 것이다.

파머스턴 자작(Lord Palmerston; 巴麥斯敦侯)[116]이 이 사안에 대해 다음 두 가지를 답변하였다.

1. 4개국이 연횡한 이유는 조약 내에 언명되어 있듯이, 다름 아니라 스페인과 포르투갈의 안정을 보장하기 위함이었다. 그 안전 보장에는 하나의 방법밖에 없었는데, 즉 스페인의 태자[즉 카를로스 5세—역주]를 쫓아내서 포르투갈에 거주하지 못하도록 하는 것이었다. 태자가 스페인으로 귀환한 것은 조약 내에 따로

115 마틴은 'king-in-council'을 '君合議部'로 번역하였는데, 현대어로 '추밀원'으로 번역되는 이 기구는 영국과 같은 입헌군주제 국가의 독특한 권력기관으로, 군주는 자문기관인 추밀원을 통해 권력을 행사할 수 있었다. 여왕의 경우에는 Queen-in-Council이라 하기도 하고 현재 영국의 '추밀원'은 'Privy Council'로 불린다. 원래 '樞密院'은 중국 당나라 시기부터 있었던 황제의 칙령을 담당하는 비서기관을 가리키는데, 추후 근대 번역어의 형성 과정 속에서 근대 입헌군주제 국가와 그 역할은 다소 다르지만 유사한 기능을 지닌 'king-in-council'의 번역어로 점차 '樞密院'이 정착된다.

116 파머스턴 자작(Henry John Temple, 3rd Viscount Palmerston, 1784~1865)은 중국과의 제2차 아편전쟁을 치르던 당시인 1855~1865에 영국 수상을 지낸 바 있는 정치인으로, 여기서 언급되고 있는 스페인 포르투갈 왕위 쟁탈전 개입이 있던 1834년과 제1차 아편전쟁이 있던 1838~1841년에는 외무장관으로서 주요한 역할을 하였던 인물이기도 하다.

장정을 추가하여 그 일을 제어하였기 때문이다. 한 조항에서는 "스페인 군주가 무기를 사용하고자 한다면, 영국 군주가 당연히 이를 빌려주고, 해군이 이를 돕도록 한다"고 규정하였다. 여러 국가의 공법학자들은 한 국가가 이 같은 군사 원조를 허락한다면, 이는 곧 저쪽 국가의 전쟁에 동참하는 것이다. 만약 해군을 지원해 줄 것을 허락한다면 전쟁에 동참하는 것이 더욱 명확하다. 만약 근자에 우리 영국의 추밀원에서 금지령의 효력정지를 명령하여 스페인의 편에 서서 전쟁에 동참하였던 것이 잘못이라 비판하는 것은 4개국 연횡 동맹에서 별도의 조항을 추가하여 일찍이 그렇게 되었던 것을 모르고 하는 말이다.

2. 다른 국가가 영국을 거울삼아 중재 관리하려 한다면, 영국의 중재관리의 까닭은 조약에서 나온 것이고, 그 조약을 맺은 까닭은 집권자가 인정받은 진정한 주인임을 보장하기 위함이었다. 만약 왕위쟁탈 전쟁이 혹여 국내의 장기적인 내란인 경우라고 한다면, 공법학자는 다른 국가가 그 사이에 끼어들 권리가 있고, 마음대로 원조해 줄 수 있다고 볼 것이다. 그러나 이런 권리는 부득이한 상황이 아니라고 한다면 행사될 수 없다. 다만 국가들은 모두 이런 권리를 지니고 있고 이쪽 국가가 이 권리를 행사한다면 저쪽 국가 역시 행사할 수 있다. 이쪽 국가가 이 당을 돕는다면, 저쪽 국가 역시 저 당을 도울 수 있다. 다만 이쪽을 도울지 저쪽을 도울지는 반드시 뒷일을 예상 고려하여, 결코 새로운 율례를 만들지 않고 분란을 일으키지 않도록 해야 한다. 일

이 생겼을 때 반드시 그 이해관계를 고려해야만 하는데, 어찌 이 일만 그렇지 않겠는가? 내가 쟁론하고자 하는 바는 다름 아니라, 다만 그 비판받는 일들이 영국이 맺은 조약 내의 마땅히 해야 할 본분과 결코 괴리되지 않고, 또한 새로운 율례를 만들지 않으면서도 공법에 맞지 않는 부분이 없었다는 점이다.

제2장

법률 제정(制定律法; civil and criminal legislation)의 권리[입법권]에 대해 논하다

제1절 법률 제정(制律; civil legislation)의 전권(專權; Exclusive power)

무릇 자주국은 법률을 제정하여 자기 백성의 지위, 권리 등의 상황을 규정하며, 국경 내(疆內; within its territory)의 부동산(植物; real property) [소위 '식물(植物)'이라는 것은 가옥, 전답 등과 같이 이동할 수 없는 유(類)를 말하며, 단지 수목(樹木)류에만 해당하는 것은 아니다—원주], 동산(動物; personal property)과 같은 재산(產業; property)을 규정한다. 그것이 자기 백성의 것이든 외국인의 것이든 상관없이 그 전권(專權)을 행사할 수 있다. 그러나 백성 가운데 혹여 재산이 본국에 없는 경우이거나, 다른 국가에서 계약 체결하거나 유언(遺囑; testament) 작성을 한 경우이거나, 혹은 다른 국가의 친족이 사망하였는데 유언이 없지만(無遺囑; from the intestate; [라] ab intestato, 현대어로 '유언 없는 상태로부터') 이를 자신이 계승하는 경우라면, 한 국가의 백성이라도 두세 국가의 법을 따르게 된다. 그 연고지나 그 소재지에서는 이[국법을—역주]를 꼭 따라야 하며, 그 재산의 소재지에서도 역시 이를 따라야 한다. 그 계약근거(契據; contract)가 작성되고 실행된(所寫所成; have been made or the acts executed) 곳에서 또한 이를 따라야 한다. 그 연고지를 따르는 것은 그 태어난 날로부터 본국과 절연할 때까지이다. 재산의 소재지와 계약이 작성 성사된 곳에서는 비록 그 법을 모두 따르진 않더라도, 그 사안과 관련해서만큼은 따라야 한다. 외국에 재산이 있는 자는 부재지주(不住之地主; non-resident land owner; [불] sujet forain)라고 칭하며, 외국에서 계약을 작성 성사시킨 자는 임시거주자(暫住之人民; temporary resident; [불] sujet passager)라고 칭한다.

변통의 법(變通之法; private international law)[117]

이는 여러 국가들의 법률이 서로 다르기 때문에, 이로 인한 분쟁이 자주 일어난다. 어떤 국가의 법률이 이 일을 관제할 것인지 명확히 하기가 쉽지 않다. 이처럼 각국의 법률이 서로 맞지 않아 생기는 분쟁은 별도의 조항을 만들어 해결하는데, 이름하여 '공법의 사적 조항(公法之私條; private international law)'이라 한다. 공법이 각국 교제의 관례를 명확히 하여 이 조항을 통해 각국 법률의 맞지 않는 부분을 변통(變通; determining the conflicts)

---

117 영어 원문에는 'private international law'라고 되어 있는 것을 '변통법'(變通之法)이라 이름붙이고 있다. 이는 일반적인 공법 'international law'를 'public'과 'private'의 두 종류로 나누고 있는 서구식 관념과는 다르게 'international law' 자체를 'public law'의 의미를 지니는 '公法'으로 번역하고 있는 상황으로 인해, 당시 중국인들의 관념 속에서 '사적인 공법'이라는 모순적인 번역어보다는 사적 재산에 대한 각국의 서로 다른 법 적용의 조정(modification)이나 관할권 다툼의 결정(determining the conflicts)을 위한 일종의 편법으로서의 '변통적인 법'으로 번역하는 것이 더 이해되기 쉬웠기 때문일 것으로 추정된다. 그리고 본문에서 사용된 '공법의 사적 조항(公法之私條)'이나 다음 절의 제목 'conflict of laws'를 '변통법의 두 가지 일반 원칙'(變通之法大綱有二)라고 번역한 것 역시 그런 맥락에서 이해될 수 있을 것이다.

하는 까닭에 이를 '사적 조항'이라 부르는 것이다.

제2절 변통법의 두 가지 일반 원칙(大綱; *general principle*)

무릇 법률의 변통에는 대체로 두 가지가 있다. 첫째, 각국의 자주권에서 기인하는 것이므로 각국의 국경 내에서 전권을 행사함으로써 법을 제정하고 시행한다. 따라서 국경 내의 부동산, 동산 등의 재산과 주민은 이 땅에서 태어난 자이건, 외국에서 온 자이건, 이치에 따라 지방 법률(地方律法; law of state) 관할에 귀속되어야 한다. 또한 국경 내에서의 행동거지, 계약 사안 등은 모두 그 통제하에 귀속된다. 각국은 국경 내에서 부동산과 동산을 어떻게 매수 매도하는지의 관례를 정하고, 국경 내의 사람이 어떤 지위, 어떤 권리를 지니는지를 정할 수 있으며, 계약 사안의 시행과 폐지 여부, 그리고 계약 당사자가 마땅히 지켜야 할 본분과 국경 내에서의 소송 관례 등의 사정을 판단할 수 있다.

둘째, 자국의 백성이든 아니든 상관없이, 현재 국경 내에 거주하지 않는 자에 대해 각국은 법률을 가지고 통제(制; affect, bind, or regulate)할 수 없다. 이는 전자의 첫째 원칙과 마찬가지 의미로, 그 이치를 반대로 밝혀 놓은 것이다. 만약에 그 일반 원칙을 따르지 않고서, 이쪽 국가가 국경 밖의 인물을 통제할 권리가 있다고 한다면 저쪽 국가는 비록 자기 국경 내일지라도 그 전권을 행사할 수 없으며, 각국의 권리는 균형을 이룰 수 없으니, 이 어찌 이치에 맞겠는가?

이 두 가지 원칙에서 논하고 있듯이, 만약 각국이 암묵적 동의를 하거나 명시적 동의를 하지 않는다면, 다른 국가의 법률은 모두 그 국경 내에서 시행될 수 없다. 각국은 일괄적으로 이를 금지하거나 혹은 이것은 금지하되 저것은 허락하지 않을 권리가 있다. 또한 그 허락된 법률이 전적으로 시행될 것인지 아니면 제한적으로 시행될 것인지는 모두 각기 마음대로 할 수 있으며 강제되어서는 안 된다. 국권으로 법률을 어떻게 할지를 정했다면, 법원은 안건의 판단에 있어서 이를 반드시 준수해야 한다. 만약 현지에 이 사안을 통제할 수 있는 법률이 없다면, 법원은 그 사이를 고려하여 다른 국가의 법률을 참조해 시행할 수도 있다.

다른 국가의 법률을 국경 내에서 시행할 것을 명시적으로 동의하는 것에는 두 가지가 있다. 법을 제정하는 이가 논의 결정하여 허락하거나, 공사(公使) 간의 회의에서 다른 국가와 조약을 맺어 허락하는 것이다. 그 암묵적 동의 역시 두 가지가 있다. 법관이 안건을 판단하는 것과 공법학자가 그 논리에 대해 논하는 것이다.

다른 국가의 법률을 본국에서 시행하는 것은 각국의 법을 제정하는 자, 심판하는 자, 논하는 자 모두 그 사정상 그렇게 하는 것이지, 그 본분상 반드시 그렇게 해야 하는 것은 아니다. 따라서 혹여 이를 시행하는 것은 피차간의 공익에 도움을 주기 위함이다. 사실 각국이 국경 내에서 다른 국가의 법률을 시행할 수 있도록 하는 것은 다만 그 정도의 차이가 있을 뿐이다. 이는 진실로 각국의 공적 이익(共好; utility) 때문이니, 즉 각국의 사적 이익(私益; interest of subjects) 역시 그 안에 포함된다. 그 백성이 다른 국가와 교제의 뜻을 갖게 되는 것은 외국과 무역하는 경우이거나 혹은 그 재산이 외국에 있는 경우이다. 따라서 각국은 외국에서 자기 백성을 보호하고자 한다면, 반드시 다른 국가의 법률이 자기 국경 내에서 시행될 수 있도록 허락해야 하며, 그 법에 따라 시행되는 사안을 막아서는 안 된다.

무릇 각국이 필요로 하는 바가 이와 같으니, 다른 국가의 법률이 국경 내에서 시행되는 것을 암묵적으로 동의하는 것이라 할 수 있다. 그러나 암묵적으로 동의되는 바가 모든 곳에서 모두 똑같은 것은 아니다. 각국 가운데 어떤 국가는 그 시행당한 바대로 시행하는 것(所行而行; reciprocity, 현대어로 '상호주의')을 관례로 삼아, 다른 국가가 그곳에 거주하는 우리 백성을 어떻게 대하는지를 보고서, 이곳에 거주하는 그 백성을 대하기도 한다. 어떤 국가는 자기 백성이 본래 지닌 권리를 외국인이 마찬가지로 향유하지 못하는 경우도 있다. 또 어떤 국가는 본국의 예속을 중시하여 다른 국가의 법률 가운데 맞지 않는 부분이 있으면 이를 불허하는 경우도 있다. 그러나 최근에는 각국이 모두 다른 국가의 법률을 자기 국경 내에서 시행될 수 있도록 허락하는 것을 통례로 삼고 있다. 다만 그 자주권에 귀속되는 경우에는 여전히 자기 백성의 이익을 고려하여 제한한다. 이에 대한 각국 공법학자의 논의는 모두 다르지 않다.

쟝 부예(Jean Bouhier; 卜熙爾)[118]는 "이 논리에 따르면 법률은 국경 내에 국한되지만, 각국이 이를 국경 밖에서도 시행될 수 있도록 허락하는 것은 공익을 위해서일 뿐만 아니라, 부득이하여 그렇게 하는 것이기도 하다"고 하였다. 이는 마땅히 새겨 두고 잊어서는 안 될 것이다. 그러나 각국이 이웃국가의 법률을 자기 국경 내에서 시행하도록 허락한 것은 그 법에 복종하는 것이 아니라, 이로움을 위하여 허락하여, 저쪽 국가의 국경 내에서도 또한 우리 법이 상호 시행될 수 있도록 하고자 함이다. 외국의 법률을 이처럼 국내에서 시행하는 것은 공적인 사정(公情; comity) 때문

118 쟝 부예(Jean Bouhier; 卜熙爾, 1673~1746)는 프랑스의 법학자로, 앙시앵레짐 체제하에서 부르고뉴 고등법원(parlement de Bourgogne)의 재판장(président à mortier)을 역임하였다. 영어 원문상으로는 'President Bohier'라고 표기되어 있는데 이는 'Bouhier'의 오타로 보인다.

이지 공법은 아니다. 대체로 각국이 그 시행의 허락에 대해 암묵적으로 동의하는 것은 의(義; equity, 현대어로 '형평성')와 이(利; common utility)가 서로 균형을 이루는 것에 따라, 금령에 위배되지 않는 범위 내에서 이루어진다.

세 원칙의 요약

울릭 후버는 과거의 유명한 공법학자이다. 그는 분쟁에 대한 변통은 아래의 세 가지 원칙이면 충분하다고 보았다.

1. 각국의 법률은 자기 국경 내에서 시행되며, 그 본래 백성이 모두 그 관할을 받는다.
2. 국경 내의 사람들은 그 주거의 기간에 상관없이, 모두 그 관할하에 귀속된다.
3. 각국은 자기 국경 내에서 법률에 따라 사안을 시행하며, 이는 영토 밖에서의 사안에 대해서도 역시 확실하다. 다만 각국 인민의 권리에 방해가 되지 않아야 하니, 이는 각국의 우호관계 때문이다.

세 원칙의 합일

후버는 세 가지 원칙을 하나로 통합하여 권형에 편리하도록 함으로써 인민의 재산에 관한 사안은 물론, 법률이 서로 맞지 않아 생기는 분쟁을 변통할 수 있게 하였다. 그는 다음과 같이 말하였다. "법원이 무릇 인민의 유언, 계약 등의 사정을 판단하는 데 있어서 만약 지방 법률(地方律

法; laws of a country)에 따른 경우라면, 비록 다른 곳의 법률과 다른 바가 있을지라도 결코 파기할 수 없다. 만약 계약 사안이 [그 해당] 본국의 법률에 위배된다면 본국에서 이미 타당하지 않으므로 다른 곳에서도 역시 타당하지 않다. 장기 거주자뿐만 아니라 임시 거주자 역시 이 관례에 귀속된다. 그러나 만약 이 사안이 다른 국가에 저촉되는 바가 있다면, 피해를 입은 국가가 자기 국경 내에서 그 사안이 타당하다고 볼 필요는 없다."

제3절 부동산은 그 소재지의 법률을 따른다

부동산은 인민이 모든 것을 마음대로 할 수 있는 것은 아니며, 본지의 법률을 따라야만 한다. 다른 국가의 법률이 어떠하든지 간에, 그리고 인민 각자 개인의 뜻이 어떠하든지 간에, 모두 해당 지방의 관할하에 귀속된다. 설령 인민들은 각자 개인의 견해를 가지고 있을지라도, 매매, 증여(施與), 유류(遺留) 등의 상황이 [법률에] 부합하지 않는 부분이 있을 경우, 그 국가 또한 법률을 바로 바꾸기란 쉽지 않다. 함부로 바꾸었다가 혼란을 빚고 해를 끼칠 수도 있다. 따라서 부동산의 매매, 득실, 상속 등의 사안은 그 소재지의 법률을 따르지 않을 수 없다.

영국과 미국 양국은 본국 소속의 각 주든 다른 국가든 상관없이 매매, 상속 등은 모두 이 관례를 따르도록 한다. 그래서 계약, 유언 등이 다른 국가에서 작성된 경우라도, 때론 본국 소속 각 주에서 반드시 그 물건 소재지의 법률이 정한 형식(定式; formality)을 따라야만 한다. 다만 유럽 내의 국가들에서 통용되는 관례는 이와 다소 다르다. 동산이건 부동산이건 간에, 그 유언, 계약은 계약이 작성된 지방의 법률을 따라야만 한다. 만약 그 재산이 소재한 지방 법률에 외국인에 대한 매매나 상속의 금지가 없다면, 계약, 유언 등은 결코 파기될 수 없다. 만약 지방 법률이 정한 관례 규정이 있다면 반드시 그 물건의 소재지에서 계약근거를 기록하고 유서를 증빙하여야만 부동산이 비로소 주인이 변경되어, 계약자가 위반할 수 없게 된다.

제4절 과거에는 외국인이 부동산을 구매하는 것을 금했다

유럽 각국은 과거에 외국인이 국내에서 부동산을 구매하는 것을 금지하였다. 대체로 그 당시 대국 내의 분봉 제후국에서 만약 전답 재산을 살 수 있도록 허락하려면 그 소재지 제후의 관할을 따라야만 했다. 전답 재산으로 인해 그 제후를 따르게 하는 것은 두 군주를 섬기는 신민을 점차 길러낼 수 있는 폐단을 가져올 우려가 있기 때문이었다.

과거에는 외국인의 유산을 공유화하였다

외국인이 국경 내에서 사망하면, 그 소유물은 동산이든 부동산이든 상관없이 모두 공유화하였다. 그것이 유언이 있든 없든 간에 그 친족이 상속할 수 없었다. 후대에 와서 점차 개화(化導漸開; civilization)되어, 이런 야만적(野蠻; barbarous)이고 불의한(不義; inhospitable) 관례는 점차 폐지되고, 지금에 와서는 사라져 버렸다. 그 개정된 까닭은 새로 지방 법률을 제정하였기 때문이거나, 혹은 국가들이 조약을 맺어 상호 관용을 하게 되었기 때문이다. 예를 들어 프랑스는 일찍이 다른 국가와 조약을 맺어 누차 이 관례를 폐지하거나 개정한 바 있다. 1791년에는 국회가 법률을 제정하면서 비로소 완전히 폐지하여, 비록 다른 국가가 프랑스 백성을 기존에 시행하던 대로 대우할지라도, 프랑스는 그 시행되는 바에 따르지 않고 시행하였다. 1803년에는 관례조항을 다시 개정하여, 다른 국가가 프랑스 백성을 어떻게 대하는지를 보고서, 그 시행되는 바에 따라 시행하게 되었다. 1819년에는 다시 이 관례를 폐지하여, 외국인이 프랑스에서 부동산, 동산 등의 재산을 구입할 수 있도록 허락하고, 유언이 있든 없든 상관없이 그 사업의 계승을 허락하여 모두 본국 백성과 다름없도록 하였다.

유산이 외국으로 빠져나갈 때는 일부를 남기도록 하였다

예전에는 이와 비슷한 또 다른 관례가 하나 있었는데, 계승한 재산을 다른 국가로 옮기려 할 경우, 그 원래 재산 가운데 일부를 본국에 남겨 공용으로 귀속시켰다. 지금에 와서는 국가들이 조약을 맺어 대부분 이를 폐지하였다. 1778년과 1801년에 미국과 프랑스 양국은 조약을 맺어 이 두 관례를 상호 폐지하기로 하였고, 그 이후로 그 조약 역시 차례로 폐지되었다.

미국과 영국 양국은 1794년 조약을 맺어, 인민들이 피차의 국경 내에 있던 기존의 재산을 존치시킬 수 있도록 허락하였다. 다만 그 뒤로 더 추가하는 것은 허락하지 않았기 때문에 세대가 멀어지고 시간이 갈수록, 점차 희소해져서 지금은 거의 사라져 버렸다. 하지만 미국이 다른 국가와 맺은 평화조약에서는 대부분 다음과 같은 조항을 두었다. "만약 이쪽 국가의 사람이 사망하여 남긴 유산이 법률에 따라 저쪽 국가의 인민에게 전해져야 한다면, 그 인민에게 기한을 늘려 주어 [유산을] 판매해서 그 대가를 가질 수 있도록 해야만 하며, 본국은 그 대가에서 조금도 압류할 수 없다."

제5절 동산은 그 사람[소유자]의 소재지의 법률을 따른다

동산의 경우에 그 계승에 대한 규칙은 반드시 그 사람의 소재 국가를 따르며, 그 물건의 소재지를 따르지 않는다. 옛말에 이르길 "동산은 뼈에 붙은 것처럼 몸을 따른다"(動物貼骨跟身; [라] Mobilia ossibus inherent, personam sequuntur)고 했던 것이 바로 이를 가리킨다. 그래서 사람이 죽었을 때 어디에 거주하고 있는지에 대해 유언이 없다면, 그 동산이 어디에 있든지간에 그 상속의 관례는 반드시 그 거주지를 따른다.

영국은 원래 여러 주가 통합된 국가인데, 만약 이 주의 백성이 다른 주로 이주한다면, 그 동산 상속의 관례는 장소에 따라 바뀐다. 만약 외국으로 이주한다면 그 관례의 변경 여부는 의문스러운 부분이 있다. 하지만 근래 법관회의(法師會; Court of Delegates in England)[119]는 일찍이 그 의문이 되었던 부분을 해석하며 다음과 같이 밝혔다. "인민이 외국에 거주하면서 동산을 상속하는 경우, 그 관례는 거주지를 따르며, 외국인과 마찬가지이다."

인민이 어떤 지역에 거주하면서 그 동산 관련 서류를 작성하는 경우, 그 양식, 해석, 시행 등은 모두 그 소재지를 따르니, 옛말에 이르길 "땅이 그 일을 주재한다"(地主事; Locus regit actum)고 한 것이 바로 그것이다. 따

---

119 마틴은 영어 원문의 'Court of Delegates in England'를 '法師會'로 번역하고 있는데, 이는 헨리 8세 때인 1532년 로마 교황청과의 관계를 단절하고 교황에게 귀속되어 있던 최종 사법권을 회수하면서 만든 고등법원을 가리킨다. 19세기 초까지 유지되었던 영국의 독특한 사법 기구인 이 고등법원은 영국 국왕이 임명한 위원들로 구성되는데, 1833년 이후로는 추밀원 사법위원회(Judicial Committee of the Privy Council)로 전환되었다. 마틴이 앞서 'jurisconsult'의 번역어로 '法師'를 사용하였을 때는 '법학자'로 번역하였지만, 여기서는 원문 이해의 편의를 위해 '법관회의'로 번역하였다.

라서 한 사람이 어딘가에 거주하면서 그곳에서 유언을 써서 동산을 전해 줄 때, 만약 그의 유언이 지방 법률을 따랐다면 다른 곳에서 역시 그 유언은 확실히 유효하다. 이를 해석하거나 시행하는 것은 모두 [유언이] 작성된 지방의 법률을 따르며, 공법학자는 모두 이 관례에 동의한다. 영국은 근래 법원에서 이에 따라 판결한다. 한 스코틀랜드인이 인도로 이주하였는데, 재산과 동산은 그 원래 연고지에 있고, 인도에서 유언장을 작성하였다. 그 유언은 스코틀랜드 법률에 따르고 있어서 부동산의 상속은 불가능하고, 그 상속되는 바는 유언에 근거할 경우 동산의 상속 여부 역시 의문이 남기 때문에 소송이 벌어졌다. 영국의 상원(爵房; House of Lords)은 이를 판결하여 다음과 같이 밝혔다. "유언의 해석과 시행 모두 거주지이자 유언이 작성된 곳을 따른다. 지금 잉글랜드 법률이 인도에서 시행되고 있으므로, 잉글랜드 법률로 이를 해석하고 시행한다." 비록 스코틀랜드 법원이 이 법안을 심의할지라도, 반드시 잉글랜드 법률에 따라 판단해야 하니, 해당 법원은 그 유언장의 작성지[의 법률]을 따라 판단하지 않으면 안 된다.

제6절 내치의 권리

자주국은 모두 내치의 권리를 가지고 있으며, 법률을 제정하여 인민의 권리와 신분을 규정할 수 있다. 본국의 백성이든 외국 백성이든 상관없이, 국경 내의 사람들을 관할할 수 있으며, 또한 그 범죄안을 심의 처벌할 수 있는 권리가 있으니, 이는 상례이다. 그 차이가 나는 부분은 공법에서 기인한 것이거나 아니면 국가들의 상호 조약을 맺어 제한을 정한 것이다.

법이 영토 밖에서 시행되는 경우

지방 법률(地方律法; municipal laws of the State)과 형법(刑典; criminal laws)이 국경 밖에서 시행되는 것 역시 4가지가 있다.

첫 번째 종류, 자기 백성의 신분에 대한 규정

첫 번째 종류는 인민(人民; civil)의 신분(分位; condition)과 권리(權利; capacity)[120]에 대해 규정한 것이다. 본국의 법률을 가지고 자기 백성의 신분과 권리를 제한한 것은 비록 그 백성이 다른 국가로 이주하더라도 그 지역에 가서도 그를 제한할 수 있다. 그 인민이 태어나면서부터 하나의 신분을 갖게 되는 경우가 있는데, 본래 어떤 국가의 백성이 되거나, 혹은 관례에 따라 태어난 아이(按例而生; legitimacy)가 되거나, 혹은 관례에 어긋나게 태어난 사생아(背例而私生; illegitimacy)가 되는 것 등이 그런 경우이다. [결혼한 배우자가 낳는다면 관례에 따라 태어난 경우이고 미혼으로 낳는다면 관례에 어긋난 사생아인 경우이다. 대체로 이는 모두 재산과 왕위 등의 상속과 관련이 있다. ― 원주] 그가 성장하고서야 비로소 신분이 생기는 경우도 있는데, 성인 연령과 같이 때가 되어야만 정해지는 것이 그런 경우이다. 그 정해진 바가 없는 신분으로는 지적장애(癡呆; idiocy),[121] 파산(虧欠; bankruptcy),

---

120 영어 원문상 'state and capacity of persons'나 'civil condition and capacity'에 해당하는 나소 포괄적인 개념을 '分位'라는 용어로 번역하였다. '分位'라는 용어 자체도 매우 포괄적으로 해석될 수 있는 여지가 있기 때문에 '국적'이나 '신분', '자격' 등의 포괄적인 의미에 대한 번역어로서 일정부분 적합해 보이기도 하지만, 다른 한편으로 '分'이라는 용어가 앞서 '책임'(duty/obilgation)이라는 뜻을 번역할 때도 사용되어 다소간의 혼동을 줄 수 있는 측면도 있다.

121 영어 원문상 'idiocy'의 번역어로 사용되고 있는 '癡呆(치매)'는 현대 한국어에서는 주로 '지능저하를 야기하는 질환'을 가리키는 한정적 의미로 쓰이는 경우가 많다. 그리고 법

결혼(娶嫁; marriage), 이혼(出妻離夫; divorce) 등과 같은 경우가 있는데, 모두 관리가 조사하여 타당성을 판명한다. 이런 것들은 본국의 법률이 각 백성에 따라 시행하며, 어느 곳에 거주하든 간에 모두 이 상례를 벗어날 수 없다. 그러나 또한 이와 다른 세 가지 경우도 있다.

외국인의 입적 허가

1. 무릇 자주 자립국이라면 모두 외국인이 본국의 백성으로 입적(入籍; naturalization, 현대어로 '귀화')하는 것을 허락할 권리가 있으며, 또한 토착할 권리를 부여할 수 있다. 혹자는 사람이 어떤 국가에서 태어나든 종신토록 본국의 관할을 끊을 수 없다고 하는데, 예를 들면 본국에서 죄를 저지르면, 어느 곳에 있든 영구히 그 법의 제한을 받아야 한다고 말한다. 영국과 미국은 이를 판결하여 다음과 같이 밝혔다. "외국인이 이주해 오면 거주하는 자(住家; residence, 현대어로 '거주허가' '체류허가')나 입적하는 자 모두 그 주거지와 입적지의 모든 통상의 권리를 향유할 수 있다." 1794년에 양국은 조약을 맺었는데, 그 가운데 한 조항에서 미국인이 동인도회사(印度商會; East India Company)[122]의 국경 내 각처에서 통상할 수 있도록 허락하면서, 한편 동인도회사 이외의 영국 백성이 저들과 통상하는 것은 금지하였다. 이후 미국에 사는 영국 백성 가운데 저들과 통상하

률 용어상의 '금치산자'의 의미에 가깝지만 아직 법률용어가 확정되지 않은 채 영어 원문상으로나 중국어 번역문상으로도 용어가 혼용되고 있다. 예를 들면 뒤에 나오는 다른 문장에서 '癡呆'는 'lunacy'(정신장애, 광기)의 번역어로 사용되고 있기도 한다. 때문에 여기서는 부득이 포괄적인 의미를 지닌 '지적장애'로 번역하고자 한다

122 여기서 말하는 '인도상회'(印度商會)는 동인도회사(East India Company)를 가리킨다. 앞서 제1권에서는 이를 '상인단체(客商大會; the great association of British merchants)'라고 표현한 바 있다.

는 자들이 있어, 공안(公案)이 발생하였는데, 영국 대법원(上法院; Court of King's Bench)[123]은 이에 대해 다음과 같이 판단하였다. "인민 가운데 태어나면서부터 영국을 따르던 자가 미국에 건너가서 거주하며 미국 백성이 될 수 있다. 그런즉 영국이 미국 백성에게 허락한 권리를 이 사람 역시 향유할 수 있다. 비록 잠시 일 때문에 옛 연고지[즉 영국]에 돌아온다 하더라도, 여전히 그 권리를 상실한 것은 아니다."

국경 내 물자의 통제

2. 무릇 자립 자주국이라면 법률을 제정하여 국경 내 재산과 화물을 통제할 수 있는 권리가 있다. 따라서 혼인 연령의 충족 여부, 부모의 동의 여부 등은 비록 그 본국의 풍속에 따라 정하지만, 다른 국가 사람과 혼인하여 그 재산을 상속할 수 있는지 여부는 반드시 그 재산이 소재한 곳의 법률에 따라 판단해야 한다. 후버는 이 관례에 대해 동의하지 않으면서 다음과 같이 말한 바 있다. "해당 재산은 그 사람이 복종하는 법률을 따라야 한다. 대체로 외국의 법률이 국내에서 시행될 수 있는 것은 당연한 본분에서 나오는 것이 아니라, 군주가 그렇게 하도록 허락한 데서 나오는 것이다. 그 허락된 이유는 서민들에게 유리하고, 국권에 무해하기 때문이다." 생각건대 여러 국가들이 아직 이렇게 시행하지 않는 것은

---

123 여기서 말하는 영국의 '上法院'은 영국의 독특한 사법기구인 'Court of King's Bench'의 번역어로, 이는 영국 상원에 속해 있는 대법원(supreme court)이라기보다는 사실상 고등법원에 해당한다고 볼 수 있다. 마틴은 미국의 'supreme court'의 번역어인 '上法院'을 영국의 'Court of King's Bench'의 번역어로도 사용하고 있어서 혼동을 주고 있지만, 각국의 사법체계를 각기 구분할 번역어가 부재하던 당시 상황을 고려하여 여기서도 그대로 영국의 'Court of King's Bench'의 번역어인 '上法院'을 '대법원'으로 번역하였다.

해당 국가가 지방 법률을 내버려둔 채 국경 내의 재산에 관여하지 않을 것에 대해 암묵적으로 동의한다는 것이 쉽지 않기 때문일 것이다.

동산에 관해서는 때로 그 계약이 작성된 거주지 지방 법률을 준수하고, 그 물건의 소재지의 법률은 준수하지 않는다. 후버는 다음과 같이 말하였다. "혼인이 모처의 법률에 따라 이루어졌다면, 곧 모든 곳에서도 확실히 유효하다. 해당 지방 법률에서 그러해야 한다면, 다른 모든 곳에서도 역시 똑같이 그렇게 해야만 한다." 이 설은 동산에 관하여 논한 것으로, 진실로 허락해야 마땅하다. 공법학자들 모두 이에 동의하며 다음과 같이 말한다. "만약 혼인할 때 따로 재산의 상속 관련 계약이 없었다면, 어떻게 해야 하는지는 그 혼인지의 지방 법률에 따라 판단하면 된다. 하지만 혼인 이전에 만약 계약이 있다면 피차가 어떻게 해야 하는지는 반드시 그 계약이 작성된 지방 법률에 따라 판단해야 한다."

무릇 부채를 상환할 수 없는 경우, 만약 본국의 법률과 피차 주거지 및 계약 작성지의 지방 법률에 따라 이미 면제(釋放; discharge)되었다면, 빚진 자가 어느 국가에 가든지 면(免; discharge)해질 수 있다. 이는 유럽과 아메리카 공법의 통례이다.

만약 화물이 다른 국가에 있는 경우라면 위탁받은 사람(所託之人; assignee)이 이를 관리하면서, 채권자(債主; creditor)가 본국의 파산(虧空; bankruptcy)에 관한 관례를 등에 업고서 분할해 가지 못하도록 할 수 있다. 이 논의는 법학자들의 의견이 같지 않으며, 여러 국가들이 다르게 시행하고 있다. 그러나 파산자의 거주국가에서는 만약 소송이 발생하면 전체 물권(全物之權; exclusive right of the property)을 분할하는 것 역시 가능하다. 유럽 각국은 대부분 이 관례를 따른다. 이 관례를 따르는 이유는 그 동산이 어떤 곳에 있든, 그 법률에 따라 마치 이미 본국에 귀속된 것처럼 여기기 때문이다. 하지만 미국의 법률은 그렇지 않다. 그 채권자에 관하여 그 물건의 소재지 법률을 준수하지, 그 사람의 소재지 지방 법률을 따르지 않는다. 따라서 그 물건이 어떤 주에 있다면 다른 주의 법률이 그 국경 내에서 시행되는 것을 허락하지 않고, 해당 주의 법률은 시행하지 않는다. 미국 대법원은 다음과 같이 판단한다. "빚을 지고 상환할 수 없는 자가 만약에 다른 국가에 거주하면서 다른 국가에서 빚을 져서 다른 국가의 관례에 따라 화물을 다른 사람에게 위탁하여 그 채무를 상환하고자 한다면 본국에서 진 빚을 먼저 상환해야 할 뿐만 아니라, 민간의 채권자가 지방 법률에 따라 상환을 추궁하는 것 역시 반드시 먼저 상환해야 한다. 만약 이 금액이 이미 상환되었다면 그 위탁받은 사람은 그 나머지 물건을 관리할 수 있다."

법률은 작성된 지방의 것을 따른다

3. 일신상에 따라다니는 모든 법률이 때로는 계약 작성지의 지방 법률을 따르기도 한다. 예를 들어 채무를 상환할 수 없는데, 본국의 법률에 따라 이미 면제된 경우이다. 만약 다른 국가에서 외국인에게 빚을 졌다면, 면제 증거(釋放之憑; bankrupt's certificate, 현대어로 '파산선고 증명')로도 꼭 그 빚을 갚지 않아도 되도록 면해 주기는 힘들다.

또한 혼인 연령의 충족 여부, 부모 허락 여부, 근친 여부 등은 대체로 그 본국의 법률을 따르지만, 그 혼례는 결국 그 혼인하는 지방의 관례를 따라 시행한다. 저쪽 지방에서 만약에 결혼이 타당하고, 그 거주지의 법에 위배되는 바가 없다면 [이 혼인은] 어느 곳에서든 타당하다.

제7절 두 번째 종류는 사안에 따라 시행되는 경우이다

두 번째 종류는 만약 어떤 국가에서 계약을 맺고, 이후에 다른 국가에서 소송을 할 경우라면 본국의 법률은 사안에 따라 영토 밖에서도 시행될 수 있다.

계약은 그 작성된 지방의 법률을 따르되, 만약 타당하다면 대체로 어느 곳에서도 반드시 타당하다. 국가들의 통례에 따라, 계약 양식(式樣; form), 해석(解說; interpretation), 책임(責任; obligation), 변동(變異; effect)[124] 등의 사정에 있어서 다른 국가와 그 인민의 권리에 방해되는 바가 없다면, 그 작성된 지방[의 법률]을 따른다. 이는 대체로 국가들의 우호관계와 공동편의로 인해 그렇게 하는 것이다.

시행되지 않는 것 네 가지

방해되는 바가 없어야 한다고 하는 것은 곧 그 사안에 방해되는 바가 있다면 이 관례에 귀속될 수 없음을 말한다.

물건의 소재지의 법률에 맞지 않는다면 시행될 수 없다

1. 만약 물건의 소재지의 법률을 가지고 판결해야 하는 경우라면 이상의 관례는 시행될 수 없다. 즉 위에서 언급하였듯이 한 사람이 혼인이나 계약을 통해서는 바로 다른 국가에서의 재산을 상속할 수 없다. 만약

---

124 여기서 계약의 'effect'(결과)에 대한 번역어로 '變異'를 사용하였는데, 이는 원래 의미와는 다소 거리가 있어 보이지만, 계약 내용과 실제 결과 사이의 차이나 변동사항이라는 의미를 표현하기 위하여 의역한 것으로 보인다.

본국의 법률을 가지고 인민의 신분이나 권리를 제한하려고 하는 경우라면, 그런 관례 역시 시행될 수 없다.

다른 국가에 방해가 된다면 시행될 수 없다

2. 만약 다른 국가의 주권, 무역, 징세, 인민권리, 치안 등에 방해가 된다면 시행될 수 없다. 예를 들어 상인이 이쪽 국가에서 재화를 팔고, 다른 국가에서 대금 청산을 할 것을 허락하였다면, 이 재화는 이쪽 국가에서 금지될 일이 없지만, 만약 저쪽 국가에서 금지된 경우라면 그 상인은 저쪽 국가에서 구매자에게 물건값을 추궁(追討; enforce)할 수 없다. 그 국가가 만약에 추궁을 허락한다면 이는 자신들의 금령을 어긴 범행을 허락하는 셈이다. 다만 이쪽 국가의 법원은 저쪽 국가의 세무에 관여할 수 없으므로, 금지 물품을 가지고 있는 자는 금지된 지역 바깥에서는 관리에게 알려 그 보장된 대가(保價; insurance)의 환수를 추궁할 수 있다.

후버는 혼인 계약이 만약 본국의 법률을 위배하지 않는다면 혼례가 시행된 지방 법률을 따라야 한다고 보았다. 그 사람의 연령조건이 충족되지 않거나 본국의 법률에 저애되는 바가 있어서 결혼할 수 없는 경우, 만약 다른 국가에 가서 결혼한다면 이는 본국 법률을 위배하는 것이다. 하지만 영국의 관례에 따르면, 본래 잉글랜드에 거주하다가 스코틀랜드에 가서 혼인을 하여 잉글랜드 법에 따르는 것을 피하고자 한다면, 반드시 부모와 결혼주관인 등에게 문의해야 하며, 이 경우 영국 교회법원(英國之教法院; English Eclesiastical Courts)은 이를 파기할 수 없다. 이처럼 하는 이유는 기독교 국가들의 통례가 이러하기 때문이다. 만약 이를 막아 혼례를 시행한 지방 법률에 따르지 않도록 한다면, 사람들의 적통이나 사업계승 등의 권리에 끼치는 폐단이 무한할 것이다. 미국의 각 주에서도 다른 주로 가서 혼인을 하는 것에 대한 관례는 마찬가지인데, 그 이유 역시 마찬가지이다. 프랑스 법률의 경우, 연령의 충족 여부는 그 일신상에 따라가는 일이므로, 어느 곳으로 가든지 이 역시 따라가는 것으로 본다. 따라서 프랑스인이 외국에 가서 혼인하는 경우, 연령이 비록 저쪽 국가에서는 충족될지라도, 본국의 법률에 따라 충족되지 않는다면 본국의 법원은 이를 타당하지 않은 것으로 본다.

계약이 다른 국가에서 실행되어야만 하는 경우라면 시행될 수 없다

3. 만약 계약을 맺을 때, 그 계약이 맺어진 지방 법률에 의하거나 혹은 계약을 맺은 자에 의하여 다른 국가에서 [그 계약이] 실행(成就; execution) 되는 것이라고 명시적으로 밝혀 놓았다면, 실행된 사안은 반드시 그 [실행된] 국가의 법률을 따라야 한다. 무릇 계약의 실행은 그 허실을 입증하거나 그 문장 의미를 해석하는 것과는 별개이다. 국가들의 상례에 의거하여 그 허실을 입증하고, 그 문장 의미를 해석하는 것은 모두 그 계약을 맺은 지방의 법률에 귀속되며, 실행과 관련된 것은 모두 그 실행된 곳의 지방 법률에 귀속된다.

제8절 사안이 법원 조규에 의해 판단되어야 하는 경우라면 시행될 수 없다

4. 각국 법원의 사안 심사 조규는 각국이 스스로 정한다. 만약 계약 실행의 사안이 법원 조규에 의해 판단되어야 하는 경우라면 그 계약이 맺어진 지방 법률은 시행될 수 없다. 예를 들어 이쪽 국가에서 계약을 맺었는데, 만약 다른 국가에 가서 실행되거나, 혹은 다른 이유로 인

해 공적인 문제가 된다면(入公; in question in the judicial tribunals),[125] 증거(傳證; evidence)나 기간제한 등과 같이 소송(訟獄) 조규와 관련된 문제는 모두 소송을 일으킨 지방의 법률에 귀속되며, 계약을 맺은 지방의 법률은 따르지 않는다.

제9절 세 번째 종류는 사람에 따라 영토 밖에서 시행되는 경우이다

세 번째 종류에는 모두 세 가지 경우가 있다.

1. 이쪽 국가의 군주가 저쪽 국가에 가더라도 저쪽 국가의 관할에 귀속되지 않는데, 이는 국가 간 우호관계의 상례이다. 만약 이웃국가가 그 군주가 국경 내로 들어오는 것을 허락한 경우라면, 그 군주는 이웃국가의 법률의 관할을 따르지 않는데, 이는 본국의 권위가 여전히 군주의 신상에 있기 때문이다. 평시에 만약 [이에 대한] 특별한 금지령이 없다면 이를 허락한다고 할 수 있다.

2. 흠차사신 등의 국가사절은 그 파견된 국가의 국경 내에서 그 지방 관할에 귀속되지 않는다. 마치 여전히 본국에 있으면서 전적으로 본국의 관할에 귀속되는 것과 마찬가지이므로, 그가 주재하는 지방이 그 관할권

---

125 마틴은 앞서 나온 문장들에서 '몰수/압수'를 통해 국유화 내지는 공유화한다는 의미를 지니는 'confiscation'의 번역어로 '入公'을 사용한 바 있는데, 여기서는 '법적으로 문제가 되다'는 의미의 문장인 'come in question in the judicial tribunals'에 대한 번역어로 '入公'을 사용하고 있다. 의미상 상당히 거리가 있는 용어를 '入公'이라는 한 단어로 번역하고 있어서 혼동을 주고 있는데, 여기서는 그러한 혼동을 피하기 위하여 문장의 맥락에 따라 사법상으로 '공적인 문제가 되다'로 의역하였다.

을 떼어 낼 수 없다.

3. 육군이나 해군이 다른 국가의 영토를 지나가거나 다른 국가 국경 내에 주둔하는 경우, 만약 그 군주와 다른 국가의 군주와의 사이가 화평하다면 지방 법률의 관할에 귀속되지 않는다.

만약 특별한 금지령이 없다면 우방국가의 병선(兵船; public armed and commissioned ships)이 마음대로 항구를 출입할 수 있다. 금지령이 없기 때문에 입항하는 것이든, 조약조항(條款; treaty)에서 특별히 허락하여 입항하는 것이든, 모두 그 지방관할에 귀속되지 않는다. 다만 민간 선박이 다른 국가의 항구에 입항할 경우, 만약 이를 규정하는 특별한 조약조항이 없다면, 지방관할을 벗어날 수 없다.

한 사안을 가지고 세 가지 경우를 논하다

1810년 미국의 민간 선박 한 척이 프랑스에 나포된 후 공유화되어 병선(兵船; public armed vessel)으로 개조되었는데 이 배가 본국에 돌아오자, 그 원래 주인이 반환을 요구하였다. 미국의 대법원은 이상의 관례에 따라 다른 국가 병선은 지방관할에 귀속되지 않는다고 판단하였다. 당시 대법관(上法司; Chief Justice) [미국의 연방 대법원장을 말함 — 역주]은 이 관례를 추론하여, 다음과 같이 세 가지 원리에 대해 상세히 구분하였다. "법원이 행사하는 권리는 다름 아니라 본국의 자립 자주의 권리이다. 만약 전권(專權; exclusive and absolute jurisdiction) 행사를 하지 않기로 스스로 동의한 것이 아니라면, 본국의 관할권은 자기 국경 내에서 제한이 없다. 만일 외부로부터 일부의 제한이 가해진다면 그 주권의 일부가 곧 감소된다. 다른 국가가 우리에게 일부의 제한을 가한다면 곧 우리 주권의 일부를 차지하게 되는 것이다. 따라서 자주국은 자기의 국경 내에서 혹여 그 전체의 권리를 행사하지 않는 경우, 그 이유를 거슬러 올라가 보면 이는 모두 스스로 동의한 것이다. 만약에 스스로 동의한 것이 아니라면 이는 옳지 않으며 합법적이지 않은 것이다. 스스로 동의하는 데는 두 가지가 있는데, 명시적으로 동의하거나 암묵적으로 동의하는 것이다. 만약 암묵적으로 동의한 경우라면 명시적인 언명이 없기에 오해의 폐단이 있을 수 있지만, 만약 이것이 암묵적인 동의에 의한 일임을 명확히 인식할 수만 있다면, 그 책임질 바가 없어지거나 가벼워질 것이다. 지금 많은 국가들이 모두 자주 자립하고, 국권이 평등하며, 교류 왕래를 통해 도움을 받고 있다. 이는 여러 국가들의 군주가 인의의 도를 가지고 서로 관용 양보하며, 자기 국경 내에서 그 주권을 지나치게 엄격히 행사하지 않기 때문이다. 상례에 의거하여 암묵적으로 동의하고 그 주권에 대해 관용 양보하고 있는데, 만약 다른 국가에 알리지 않은 채, 갑자기 그 주권을 엄격히 행사한다면 다른 국가에 대해 신뢰를 잃게 될 것이다. 그 관용 양보에 대해 암묵적으로 동의하는 사안은 아래의 세 가지 부류로 나눌 수 있다."

군주가 국경을 넘어가는 경우, 국가의 권리도 그와 함께 따라간다

1. 군주가 비록 다른 국가의 국경 내에 있을지라도, 다른 국가는 체포하거나 가로막을 수 없다. 그가 국경을 넘어올 때, 만약 저쪽 국가의 군주가 이를 인지하고서 허락한다면, 비록 체포해서는 안 된다는 명확한 조약은 없다 할지라도 그 도의가 어디서 나오는 것인지 모두가 알고 있다. 문명화된 국가들이 모두 이와 같이 해석하는 것은 그 군주가 국경을 넘는다 해서 그 군주의 권위가 폐기되거나 그 국체가 손상되는 것이 아니므로 다른 국가의 관할에 귀속되지 않음을 잘 알고 있기 때문이다. 허가문서(准文; license)를 발급받는 이유는 대체로 이런 굴욕을 피하고자 함

이다. 국가의 군주가 허가문서를 받은 것은 굴욕당하는 것을 피하고 응당 그 신변이 온전히 보호받길 기대한 것이니, 그 문장의 의미는 반드시 이와 같이 해석되어야 한다. 즉 완전한 보호가 명시적으로 언급되어 있지 않더라도 그런 의미가 저절로 그 안에 담겨 있는 것이다. 군주가 이웃 국가의 명시적인 동의나 암묵적인 동의를 받지 않은 채 국경을 넘어오는 경우, 어떻게 처리해야 할 것인지에 대해서는 정해진 관례는 없지만 본 사안과 무관하다. 만약 저쪽 군주의 관할에 귀속되지 않는다고 한다면, 이는 반드시 여러 국가의 군주들의 상호 암묵적 동의에서 기인한 것이다. 저쪽 국가가 이를 믿고서 흔쾌히 찾아왔으니, 우리도 반드시 기꺼이 신의를 지켜 대접해야 하며, 절대로 기회를 틈타 힘으로 억압해서는 안 된다.

사신이 외국에 있는 경우, 국가의 권리도 그와 함께 따라간다

2. 문명화된 국가는 모두 다른 국가 사신의 주재를 허락하며 지방관할에 귀속시키지 않는다(不歸地方管轄; immunity, 현대어로 '면책'). 이는 위의 관례와 마찬가지이다. 그 관할에 귀속시키지 않는 이유를 혹자는 군주를 대신하여 일을 행하기 때문이라고 하기도 하고, 혹자는 다른 국가에 주재하는 것이 마치 본국에 있는 것과 같다고 가정[虛設; political fiction, 현대어로 '의제'(擬制)]하기 때문이라고도 한다. 그러나 그 원리를 추론해 보자면, 관할에 귀속되지 않는 것은 모두 주재하는 국가가 스스로 동의한 것에서 말미암는다. 주재하는 국가가 허락하지 않았다면 어찌 가정에 근거하여 [이 국가에] 있는 것을 있지 않는 것처럼 여기는 관례가 있을 수 있겠는가? 국가의 군주는 비록 명시적으로 동의하지 않았을지라도, 이미 암묵적으로 동의한 것이다. 미국과 그 외 몇몇 국가는 법률상 특별 조항으로

이를 상세히 다루고 있는데, 어떤 권리를 다른 국가의 사신에게 주는 것이 아니라, 공법을 위반하는 일을 금지하는 형식으로 말이다. 사신이 다른 국가의 관할에 귀속되지 않는 것은 그 소재 국가가 일찍이 동의하였기 때문이라고 할 수 있는데, 이런 관례가 없다면 군주가 다른 국가에 파견한 사신은 그 국체가 손상되는 일을 피하기 힘들 것이요, 그 사신은 두 명의 군주를 섬겨야 하는 곤경을 피하기 힘들게 될 것이니, 어찌 그 본래 임무를 뜻대로 처리할 수 있겠는가? 따라서 한 국가의 군주는 혹여 다른 국가와의 사이에 중대사가 생겨 사신을 골라 임무를 맡겨 보낼 때 저쪽 국가의 신하노릇을 하길 바라지 않는다. 이 때문에 저쪽 국가가 접견(接待; receive)을 허락한 것은 곧 저쪽 군주가 부여한 어떤 권리(權利; privileges)를 가지고 국체를 보장받아 임무를 수행하는 그 사신 모두가 그 [권리]를 지니고 있음을 암묵적으로 동의한 것이다. 국가 사신이 지방 법률을 어겼을 경우, 자기 군주의 처벌에 전적으로 귀속시킬 수 있을지 여부는 본 사안과 무관하므로 여기서 다시 논하지는 않겠다. 다만 만약 국가 사신의 범죄가 극심하여 지방 법률로 처벌하려면, 반드시 그 죄로 인해 사신의 권리가 폐지되어야만 한다. 대체로 국가 사신이 만약 [주재국] 군주가 그를 받아들인 대의를 감히 위배한다면, 이는 그 군주가 동의한 권리를 포기한 것이다. 그 암묵적 동의의 진의(眞義)에 따라 그 사람이 이를 감수한다면, 우리는 곧 동의할 것이요, 그렇지 않는다면 동의하지 않을 것이다.

군대가 국경을 지나는 경우, 국가의 권리도 그와 함께 따라간다

3. 국가 군주가 다른 국가의 군대가 국경을 통과하는 것을 허가하는 것 역시 지방관할 권한을 일부 양보한 것이다. 비록 관할 권한 양보에 대

해 명시적으로 언급하지 않았지만, 그 권한을 행사하면 곧 신뢰를 잃게 된다. 만약 그 권한을 행사한다면 그 군대가 국경 통과하는 것을 허가했던 뜻을 이룰 수 없게 된다. 또한 만약에 그 군대에 대한 전권(專權)이 본국에 귀속되지 않는다면, 그 국가를 섬길 수 없을 뿐만 아니라, 그 국가 형세(國勢; safety)가 장차 위태로워질 우려가 있다. 따라서 군주는 군대가 국경을 통과하고 막지 않을 것을 허가하였다면, 이는 도중에 관할 권한을 행사하지 않고 그 장수가 본국의 국법에 따라 형법을 시행할 수 있도록 암묵적으로 동의한 것이다. 다만 만약 그 군대가 다른 국가의 국경을 통과하는 것에 대한 명시적인 허가가 없었을 경우, 그 군인들 각자가 지방관할에 귀속되는지 여부는 어떠한가. "군대가 허가 없이 국경을 통과하는 경우, 만약 강점(强占)하려는 것이 아니라면 그로 인해 그 권리가 더 늘어나지 않음은 자명하다." 그러나 비록 특별 허가(特准; particular license)가 없을지라도, 만약 국가 군주가 일찍이 외국 군대가 어떤 지역을 통과하도록 하는 포괄적인 허가(總准; general permission)의 뜻을 밝혔다면, 이는 곧 특별 허가와 다를 바 없다. 특별 허가로 얻는 권리는 포괄적인 허가에 따라 통과하는 자가 얻는 권리와 마찬가지이다. 군대가 이처럼 국경을 통과할 경우, 해를 끼치는 것을 피하기 어렵거나 국가를 위태롭게까지 할 수도 있다. 만약 멋대로 통과한다면 이는 곧 전쟁과 거의 다를 바 없다. 그 명분은 비록 그 국가를 공격하는 것이 아닐지라도 결국 힘으로 제압하지 않을 수 없으니, 그렇게 하지 않는다면 다른 변란을 당할 우려가 있다. 따라서 외국인이 우방국에 들어와서 상업활동(士商之會)을 하는 것에 대한 포괄적인 허가는 있지만, 군대에 대해 그렇게 하는 관례는 없다. 군대가 만약 특별한 허가 없이 국경을 통과한다면 그 의도는 공격과 마찬가지이니, 저쪽 국가는 군사력으로 이를 막을 수 있다. 이처럼 관례를 위배한다면 어떤 권리도 얻을 수 없지만, 그 특별 허가 여부는 전적으로 국가 군주가 스스로 정하는 것이니, 군대는 결국 이 관례에 귀속된다.

병선은 별도의 관례에 귀속된다

하지만 병선(兵船; ship of war)이 우방국의 항구에 진입하는 경우라면 사안이 다르다. 군대가 지방을 통과할 경우 백성들에게 해가 되고, 국가를 위태롭게 할 우려가 있다. 병선의 입항의 경우, 비록 특별 허가가 없더라도 이는 위해됨이 없다. 따라서 해군(水師)에 대한 통제의 관례는 육군과 다르다. 만약 각국이 어떤 이유에서건, 항구 전체를 입항 금지하거나, 몇 개의 항구를 입항금지하거나, 어떤 국가의 배의 입항을 허가하지 않거나 할 때에는 반드시 먼저 금지령을 포고하는 것이 상례이다. 만약 금지령의 포고가 없다면, 각국은 우방국의 병선이 모두 출입할 수 있다고 본다. 그리고 이미 항구에 정박한 경우에는 퇴출을 명시적으로 표명하지 않는 한, 그 국가의 보호하에 있다.

선박이 풍랑을 만났거나 혹은 다른 부득이한 이유가 있을 경우, 문명국은 상호 조약을 맺어 그 입항을 허가하는 조항을 갖고 있다. 국가 군주가 이미 이런 선박의 입항을 허가해 놓고, 다시 이를 갑자기 금하거나 허가할 수는 없다.

비록 이런 일을 통제할 수 있는 조약조항이 없더라도, 그 군주가 항구 진입을 봉쇄하지 않았고, 또한 우방국 병선의 출입에 대한 금지를 표명하지 않았다면, 암묵적으로 허가한 것이라고 할 수 있다. 이런 암묵적 허가는 특별 문서의 명시적 허가와 별다를 바가 없다. 국가 군주와 국가사절이 국경을 지나는 것은 다른 국가의 관할에 귀속되지 않고, 암묵적 허가나 명시적 동의를 받은 병선의 입항 역시 다른 국가의 관할을 받지 않는데, 그 논리는 모두 마찬가지이다.

바텔은 "군주가 사신을 다른 국가에 파견하여 일을 처리하도록 한 것은 그가 다른 국가의 관할에 귀속되도록 명령한 것이 아니므로, 국가사절이 관할에 귀속되지 않는다는 관례는 더욱 명확하다"고 하였다. 대체로 군주가 그가 저쪽 군주의 관할에 귀속되도록 명령할 의사가 없음에도 저쪽 군주가 그를 받아들이는 것은 곧 관할에 귀속되지 않음을 허락하는 것이다. 그 이치가 본래 이와 같은데, 하물며 두 군주가 이미 암묵적으로 약속한 바는 더 말할 나위 있겠는가."

이쪽 군주가 저쪽 군주와 조약을 맺어, 그 군대의 국경 통과 허가를 요청하거나 혹은 그 병선이 곤경을 피해 항구에 들어오는 것을 허가하는 것은, 그 해군(水師; navy)과 군대를 저쪽 국가의 관할에 귀속시키는 것이 아니다. 따라서 이 군주의 뜻이 무엇인지는 저 군주가 이에 동의한 그 뜻과 다르지 않다. 본 법원[즉 미국 대법원]은 이전에 일찍이 다른 사안에 대해 다음과 같이 판단하였다. "비록 이쪽 국가가 명시적으로 밝힌 조약은 없지만, 만약 병선이나 상선이 그 항구에 들어오는 것을 금지하지 않았다면, 그리고 외국인이 그 국경 내에 들어와서 무역을 하거나 거주하는 것을 금지하지 않았다면, 해군과 병선의 권리에 근거하여 민간 선박이나 상선과는 구별해야 한다."

저쪽 국가의 백성이 이쪽 국가의 백성과 서로 뒤섞여 왕래하거나, 상선이 들어와서 무역을 하는 경우에, 만약 그 사람이나 선박이 일시적으로 지방관할에 따르지 않는다면, 그 국가가 모욕을 당하고 법이 잘 시행되지 않고, 일이 혼란스러워질 수 있으므로, 저쪽 국가는 반드시 그렇게 되길 바라지 않을 것이다. 그 백성이 외국에 가는 것은 국가와 군주를 위한 것이 아니므로, 관할 권리의 행사는 중대한 일이며, [그 권리를] 행사하지 않을 까닭이 없다. 이 때문에 그들의 진입을 암묵적으로 동의한 것이 관할권을 행사하지 않기로 암묵적으로 동의한 것이라고 오인해서는 안 된다.

병선의 경우 그 지위가 다르다. 해군은 군주의 명령을 받들어 국가에 관한 일에 권리를 행사하는 것이다. 그 군주는 결코 다른 국가가 관할하여 그 일을 좌절시키는 것을 바라지 않을 것이다. 만약 다른 국가가 관할하는 것을 따른다면, 그 군주에게 모욕이 될 것이다. 따라서 함선은 우방국의 암묵적 동의에 따라 그 항구에 진입하며, 법원은 이를 주인과 손님 관계에 대한 암묵적 동의로 보아 지방관할을 적용하지 않는다. 각국은 모두 다른 국가의 인민은 지방관할을 따라야 한다고 보지만, 항구를 열어 다른 국가의 병선을 맞이하는 경우에는 통제 관할하지 않는다.

빈커쇼크는 "다른 국가의 물건의 경우에는, 법에 따라 군주와 민간의 것을 따로 구분하지 않는다"고 하였다. 또한 공안을 가지고 이를 인증하였다. 이 공안은 비록 피고(被告; defendant)가 다른 국가의 군주이지만, 법원은 그 심의 판단의 권리를 행사하였는데, 그 [군주와 민간의] 구분 여부에 대해서는 자세히 논하지 않겠다. 그러나 군주의 물건 역시 공적인 것과 사적인 것으로 나뉘며, 그 사적인 재화는 국가를 보호하는 군대와는 크게 다르다. 이쪽 국가의 군주가 만약 저쪽 국가에 가서 사적인 재산을 매매하는 것은 암묵적으로 동의되는 바라 할 수 있다. 이 재산은 지방관할에 귀속되며, 이 재산에 관해서는 군주의 것이 아니라 민간의 것으로 본다. 국가를 보호하는 군대의 경우에는 이와 같을 수 없다. 빈커쇼크는 [이와 관련해] 많은 공안을 인용하면서, 그 두 가지 사안이 다소 유사한 부분에 대해 언급하였다. 즉 스페인왕이 네덜란드에 빚을 져서, 지방관이 저쪽 국가에 정박한 그의 병선을 나포하여 빚을 상환받은 사례가 그것이다. 이후 네덜란드 국회(荷蘭總會; states general)가 이 사안을 관리하였는데, 역사서에는 상세히 기술되지 않았다. 그러나 그 문장을 보건대, 국회나 지방법원은 그 병선을 석방하였던 것 같다. 백성이 생겨난 이래로, 인민이 다른 국가의 군주를 고소하여 그 국가의 병선을 나포한 사건은 네덜란드의 이 공안밖에 없었다. 네덜란드 국회는 비록 그 군주의 사적 재산에 대해서는 지방의 권리를 따르도록 할 수 있지만, 그 병선을 석방하였던 것은 병선은 지방관할에 귀속되어서는 안 된다는 확실한 근거 때문이었다고 할 수 있다.

미국의 법률에서 함선을 공적인 것과 사적인 것으로 구분한 것 역시 이와 같은 의미이다.[126] 국가의 군주가 이런 통례에 따르지 않고자 한다면 이런 함선이 지방법원의 심판에 귀속되도록 하는 명령을 공표할 수 있다. 만약 강제로 통제를 따르지 않는 경우에는 힘으로 통제할 수 있다. 그러나 국가 군주가 이런 권리 행사에 대해 공표한 적이 없다면, 결코 이런 권리가 법원에 부여되었다고 할 수 없다. 법원이 만약 이 권리를 행사한다면 다른 국가에게 신뢰를 잃을 것이다. 본국의 법률상으로는 재화를 잃어버린 인민이 그 물건을 어딘가에서 찾게 되면 그곳의 법원에 청구할 수 있도록 허가한다고 할지라도, [그런 법원의 권리를] 양보하여 관할 받지 않을 것에 대한 군주의 암묵적인 동의가 있을 경우에는 지방법원이 이를 통제할 권리가 있다고 오해해서는 안 된다. 대법원에서는 이에 대해 다음과 같이 판단하였다. "그 함선은 공적인 함선에 속하고 또한 병선이기도 하다. 미국은 그 국가와 평화우호관계이며 항구의 진입에 대해 금지

---

126 이 사안은 앞서 언급되었던 미국 상선이 나폴레옹 군대에 나포되어 군함으로 변경되었다가 미국의 항구에 입항하자 원래의 선주가 반환을 청구한 소송에 관한 사례이다.

하지 않고 있다. 그 병선이 병선 출입에 관한 포괄적인 관례에 따라 입항하였다면 미국이 암묵적으로 동의한 것이라 할 수 있다. 여기서 평화롭게 임무 수행하고 있는 이 함선을 지방관할에 귀속시킬 수는 없다.

상선에 대한 프랑스의 관례

『프랑스 항해 장정』은 다른 국가의 민간 선박이 그 항구에서 통상하는 것에 관하여 논하고 있는데, 미국 대법원이 판단한 위의 공안과는 부합하지 않는다. 공법의 대원칙(大理; general principles)에 따르면, 프랑스처럼 지방관할을 꼭 양보할 필요는 없다. 각국은 다른 국가의 함선을 받아들일 때, 공적인 입항인지 사적인 입항인지에 상관없이, 모두 조규를 정하여 이를 통제할 수 있다. 그 선박이 암묵적 동의를 받고서 들어왔다면 공법 조례에 따라 어떤 권리를 얻게 되며, 각국 역시 [권리의] 증감에 대해 협상할 수 있다. 프랑스 법률에 따르면 프랑스 항구에 정박한 다른 국가 상선에서 일어난 범죄 사건에 대해 논하면서 두 가지로 나누고 있다. 사건이 선박 내규에 속하고 해당 선박의 고급선원(班官人等; officer)이 선원(班內之人; crew)에 대해 범한 사건인데 항구에 소란을 가져오지 않는 경우라면 이는 첫 번째 사안이다. 만약 범행을 당한 자가 그 선원이 아니거나, 범행을 저지른 사람 역시 선원(班人)이 아니거나, 고급선원 혹은 선원 상호간에 저지른 사건인데, 항구에 소란을 가져온 경우라면 이는 두 번째 사안이다.

이 관례에 따라 두 가지 죄로 나눈다

첫 번째 사안은 지방법원이 모두 관여하지 않는다. "그 선박의 소속 국가에 관할권 행사를 위임하며, 그 국가는 지방관에 협조할 필요가 없다. 즉 지방관은 그 사안을 관리할 수 없다." 따라서 첫 번째 사안은 모두 소속 국가의 관할에 귀속된다. 두 번째 사안의 경우라면 지방관이 권한을 행사한다. "프랑스는 비록 다른 국가 상선의 입항을 받아들이고 이를 보호하지만, 지방관의 관할을 양보하여 본국의 체통을 손상시킨 적은 없다. 선박인 입항을 동의하였다면 관례대로 지방의 금지령을 준수해야 한다. 고급선원이 선원이 아닌 사람에 대해 저지른 범죄나, 매매 계약 등과 같은 경우의 사안은 지방관의 심판에 귀속시켜야만 한다." 이것이 그 항구에 정박한 상선을 대하는 프랑스 법원의 일반 관례(大例; principles)이다. 이런 사안에 대해서는 미루어 관리하지 않지만, 저런 사안에 대해서는 반드시 그 권한을 행사하게 된 이유는 1806년 국참사원(議事部; Council of State; [불]Conseil d'État)[127]에서 판결된 공안에서 찾아볼 수 있다. 당시 소송은 프랑스 항구에 주재한 미국 영사관과 [프랑스] 지방관에 의한 권리 다툼이었는데, 그 사안은 두 가지였다.

두 가지 공안

첫 번째 사안은 미국 상선 뉴튼호(The Newton; 扭敦)가 프랑스 항구에 정박했을 때, 갑판에서 일어났던 선원들의 다툼에 관한 것이었다. 미국 영사가 이 사건을 관할하려 하였고, 지방관리 역시 이 사건을 관할하려 하였다.

두 번째 사안은 미국 선박 샐리호(The Sally; 撒力)가 프랑스 항구에 정박하였을 때, 그 선박의 부선장이 선원 1명을 칼로 상해하고서 내치의 권

127 마틴이 '議事部'로 번역한 'Council of State'는 프랑스의 'Conseil d'État'를 말하며, 이는 1799년도 나폴레옹에 의해 만들어진 프랑스 최고 행정법원인 국참사원을 가리킨다.

한을 행사한 것이라고 구실을 대었던 사건이다. 미국 영사와 지방관은 이로 인해 그 전적인 권리 행사를 놓고 다투었다.

프랑스 국참사원은 이 분쟁을 심사하여 다음과 같이 판단하였다. "두 사안 모두 지방관할에 귀속되지 않는다. 외국의 선박은 중립지역이라 착각해서는 안 된다. 그 선박이 입항한 경우, 프랑스가 비록 이를 보호한다고 하지만, 이는 결코 관할권을 양도하여 본국의 체통을 손상시키려는 것은 아니다. 따라서 외국 선박이 이미 입항한 경우 지방 법제를 준수해야 한다. 고급선원이 선상에서 선원이 아닌 다른 사람에게 범죄를 저질렀거나, 그와 매매 계약을 맺은 경우에는 모두 지방관의 심사 처리에 귀속된다. 다만 고급선원이 선상에서 상호 간에 범죄를 저지른 경우는 여전히 그 국가가 권한을 가지고 판단하도록 위임한다. 그런 사안은 전적으로 그 선상의 내치에 속한다고 할 수 있다. 만약 항구에 소란을 가져오지 않고, 도움을 필요로 하지 않는다면 지방관은 이를 관리해서는 안 된다. 대법관(上法師會; the Grand Judge, Minister of Justice)이 일찍이 이처럼 두 가지의 범죄사안으로 나누었는데, 본 국참사원은 그 논의에 깊이 동의한다." 대체로 미국 영사의 권리 분쟁에 관한 두 사안은 모두 이 관례에 귀속되며, 이에 다음과 같이 판단하였다. "미국 영사가 다툰 심판의 권리는 그쪽 편의에 맡기며, 이런 안건에 대한 지방법원의 관리를 금한다."

이 관례에 의거하여 법도에 맞지 않은 것을 도모해서는 안 된다

명시적 동의, 혹은 암묵적 동의에 따라, 비록 이쪽 국가의 선박이 저쪽 국가의 항구에 있다고 할지라도 지방관할에 귀속되지 않는다. 이런 관례와 판단이 선박의 고급선원과 일반선원이 공법을 위반하고 도착한 국가에 손해를 입혀도 그 죄가 면제될 수 있다거나, 지방관이 권리를 행사하여 본국을 보호해서는 안 된다고 오해해서는 안 된다. 1832년[128] 프랑스 대법원(上法院; French Court of Cassation)은 이 관례와 판단에 따라, 베리 공작부인(Duchess of Berry; 北里侯之夫人)이 사르데냐 증기선(Sardinian steam-vessel, 薩爾的尼火船)을 타고 프랑스 항구에 진입하였는데, 풍랑을 피한다는 구실을 대긴 하였지만, 사실 내란 때문이었고, 이에 지방관이 그를 체포하였다.[129] 하급법원이 그 사안을 판결하여 석방해야 한다고 여겼으나, 대법원은 그 사안의 심사를 뒤집어 원래대로 되돌렸는데, 이에 대해 아래 두 가지로 설명하였다.

1. 공법 조항에 의거하여 다른 국가의 선박은 비록 그 국가의 영토로 보아 침범할 수 없기는 하지만, 혹여 화평을 해치고 프랑스를 공격할 뜻을 두고 있는 경우라면 이를 공법의 관례에 의거하여 보호할 수는 없다. 이번 사건의 그 선박은 모반자가 빌린 것

---

128 원래 이 사건은 1832년에 있었던 일로, 영어 원문에도 1832년으로 되어 있지만, 중국어 번역문에서는 1833년으로 되어 있다. 이는 번역과정의 오역 혹은 출판 과정의 오식 때문인 것으로 보인다.

129 이 사건은 1832년 베리 공작부인(Duchess of Berry), 즉 마리 카롤린 드 부르봉 시칠리아(Marie-Caroline de Bourbon-Sicile, 1798~1870)에 의해 시도되었다가 실패한 반란 사건을 가리킨다. 마리 카롤린은 부르봉 왕가의 시칠리아 왕국 프란체스코 1세(Francesco I) 국왕의 큰딸로, 프랑스 국왕 샤를 10세(Charles X, 1824~1830 재위)의 차남인 베리 공작(Duke of Berry) 샤를 페르디낭 다르투아(Charles-Ferdinand d'Artois)와 1816년에 결혼하여 베리 공작부인이 되었다. 남편인 베리 공작은 1820년 암살당하지만 그와의 사이에서 낳은 아들이 7월혁명으로 퇴위한 샤를 10세로부터 왕위를 물려받아 앙리 5세가 되는데 며칠 안 되어 시민들에 의해 옹립된 루이 필리프 1세(Louis-Philippe Ier, 1830~1848 재위)가 국왕이 되면서 왕위에서 쫓겨나게 된다. 이후 아들 앙리 5세와 함께 망명길에 올랐던 베리 공작부인은 아들의 복위를 위해 1832년 프랑스 남부의 마르세유에서 반란을 시도하였다가 실패하여 결국 투옥되었는데, 이 사건이 여기서 인용되고 있는 사례이다.

으로, 처음에는 그의 사람[즉 베리 공작부인]을 해안에 태워 왔고, 이어서 그 잔당들을 싣고서 항구 근처를 왕복하였다. 종국에 곤경을 피해 입항하였다고 구실을 댔지만 실제로는 프랑스를 공격하려고 하였다.

2. 즉 그 배가 진정으로 재난을 피하고자 한 것이고 구실을 댄 것이 아니었다 하더라도, 어찌 풍랑이라는 재난이 있었다고 해서, 지방법원이 그 승객 가운데 반역죄인이 있는지를 심사하는 관할권을 행사할 수 없다고 할 수 있겠는가?

중립권을 위반하고서 선박 화물을 나포하여 입항하는 경우, 반드시 지방관할에 귀속된다

미국의 대법원 역시 다음과 같이 판결을 한 경우가 있다. "공적인 선박이 중립지역의 항구에 들어갈 경우에는 지방관할에 귀속되지 않지만, 공적인 선박이 나포해서 끌고 입항한 선박은 이 관례에 따르지 않는다." 따라서 어떤 사람이 중립지역을 빌려, 군사 세력을 키우고 다른 국가의 선박과 물건을 나포한다면 이는 중립지역의 본분을 범한 것이자 그 중립의 법을 위반한 것이니, 그 선박과 물건은 이 관례를 따르지 않는다. 남아메리카인이 미국 항구를 빌려, 그 중립의 관례를 위반하고 병선을 준비해 대양에 나가 스페인 선박 한 척을 강제하여 그 화물을 나포하였는데, 법원은 즉시 이 관례에 따라 그들을 판단하였다. 항구에 들어온 우방국의 병선은 지방관할에 귀속되지 않는다는 암묵적 동의의 관례의 경우도, 그 병선을 가지고 혹여 국권을 범하거나, 재난 대피지역을 빌려 군대를 길러 다른 국가를 공격해도 된다고 오해해서는 안 된다. 법원은 이에 대해 다음과 같이 판단하였다. "그 선박과 화물은 위법적으로 강제 나포한 경우이므로, 원래 주인에게 반환해야 한다."

제10절 대양을 항해하는 선박은 본국의 관할에 귀속된다

각국의 선박은 공적인 것이든 사적인 것이든 간에, 대양(大海; high seas)[130]에 있거나 각국의 국경 밖(疆外; out of the territorial limits)에 있는 경우라면, 모두 그 본국 관할에 귀속된다.

바텔은 "각국의 물건이 소재하는 곳이 바로 그 영토(土地; domain)이다. 소위 그 영토라는 것은 육지만을 말하는 것이 아니라, 권리를 행사할 수 있는 곳은 모두 영토이다. 따라서 선박이 대양에서 항해하는 경우 역시 본국의 영토이다"라고 말하였다. 그로티우스도 "각국은 그 인민이 가는 곳만큼 대양에서의 권리도 확장할 수 있다. 군대가 다른 국가의 육지에서도 본국이 관제할 수 있으며, 해군 역시 바다에서 그러하다"고 하였다. 러더퍼드(Thomas Rutherforth; 魯氏)[131]는 이에 대해 다음과 같이 주석을 달았다. "대양에 있는 해군을 본국이 관제할 수 있다고 해서, 어찌 이로 인해 그 바다를 관제할 수 있겠는가? 대체로 바다는 만국 공용이니, 한 국가에

---

130 'high seas'의 번역어로 쓰인 '大海'는 우리말 현대어로 '공해(公海)'라 의역하는 것이 원래의 문맥을 이해하기는 용이하겠지만, 당시 중국인들의 관념과 이해방식을 이해하기에는 한자어 의미에 가깝게 직역하는 것이 나으리라 여겨, 여기서는 '대양'이라고 번역하였다.

131 토마스 러더퍼드(Thomas Rutherforth, 1712~1771)는 영국의 윤리학자이자 신학교수로서 Institutes of Natural Law를 저술하였다.

전속될 수 없으며, 얻을 수 있는 것은 다만 잠시 사용할 수 있는 권리뿐이다.

해외에서 공법을 위반한 사안은 각국이 심사 처리할 수 있다

각국의 선박은 공적인 것이든 사적인 것이든 대양을 항해하는 경우, 모두 그 본국이 그 전권(專權)을 가지고 관제할 수 있다. 그러나 이 관례는 단지 본국 법률 관제에 관한 사안을 말하는 것이며, 해적과 같이 공법을 위반하는 경우는 어떤 국가에 죄를 짓는 것이 아니라, 만국에 죄를 짓는 것이다. 어떤 국가에서 그를 체포하든, 대양에서 체포하든 간에, 어떤 국가에 끌고 가서, 그 국가가 만약 이 사안을 관리할 법원이 있다면 곧 그를 심사할 권리가 있다.

각국이 관례에 따라 해적 등의 범죄자를 체포할 때, 만약 이 사안을 관리할 수 있는 법원이 있다면 곧 그를 심사할 권리가 있지만, 평시에 정탐 조사(窺探稽察; visitation and search, 현대어로 '임검 수색')할 권리는 없다. 만약 조약근거나 특별 허가가 없다면 이처럼 다른 국가의 선박과 사람들이 대양에서 항해하는 것을 조사하여 그 무역을 금지할 권리가 없다. 즉 노예의 해상 판매 운송과 같이 공법을 위반하지 않은 행위 역시 해적행위가 아니다[그러나 여러 국가들 대부분이 엄금하고 있으며, 이를 해적행위로 처리하고 있다. — 원주].

각국에는 서민들로 하여금 국가 보호에 협력하도록 할 권리가 있지만, 관례에 따르지 않고 시행한다면 이를 시행할 수 없다. 다만 자기 백성에 대해서는 이를 시행할 수 있는데, 자기 국경 내에 있거나, 다른 곳에 있더라도 다른 국가의 관할에 귀속되지 않는 경우에 대해서만 그러하다. 따라서 각국은 그 권리를 사용하여 자기 선박으로 대양에서 항해하는 자기 백성으로 하여금 군사로서 국가를 보호하도록 할 수 있다. 대체로 대양은 다른 국가의 전유 관할(專管; jurisdiction)에 귀속되지 않지만, 만약 본국의 백성이 다른 국가의 선박으로 대양을 항해하는 경우라면, 이런 강제 체포의 권리를 가질 수 있는지 여부를 판단하기 쉽지 않다.

다른 국가의 선박은 조사할 수 없다

만약 공적인 선박이 다른 국가의 군주의 것이라면, 어떤 이유에서건 조사할 수 없으니 이런 통례에 대해서는 이설이 없다. 다만 사적인 선박이 다른 국가의 백성의 것이라면, 영국은 이를 조사할 수 있다고 보며, 미국은 불가능하다고 본다. 양국은 문자도 같고 언어도 같지만, 이 사안을 다른 국가에 비해 중시하였기에, 50년 전 피차간에 전쟁을 일으켰던 사건에 이르게 되었다. 생각건대 각국이 만약 선원을 강제징발(逼勒; impressment)하지 않고 해군으로 입대하기를 자원하는 자만 받되 연령을 제한하고 또한 모두 잘 기록해 둔다면, 이런 분란의 발단은 저절로 없어질 것이다. 영국 해군은 예전에는 선원을 강제 징발하였다. 본국에서 시행하는 것도 이미 망령된 행위라 할 텐데, 하물며 공적인 배든 사적인 배든 간에 외국의 선박에 대해서까지 이를 행하려 하였으니 더 말할 나위 있겠는가. 다른 국가가 이를 막을 힘이 있다면 반드시 전쟁에 이르게 될 것이다.

1842년, 미국과 영국 양국은 미국에서 조약 협의를 하면서 이 안에 대해 대략적으로 논의하였지만 결국 타협안을 정하지 못하였다. 미국의 조약 협의 대신 웹스터(Daniel Webster; 畏卜思達)[132]는 영국 흠차사신에게

132 다니엘(Daniel Webster, 1782~1852)은 미국의 정치인으로, 국무부장관(United States Secretary

보낸 서신에서 다음과 같이 말하였다. "양국이 분쟁을 일으킨 이유가 선원의 강제징발 수색(勒索; impressment) 사건에서 비롯되었다. 1789년에서 1812년까지 매년 미국은 이 사건에 대해 이치를 따져 비판하고 권고해 왔다. 영국이 공연히 이 권리가 있다고 해 왔는데, 이는 실로 미국이 심히 혐오해 온 바이다. 하물며 이 권리를 행사하며 누차 인의를 위배하고 흉포함을 드러내었으니, 이에 결국 민중이 분노하여 교전의 발단이 되지 않았는가? 전쟁 전에 양국은 이 사안을 논의하였을 뿐만 아니라 전후에도 원한이 된 이유를 풀기 바라 왔다. 따라서 이를 논함에 영국이 그 관례를 폐지하거나, 혹은 잠시 그 관례를 중단하거나, 혹은 제한적으로 시행하여 커다란 폐단을 없애기를 요청한다. 비록 많은 이들이 이를 논하였지만, 결국 허사로 돌아가 소득이 하나도 없었다. 이미 50년 동안 논의하였지만 아직 타협안을 정하지 못하였다. 1803년에 영국 흠차사신이 새로운 관례를 다시 정할 것을 허가하면서 '다른 곳에서 다시는 강제징발을 시행하되, 다만 인근 협해(狹海; narrow seas)에서만은 예외로 둔다'고 하였다. 미국 흠차사신이 그 예외를 두기를 원하지 않았기에, 그 협의에서 사인(畫押; signature)을 앞두고 이로 인해 폐기되었다. 영국은 어느 곳에서든 영국 백성을 강제 징발할 수 있는 권리가 있다고 여겨 '이 권리는 국가 군주에 속하는 것으로 국법에 근본을 둔 것'이라고 하였다. 영국 법률

---

of State)을 두 차례(1841~1843, 1850~1852) 역임하였다. 영어 원문에는 그 이름이 보이지 않는데(다만 이 문장이 있는 영어원서 160쪽 본문에는 보이지 않고 164쪽의 각주 부분에는 이름이 보인다), 마틴이 중국어 번역에 이름을 삽입하였다. 참고로 일본의 번각본에는 일반적으로 고유명사에 가타가나로 그 원어 발음이 병기되어 있는데 여기에는 따로 병기되지 않은 것으로 보아 일본인들이 영어원문과 대조하며 고유명사에 발음 표기를 했는데, 본문에서 이 고유명사만은 찾아내지 못했기 때문인 것으로 추정된다.

에 따라 군신의 의는 종신토록 지켜져야 하며, 아주 다급한 순간이라 할지라도 이로부터 벗어날 수는 없으니, 언제든 군주의 명령이 있다면 모두 군에 입대해야 한다고 영국 법학자가 말한 바 있다. 이로 보건대 영국이 행사하고자 하는 강제징발의 권리는 그 근본은 협소하지만 그 끝은 너무 광대하다. 대체로 그 근본은 영국 법이 논한 군신의 의에 있다. 무릇 영국이 어떤 법을 따르고 그 군신이 어떤 의를 지킬 것인지는 진실로 영국 스스로 정할 것이지만, 자기 국경 내에서만 시행될 수 있는 것이다. 만약 국경 밖에서 다른 국가의 선박에서 선원을 강제 징발한다면 이는 다른 국가의 권리를 침범하는 것이다. 이치에 따르면 이는 영국 군주의 권리가 미칠 수 없는 바이니, 그것이 미치려 하는 바는 다름 아니라, 영국 법을 영국 국경 밖에서 강제로 시행하여 다른 국가의 인민에게 굴욕과 해를 입히려는 것이다."

오늘날 대양에서 항해하는 상선은 공법에 따라 본국의 영토라고 할 수 있는데, 다른 국가가 비록 전쟁 중이라 해도 거기에 승선하는 것은 곧 강압적인 굴욕에 해당하므로, 만약 공법이 동의한 중대한 사유가 아니라면 그렇게 해서는 안 된다. 다만 영국 해군이 미국 상선에 승선한 것은 다름이 아니라, 오직 영국 백성을 체포하기 위함이었다. 그들이 이치를 따지면서 끌어댄 것은 공법이 아니라, 영국 법률에서 논한 군주의 권리였다. 오늘날 해양은 만국공법이 시행되는 구역이므로, 대양에 있는 상선은 공법에 따라 본국의 보호를 받을 수 있다. 만약에 공법이 허락한 조사할 수 있는 중대 사유가 아니라면 그 조사를 피할 수 있다. 무릇 영국은 "군신의 의는 종신토록 사라지지 않는다"는 것에 대해 다음과 같은 가정을 두고 있다. 이 설은 만국에 통용될 수 있으며, 공법 조약 조항에서 여러 국가들의 관행에 따라 전쟁당사자가 중립국 선박에 올라 적의 화물을 압수(捕拿)하는 것과 다를 바 없다. 즉 이 강제징발 사안은 통용되는 권리라 할 수 있고 이를 개정하려면 다름 아니라 공법을 개정해야 한다. 오늘날 공법에는 이런 관례가 없으며, 그 설은 영국 법률에 근거한 것이지 공법에 근거한 것이 아니다. 영국 법은 영국 국경 밖에서 시행될 수 없고, 그것을 제정한 군신의 본분은 영국 땅에서만 시행된다. 군주가 백성이 어느 곳에 있든지 그에게 능력을 다해 국가를 섬기게 할 수 있는 것인가? 또한 본국에 긴급한 일이 생겼을 때 군주가 백성이 어느 곳에 있든지 그에게 모든 물자를 다해 국가를 섬기라고 할 수 있는 것인가? 오늘날 인민의 재화가 외국에 있는 경우에 본국이 자기의 법률로 이를 관제할 수 있는 경우는 없다. 하물며 다른 국가의 국경을 넘어 강제로 재화를 압수하여 자기 용도로 충당하는 것은 더욱 이치에 맞지 않는다. 영국의 군권은 본국에서 사용할 수 있지, 외국에 있는 인민과 재화에 대해서는 전혀 관여할 수 없다. 서양의 양안(兩涯; either side of the Atlantic) [유럽과 아메리카 양쪽을 가리킴 – 역주]에서 모두 추앙받는 유명 법학자가 다음과 같이 말하였다. "각국이 각처에 있는 본국의 백성을 통제할 수 있는 권한이 있다는 것은, 바로 그 백성이 국경 내로 돌아갔을 때 본국이 관할할 수 있는 권리를 말하는 것이지, 다른 국가의 국경 내에 있는 백성에 대해 자기의 법률을 준수하도록 만들 수 있다는 것은 아니다. 대체로 각국이 사용하는 전권(專權)이란 본래 자기 뜻대로 자기의 공익을 위해 국경 내의 사람과 물건을 관할하는 것이다."

이 강제징발 사안은 이 몇 가지 사유만으로 그 잘못을 판별할 수 있는 것은 아니다. 만약 자기 백성에게 행할 수 있다고 하여, 이를 행사한다면 다른 국가의 권리를 저해하는 일을 피할 수 없어, 다른 국가의 인민에게 피해를 가져다주게 될 것이다. 각국의 상선이 대양에서 항해하는 경우는 본국의 주권에 전적으로 귀속되며, 본국은 공법에서 동의하는 사유가 아니라면 다른 국가의 조사를 따르지 않아도 된다. 만약 그 조사 강제징발에 따른다면, 선상의 사람들은 어디서 태어난 사람이든 간에 모두 강제적인 굴욕을 당하는 것으로부터 보호받기 힘들다. 기존의 전쟁이 끝나고서 영국 역시 평정심을 찾게 되면서, 선원에 대한 강제징발로 자국의 상선 역시도 억울한 굴욕을 피하기는 힘들다는 점에 생각이 미치게 되었다. 이에 비록 그 권리를 버리거나 관례를 폐지하지는 않았지만, 병사를 모집하는 다른 방법을 마련하여 성세의 인의의 도에 어울리도록 하였다. 이 때문에 우리 미국은 영국 대신이 평정을 찾은 참에 이 사안에 대해 다시 논하게 하며, 그 국가에서도 이를 다시 논의해 주길 바란다. 우리나라[미국]는 이번 [협상] 준비를 전후로 빈틈없이 그 논의할 바를 총괄 정리하여 영국에 서신을 보내 선원 강제징발에 관한 사안이 추후로 미국 선박에서 다시는 시행되어서는 안 된다고 명시적으로 밝혔다. 그[영국] 설은 실로 우리나라가 동의하지 않는 바이며, 그 시행은 강압적 굴욕과 폐단을 피하기 힘들기에 우리나라는 따를 수 없다. 양국이 일찍이 이 사안을 논하며, 우리 미국이 개국할 당시, 총리각국사무상서(總理各國事務尙書; Department of State) [미 국무부, 즉 한국의 외교부에 해당 – 역주]가 말하길 "간단한 법(簡法; simplest rule)을 제정하여 이를 미국 함선은 근거로 삼는데, 그 선원은 모두 미국인으로 본다"고 하였다. 50년 동안 양국은 수차례 논의하였지만 결국 타협안을 정하지 못하였다. 오늘날 미국은 급박한 일도 없고 편향된 마음도 없다. 소위 간단한 법이라는 것을 심사숙고해 보면, 언사는 비록 간단하지만 그 법은 가장 완벽하다. 이를 제외하고는 우리 국체를 보호하고 우리 백성을 안전하게 할 다른 좋은 방책은 없다. 따라서 이후로도 우리나라는 반드시 이를 법으로서 준수할 것이니, 미국 상선이 관례에 따라 증표를 받은 경우라면 선박을 운행하는 사람은 모두 그 명의 아래에서 보호받을 수 있다.[133]

제11절 네 번째 종류는 조약으로 인해 국경 밖에서 시행되는 것이다

네 번째로, 이쪽 국가의 법률이 자기 국경 밖에서 시행되어 저쪽 국가의 국경 내에까지 미칠 수 있는 경우는 양국의 조약으로 인해 그렇게 되는 경우이다.

영사급 관리

예를 들어 양국이 조약을 맺어 이쪽 국가의 영사급 관리(領事等官; consuls and other commercial agents)가 저쪽 국가의 국경 내에 주재하면서 그 본국인에 대해 권리를 행사하도록 동의한 경우가 그러하다. 저쪽 국가에 주재하는 경우, 그 권리가 어떠한지는 반드시 평화조약장정에 의해 정해야 한다. 기독교국가에서는 오직 그 본국의 선원, 상인 등과 같이 외국에 주재하는 자의 모든 분쟁, 기록, 유언, 계약, 각종 증빙문서 등을 심판하되, 영사에게서 사인을 받아야만 하며, 그 본국인이 관할지역 내에서 사망한

133 이 소절에 나오는 미국과 영국 사이의 논쟁은 사실 3인칭의 관점에서 객관적인 역사 기록으로 서술되고 있는데, 중문 번역상으로는 '我', '我國' 등과 같이 미국을 대변하는 1인칭 화자의 발언처럼 기술되고 있다. 이 부분의 도입부가 미국의 외교관인 웹스터의 논변에서 시작되고 있기 때문이기도 하겠지만, 미국인인 윌리엄 마틴이 지니고 있던 국가 정체성과 함께, 강압적 패권주의인 영국에 비해 비교적 공평하고 합리적인 입장을 지닌 미국의 입장을 대변하고자 하는 의도가 함께 작용하였기 때문인 것으로 보인다.

경우 그 남겨진 재산을 감독 처리하도록 허락한다. 하지만 기독교국가의 영사는 오스만제국, 바르바리 등의 회교국가에도 주재하면서 분쟁과 범죄안 두 가지에 대한 심사 처리의 권리를 행사한다. 그 인민이 저쪽 국가에 거주하는 경우, 지방관의 관할에 귀속되지 않는다. 영사의 판결이 만약 분쟁인 경우라면 패배한 자가 혹여 불복하는 마음을 품어 본국의 법원에 상고할 수 있다. 만약 범죄인 경우라면 가벼운 범죄는 벌금을 물고, 중한 범죄는 증빙자료를 기록하여 본국에 보내고, 범인도 함께 보내서 본국 법원의 심판을 받도록 한다.

1844년, 미국은 중국과 평화통상조약장정[134]을 맺었는데, 제21조는 다음과 같다. "이후로 중국인은 합중국(合衆國; United States) [즉 미국의 별명이다—원주]인과 분쟁 소송 교섭 등의 사건이 있을 경우, 중국인은 중국 지방관에 의해 체포 심사받되 중국 관례에 따라 죄를 다스린다. 합중국인은 영사급 관리에 의해 체포 심사받되 본국의 관례에 따라 죄를 다스린다. 다만 양자가 공평하게 판결받아야 하며, 각자 편파적으로 보호받아 분쟁거리를 일으켜서는 안 된다." 제25조는 다음과 같다. "합중국인은 중국 각 항구에서 재산 관련 소송의 경우, 본국 영사급 관리에 의해 심사 처리된다. 만약 합중국인이 중국에서 다른 국가 무역인과의 분쟁으로 인해 논란이 빚어질 경우, 양자는 각 본국이 맺은 조약에 따라 처리하도록 하되, 중국 관원은 관여할 수 없다.

134 정식명칭은 "美利堅合衆國與中華帝國之和平友好通商條約"(Treaty of peace, amity, and commerce, between the United States of America and the Chinese Empire)으로, 소위 "望厦條約"으로도 불린다.

제12절 사안 심사의 권리는 각국이 갖는다

자주국은 범법 사안의 심사 처리에 대해 모두 스스로 그 권리를 가질 수 있으며, 다른 국가에게 묻지 않는 것이 원칙이다. 그러나 만약 그 국가가 다른 국가와 상호 조약을 맺었거나 특별 조약을 맺었을 경우, 이 권리는 감소되는 부분이 있을 수 있다. 그 외에는 각국의 심사 처벌의 권리와 법 제정의 권리 모두 아무 문제없이 병행될 수 있다. 오직 다른 국가의 법률이 국경 내에 시행되는 안건의 경우만은 지방관할에 귀속되지 않는다. 예를 들어 다른 국가의 군주, 국가사절, 해군, 육군 등이 국경을 넘는 일은 위에서 간략히 언급하였듯이, 관례에 따라 모두 지방관할권 밖에 둔다.

제13절 네 가지의 죄안은 심사 처벌할 수 있다

이러한 권한 밖의 일들을 제외하면, 자주국의 심사 처벌 권한은 아래의 네 가지 종류의 사안에 대해 적용될 수 있다. 범인이 누구든 간에 국경 내에서 지방 법률을 범한 사안이 그 첫째이다. 본국의 공적 사적 선박이 대양을 항해하거나, 혹은 그 공적인 선박이 다른 국가의 항구에 정박한 경우, 그 범인이 누구든지 간에, 모든 범법 사안이 그 둘째이다. 그곳이 어디든지 간에, 자기 백성이 본국의 법률을 범한 것이 그 셋째이다. 범인이 누구든지 간에, 해적 등의 공법 위반 사안이 그 넷째이다.

만약 저쪽 국가 국경 내에서 이쪽 국가의 법률을 위반할 경우, 이쪽 국가의 백성이 아니라면 이쪽 국가는 이를 심사 처벌할 수 없다. 범인이 그 본국의 백성이라도 다른 국가의 국경 내에서 그를 체포할 수는 없다.

다만 그 본국 백성이 대양과 같이 다른 국가 관할이 미치지 못하는 지역으로 갔다면, 체포하여 그 사안을 심사할 수 있다. 사건을 저지른 곳이 해상이든지 아니면 다른 국가 국경 내이든지 간에, 모두 이 관례는 마찬가지이다.

영국의 속법(俗法; common law) [영미의 법체계를 가리키며, 주로 영국의 판례법을 가리킴 – 역주]에 따르면, 죄안은 오로지 사건을 저지른 곳의 심사 처벌에만 귀속된다. 그러나 이 관례는 오직 영국과 미국 양국에서만 행해지며, 양국 역시 이를 완벽히 따르고 있지는 못하다. [양국] 모두 법률을 제정해 [자국] 인민이 다른 국가에서 본국의 법률을 위반할 경우 반드시 본국 법률의 심사 처벌에 귀속되도록 하고 있다. 공법학자마다 이에 대한 논의에 다소 차이가 있긴 하지만, 각국의 법률이 만약 이런 죄안을 관리할 권리를 본국 법원에 부여하려 한다면, 공법학자 대부분은 이를 본국 법원의 심사 처벌에 귀속시켜야 한다고 볼 것이다. 유럽 대륙 내 여러 국가들의 관행은 인민들이 다른 국가에 저지른 것이 범죄안이든 혹은 다른 어떤 법률이든 간에, 반드시 본국 법원의 심사 처리에 귀속시키는 것이다.

무역 항해 장정의 경우, 국경 밖에 있는 다른 국가의 인민에게는 미치지 못하지만, 본국 인민은 어느 곳에 있든지 모두 다스릴 수 있다. 예를 들어 본국 법률로 어떤 사업을 금지하거나 혹은 범위를 한정한 경우라면, 그 인민이나 위반자는 어느 곳에 있든지, 본국 법원이 심사 처리할 수 있다. 다른 국가 사람이 이를 위반할 경우, 국경 내에서나, 이쪽 국가의 선상에서나, 혹은 다른 국가 관할이 미치지 못하는 곳에서 위반한 것이 아니라면, 심사 처벌할 수 없다.

도주범 송환(交還; extradition)의 관례

자주국은 자기 백성이나 거주민이 다른 국가에서 법을 범하였는데, 어떤 사람이 이를 고발(告發; charge)해서 다른 국가가 요청(討索; demand)할 경우, 그 송환 여부에 대해 공법학자들은 각자 다른 논리를 편다. 어떤 이는 "공법 조례와 국가들의 상례에 따라, 인민이 다른 국가에서 흉악한 소란죄를 범하여 그 피해 국가로부터 요청을 받은 경우, 이를 보호해서는 안 된다"고 하였다. 그로티우스, 바텔, 러더퍼드, 켄트[135] 등은 모두 이에 동의하였다. 하지만 푸펜도르프, 헤프터 등은 도주범의 송환에 정해진 관례가 없으므로, 송환할 수도 있고, 송환하지 않을 수도 있다고 보았다. 비록 여러 국가들은 우호관계로 인해 이를 시행해 왔지만, 반드시 조약상의 특별한 언급(特言; special compact)이 있어야만 공법이라 할 수 있다. 헤프터는 다음과 같이 말했다. "국가들 가운데 대부분이 이 사안에 대해 조약상의 특약(特論; special treaties)으로 논하였으므로, 이는 국가들의 상례가 아니라고 볼 수 있다. 공법의 통용되는 도리가 그에 위배되는 것과 나란히 놓일 수는 없다. 비록 독일연방과 아메리카 같은 통합동맹국가에서도 각 주들 사이에 도주 범죄인의 송환에 관한 사안은 오직 그 조약상의 명시된 조항에 따라 시행된다."

각국 사이에 조약상의 명시된 언급이 없다면, 도주범 송환의 의무(分; be bound to)는 없다. 이는 미국의 과거로부터의 도리이므로, 미국에서는 판결에 있어서 대부분 이 관례를 따른다. 미국의 통합동맹[미국헌법을 가리킴 – 역주] 제4조에서는 "만약 이 주에서 모반, 절도 등의 죄명을 가진

---

135 제임스 켄트(James Kent, 1763~1847)는 미국의 법학자로, *Commentaries on American Law* 의 저자이기도 하다.

자가 저 주로 도주하여 그 형벌을 모면하고자 할 경우, 만약 본주에서 요청한다면 저쪽 주는 반드시 그 사람을 송환하여 심사 처벌받도록 해야 한다"고 하였다.

미국과 영국은 1842년에 미국 수도에서 조약을 맺었는데, 그 제10조에서 다음과 같이 밝혔다. "인민이 흉악 살해, 모살, 강도, 방화, 약탈, 화폐위조, 의도적인 위조화폐 사용 등의 범죄를 저지른 경우, 만약 이쪽 국가 관할 내에서 저지르고 저쪽 국가로 도피하여 이쪽 국가가 요청한다면, 저쪽 국가는 반드시 송환하여 법에 따라 심사 처리해야 한다. 그러나 반드시 그 범죄 증거를 고찰하고 지방 법률에 따라 체포 투옥하여 심판을 기다리게 하여야만 송환 사안이 시행될 수 있다. 따라서 지방관은 고발을 받을 경우, 그 도주범을 체포하고, 그 범죄의 증거를 조사 심문할 수 있는 권리가 있다. 조사 심문하여 사실로 밝혀지면 상급 관리에게 전달하여 송환 명령을 내릴 수 있도록 해야 한다. 모든 체포 송환의 자금은 반드시 송환 요청자가 그 비용을 배상해야 한다."

미국과 프랑스 양국은 1843년에 미국의 수도에서 조약을 맺었는데, 다음과 같다. 제1조 "만약 이쪽 국가의 관할 내에서 아래 조약에서 열거된 죄명의 죄를 짓고서 저쪽 국가로 도피한 경우, 이쪽 국가로부터 만약 공사의 요청이 있다면, 저쪽 국가는 반드시 송환을 시행하여 법에 따라 심사 처리해야 한다. 하지만 확실한 근거가 있어야만 비로소 소재지의 법률에 따라 체포 투옥하여 심사 처리를 기다린 연후에 송환할 수 있다." 제2조 "인민이 흉악살해, 모살, 강간, 화폐위조, 관리의 국고 착복 등의 죄를 저지른 경우, 위 조항에 따라 반드시 송환해야 한다." 제3조 "프랑스의 송환 관례는 반드시 국새 관리자(掌國璽; Keeper of the Seals)인 정의대신(正義大臣; Minister of Justice, 현대어로 '법무부 장관')에 의해, 그리고 미국의 송환 관례는 치국 최상위 권력(治國上權; the Executive)에 의해 이루어진다." 제4조 "송환 비용은 모두 요청자에게 배상을 받는다." 제5조 "만약 이상에서 언급된 죄명의 범죄가 조약 이전에 저지른 것인 경우이거나, 조약 후에 저질렀지만 국가 정치에 관한 죄에 속하는 경우에는 모두 이 조약의 요청에 따르지 않을 수 있다." 1845년에 아래의 한 조항이 추가되었다. "물건의 약탈, 가옥 훼손, 강제 침입 등의 죄명은 제2조에 없기에 이를 보완한다. 피차는 인민이 이런 죄명의 범죄를 저지를 경우 제1조에 따라 송환할 것을 허락한다."

여러 국가들이 범죄인 송환 조약을 논의함에 있어서 대체로 장정 수개 조항을 가지고 이를 제한한다. 군권(君權)이 유한한 국가는 특별히 이에 대해 신중하다. 예를 들어 각국은 자기 백성을 다른 국가에 넘기지 않는데, 만약 국가 정치상의 모반죄인 경우에는 송환하지 않는다. 그리고 그곳에서는 죄가 되지만, 다른 곳에서는 죄가 되지 않는 경우에도 송환하지 않는다. 사람들이 모두 중죄로 보는 것이 아닌 경우에도 송환하지 않는다. 만약 군영이나 해군을 이탈하여 다른 국가로 도피한 경우라면 송환 여부는 반드시 우호관계나 특별조약 등에 의해 정한다.

제14절 법원의 판정(定擬; *criminal sentence*)은 국외(疆外; *extraterritorial*)에서도 간접적으로 행해진다

죄안이 이쪽 국가에서 지방 법률에 따라 심판된 경우 다른 국가에서 이를 바로 시행할 수는 없으니, 만약 그 사람의 죄가 확정된 경우, 국외에 있는 신병이나 물건에 대해 형을 가할 수는 없다. 즉 그 범죄가 수치스러운 중대 죄안이라서 그 백성으로서의 권리를 박탈할 수는 있지만,

이런 논의 역시 다른 국가의 자주권하에서 바로 시행될 수 없는 것이다.

이 국가의 법원이 유죄(擬罪; conviction)나 무죄(免罪; acquittal)로 판단한 것은 여전히 다른 국가에서 간접적으로 시행(旁行; indirect and collateral effects)될 수 있다. 즉 그 사안의 범죄가 일어난 곳이나 그 사람이 속한 국가에서 그 국가 법률의 심판에 따랐다면 다른 국가는 다시 추궁하지 못한다. 다만 심판한 다른 국가가 그 범죄가 일어났던 곳이 아니거나, 그 소속 국가가 아닌 경우라면 그 치죄나 석방에 대한 판정은 모두 무효이며, 그 사람을 비호하여 관할국가가 다시 그 죄를 추궁하지 못하도록 할 수 없다.

제15절 해적을 심판하는 관례

공법 위반 사안에는 여러 종류가 있는데, 각국의 형벌 권리(刑權; Judicial power)가 미치는 것에는 해적과 같은 종류가 있다.

공법학자가 논한 바에 따르면, 선박이 해상에서 자주국이 발급한 증명서(憑照; commission)를 가지고 있지 않거나, 양국의 교전 시에 그 증빙서류를 가지고서 사적으로 약탈행위를 한 경우라면, 이는 해적이다.

병선이 받은 허가증(牌; commission)에는 어떤 국가만을 공격하도록 명시되어 있는데, 만약 기회를 틈타 다른 국가를 약탈한다면, 그 고급선원(班主; officer)과 선원의 행위는 월권 행위에는 속하지만, 여전히 해적이라고 할 수는 없다. 허가증을 준 사람은 허가증을 가진 자에게 책임을 위임한 것으로, 만약 그 허가증을 가지고서 망령된 행동을 한다면, 그 사안의 심판은 전적으로 허가증을 준 국가에 귀속된다.

만약 양국이 교전하는데 그 양국의 허가증(牌照; commission)을 동시에 받아 가지고 강탈한 경우라면, 명백히 해적임에 의심할 바 없다. 양국의 허가증이 서로 부합하지 않으니, 서로 병립될 수 없는 것이다. 만약 두 군주가 우호 화합하여 다른 국가를 함께 공격할 경우, 양국 군주의 허가증을 받아 항해하는 것이 가능한지 여부에 대해 유명한 공법학자들이 논의한 바 있다. 비록 갑작스럽게 이를 해적으로 본 것은 아니지만 결국 이치에 맞지 않는다고 보았다. 양국이 중립국을 처우함에 있어서, 혹은 서로 다른 규칙을 가지고 있거나, 혹은 이쪽 국가가 조약을 맺은 것을 저쪽 국가가 미처 알지 못할 수도 있기 때문이다.

해적에 대해서는 만국이 적으로 삼는다. 만국은 그를 잡아 벌할 수 있기를 바란다. 따라서 각국의 병선은 해상에서 그를 나포한 뒤 국경 내로 끌고 가서 자기 법원에서 심판을 내릴 수 있다.

각국이 간혹 해적에 대한 별도의 관례를 가지고 있기도 하다

그래서 이 관례는 전적으로 공법에서 말하는 해적에 관한 것이다. 만약 각국이 법률에 별도의 조항을 두어 해적을 지정하는 경우는 이 관례에 귀속되지 않는다. 공법에서 말하는 해적은 범법자가 누구인지, 어디서 위반했는지에 상관없이, 각국 법원이 모두 심사 처벌할 수 있다. 만약 한 국가의 법률이 어떤 사안만을 해적으로 본다면, 이에 관해서는 그 한 국가만이 이 사안을 심사할 수 있다. 그러나 만일 그 국경 내에서와 그 선상에서 위반한 것이 아니라면, 이에 대해 추궁할 수 없다. 어떤 조항을 위반한 사범인지 각국 법률이 지정한 해적의 경우, 공법은 꼭 그렇게 보지 않을 수도 있다. 이런 죄안은 공법에 근거하여 판단할 수 없다. 저쪽 국가의 법률에서 해적의 계열로 보는 것에 불과할 따름이다. 따라서 법을 제정한 국가에서 심사할 수 있는 것이 아닌 경우, 만약 그 관할 내에서 일어난 그 본 백성의 사안이 아니라면 이를 심사할 수 없다.

어떤 국가의 선박이 대양에서 항해할 경우, 만약 선내의 흉악살해나 약탈 사건이라면 다른 국가 법원의 관할에 귀속되지 않는다. 다만 그 선박이 만약 소속국이 없는데, 선원이 법을 무시하고 망령된 행동을 해서 어떤 국가의 관할도 따르지 않는다면 흉악살해, 약탈 등의 사건은 공법에 따라 해적으로 처리할 수 있다. 그 사람은 어떤 국가에 의해 체포되더라도 그 국가의 심판에 귀속된다.

인신 매매(販賣人口; slave trade)에 대한 공공의 금지[136]

아프리카 해안에서 흑인을 판매하거나, 다른 국가에 싣고 가서 노예로 삼는 일은 비록 다수의 국가들이 엄금하고 있고, 영국, 미국, 오스트리아, 프로이센, 러시아 등의 국가들이 모두 법을 제정하여 해적으로 처리하고 있지만, 공법에서는 이를 해적으로 보지 않는다. 즉 정탐 조사의 관례를 가지고 이를 금지할 수는 없다. 평시에는 특약의 허가가 없다면 대양에서 항해하는 선박에 대해 조사할 권리가 없다.

예전에는 이런 잔인한 일들이 법을 위반한 게 아니었을 뿐만 아니라, 직접적으로 무역상의 큰 사업이었기에 여러 국가들이 그 이익을 나누고자 전쟁을 일으키거나, 공론을 벌이거나, 조약을 맺기도 하였다. 오늘날에는 이를 극악한 일로 보지 않는 이가 없으니, 처음에 이를 금한 것은 덴마크(丹國; Denmark), 미국, 영국으로, 이들은 모두 자기 백성이 [노예무역을] 하지 못하도록 금하였다. 이후 1814년에 영국, 프랑스, 미국 등의 국

136 노예무역에 관한 이 부분은 영어 원문에서 10쪽(186-196쪽)이 넘는 분량으로 역사적 상황에 대해 자세히 설명하고 있지만, 중국어 번역에서는 대부분이 생략되었다.

가는 조약을 맺어 함께 이런 사업을 없애기로 하였다. 1817년, 영국은 스페인, 포르투갈과 조약을 맺어, 양국으로부터 그 합의에 대한 허락을 얻어 내었고, 또한 브라질과 조약을 맺어 1826년까지 그 국가 역시 자기 백성이 하지 못하도록 금하며, 이를 위반한 자는 해적법을 가지고 처리하기로 하였다. 1833년, 영국, 프랑스 양국은 조약을 맺어, 피차의 선박이 어떤 곳에 갈 경우, 조사할 수 있도록 상호 허락하여, 이 사업을 뿌리 뽑기로 하였으며, 그 이후로 유럽의 해양국가에서는 거의 대부분이 이 합의를 따르게 되었다.

제16절 국내 부동산의 쟁송 심사권의 범위

무릇 국경 내의 부동산, 동산으로 인한 쟁송에 대해서는 모두 각국의 사안 심사 권리가 미친다. 부동산의 경우 각기 그 지방 법률을 따르는데, 이는 그 소재지 관할(所在管轄; lex loci rei sitae, 현대어로 '속지주의')에 귀속되는 것이 통례이다. 매매 문서, 양식 등의 사정도 모두 지방 법률을 따른다. 모든 소송, 증빙자료(傳證; evidence and prescription), 변론(辨論; forms of action and pleadings) 등의 사정도 지방 법률을 따른다.

제17절 국내 동산의 쟁송 심사권의 범위

동산으로 인한 쟁송의 경우도 그 관례가 유사하여 지방 법률에 귀속되지만, 송사 양식(訟詞式樣; forms of process), 증빙자료 등의 사정은 비록 지방법원의 조규에 따르지만 다른 국가의 법률도 간혹 인용될 수 있다. 예를 들어 사망 시 유언으로 동산을 남긴 경우, 그 유언은 반드시 그 소재지 지방 법률에 귀속된다. 혹여 유언이 없고 상속자가 다른 국가에 거주할 경우, 그 거주지 지방 법률을 가지고 그 사안을 통제해야 하지만, 송사 양식, 증거 조규 등은 모두 사안 심사 법원을 따른다.

유산 상속의 관례

사망 시 유언이 없다면 그 동산을 분배하는데, 비록 그 거주지 지방 법률에 따르지만, 그 물건의 소재지 법원이 간여할 권리가 전혀 없다고 할 수는 없다. 그 물건의 소재지 법원은 본지에서 분배하거나 외국에 보내는데, 반드시 그 상황(時事; circumstances)에 따라 정한다. 각국은 자기 백성을 보호하여 채무 변제 요청을 도와야 한다. 따라서 채무가 있고 그 재산이 상환하기에 충분한 경우, 만약 [유산을] 외국에 보내고 나서 본국의 채권자로 하여금 저쪽[국가]에 가서 [빚을] 추궁하도록 한다면, 비록 명분상으로는 이치에 맞지만, 실제로는 인정에 맞지 않는다. 만약 양쪽에 모두 채무가 있고, 그 재산이 상환하기에 부족하다면, [유산이 있는] 소재지의 채무 먼저 모두 갚도록 해서는 안 된다. 대체로 모든 문명국은 다른 국가의 채권자가 확실한 근거를 가지고 와서 [유산을] 나눌 수 있도록 허락한다.

유언으로 동산을 남긴 경우, 만약 다른 국가에서 작성하여, 그 양식이 비록 지방 법률을 따랐을지라도, 유언에 따라 그 물건을 취하고자 한다면, 반드시 그 물건의 소재 국가에서 먼저 그 법원에 증거 기록을 제출해야 한다.

만약 유언으로 다른 국가의 사람이 그 사안을 주관하도록 위탁한 경우, 그 사람은 반드시 그 물건의 소재지 법원으로부터 시행을 허가하는 증빙을 받아야만 한다. 만약 유언이 없는데 다른 국가가 사람을 파견하여 유산을 관리하려 하지만, 그 물건 소재지 법원이 이를 허가하지 않는 경우라면, 그 사람은 그 사안을 관리할 수 없다.

제18절 다른 국가 법원이 이미 판단한 것을 받아들여야 한다

어떤 물건에 대해 이쪽 국가에서 이미 전리법원(戰利法院; prize court), 해사법원(航海法院; court of admiralty), 징세법원(徵稅法院; revenue court) 등을 통해 누구에 속하는지 이미 판단한 경우, 이후에 비록 저쪽 국가에서 다른 사안으로 인해 다시 조사할지라도, 반드시 이전에 판단된 것을 받아들여야 한다. 즉 다른 국가의 법원이 심판한 것이 부실하다 할지라도, 그 국가와 화평하고 통상이 안정적이라면, 그 법원에 의한 판단에 모두 동의하지 않을 수 없다.

어떤 사람이 파산하여 이쪽 국가의 법률에 따라 면제된 경우, 만약 부동산, 동산이 다른 국가에 있다면, 그 면제 증거가 그 물건을 보호할 수 있는지 여부는 국가들에 상례가 없으며, 공법학자들도 의견이 서로 다르다. 두 개의 주가 한 국가에 속한 경우, 어떤 사람은 이 주에서 파산하고, 법률에 따라 그의 재산을 다른 사람에게 위탁한다면 그 위탁받은 자가 저쪽 주에서의 재산을 관제할 수 있는지 여부도 여전히 논쟁적이다. 만약 그 재산이 부동산인 경우, 지방 법률로부터 벗어날 수 없다. 만약 파산한 자나 대리인(代辦之人; attorney)이 부동산 소재 지방에 대해 반드시 그 해당 지역 법률에 따라 행사해야만 비로소 주인을 바꿀(易主; transfer of property) 수 있는지, 이 관례는 더욱 결정하기 힘들다.

영국의 법에 따르면 파산자가 이미 모든 것을 다른 사람에게 위탁한 경우라면, 그 물건이 어느 곳에 있든지, 그 주인을 바꿀 수 있다. 영국법을 따르는 법원은 반드시 파산자나 대리인으로 하여금 그 관례에 따라 일을 진행하여 주인을 바꿀 수 있도록 하고 있다.

파산자가 영국에 거주하면서 속국에 재산을 두고 있는 경우, 그 재산은 비록 본국 법원의 관할 밖에 있지만, 영국 법원이 그 사람으로 인해 그 물건을 주관할 수 있는지도 이치상 의문스러운 부분이다. 그러나 만약 이[권한]를 행사하여 오직 이곳에서의 채권자의 요청만을 면제하고, 채권자가 피고에게 먼저 알리지 않고서 다른 곳에서 그 물건의 지분을 얻을 수 없도록 하는 것이라면 이는 동의할 수 있다. 하지만 파산자가 그 물건을 다른 국가에서 다른 사람에게 위탁하여 처리하는 것이 비록 가능하다 할지라도, 만약 채권자가 그 물건의 소재지 법률에 따라 먼저 고소하여 법원이 먼저 고소한 사람이 먼저 얻을 수 있도록 허락하였다면, 위탁받아 처리하는 사람은 시행할 수 없다.

제19절 국경 내에서 인민 권리 등으로 인한 분쟁의 심판권의 범위

인간의 권리와 계약이 피해를 입어서 생기는 분쟁은 만약 그 사람이 국경 내에 거주한다면, 어느 곳에서 논쟁이 벌어지든 간에, 모두 각국이 심판할 수 있는 권리가 있다. 그 법원이 이를 판단함에 어떤 법을 따를 것이냐에 있어서, 법원 소재지의 법률을 가지고 판단하든, 혹은 사안에 따라 다른 국가의 법률을 인용하여 판단하든 아무런 상관이 없다. 이는 그 권리가 미칠 수 있느냐 없느냐의 문제도 일체 상관이 없다. 그 미칠 수 있느냐 여부는 모두 그 사람이 거주하는 곳에 따라 정해질 따름이다.

공법의 조례에 따르면, 한 사람이 일시적으로 어떤 국가를 따르더라도, 그 국가는 그 분쟁을 다룰 권리가 있다. 하지만 이 관례는 반드시 저쪽 국가의 법률에 의해 제한을 받는다. 각국이 자기 백성의 사안을 심리하는 것은 그 권리의 가능한 바일 뿐만 아니라 당연한 본분이기도 하다. 다른 국가 사람의 분쟁에 대해서는 이를 처리하는 정해진 관례가 없다. 각국은 그 사안 심사 규정에 따라 다스릴지 여부를 마음대로 결정할 수 있다. 만약 부동산을 누구에게 귀속시킬 것인지에 관한 문제라면, 반드시 그 물건이 소재한 곳에서 소송(興訟; action)을 해야 한다. 하지만 개인(人身; person)에 관한 것이라면, 굴욕 피해에 관한 것이든 매매 계약 등의 사안에 관한 것이든 간에, 영국법에 따르면 그 사람이 있는 곳에 따라 [관할]지역이 바뀔 수 있다. 그 사안이 어떤 사람에 속하든, 그 사안이 어느 곳에서 일어난 것이든 간에, 모두 원고가 현재 거주한 지방의 법원에서 소송을 할 수 있다. 그 사안이 법원의 관할경계 내의 연고에 근거한다고 가정한다. 여러 국가들이 영국법을 시행하고 있고, 이 관례 역시 따르고 있다. 과거의 로마법에 따르면 고소인은 반드시 피고인의 소속지에 따라 고소해야만 하며, 고대 로마법을 본받은 여러 국가들은 이 관례를 따른다. 따라서 개인에 관한 소송(涉身之訟; personal action)은 피고인이 상주하는 지역에서 시행되어야 한다.

프랑스 법률에 따르면, 외국인 가운데 군주의 특별허가를 받아 거주하는 자는 본국 백성과 동일한 권리를 가지므로, 지방법원에 가서 프랑스인에 대해 소송(追討; sue/suit)을 걸 수 있다. 그렇지 않으면서[즉 군주의 특별허가를 받아 거주하는 것이 아니면서 — 역주] 외국인이 소송할 사안이 있다면, 지방법원이 그 사안을 관리하는 경우에는 세 가지 종류가 있다.

첫째, 프랑스에서든, 어느 국가에서든, 외국인이 프랑스인과 맺은 계약인 경우이다.

둘째, 프랑스인과 맺은 것이든, 다른 국가인과 맺은 것이든 외국인이 프랑스와 통상하면서 프랑스에서 계약을 맺은 경우인데, [계약 상대가] 프랑스 땅에 거주하고 있다면, 계약서 내에 명시적으로 밝혔든 암묵적으로 동의(默許; necessary implication)했든 그 소송법을 따라야 한다.

셋째, 외국인이 관할을 거절하지 않고, 사안에 대해 판단받을 것을 법원에 자청한 경우이다.

위의 세 가지 이외에 다른 국가 사람이 프랑스에 거주하되, 군주의 특별허가 없이 거주하는 경우라면, 계약이 비록 프랑스에서 맺어졌다 할지라도 그 법원은 관할의 책임이 없으며, 그 사안을 심사하지 않는다. 근래 유명한 법학자가 공법의 사적 조항을 논하면서, 임시 거주하는 외국인이 프랑스 법원에서 외국인에 대해 소송하는 것을 허락하지 않는 프랑스의 규정이 공법에 부합하지 않는다고 하였다. 고대 로마법에 따르면 인간의 교역 계약은 모두 공법에 근거하므로, 이미 계약이 있다고 한다면 계약자가 본국인이든 외국인이든 모두 굳건히 지켜 폐지해서는 안 된다. 오늘날 공법 역시 이런 관례와 마찬가지이다. 인민이 다른 국가의 국경 내에서 계약을 맺을 권리가 있다면 지방법원은 그 사안을 성사시킬 권리가 있고, 소송하는 자가 외국인이든 본국 백성이든 모두 가능하다.

여러 국가들이 본국 백성이 임시 거주하는 외국인에 대해 채무 추궁하는 데 노상 공고(出告白於道路; formal public notice)를 낼 수 있도록 허락한다. 비록 고소당한 외국인이 국내에 없고, 그 사실을 모를지라도, 이를 소송 판례(興訟結案; viis et modis)[137]로 삼을 수 있다. 이런 관례는 실로 공의

---

[137] 로마 시민법에서 말하는 'viis et modis'란 직역하면 '방법과 수단'이라는 뜻으로, 모든 가능한 방법을 통해 당사자에게 문서(여기서는 판례)를 보내는 것을 말하는데, 마틴은 이

(公義; international justice)에 부합하지는 않는다. 그러나 그 소송이 만약 전적으로 본지에 소재한 재화에 관한 것이라면, 채권자 가운데 다른 사람이 먼저 고발한 경우 먼저 그 보상을 받을 수 있도록 하거나 혹은 여러 채권자가 기한을 두어 그 물건을 배분할 수 있도록 하는 것도 가능하다. 공법 조례에 따르면 비록 채무자가 거주하는 곳의 법률은 여러 채권자가 그 수에 따라 그 물건을 배분하도록 할지라도, 그 물건의 소재지 법률은 때로 먼저 소송한 자가 먼저 그 빚을 가질 수 있도록 할 수도 있다.

제20절 판결(斷案; *decision in case*)의 법과 소송(興訟; *proceeding in case*)의 관례는 차이가 있다

법원이 그 사안을 다룰 수 있다면, 그 법이 외국의 것인지 본국의 것인지에 상관없이 반드시 그에 부합하는 법에 따라 판결해야 한다. 하지만 그 소송 형식은 반드시 지방법원의 조례에 따라 판결해야 한다. 판결의 법률(斷案之律法; rule of decision)과 소송의 형식(興訟之式狀; rule of proceeding) 양자는 구별하기 쉽지 않다. 대체로 계약의 책임에 속하는 문제는 거주지를 따르거나 계약 체결 장소를 따르고, 그 사안의 성사(成事; enforcing, 현대어로 '집행', '시행')에 속하는 문제는 모두 그 지방법원을 따른다.

만약 원고인과 피고인이 법원 소재국에 거주하고, 법원이 그 지방법률에 따라 판단한다면 아무런 문제될 바가 없다. 계약의 책임(契據之責; obligation of the contract), 계약 성사의 방법(成契之方; remedy to enforce the

---

를 의역하여 '소송 판례'라는 의미를 지니는 '興訟結案'으로 번역하였다.

contract) 등은 모두 지방 법률에 의해 판결, 소송하는데, 모두 하나의 법률에 따른다. 그렇지 않은 경우라면, 계약의 책임, 계약 성사의 방법 등은 세부적으로 변별해야 한다.

계약을 성사시키는 데에는 세 가지 책임질 부분이 있다. 첫째 성사시킬 능력(能成; personal capacity), 둘째 계약 내 조례를 기꺼이 허락하는 마음(甘心允許; will expressed), 셋째 계약의 양식(契據之式樣; external form of the contract).

1. 그 사람이 이를 성사시킬 수 있는지 여부는 반드시 본국 법률이 정한 신상의 지위를 봐야 한다. 이 법은 어딜 가건 어디에 머물건 따라가므로, 다른 국가 역시 이를 분리시킬 수 없다. 예를 들면 성인 연령 충족 여부, 기혼, 이혼, 지적장애 등의 부류가 그런 경우인데, 그 계약 체결과 요구에 관한 지방 법률이 어떠하든지 간에, 이런 사람들의 계약 가능 여부는 모두 그 거주지 지방 법률에 따라 정한다.

이처럼 신상에서 영구히 분리될 수 없는 지위는 각국 정치상의 금지령에서 벗어나지 않는다. 예를 들어 어떤 국가에서는 세습귀족(世爵; noblemen)이나 성직자(教士; ecclesiastic) 등의 무역 통상 계약을 금지하고 있지만 다른 국가에서는 금지하지 않는다. 하지만 그 사람의 연령, 여성의 결혼 여부, 부여받은 능력의 여부 등과 같은 것은 신상의 지위에 속하는 것으로 어딜 가든 변하지 않는다. 비록 그 주거지에 따라 정해지기는 하지만, 각국은 여전히 그[신상의 지위]에 따라 그 계약의 타당성 여부를 판단한다.

파산자의 부여받은 능력 여부도 이 관례를 따른다. 다만 그 면제된 국가에서의 시행 여부는 정하기 쉽지 않으며, 여러 국가들이 이를 처리하는 일반적인 규정(常規; constant and uniform usage)도 없다. 만약 어떤 국가에 파산자를 면제하는 법률이 있는 경우, 그 백성이 이 관례에 따라 매매 계약을 하는 것은 암묵적 동의라 할 수 있다. 만약 파산하였지만 법률에 따라 면제되어 그 빚을 상환하지 않는 경우, 그 사람은 이쪽 국가에서 면제될 수 있으며, 그 채권자가 다른 국가에서 추심 소송을 할 경우, 그 [면제]증빙문서는 저쪽 국가에서도 시행되어야 한다. 하지만 만약 그 파산에 관한 법률이 계약 위반의 피해만을 처리(專制失約之弊; remedy for a breach of the contract)하려는 것이라면, 이는 지방법원의 조규에 속하며 다른 국가의 자주권하에서는 시행될 수 없다. 만약 계약 위반의 피해만을 처리하려는 것은 아니지만, 채무자가 이미 가업을 양도하고서도 체포되어 하옥되는 것을 면하게 하는 것과 같이 약간만 피해 보상을 하고자 한다면 이는 더욱이 다른 국가에서 시행될 수 없다. 이는 전적으로 본국에 속하는 것으로, 본국의 법원은 반드시 이를 따라야 하며, 다른 국가에 법을 만들 수는 없다. 각국에 본래 있는 체포 하옥을 면하게 하는 관례의 경우, 이런 관례를 가지고 계약의 요건으로 삼아, 다른 국가에서 추적 체포되지 않게 할 수 있다. 또한 프랑스의 관례에서는 통상으로 인한 채무가 아니라면, 체포 소송을 허락하지 않는다. 따라서 프랑스인이 본국에서 일반적인 빚을 진 경우, 다른 국가에서 체포 소송당하지 않는다. 비록 다른 국가 법원의 조례에서는 어떤 빚이든지 간에 상관없이 모두 체포를 허락한다 할지라도, 공법에서는 체포 소송을 허락하지 않는다.

2. 계약 성사의 책임은 계약 체결자가 계약 내 조례에 대해 기꺼이 동의하는 마음이 있어야 한다. 이 조례에 대한 해석은 계약 체결지의 지방 법률에 따르며, 계약 내 어떤 사항이 암묵적 동의인지 역시 지방 법률에 따라 정한다. 예를 들어 한 사람이 채무 기한을 넘겼는데, 계약상 이자를 얼마로 할지 언급하지 않았다면, 채권자는 법률에 따라 법에서 정한 정

당한 이자를 요구하여 채무 연기로 인한 손해를 보상할 수 있으며, 이런 손해 보상 방식은 당연한 것이다. 만약 계약 체결자가 다른 국가의 법률에 따라 계약을 맺은 것이 아니라면 그 이자는 반드시 계약 체결지의 지방법원에 따라 정해야 한다. 만약 다른 국가의 법률에 따라 계약을 맺어서, 저쪽 국가에서 빚을 갚거나 혹은 저쪽 국가의 재화를 저당 잡힐 것을 동의했다면, 그 이자가 얼마인지는 저쪽의 법률을 따라야 하며, 계약 체결지의 법률을 따르지 않는다.

3. 계약 성사의 책임은, 반드시 그 계약 양식을 봐야 한다. 그 양식은 반드시 계약 체결지 [관례]를 따라, 작성(寫明; writing), 인장(加印; seal), 그리고 서리(書吏; notary or public officer) 앞에서 어떤 증거자료(證據; formalities)를 대야 하는지 등이 정해진다. 만약 법률이 이런 것들을 필요로 하는데 계약 체결자가 이를 준수하지 않는다면 그 계약은 무효이다. 그 지방 법률이 이미 무효로 본다면, 이는 다른 국가에서도 성사될 수 없다. 하지만 지방세 관례는 다른 국가에서 시행되지 않는다. 따라서 지방 법률이 가령 계약서에 인장을 사용하도록 하더라도, 이를 가지고 그 사안의 허실을 변별하려는 것이 아니라, 그 교역을 가지고서 징세를 하는 것이다. 그 계약에 비록 이런 인장이 없더라도 다른 국가 법원은 이를 무효로 할 수 없다.

그 계약 양식(契之式樣; form of the contract)과 계약 외 증거자료(契外之證據; extrinsic evidence)에는 차이가 있다. 예를 들어 계약 체결지 지방 법률에서 어떻게 작성하여 증거로 삼도록 하였는데, 이것이 없다면 모두 무효이다. 그러나 그 계약이 비록 이를 따라서 맺어졌을지라도, 만약 다른 국가의 조사를 거쳐야 할 경우, 여전히 그 국가 법원의 조규에 따라 그 외 증거를 인용하여 그 사안을 증명해야만 비로소 시행될 수 있다.

제21절 개인에 관한 사안(涉身之案; *personal action*)의 경우, 다른 국가가 이미 판단한 것을 본국에서 따를지 여부

이 국가에서 개인에 관한 사안에 대해 그 위반이 죄명을 얻을 만한 부류의 사안이라고 그 법원이 이미 판결하였다면, 공법학자의 다수는 다른 국가 역시 이미 판결된 것으로 보아야 하며, 다시 심사되도록 허락해서는 안 된다고 본다. 하지만 양국 사이에 조약이나 특별동의조항이 없다면, 이쪽 국가 법원의 판단에 대해, 저쪽 국가 군주가 자기 국경 내에서 이를 꼭 준수 시행할 필요는 없다. 만약 어떤 사람이 저쪽 국가 법원에서 이미 판단한 바에 대해 추궁 소송한다면, 그 현재 고소를 접수한 법원은 이치에 따라 그 종전 판단의 시비를 다시 심사하여 옳다면 이를 시행하고 옳지 않다면 폐지할 수 있다. 그러나 여러 국가들이 우호 공익을 위해 각기 상례에 따라 사법적인 판단을 할 수 있으므로, 다른 국가들도 이를 따라 시행하고 있다. 다만 각국의 조규에서 어떻게 규정되고 있는지를 살펴볼 따름이다.

영국법에 따르면, 다른 국가가 이미 심판한 사안이 있는데, 그 이전 안을 가져다가 [소송을] 낸 경우, 만약 그 당시 소송인이 이번 소송인이라면, 그 당시에 판결된 사안은 반드시 받아들여져야 하며 다시 심사되어서는 안 된다. 만약 어떤 사람이 다른 국가에서의 판결에 대해 영국 법원이 사실에 맞게 처리해 달라고 요구한다면, 반드시 증거를 가지고서 하되, 다만 피고인이 이전 심판의 불공정한 부분을 밝혀낼 수 있도록 허락해야 한다. 사안이 채무에 관한 것이고, 피고인이 [불공정한 부분을] 밝혀내지 못한다면, 이전에 법원이 채무의 확실한 증거라고 여긴 것을 가지고서 판결하고 그에 따라 시행해야 한다. 하지만 그 사안의 첫 판단 시

정의에 맞지 않거나, 사기 행위에 관한 것이 피고인에게 고지되지 않았거나, 법원이 법률을 잘못 해석했거나, 전혀 근거 없이 판단한 것인 경우, 이런 제반 사정과 잘못이 이미 드러났고 또한 확실한 증거가 있다면 영국 법원은 이를 시행해서는 안 된다.

다른 국가에서 이미 판단한 사안의 경우, 미국과 영국의 관례는 같다. 본국 내의 어떤 주에서 이미 판단한 사안의 경우라면, 다른 주 역시 이를 믿고 시행하며 그 주가 심판한 것이나 다름이 없다.

프랑스의 법률은 이처럼 다른 국가의 판단을 믿고 따르지는 않는다. 프랑스 백성이 다른 국가에서 피고인이 되어 패소한 경우, 그 사안을 본국 법원에서 그대로 가져다가 [소송을] 내거나 아니면 어떤 사안에 대해서만 고소 심사 요구를 하는 경우, 프랑스는 그 판결된 바를 허용하지 않는다. 즉 원고인 프랑스인이 다른 국가 법원에서 이미 졌다면, 그 국가 역시 이미 판결되었다는 이유로 본국 법원에서 다시 고소하는 것을 금하지는 않는다. 다만 만약 패소한 자가 다른 국가의 사람이면서 또한 사안을 심사한 법원의 관할에 속하는 자라면, 이미 판결된 그 사안은 프랑스 법원에서 다시 소송을 진행할 수 없다. 그러나 그 승소한 자가 시행을 요구하려 한다면 반드시 새로 고소해야 하며 그 사안의 기존 판결은 잠정적 근거일 뿐이며, 피고인은 그 시비를 가려내어 정의와 관례에 위배하여 판단된 것을 입증할 수 있다.

개인에 관한 사안이 이미 판결된 경우, 유럽 각국은 모두 상호 준수 시행하고 있지만, 스페인, 포르투갈, 러시아, 프랑스, 스웨덴 등의 국가는 이를 시행하고 있지 않으며, 더욱이 몇몇 국가의 법률은 프랑스를 모방하여 이를 시행하지 않는다.

만약 사기의 의도를 가지고 본국 법률에서 벗어나고자 다른 국가에 가서 이혼하고 돌아온 경우, 비록 이혼한 국가에서는 이를 사실로 여기지만, 성혼한 국가에서는 이치에 따라 여전히 [이혼을] 허위로 여긴다. 즉 그 국가가 어떤 이유에 대해서는 이혼하지 못하도록 금하거나 모든 이혼을 금하고 있는데 고의로 다른 국가에 가서 이혼을 한 경우, 잉글랜드와 스코틀랜드 두 주의 법원이 이 사안에 대해 내리는 판단은 상호 모순되어 획일적이지 못하다. 잉글랜드의 백성이 스코틀랜드에 가서 이혼한 경우, 만약 스코틀랜드에 상주하지 않는다면, 잉글랜드 법원은 이 사안을 전혀 인정하지 않는다. 이혼 사안은 잉글랜드와 아일랜드, 그리고 영국 속주의 법률에 따라 오직 국회가 판단할 수 있으며, 이 사람이 아직 죽지 않았어도 저 사람과 따로 결혼할 수 있도록 한다. 그러나 스코틀랜드 법원은 이를 아직 합법적인 것으로 판단하지 않는다[잉글랜드, 스코틀랜드, 아일랜드 세 주가 대영제국으로 통합되어 있다. — 원주].

근래 스코틀랜드에서 이미 판단된 사안에 대해 어떤 사람이 국회에 상고하여 국회 상원에서 다시 심사를 진행하여 스코틀랜드 법에 따라 다음과 같이 판단하였다. "그 결혼은 잉글랜드에서 이루어졌고, 그 사람이 만약 스코틀랜드에 실제 거주한다면 스코틀랜드 법원에 그 이혼을 허가할 권한이 있다. 하지만 그 이혼이 잉글랜드 법원의 조사를 받는다면 이치상 어떻게 해야 할지에 대해서는 상원이 아직 정한 바 없다."

미국 법률에 따르면, 이 주에 실제 거주할 경우, 그 성혼한 주의 법률이 어떠하든지 간에, 이혼하려는 이유가 이 주의 법에 부합한다면 이 주는 그 이혼을 허가할 권한이 있다. 다만 사기를 치고자 본 주의 법률로부터 도피하여 고의로 다른 주로 옮겨 가 이혼한 경우라면 이 관례에 해당하지 않는다.

제3장
국가들의 평등권

제1절 존비(尊卑; *rank*)의 구분은 상호 동의에서 나온다

자주국은 본래 모두 평등권(平行均權; natural equality)을 지니고 있다. 그리고 등급의 고저, 명칭의 존비 구분, 예우(禮款; ceremonial distinctions)의 경중 등은 이를 명시적으로 동의한 특별 조약(特條明許; positive compact)이 있거나 혹은 관행(常行; constant usage)에 따른 암묵적 동의에 의한 것이다.

제2절 왕례(王禮; *royal honors*)를 받는 국가

유럽 국가들 가운데 공법에 따라 왕례를 받는 국가와 그렇지 않은 국가가 있다. 군주국가는 모두 왕례를 받는다. 로마 교황, 독일의 대공국(日耳曼諸侯; grand duchies in Germany), 독일연방과 스위스연방(瑞士合盟之國; the Germanic and Swiss Confederations) 역시 그러하다. 예전에는 민주주의 대국 역시 왕례에 속하였는데, 네덜란드연방과 베네치아의 경우가 그러하다. 왕례가 없는 국가는 왕례를 사양해야 하며, 오직 왕례를 받는 국가만이

1등급의 국가사절(第一等國使; public ministers of the first rank)을 파견할 수 있고, 명칭과 예우도 전적으로 이에 속한다.

제3절 왕례를 받는 국가의 지위서열(位次; *precedence*) 구분

왕례를 받는 국가들 가운데, 천주교를 신봉하는 국가는 로마교황에게 윗자리(首位; precedency)를 양보한다. 다만 러시아와 개신교를 믿는 국가들은 그를 로마의 주교이자 이탈리아의 여러 주 가운데 한 주의 통치자로 보아, 윗자리를 주지 않는다. 과거 독일에 황제가 있었을 당시, 그 국가에 대한 예우가 다른 국가의 군주에 비하여 중하였던 것은 고대 로마 황제의 지위를 계승한다고 여겼기 때문이다. 하지만 독일이 국법을 개정하여 그 당시 통치자인 황제가 지금은 오스트리아 군주가 되면서, 비교적 동등한 위치의 군주가 윗자리를 얻을 수 있는 것인지 여부는 아직 논쟁적이다.

유럽 여러 국가의 군주들은 과거로부터 누차 그 윗자리를 놓고 다투어 왔다. 이런 서열 전쟁은 모두 이전의 조류와 풍속을 따른 결과이다. 오늘날은 문명화되면서 군주된 자가 이런 허례에 대한 분쟁으로 백성들에게 해를 끼치지 않게 되었다. 공법 내에서 이런 서열 구분은 과거처럼 중요하지는 않다.

공법학자는 이를 논하여, 민주주의 대국은 왕례를 받아야 하지만, 동등한 군주보다는 못하다. 네덜란드 연방, 베네치아, 스위스 등의 국가의 경우, 예전에는 황제나 군왕의 국가에 양보하였지만, 공경(公卿; electors)[신성 로마 제국의 황제 선거권을 가졌던 독일의 제후들 — 역주]의 국가나 제후국(諸侯國; inferior princes)에게서 비록 왕례를 받는 것에 대해서는 양보하려

하지 않았다. 다만 이런 분쟁은 국법에 의해서가 아니라 국가 세력에 의해서 판단한다. 크롬웰(Oliver Cromwell; 工衛爾)[138]은 영국의 능력자였는데, 군주에 반역하여 패자로 우뚝 섰다. 비록 군주의 호칭과 군주의 왕관은 없었지만, 유럽의 군주들 가운데 그 권위를 경외하지 않는 자가 없었기에, 그 국가의 평등권을 인정하였다. 프랑스 백성은 예전에 군주에 반역하여 민주국가를 세웠는데, 다른 국가의 조약을 논의할 때, 항상 다음 조항을 첨가하였다. "이전 군주의 예우를 훼손 경감시키지 않는다."

공경과 제후의 경우, 군주의 왕관을 쓰지는 않았지만 군권(君權; monarchical sovereigns)을 행사하고 왕례를 누리되, 황제나 군왕에게는 모두 양보한다. 또한 그 군권은 행사하되 왕례를 누리지 않는 자는 왕례를 받는 제후에게 양보하지 않는 경우가 없다.

자주국이 다른 국가에 의존하는 경우, 그 등급은 그가 의지하는 국가보다 아래이니, 이는 두말할 나위도 없다. 그러나 다른 국가와의 교제에 있어서는 그 존비가 이렇게 정해지지는 않는다. 도리어 자주국보다 우선하는 경우도 없지 않다. 예를 들어 이전에 독일의 대제후(大諸侯; electors) [신성 로마 제국 내에서 황제 선거권을 가졌던 영주인 선제후(選帝侯)를 가리킴 – 역주]는 비록 자주권은 없었지만 왕례를 받아, 왕례를 받지 못하는 자주국인 다른 국가보다 존귀하게 대우받기도 하였다.

각국 군주의 존비 예우에 관해서는 조약이나 특별협약(盟約特言; positive regulation or international compact)이 없으며, 모두 상례에 따르거나, 암묵적

---

138 올리버 크롬웰(Oliver Cromwell, 1599~1658)은 영국의 정치인이자 군인으로서, 청교도 혁명 이후 찰스 1세를 처형하고 영국 최초이자 마지막의 잉글랜드 공화국(Commonwealth of England)을 세워 호국경(護國卿)의 지위에 올랐다.

동의에 의한 것이다. 1814년, 빈 회의에서 유럽 국가들의 등급을 구분하였지만, 오래도록 완성되지 못하였다. 8개국이 파리 조약(treaty of peace at Paris; 巴勒和約)에서 공사 여러 명을 파견하여 그 논의를 발의하였다. 회의가 재개되자 그 발의자는 사람들에게 "국가들이 그 사신의 존비에 따라 3등급으로 나누어야 한다"고 제의하였다. 여러 공사들이 이에 대해 논의할 당시, 민주주의 대국은 하위에 놓이길 바라지 않았고, 다른 국가들 가운데도 이를 허락하지 않는 국가들이 있었기 때문에, 그 논의는 미뤄 두고 다시 논의하지 않았다. 당시에는 다만 조항을 두어, 군왕이 파견한 사신의 등급만을 구별하였다.

제4절 상호 교대의 방식

양국이 교류하면서 그 등급이 평등하거나 혹은 정해지지 않은 경우라면, 분쟁을 피하고 각국의 체통을 지키기 위해 사용 가능한 여러 가지 방법이 있다. 하나는 상호 교대(互易; alternat)의 방법이다. 각국은 돌아가면서 윗자리를 얻거나, 혹은 추첨으로 윗자리를 얻는다. 예를 들어 조약을 맺을 때, 이쪽 조약문에는 그 맨 앞부분과 사인 부분(關防; signatures)[139]에 이쪽 국가가 앞에 있고, 저쪽 조약문에는 저쪽 국가가 앞에 있어서,

---

139 마틴은 여기서 영어 원문의 'signature'에 해당하는 번역어로 '關防'을 사용하고 있는데, 이는 옛 관청에서 쓰던 관인(官印), 인신(印信)을 말한다. 특히 청대에는 정규직 관원의 정방형 관인을 '印'이라 하고, 임시파견 관원의 장방형 관인을 '關防'이라 했는데, 엄밀히 말해 손글씨로 사인(署名)하는 서양의 확인 방식과 달리 중국에서 사용해 온 관인을 의미하는 '關防'을 번역어로 사용한 것은 일종의 격의(格意)식 번역에 가깝다고 볼 수 있다. 앞부분(제2권 제2장 제10절)에서는 'signature'를 그 의미에 좀 더 가깝게 '확인한다는 의미로 서명하는 것'을 가리키는 속칭인 '畵押'이라는 용어로 번역하기도 하였다.

상호 교환할 때는 각자 [자기가] 앞에 있는 조약문을 보존하는데, 이는 여러 국가들의 예의이다. 빈 회의에서 정한 조약에서는 "국가들이 상호 교대의 예의를 쓰는 경우, 그 사절의 지위서열의 선후는 추첨으로 정한다.

또한 사인의 순서를 정하여 분쟁을 피하는 하나의 방법이 있으니, 프랑스 자모의 순서에 따라 사인을 하는 것이다.

제5절 공용의 문자

국가들은 본래 평등권을 지니고 있어, 다른 국가와 합의할 때 모두 자기 언어 문자를 사용하며, 이 관례를 따르지 않는 국가는 하나도 없다. 다만 라틴어(剌丁古文; Latin language)가 유럽에서 통용되기에, 과거에는 여러 국가들이 이를 가지고 합의하는 것이 편리하였다. 300년 전, 유럽 각국 가운데 스페인이 가장 컸는데, 모두 합하면 그들이 관할하는 속국들이 아주 많았기 때문에 공문서는 대체로 스페인 문자를 썼다. 다만 2백년 동안은 여러 국가들의 공문서와 공론 대부분이 프랑스 언어와 문자를 사용하였다. 만약 조약 협의나 서신왕래에 본국 언어와 문자를 사용한다면 번역본을 첨부하는 것이 각국이 서로 대하는 예의이다. 독일, 스페인, 이탈리아 등의 대소 국가들이 이 관례를 따른다.

여러 국가들의 언어 문자가 서로 같은 경우, 그 교류 왕래에 이를 사용한다. 독일연방의 각 주는 독일어를 사용하며, 이탈리아의 여러 국가들은 모두 이탈리아어를 쓰며, 영국과 미국은 모두 영어를 쓴다.

제6절 군주와 국가의 호칭

각국이 자주국인 경우, 마음대로 자립적인 존칭을 써서 자기 백성들이 추대하도록 할 수 있지만, 다른 국가에게 이를 인정하도록 할 권리는 없다. 프리드리히 1세(Friedrich I.; 菲哩特第一)는 그전에 브란덴부르크(Brandenburg; 班丁堡)의 제후였는데, 1701년 처음으로 프로이센의 왕호를 칭하였고, 독일 황제로 처음 인정받았다. 이후 유럽 국가들 역시 이를 인정하였고, 이를 마지막으로 인정받아 모두가 하나의 명칭으로 부르기까지 90여 년이 걸렸다. 표트르 1세(Peter the Great; 彼得第一)가 1701년 처음으로 러시아 황제의 칭호를 칭하고서, 프로이센과 네덜란드가 먼저 인정하고, 다른 국가들도 이후 이를 인정하였는데, 마지막 국가까지 인정하여 모두가 하나의 명칭으로 부르기까지 60여 년이 걸렸다. 프랑스가 이를 인정하였을 당시, 러시아와 특별 조약을 맺어, 프랑스의 이전 존위를 존치시키면서 "명칭의 변경으로 인해 양국이 서로 대하는 예의 격식을 변경하지 않을 것"을 약속하였다. 러시아의 예카테리나 여제(Empress Catharine II.; 加他鄰第二)가 제위에 등극하고서 이 조항을 다시 넣는 것을 원하지 않아, 황제 칭호를 사용함으로 인해 양국의 서로 대하는 예의를 변경하지 않는 것을 오직 국서에 한해서만 허락하였다. 프랑스는 이에 대한 답서를 통해 그 황제 칭호는 인정하되, 다만 "러시아가 만약 서로 대하는 예의를 변경한다면, 프랑스는 다시 자기에 대한 존칭을 쓰고, 러시아의 황제 칭호는 인정하지 않을 것"이라고 밝혔다.

과거에 군왕의 칭호 가운데 황제의 칭호가 가장 존귀했던 것은 고대 로마의 황제를 계승한다고 여겼기 때문이다. 다만 독일 황제 이외에 다른 국가의 군주가 이런 칭호를 쓴다고 해서 여러 국가들의 군왕에 비해 더 존귀하다고 여기지는 않는다.

제7절 항해의 예규

국가들의 상례는 대양이나 각국의 해협에서 행해야 할 항해 시의 예우를 정해 두었다. 예를 들어 그 국가의 병선을 보거나 항구의 요새에 진입할 때, 깃발을 내리거나, 돛을 내리거나, 대포를 쏘는 등의 행위를 함으로써 존중의 예로 삼았다.

자주국은 모두 평등한 권리를 행사한다. 즉 대양이나 자기 국경 내에서 본국 선박이나 다른 국가 선박을 만났을 때 어떤 예를 쓸 것인지에 대해 마음대로 본국 선박의 예절을 제정할 수 있다. 즉 다른 국가의 선박이 자기 국경 내에 진입하거나 서로 만나서 예를 취할 때, 혹은 본국의 병선 요새를 지나면서 예를 취할 때, 어떻게 할 것인지 등도 각국이 스스로 정한다. 지나가는 선박과 요새가 서로 어떻게 답례를 할 것인지 역시 마찬가지이다. 이에 대해 어떤 경우에는 각국이 스스로 법을 만들기도 하고, 어떤 경우에는 피차 조약 협의를 통해 장정을 만들기도 한다.

이 국가가 어떤 곳을 관할하는데, 저쪽 국가가 분쟁을 삼는 경우가 있다. 예를 들어 영국이 인근 해협을 전유 관할(專管; dominion)하려고 하는 것과 같은 경우인데, 이때 항해의 예절 역시 그 논쟁거리이다. 여러 국가들이 이로 인해 논쟁을 벌이고, 마침내는 이를 구실로 전쟁을 하는 경우도 적지 않다. 덴마크가 발트해(Baltic Sea; 波羅)의 해협을 전유 관할(專管; supremacy)하고자 왕래하는 다른 국가 선박으로 하여금 존중의 예로 대하도록 하였으며, 이는 누차 각국의 협약을 거쳐 제한적으로 개혁되었다. 러시아와 덴마크 양국은 1829년 조약을 맺어 이전의 항해 예절을 대부분 폐지하였는데, 이는 엑스라샤펠 회의(Congress of Aix la Chapelle; 沙北爾國使會) [1818년 — 역주]에서의 영국, 프랑스, 오스트리아, 프로이센, 러시아 5대국의 조약의 뒤를 이은 것이었다. 그 당시 항해의 예절에 대해 런던회의(ministerial conferences at London; 倫敦國使會)[140]에서 논의하고, 또한 각국에 논의를 요청하여 통용되는 예절로 정하였다.

140 이는 1814~1815년 나폴레옹 전쟁의 뒷수습을 위해 열었던 빈 회의 이후 형성되었던 소위 유럽의 '빈 체제'의 형성과 유지를 위해, 1816년부터 파리, 빈, 런던 등지에서 번갈아 가면서 열렸던 대사 회의(conferences of ambassadors)를 가리키는데, 여기서는 특히 그 가운데서 1816~1819년 사이 런던에서 열렸던 회의를 말한다.

제4장

각국의 재산권(掌物之權; rights of property)[141]

제1절 재산권(掌物之權; *proprietary rights*)의 유래

자주국은 각기 자기의 토지(土地; territory)나 공적 재산(公物; property of state)을 관장할 권리가 있다. 개척에 의한 것이든, 정복에 의한 것이든, 양도에 의한 것이든, 그 역사가 오래되었거나 다른 국가가 조약으로 인정한 것이기에 그 권리는 모두 확고하다.

141 마틴은 영어 원문의 제4장 제목에 있는 'rights of property'와 제1절 제목에 있는 'proprietary rights'를 '掌物之權'으로 혼용하여 번역하고 있다. 현대어로 전자는 '경제적 이익을 목적으로 하는 법적 권리'로서 부분적 분할이나 다양한 사용과 거래가 가능한 보다 넓은 의미를 지니는 '재산권'으로, 후자는 '사용·수익·처분하는 등 완전히 지배할 수 있는 전면적 배타적인 권리'를 의미하는 '소유권'으로 번역되어, 서로 구분되는 개념이지만, 당시 중국의 상황이나 중국어 맥락상 명확히 구분되지 않고 '掌物之權'으로 번역되고 있어 다소 혼동을 일으키는 측면이 있다. 다만 'proprietary rights'의 경우 본문에서 주로 자주국이 다른 국가의 간섭을 받지 않고 배타적으로 행사하는 'national proprietary rights'와 같은 의미로 제한적으로만 사용되고 있고, 전반적인 맥락상 '掌物之權'이 다양한 형태의 '재산의 관리 이용에 대한 권리'라는 보다 포괄적인 의미로 사용되고 있다는 점에서 여기서는 '專掌之權'을 '재산권'으로 번역하였다.

제2절 백성의 재산도 이 권리에 귀속된다

국내의 토지(土地; domain), 공적 재산(公物; public property), 국경 내의 백성의 물건, 민간공회(民間公會; bodies corporate, 현대어로 '법인')의 물건 등도 모두 이 전적으로 관장하는 권리(專掌之權; exclusive right)에 속한다.

제3절 백성의 물건은 최상위 권력의 명령에 따른다

공적 토지, 공적 재산에 대한 관장의 권리는 본래 제한이 없다. 다른 국가가 함부로 월권할 수 없으며, 자기 백성 역시 간여할 수 없다. 국경 내의 인민과 민간공회의 물건에 대한 관제의 권리 역시 다른 국가에 의해 제한받지 않는다. 본국 백성의 경우만 놓고 보자면 군주(君上; paramount)의 명령을 들어야 한다. 군주는 부득이한 형세에 처한 경우, 국경 내의 어떤 물건이든 간에 모두 국가와 백성의 보호에 사용할 권리가 있다.

제4절 역사가 오래되면 확고해지는 관례

주권의 역사가 오래되면 확고하다고 할 수 있고, 이는 상례이다. 이런 관례를 가지고 국사(國事)를 다스리는 것이 공정한지 불공정한지에 대해 공법학자들 다수가 논의한 바 있다. 그러나 그 관례를 무엇이라 부르든 간에 국가들이 항상 이를 따르기에, 이쪽 국가가 어떤 땅과 어떤 물건을 이미 오래도록 관장해 왔다면 자기 소유라 할 수 있고, 다른 국가는 간여할 수 없다. 성법에 따라 인민이 물건을 얻어 이를 관장한 지 오래되었다면 이 역시 자기 소유라 할 수 있고, 타인이 간여할 수 없다. 각국의 법률 조항 역시 그러하니, 그 이치는 무엇인가? 만약 사람이 자기 물건을 버리려 하지 않으면서도 오래도록 찾지 않는다고 한다면, 혹자는 그가 진정으로 본래 주인이 아닌가 의심하거나, 혹자는 그가 이 물건을 남겨두려 하지 않고 일찌감치 버린 것이라 이야기할 수도 있다.

제5절 권리는 정복과 발견(尋覓; *discovery*)으로부터 온다[142]

유럽 각국이 본토를 관장하는 권리는 대부분 정복으로부터 온다. 오직 이를 관장한 지 오래되었고, 다른 국가와 조약을 맺어 인정받는다면 이는 확고하다. 아메리카나 아프리카, 아시아, 그리고 여러 해양 각지의 속지의 경우는 그 관장의 권리가 발견이나 정복 이주(遷居; colonization)에 의해 나오고, 이를 여러 국가들과 조약을 맺어 인정받음으로써 확고하게 된다. 설령 그 사이에 내력이 불명확한 바가 있을지라도, 사람들이 모두 이쪽 국가가 관장한 지 오래되었다고 본다면, 다른 국가가 관여하지 않는 것이 정해진 관례이다. 사람들이 모두 이를 관례로 본다고 한 바에야, 암묵적 동의라 이름 붙이든, 정해진 법이라 이름 붙이든 간에, 각국은 모두 이를 따라야 한다. 마땅히 준수해야 하는 경우는 세 가지인데, 첫째, 사람들이 모두 동의하는 경우, 둘째, 사람들이 동의하지 않는다면 자기 물건도 위험해질 수 있는 경우, 셋째 사람들의 공익을 위해 반드시 이와 같아야 하는 경우이다.[143]

---

142 영어 원문에서 이 절은 역사적으로 각국의 정복과 발견 과정에서 벌어졌던 여러 분쟁 사례들을 설명하고 있어서 그 분량이 16쪽(218-233)에 달하지만, 중국어 번역에서는 처음에 나오는 반쪽 정도 분량의 개요부분 정도만 번역하고 나머지는 모두 생략하였다.

143 마틴은 제5절 본문의 영어 원문 가운데 맨 앞부분의 일부만 번역하였고, 그 뒤에 나오

제6절 연해 근처(沿海近處; *Maritime Territory*)를 관할하는 권리[144]

각국이 관리하는 곳은 항만 바다와 항구, 만, 강 하구의 바다 등이며, 이외에 해안에서 10리[145]가 떨어진 연해 각지 역시 상례에 따라 그 관할에 귀속된다. 포탄이 미치는 곳은 국권 역시 미치는 셈이니, 이 지역들은

는 정복과 발견에 의한 권리와 관련된 역사적 사례 부분은 생략하였다. 생략된 부분은 교황자오선을 기준으로 한 스페인과 포르투갈 사이의 전 세계 식민지의 분할, 누트카 만(nootka sound, 현재 캐나다 서안 밴쿠버 섬에 위치)을 둘러싼 영국과 스페인 사이의 분쟁, 그리고 북아메리카의 북서부 해안지역을 둘러싼 미국과 러시아 사이의 갈등, 영국과 러시아 사이의 조약(1825년), 오리건 지역에 대한 미국과 영국의 갈등과 조약 등에 관한 내용을 담고 있다.

144 이 부분은 『만국공법』이 당시 청 왕조에 의해 적극적으로 수용되도록 만든 중요한 사건과 관련이 있다. 톈진(天津)으로 들어가는 해안가 입구에 위치한 다구커우(大沽口)라는 곳에서 벌어진 프로이센에 의한 덴마크 선박 3척에 대한 나포 사건에 대해 청 왕조가 항의하며 내걸었던 근거가 이 절에 나오는 주권이 미치는 범위로서의 연해 근처에 대한 조항과 제4권 제3장 제12절에 나오는 중립국에서 교전국 사이의 교전이나 나포의 금지에 관한 조항이었다. 슐레스비히 공국을 편입시키려던 덴마크와 갈등을 일으킨 프로이센이 1864년 2월 16일 전쟁을 일으키게 되었는데, 같은 해 4월 톈진을 통해 베이징으로 가려던 프로이센 대사 레푸스(G. von Rehfues)가 다구커우 인근 해상에서 적국 덴마크의 선박을 나포하였지만, 청나라 영해에서 벌어진 불법적인 나포였기 때문에 『만국공법』의 조항들을 근거삼아 이에 대해 항의하였고, 결국 프로이센이 나포한 두 척의 선박을 풀어 주고, 나머지 한 척에 대해 은화 1,500달러를 배상해 주는 방식으로 사건이 해결될 수 있었다. 이제 막 간행된 『만국공법』을 이용해서 서구 열강을 논리적으로 굴복시킨 이 사건은 이후 청 왕조는 물론 동아시아 각국이 『만국공법』을 더욱 믿고 서양 국제법 질서를 자발적으로 받아들이도록 만드는 출발점이 되었다는 점에서 중요한 의미를 지닌다 하겠다.

145 영어 원문에서는 'a marine league'라고 되어 있는데, 이는 3해리(약 5.6km)에 해당하며, 마틴은 이를 '연안에서 10리 거리'(약 4km)라고 의역하였다. 당시 대포의 사거리라는 군사 기술과 관련된 이런 해상 주권 범위 개념은 후에 조금씩 더 확장되면서 현재에는 1982년 유엔해양법회의에서 정한 12해리(약 22km)를 기준으로 삼는 영해(territorial sea) 개념이 일반적으로 사용되고 있다.

모두 그 관할에 속하며 다른 국가가 간여하지 못한다.

제7절 긴 모래톱(長灘; *shoal*)은 근해 연안에 포함된다

연해의 모든 모래톱은 비록 모래로 되어 있어서 사람이 거주하기 부족할지라도, 근해 연안을 따라 그 국가의 관할에 귀속된다. 다만 물밑의 얕은 곳은 이 관례에 따르지 않는다. 공법에 따라 이를 제한하는 오직 하나의 관례는 바로 위에서 언급한 포탄이 미치는 곳이 곧 국권이 미치는 곳이라는 관례이다.

이전에 영국 군대가 미국의 강 하구 밖에서 적선을 나포한 적이 있는데, 이로 인해 소송이 벌어졌다. 혹자는 미국의 중립권을 침해하였다고 보았는데, 강 하구 바깥에 긴 모래톱이 있었기 때문이다. 혹자는 이 모래톱은 사람이 거주하기 부족하므로 무주지라 할 수 있다고 보았다. 영국의 법학자 스코트는 이 사안을 다음과 같이 판단하였다. "이 모래톱은 조류로 인해 출현한 것으로, 미국의 땅이다. 비록 변천이 있지만 과거의 관례에 따라 원래 주인에 속한다. 따라서 그 안쪽 바다 역시 미국에 속한다. 영국 병선이 거기서 나포한 것은 미국의 중립권을 침해한 것이다."

영국의 해안에는 커다란 만이 여러 곳 있는데, 일명 왕의 방(王房; King's Chambers)이라고 한다. 이 역시 본국에 전적으로 귀속된다. 선박이 일단 이곳에 들어오면, 적선이 추적 나포하는 것을 허락하지 않는다. 또한 상선이 그 35리 이내에서 선창의 짐을 부리는 것을 허락하지 않되, 만약 짐을 부리고자 한다면 반드시 수입세(進口稅)를 납부해야 한다. 미국의 관례 역시 마찬가지이다. 양국의 법원은 모두 이 관례가 공법에 부합한다고 본다.

제8절 어류 포획의 권리

각국의 인민은 어류 포획의 전권(專權; exclusive right)을 가지고 있으며, 연해의 본국 관할 내 지역에서는 다른 국가의 백성이 간여할 수 없다.[146]

제9절 작은 바다 관할의 권리

만, 해협, 항구 이외에, 각국이 스스로 전유(專主; jurisdiction and right of property)할 수 있다고 여기면서 고래로부터 이 권리를 지녀 왔다고 말하는 바다가 몇 군데 있다. 예를 들어 과거에 베네치아가 인근의 길쭉한 바다(長海) [Adriatic Sea, 즉 이탈리아반도와 발칸반도 사이의 커다란 만 형태의 바다를 말함 – 역주]를 전유(專主; sovereignty)하려 하였고, 영국은 인근의 해협을 전유(專主; supremacy)[147]하려 하여, 다른 국가가 그 해협에 들어올 경우 예를 행하여 그 권리를 인정하도록 하였다. 하지만 그 예를 행하는 경우도 있지만, 예를 행하지 않는 경우도 있었는데, 그 해협 관할권은 각국이 모두 인정한 것은 아니었기에 관례가 될 수 없었다. 만약 좁은 해협(狹港; strait)을 통해 두 바다가 연결되는 경우, 비록 [해협을 사이에 둔] 양안이 하나의 군주에 속하고, 양안의 포대가 모두 그 미치는 범위까지 관할할 수 있다고 할지라도, 두 바다가 각국이 항상 왕래하는 곳이라면, 그 연결 해

---

146 제8절 역시 본문의 영어 원문 가운데 맨 앞부분의 일부만 번역하였고, 그 뒤에 나오는 역사적 관련 사례 부분, 즉 연안 지역에서의 어업 활동에 대한 프랑스와 영국(1839), 그리고 미국과 영국(1818) 사이의 조약 관련 내용을 생략하고 있다.

147 영어 원문상 'right of property', 'sovereignty', 'supremacy' 등으로 다른 표현을 쓰고 있는 부분을 중국어 번역에서는 '專主'라는 하나의 단어로 번역하고 있다.

협을 항해하는 것은 이치상 조금이라도 방해받아서는 안 된다. 각국 모두가 두 바다를 항해할 권리가 있으므로, 그 군주의 전유 권리는 양보되어야 한다. 그러나 그 국가가 부득이하여 자위하려 한다면, 각국과 조약을 맺고 장정을 정하여 그 입항을 제한할 수 있다. 평화 시에는 조약을 맺어 각국 상선의 입항은 허락하고, 병선의 입항은 허락하지 않을 수도 있다.

과거에 흑해 주위가 모두 오스만제국에 귀속되어, 닫힌 바다(閉海; mare clausum) [내해와 같이 영토에 둘러싸인 영해를 가리킴 – 역주]라 명명하였다. 오스만제국은 다른 국가가 그 연결 해협을 항해하는 것을 금하였는데, 그 해협의 양안 역시 오스만제국에 속하였다. 하지만 이후 흑해 연안의 대부분이 러시아에 귀속되면서 '닫힌 바다'가 아니게 되었고, 다른 국가들도 그 연결 해협을 항해할 권리를 가지게 되었다. 1829년 오스만제국은 조약을 맺어 이 관례를 인정하였다. 그러나 다른 국가의 병선은 오스만제국 내항을 통과할 수 없었는데, 이는 우환을 막아 자위하고자 오래전부터 오스만제국이 만들어 둔 관례였다. 1841년 영국, 프랑스, 오스트리아, 프로이센, 러시아 등의 5대국 역시 조약을 맺고 그 관례를 인정하였다.

덴마크의 경우, 발트해의 해협을 전유 관할하고자, 그 국가의 공법학자(公師; jurist)를 상주시켜 주관하도록 하는 것이 오랜 관례가 되었다. 여러 국가들이 누차 조약을 맺어 이를 인정하였다. 또한 덴마크가 이 해협을 관리한 이래로, 병선을 파견하여 순시하며 해적을 체포하여 각국의 통상에 방해가 없도록 하고, 탑을 세워 표지로 삼고 등대를 그 위에 두어 항해 출입을 인도해 위험을 피하게 해 주었으니, 이는 여러 국가들 모두에게 공익이 되는 바였다. 그 해협의 양안은 수백 년간 덴마크의 관할에 속하였지만, 1658년 덴마크가 그 북쪽 해안을 스웨덴에 양도하면서 "스웨덴이 그 수입세를 공동 분담할 수 없기에, 그 탑과 표지 건설만은 덴마크가 비용을 담당한다"고 조약을 맺었다. 독일왕국의 여러 연방주가 1368년에 조약을 맺어, 덴마크가 이 전권(專權)을 가지는 것을 인정하였다. 영국은 1490년에, 독일의 황제 카를 5세(Charles V.; 査里第五)는 1544년[148]에, 차례로 조약을 맺어 이를 인정하였다. 네덜란드는 1645년에 덴마크와 조약을 맺어 세금 규정을 개정하였다. 일찍이 조약을 맺었던 국가들 역시 이 조약에 따라 장정을 정하고, 조약이 없던 국가들은 옛 장정에 따라 납세하되 그에 비해 세금이 다소 무거웠다. 연해의 여러 국가들은 발트해를 '닫힌 바다'로 보았다.

연해 국가들이 우호하며 별일 없이 지낼 수 있었던 것은, 다른 국가가 전쟁을 일으켜도 발트해에 들어와서 전투를 하지 못하도록 하였기에, 우리 연해 국가들이 평화를 누릴 수 있었던 것이다. 그러나 영국은 이를 '닫힌 바다'로 보지 않았다.[149]

제10절 대양은 전유 관할의 관례에 귀속되지 않는다

해안으로부터 멀리 떨어진 해양에 대해 각국이 전유 관할할 수 있는

---

148 마틴의 중문 번역문에는 1540년으로 잘못 적혀 있지만, 영어 원문에 1544년으로 기록되어 있기에 여기서는 원문에 맞게 정정하였다.

149 이 아래 부분에서도 영어 원문 가운데 구체적 역사적 관련 사례 부분이 생략되었는데, 1645년 이후 네덜란드나 영국과 맺었던 조약들, 그리고 1807년 러시아와 전쟁을 치르던 영국이 덴마크의 이 해협에 대한 전유권을 부정하게 된 사건 등에 관한 내용이 그것이다.

지 여부는 과거에 유명한 공법학자들이 논쟁한 바인데, 오늘날에는 더 이상 이에 대해 논쟁하지 않으며, 공법에서는 하나의 결론에 이르렀다. 진실로 대양은 만국의 공용이며, 날씨나 태양빛(日光)의 이치와 마찬가지로 사람이 사적으로 점유할 수 없고, 만국이 통용 왕래하는 것을 막을 수 없다.[150]

제11절 국경 내의 강과 호수 역시 국토이다

각국 국경 내의 모든 호수, 바다, 강은 모두 국토이며, 그 전유 관할에 귀속된다. 강이 [국경] 밖으로부터 발원하여 국경을 넘어 흘러가는 경우, 그리고 [강이] 바다로 들어가는 만의 입구 등지도 국토이며, 그 전유 관할에 귀속된다. 강이 양국 사이에 끼어 있는 경우, 강물 중간을 경계로 삼아 양국이 그 수리(水利)를 함께 누린다. 만약 한 국가가 먼저 그 전유 관할을 시행해 온 경우라면, 이치에 따라 그 전유 관할에 귀속되어야 한다.

제12절 손해를 주지 않고 사용할 수 있는 관례

물건의 쓰임이 무궁한 경우, 한 사람이 자기 소유로 차지하여 다른 사람이 함께 쓰는 것을 금할 수 없다. 다만 타인이 이를 쓸 경우, 그 물건의

150 영어 원문에서는 이 아래 부분에 대양의 공해와 주권이 미치는 영해 사이의 구분에 관한 국제법학자들의 논의, 그리고 이와 관련된 역사적 조약 사례, 특히 다르다넬스 해협과 보스포루스 해협을 둘러싼 오스만제국과 서구 5대 열강 사이의 조약에 관한 내용이 서술되고 있는데, 마틴의 중문 번역문에서는 모두 생략되었다.

주인에게 손해를 입혀서는 안 된다. 소위 '손해를 주지 않고 사용할 수 있다'(無損可用; innocent use)는 것이 바로 그것이다. 예를 들어 한 국가의 국경 내에 해협이 있어 대양으로 통하거나, 이웃 국경으로 통하는 경우, 다른 국가가 손해 주지 않고 왕래하는 것을 금지해서는 안 된다. 이는 위에서 언급하였듯이 강이 이쪽 국가에서 발원하여 저쪽 국가로 흘러갈 경우의 예와 마찬가지이다. 따라서 강이 만약 여러 국가를 흘러갈 경우, 강을 따라 거주하는 사람들은 모두 그 강물의 수리를 누릴 수 있으며, 상선도 모두 왕래할 수 있다. 그러나 이쪽 국가의 '손해 주지 않고 국경을 통과할 수 있는 권리'는 여전히 저쪽 국가의 자위권에 제한을 받으므로, 그 왕래의 이익을 보호하려면 조약을 맺어 장정을 정하는 방법밖에 없다.

제13절 그에 수반하는 다른 관례

손해를 주지 않고 국경을 통과하는 경우, 만약 그럴 권리가 있다면, 그에 수반하여 다른 일들도 시행할 수 있다. 고대 로마 관례에서 강은 공공 구역이므로, 왕래하는 자가 강안(江岸)에 올라 정박하거나 화물을 부리는 등의 일도 할 수 있도록 하였던 것이 바로 그것이다. 공법학자는 이 관례를 가지고 여러 국가들의 백성이 강의 이익을 더 많이 함께 누릴 것에 동의하였다. 만약 사정이 부득이한 경우에는 그 강안을 왕래할 수 있으니, 그렇지 않는다면 수리를 제대로 누리기 힘들게 될 우려가 있다.

제14절 상동[151]

이처럼 함께 수리를 누려 강안에 오를 수 있는 것은 원칙이 아니라 임기응변이다. 따라서 그 가부는 반드시 양국의 편의를 봐서 정해야 한다.

제15절 같은 강의 수리를 함께 누릴 권리는 양보하거나 바꿀 수 있다

이처럼 수리를 함께 누릴 권리는 양보하거나 개정할 수 있다. 예를 들어 벨기에는 과거에 스켈트(Scheldt; 斯加爾達)강을 통괄했지만, 후에 네덜란드에 양보하였다. 오늘날 벨기에는 여전히 그 강을 아무런 방해 없이 왕래할 수 있되, 다만 그 세금만은 네덜란드에 귀속된다.

제16절 큰 강을 함께 항해하는 관례

빈 회의는 1815년 다음과 같은 장정을 정하였다. "강이 여러 국가를 통과하거나, 여러 국가의 경계가 접해 있는 경우 선박이 통과할 수 있는 곳으로부터 그 하구까지 모두 방해 없이 왕래할 수 있다. 다만 강 연

---

151 영어 원문에서 제14절은 'These rights imperfect in their nature'인데, 마틴은 '同上'이라고 써 놓았을 뿐 별도로 번역하지 않았다. 영어 원문에서는 유럽 국가들의 경우 사이에 놓인 강과 수로에 관련된 소유권 및 사용권을 둘러싼 분쟁이 잦은 편이어서 비교적 상세히 다루고 있지만, 당시 내륙 수로를 두고 국가 간의 분쟁이 생길 일이 거의 없는 중국인들 입장에서 이런 문제에 대해서는 관심이 없을 수밖에 없기 때문에 매우 소략하게 다루거나 상당부분 생략되었는데, 제14절의 제목 역시 마찬가지 맥락에서 생략된 것으로 보인다.

안 각국의 백성 안전 조례를 준수해야 하되, 이 조례는 또한 지역에 따라 변경되어 국가들의 통상을 저해하도록 해서는 안 된다." [이하 세 개의 절은 각국이 어떤 강을 함께 사용하는지 상세히 기재하였는데, 그 조약의 조항과 원칙은 위와 마찬가지라서 그 세부 조항과 곡절이 긴요치 않기에 번역하지 않았다. — 원주][152]

152 이 부뷰의 뒤에는 영어 원문상으로 16절의 후반부와 17, 18, 19절(제6편, 255–270쪽)에 걸쳐 유럽 내륙을 흐르는 하천의 공동 이용을 위해 1815년에 맺은 빈 협약(treaty of Vienna), 라인(Rhine)강에서의 선박 운행, 미시시피(Mississippi)강에서의 선박 운행, 세인트 로렌스(St. Lawrence)강에서의 선박 운행 등과 같은 여러 지역에서의 사례들을 자세히 설명하고 있는 부분이 있다. 이처럼 영문으로는 각주를 포함하여 16쪽에 달할 만큼 긴 분량에 걸쳐 자세히 다루고 있지만, 마틴의 원주에서도 이미 생략 이유를 밝히고 있듯이, 기본적인 원칙과 관례는 앞서 언급한 사례들과 크게 다르지 않은 탓에 모두 생략되었다.

제3권

국가들의 평시 왕래의 권리를 논함

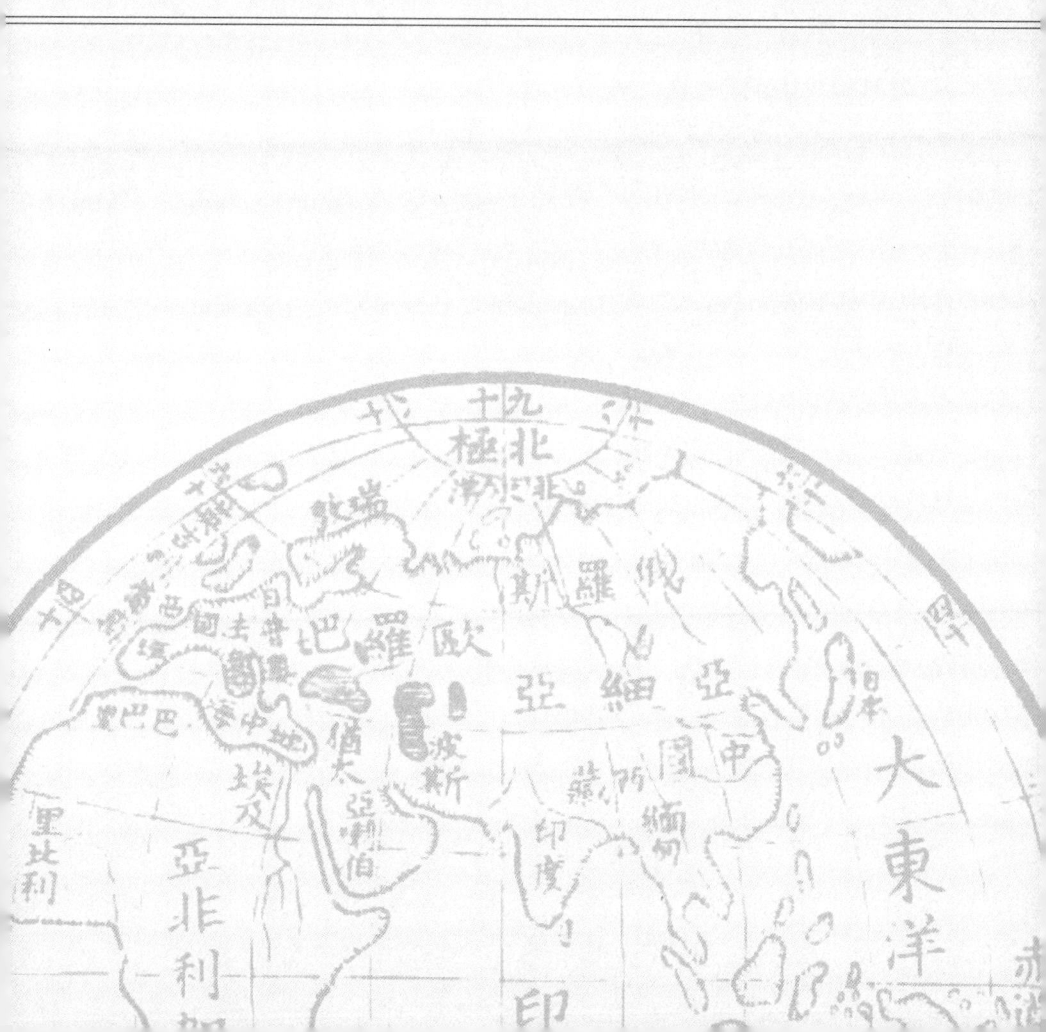

제1장
사절 교환(通使; legation)의 권리

제1절 흠차사신의 외국 주재

과거로부터 문명화(教化; modern civilization)가 점차 진행되면서 국가들이 예로써 서로 대하게 되었으니, 사절 파견의 관례가 바로 그것이며, 오늘날에 와서는 또한 흠차사신을 각국에 주재시키는 관례도 있다. 근 200년 내에 각국의 통상과 교제는 더욱 긴밀해졌고, 매번 불명확한 일이 있을 때면 특별히 흠차사신을 파견하여 이를 다스리도록 한다. 또한 각국이 강권에 기대어 약소국을 능멸할 것을 두려워하여 세력균형의 방법으로 제어한다. 따라서 각 수도에 흠차사신을 주재시켜 이를 막도록 한다. 이는 만국공법이 장정을 만들어 사절 교환과 왕래의 권리를 정한 이유이다.

제2절 파견할 수도, 받아들일 수도 있다

자주국이 상호 우호하려 하는 경우, 사절을 파견하고 받아들일 권리가 있으며, 다른 국가가 이를 막을 수 없다. 만약 사절 파견을 원하지 않는다면, 다른 국가 역시 이를 강제할 수 없다. 상례만을 놓고 보자면, 만약 사절 교환을 하지 않는다면, 이는 불화하는 것에 가깝다. 그러나 사절 교환이 비록 마땅히 행해야 할 예이기는 하지만 결코 반드시 행해야만 하는 것은 아니다. 그 시행 여부는 그 친교의 정도와 사무의 긴요함을 보아 정해야 한다.

제3절 어떤 국가가 사절 교환을 할 수 있는가

속국(屬國; dependent State)과 반자주국(半主之國; semi-sovereign States)은 사절 교환에 있어서 그 귀속되거나 의존하는 대국(大國; superior State)이 어떤 권리를 쥐고 있는가를 봐야만 한다. 예를 들어 몰도바(Moldavia; 馬喇達)와 왈라키아(Wallachia; 瓦喇加) 두 주는 오스만제국의 관할에 귀속되어 있으면서, 러시아의 중개 보호(中保; protection)에 의존하고 있다. 러시아와 오스만제국이 맺은 조약에 따라, 자기 교인(己之教友; Greek communion, 현대어로 '그리스 정교회')을 사신(使臣; chargés d'affaires, 현대어로 '대리 대사')으로 파견하여 오스만제국의 수도에 주재시켜 공사(公事)를 처리할 수 있도록 하였다.

연방국가의 주가 상호 사절 교환을 하거나 사절을 외국에 파견하는 것이 가능한지 여부는 반드시 그 연방의 법이 정한 바를 봐야 한다. 독일은 수십 개의 주가 연방한 것으로, 각 주는 사절 교환의 권리를 지니고 있다. 네덜란드도 종전과 마찬가지이고, 스위스의 각 주 역시 이 권리를 사용한다. 하지만 미합중국은 그 연방법이 각 주가 이웃 주나 외국과 사절을 교환하여 조약을 맺는 것을 금하고 있는데, 그 조항은 "만약 미국의회가 허락한 것이 아니라면, 외국 및 본국의 이웃 주와 함부로 조약을 맺을 수 없다"고 규정하고 있다. 이는 사절 교환의 원래 권리를 감축하여 거의 소멸시킨 것이다. 사절 파견과 사절 접견(接使; reception)의 직무가 국내 어떤 부서에 속하는지는 모두 그 국법이 정하는 바에 귀속된다.

제4절 국란으로 사절을 보낼 경우

군주국가에서는 그 권한이 유한하든, 무한하든 간에, 사절 교환의 사무는 대체로 국가 군주의 결정에 귀속된다.

민주국가에서는 그 대통령이 관장하거나, 아니면 국회가 관장하거나, 아니면 대통령과 국회가 함께 관장한다.

만약 국내에 쟁탈이나 반역 등의 일이 일어날 경우, 국권이 결국 누구에게 귀속될 것인지는 오직 그 백성만이 스스로 정할 수 있다. 그리고 다른 국가는 새로운 군주가 옹립된 것을 인정하여 사절을 교환하거나, 아니면 기존 군주가 정당하다고 보아 기존과 같이 사절을 교환하거나, 아니면 그 왕래를 모두 끊을 수도 있다.

만약 대국의 속주(屬邦)나 성(省部)이 분쟁을 일으켜 자립할 경우, 다른 국가는 새로운 국가와 사절을 교환하거나, 아니면 본국이 그 자립을 인정하기를 기다렸다가 그 이후에야 사절을 교환하는 것 모두 가능한데, 그 편의를 보아 결정할 따름이다.

대체로 이런 경우에는 사절을 파견하여 일을 처리할 권한을 주는데, 국가사절이라는 명칭을 붙이지 않음으로써 [복잡한 상황에] 연루되는 것을 피한다.

제5절 먼저 상의한 후에 접견한다

사절의 접견은 부득이한 사정이 아니라면, 접견할 수도 있고, 접견하지 않을 수도 있다. 만약 접견하고자 한다면, 우선 어떻게 접견할 것인지 그 방법을 정하고, 접견한 이후에는 반드시 만국율례에서 정한 대우(款待)에 따라야 한다. 예를 들어 자기 백성이 외국에 나가서 다른 국가의 신하가 되어 다른 국가의 명을 받고서 사신으로서 본국에 돌아왔다면, 본국이 이를 접견하지 않는 경우도 있다. 아니면 우선 논의 결정하여 본국에 파견되어 돌아온 자가 국경 내에서는 반드시 본국의 법률을 따르도록 한 연후에야 이를 접견하는 경우도 있다. 만약 그 사람이 중시할 만하지 않다면 본국의 사신이 아니라도 역시 거절하여 접견하지 않을 수 있다. 하지만 그 국가에 접견하지 않는 이유를 명확히 밝혀 알려 주어야 한다. 대체로 접견하지 않는 이유는 그 사람에 있지, 그 국가에 있지는 않다.

제6절 공사의 등급

만국공법의 형성 초기에는 사신의 존비(尊卑)를 나누었는데, 오직 그 소임 직무에 따라 정하였다. 이후 점차 분별이 생기게 되면서 매번 분란이 생기자, 여러 국가들이 합의하여 사신의 품급(品級)을 분별하여 그를 대우하는 제도로 삼았다.

지금은 사신을 네 등급으로 나누는데, 제1등급 사신은 군주를 대신하여 일을 시행하며, 그 나머지 세 등급은 국가를 대신하여 일을 시행한다. 제1등급 사신은 마치 군주가 직접 온 듯이 군주의 예로 대우한다. 율례는 비록 이렇게 언급하였을지라도, 대우의 예제(款待禮制; ceremonial)는 수

시로 변하므로 하나로만 제한할 수는 없다.

흠차사신에는 상임과 특사의 구별이 있는데, 상임 겸 특사의 칭호를 갖는 경우도 있다.

제1등급 흠차사신을 파견하는 것은 오직 군주국가나 민주주의 대국만이 가능하다. 그 나머지 세 등급의 사신은 군주의 신분을 대신하는 것이 아니라, 다만 명을 받아 일을 시행하는 것이므로, 군주의 권위를 빌릴 수는 없다.

만약 직무를 가지고 흠차사신의 품급을 나눌 경우, 제1등급과 제2등급은 동등하다. 대체로 모두 국가 군주의 신임장(信憑; accredit)을 받아서 이를 가야 할 국가 군주에게 보낸다. 앞의 두 등급이 구별되는 바는 제1등급 흠차사신만이 다른 국가의 군주와 대면 논의를 할 수 있는 것이다. 제2등급 흠차사신 역시 다른 국가의 군주에게 신임장을 보내지만, 그저 그 군주가 보낸 대신과 논의할 수 있을 뿐이다. 그러나 비록 그 직무상으로는 구별되는 듯하지만, 실제로는 차이가 없다.

상례에 따라 각 등급의 사신은 모두 군주와 대면하여 대사(大事)를 논의할 수 있는 기회를 가질 수도 있다. 비록 이전에는 유럽 국가들이 수석 흠차사신만이 군주와 대면 논의할 수 있도록 허락하긴 하였지만, 그 대면 논의된 바가 곧 결정된 바라고 보아 다시는 신하와 논의하지 않아도 된다고 여기진 않았다. 과거든 오늘날이든 간에, 외국에서 온 사신은 대체로 주재국의 군주가 보낸 외무대신(部臣; the minister of foreign affairs)[153]과

153 당시 중국의 경우, 예부(禮部)가 일종의 외무를 담당하는 부서라 할 수 있었지만, 별도로 총리각국사무아문(總理各國事務衙門)을 설치하여 외무를 담당하도록 하였기에 외무부나 외교부에 해당하는 부서가 확실치 않은 편이었다. 그리고 이 책의 출판을 담당한 부서가 총리각국사무아문(總理各國事務衙門)이었기에 따로 명칭을 표시하지 않고 그저 조정

공무(公事)를 협의한다. 군주의 뜻은, 그 신하[즉 외무대신]를 통해서 알 수 있다.

군주국가의 경우, 이쪽 군주가 비록 사절을 파견하여 직접 [뜻을] 저쪽 군주에게 전달할 수 있을지라도 여전히 외무대신과 공무를 협의해야만 한다. 하물며 민주국가의 경우라면 이렇게 하지 않을 수 있겠는가? 대체로 대통령은 백성을 대신하여 일을 시행하는 것이므로, 다른 국가의 군주와 사적으로 친교할 수 없는 까닭이다.

제3등급 사신은 모두 다른 국가 군주에게 신임장을 보낸 경우이다.

제4등급 사신(第四等使臣; chargés d'affaires)[154]은 외무대신에게 신임장을 보내는데, 사안에 따라 보내는 특사인 경우가 있고, 흠차사신의 사무를 대행하는 경우가 있다. 합의 조규에 따라, 만약 각국 사신이 등급이 같고, 같이 신임장을 보낸 경우라면, 온 일자의 선후에 따라 서열을 둔다. 과거에는 이쪽 국가의 군주가 간혹 공사로 군주의 인척을 보내거나 다른 특별한 작위의 귀족을 보내서 파격적인 존중의 예를 취하기도 했다. 오늘날에는 규칙을 정하여, 공사의 등급을 보고서 대우를 구분하므로, [그 대우를] 지나치게 낮추거나 높일 수 없다.

각 등급의 사절을 파견할 수 있는 국가가 그 파견 사절에 붙이는 직함은 스스로 정할 수 있다. 다만 서로 파견한 사절을 수도에 주재시키는 경

각 부처의 장관을 의미하는 '部臣'으로 표기하였는데, 여기서는 그 맥락상의 의미를 살려 '외무대신'으로 번역하였다.

154 '제4등급 사신'(第四等使臣)으로 번역되어 있는 이 단어의 영어 원문상 표현은 'chargés d'affaires'로, 현대어로 '대리 대사' 혹은 '대리 공사'를 의미한다. 그런데 앞부분의 제3절에서 러시아가 몰도바와 왈라키아를 대신하여 오스만제국에 보낸 'chargés d'affaires'에 대해서는 그냥 '使臣'으로 번역하였고, 뒤에서는 원어 의미를 살린 '서리 사신'(署理使臣)으로 번역하기도 하였다.

우, 동등한 등급이어야 하며, 존비를 두어서는 안 된다.

때로 사신은 한 사람이 여러 국가에 신임장을 보내는 경우도 있고, 여러 사람이 하나의 국가에 함께 가는 경우도 있다.

때로 사신은 다른 국가와 논의할 수 있는 전권(全權; full power)을 가지기도 하는데, 다만 신임장 내에 어떤 국가인지 명시하지 않는다. 예를 들어 여러 국가의 사신이 회동하는 경우, 각국 사신과 상의하여 편의에 따라 시행할 수 있다.

영사와 통상 사무 관원은 군주나 재상에게 신임장을 보내지 않은 경우, 사신이 아니다. 오직 바르바리 등의 회교국가에 주재하는 영사만은 국가 신임장을 보내며 사신으로 간주된다.

제7절 신임장(信憑; *letters of credence*) 양식

국가사절이 만약 신임장을 보내지 않으면 사신의 예의와 권리가 그에게 돌아가지 않을 수 있다. 상위 3등급의 사신은 군주에게 신임장을 보내고, 제4등급의 사신은 외무대신에게 신임장을 보낸다. 그 신임장은 비밀서신(密函; cabinet letter)이나 공개서신(公函; letter of council) 형태이다. 만약 공개서신이라면 그 군주는 반드시 옥새를 찍어야 하며, 사신이 별도로 준비한 부본을 외무대신에게 보내 확인하도록 하여, 날을 잡아 알현하고 옥새가 찍힌 서신을 보여 주도록 한다. 신임장 내에는 반드시 먼저 사신이 무슨 이유로 온 것인지를 밝혀, 그가 국가를 대신하여 사무를 처리하는 데 있어서 반드시 그 언행이 믿을 만한 것임을 보장해야 한다.

제8절 전권의 증빙

조약 체결을 상의하는 전권의 근거는 신임장 내에 총괄하여 담거나, 아니면 별도로 한쪽 구석에 적어 둘 수 있으며, 그 서식은 공고(公誥; letters-patent, 현대어로 '개봉 칙허장')[즉 군주의 유지(諭旨)를 사람들에게 공시할 수 있도록 하는 것 – 원주]와 같다.

여러 국가 사신들의 회동 시에 신임장을 보내지는 않지만 전권의 근거를 상호 교환하거나 중개 보증하는 맹주의 손에 맡겨 둔다.

제9절 훈령(訓條; *instruction*)의 규칙

무릇 사신에게는 별도의 훈령 밀서가 있기도 한데, 그 군주가 다른 국가에 보내 보여 주는 것이 아니라, 그 신하가 어떻게 일을 수행해야 하는지를 알려 주기 위한 것이다. 본국의 군주가 훈령 밀서를 다른 국가에 제출하여 보여 주도록 명령한 것이 아니므로 사신은 이를 보여 줄 필요가 없다. 그러나 때로 임기응변(變通達權; discretion)하여 대처하는 것 역시 사신의 편의에 따라 가능하다.

제10절 증표(牌票; *passport*)로 신변을 보호한다

국가사절이 다른 국가에 부임하여 평안할 수 있는 것은 오직 본국의 증표를 휴대함으로써 그 신변을 보호할 수 있기 때문이다. 적국에 가거나, 적국의 경계를 통과하는 경우라면, 반드시 통과하는 국가에 가서 신변 보호 증표를 받아야만 비로소 안전하게 다닐 수 있다.

제11절 부임 규칙

공사의 부임은 반드시 외무대신에게 보고해야 하며, 제1등 흠차사신의 경우라면, 막하의 서기관이나 수행원에게 신임장 부본을 외무대신에게 보내도록 명령하여, 날을 정하여 흠차사신이 알현할 수 있도록 요청할 수도 있다.

2등급, 3등급 사신의 경우는 직접 자신의 명의로 외무대신에게 문의하여, 국가 군주에게 신임장을 어떻게 제출할 것인지 대신 상신해 달라고 요청해야 한다.

만약 서리 사신(署理使臣; chargés d'affaires)인 경우, 군주에게 신임장을 보내지 않고, 외무대신에게 보고하여 날을 정해 신임장을 대면 제출할 날을 정해 달라고 요청해야 한다.

제12절 접견(延見; *audience*)의 규칙

제1등급 국가사절은 공식 접견회(公朝覲見; public audience)에서 알현할 수 있다. 과거에 이런 의장(儀仗) 행사를 많이 마련하여 대접하였지만, 오늘날에는 사적 만남이든 공적 알현이든 모두 간편해져 조정에 불러들여 알현하며, 이는 2, 3등급의 국가사절 역시 마찬가지이다.

그 접견 시, 국가사절은 옥새 서신을 군주에게 바치고 칭송의 언사를 하며, 군주 역시 이에 좋은 말로 화답한다. 민주주의 국가에서 국가사절이 그 대통령을 알현하는 것 역시 마찬가지이며, 혹은 외무대신이 접견하는 것도 가능하다.

제13절 우호 교류의 예절(禮款; *etiquette*)

재임 시 국가사절이 파견된 국가와 왕래하거나, 다른 국가의 사신과 왕래하는 데는 모두 관례가 있다. 이는 법률이 아니라 예의(禮儀; etiquette)다. 그러나 만약 예의의 세세한 부분만 따지다 보면, 대사(大事)를 저해할 우려가 있다. 여러 국가의 사신들이 한 국가의 수도에 주재하면서 왕래하고 모임을 갖는 것 역시 예절이다.

제14절 국가사절의 권리

국가사절이 외국에 간 경우, 국경 내에 들어갈 때부터 나올 때까지 지방관할에 귀속되지 않으며, 체포 심문받지 않는다. 국가사절은 군주와 국가를 대신하여 권리를 행사하는 것이므로, 그 군주와 그 신하는 존중받아야 하며 함부로 무례를 저질러서는 안 된다. 그 주재하는 외국에서의 권리는 본국에서와 같으므로 소위 '[자국에] 있지는 않지만 마치 [자국에] 있는 것처럼 한다'(不在而在; extraterritoriality, 현대어로 '치외법권')[155]는 것이

---

155 영어 원문의 extraterritoriality는 현대어에서 '치외법권'으로 번역되지만 당시는 정확히 대응되는 어휘가 없었던 탓에 그 뜻을 풀이한 '不在而在'로 의역하였다. 다만 바로 뒤이어서 이와 유사한 개념인 'exemption'(면제)은 '曠典'으로 번역하고, 'immunity'(면책)는 '置權外'라는 어휘를 사용하여 번역하고 있는데, 현대어와는 다른 번역어로 대응되고 있어서 다소 혼동을 준다. 사실 애초에 유사한 의미들을 지니고 있기도 하지만, 동아시아가 서구에 개항할 당시 국가사절만이 아니라 일반인에게까지 적용하면서 불평등조약의 대표적인 요소로 간주되었던 이 관념이 동아시아적 관념체계 속에서 이해되기 쉽지 않은 측면이 있었고, 또한 번역어가 정착되지 않은 당시 상황하에서의 불가피한 현상이기도 하였다. 때문에 여기서는 당시의 상황과 문맥을 고려하여 '[자국에] 있지는 않지만 마치 [자국에] 있는 것처럼 한다'로 풀어서 번역하였다.

다. 그 사업을 계승하거나 재산을 파는 것은 모두 본국의 법률에 따르며, 자녀가 외국에서 태어날 경우에도 역시 본국 인민이 된다. 국가사절로 재임하며 이처럼 예외적인 대우(曠典; exemption, 현대어로 '면제')[156]를 받는 것은 이렇게 하지 않는다면 직권을 유지하기가 어렵기 때문이다. 이쪽 국가가 사절을 파견하고 저쪽 국가가 이를 접견하는 것은 곧 암묵적 동의에 의한 것으로 다만 본국의 권위만을 따를 따름이다. 우호관계인 경우 본국이 발급한 신변 보호 증표나, 혹은 파견된 국가가 전시인 경우 그들이 발급한 신변 보호 증표는 모두 그 직위를 증명하여 체포 심문을 피할 수 있게 해 준다.

제15절 관례 이외의 경우

국가사절의 처자, 수행원, 서기관(記室; secretary of legation), 비서(代書; secretary), 고용인, 기구, 사적인 거처, 공관 등은 모두 치외법권(置權外; immunity, 현대어로 '면책')[157]을 지녀, 다른 국가가 이를 관할할 수 없다.

국가사절이 다른 국가의 관할에 귀속되지 않는 것은 진실로 상시적인 원칙(常經; in general)이지만, 임기응변(從權; exception)하는 경우가 네 가지 있다.

---

156 '曠典'은 원래 '미증유의 제도/대우'를 뜻하는데, 이 역시 'extraterritoriality'의 번역어로 사용한 '不在而在'와 마찬가지로, 기존에 없던 관념인 영어 표현상 '면제' 혹은 외교관 '면책'을 뜻하는 'exemption'에 대해 '예외적인 특별 대우'라는 의미를 지니는 '曠典'를 가지고 의역한 것이다. 여기서는 당시의 문맥을 고려하여 원래 의미인 '예외적인 대우'로 번역하였다.

157 마틴은 현지의 법적 관할로부터의 면책을 의미하는 'immunity'에 대해서는 '置權外'로 번역하였는데 여기서는 당시의 문맥을 고려하여 '치외법권'으로 번역하였다.

첫째, 만약 저쪽 국가의 관공서에서 소송(訟獄; contentious jurisdiction)이 벌어졌는데, 국가사절이 그 사안에 관여된 경우라면, 그 사안에 관해서는 저쪽 국가가 관할할 수 있다.

둘째, 만약 다른 국가 사신이 원래 본국 사람이고, 본국이 관할권을 포기하지 않았다면, 자연히 그 관할을 따라야 한다. 그러나 본국이 그가 사신이 된 것을 인정하고 그 사람이 일찍이 우리나라의 신하였음을 언급하지 않았다면, 관할권을 행사하지 않겠다고 암묵적으로 동의한 것이다.

셋째, 만약 본국의 신하 겸 다른 국가의 사신이 되는 것을 허락하였는데, 다시 본국으로 돌아온다면, 그 사람은 분명 여전히 본국의 관할을 따르는 것이다.

넷째, 만약 사신이 주재한 국가를 모해하여 사안이 위급한 지경에 이르게 된다면 그 사람과 증빙문서를 수습하여 국외로 쫓아낼 수 있다. 그러나 형세가 아직 그리 급박하지 않다면 반드시 그 국가에 통지하여 그 사신을 귀국시키도록 해야 한다. 만약 그 국가가 허락하지 않는다면 비로소 그 사람을 멀리 국경 밖으로 내보낼 수 있다. 만약 국가사절이 중대 사안을 위반하였고, 그 군주가 잘못을 떠넘기면서 처리하지 않는다면 그 사람을 적으로 간주하여 체포 후 직접 심판을 하는 것도 가능하다. 하지만 어떻게 이 권리를 쓸 수 있는 것인지는 말하기 쉽지 않다. 고래로부터 국가사절로 가서 그 본분 내의 사무는 방기한 채, 도리어 주재한 국가에 해를 도모한 것이 바로 그 사람이라고 한다면, 그 사람을 처치하는 방법이 모두 일치하지는 않지만, 그 법은 결국 부득이하여 자위하는 것으로 귀결된다. 그로티우스는 "비록 국가사절을 살해할 수는 없지만, 자위권을 지닌 자가 그 위세를 부리며 발호(跋扈)하는 자를 내버려둘 수는 없다"고 하였다.

제16절 가족도 치외법권이 있다

국가사절의 처자, 고용인, 수행원 등은 치외법권(置權外; exemption, 현대어로 '면책')[158]이 있으므로, 체포 심문할 수 없는 관례(不可拿問之例; inviolability, 현대어로 '불가침성')에 귀속된다. 중요한 직무가 있는 서기관(記室; secretaries)도 다른 국가의 관할에 귀속되지 않는다. 각국의 상례에 따르면, 사신이 먼저 명단을 [외무]부서에 보내야 비로소 이에 따라 시행한다.

이미 언급하였듯이, 국가사절의 가족, 수행원, 고용인 등은 본국만을 따르며, 다른 국가의 관할에 귀속되지 않는다. 다만 그 사람이 소송(爭訟; civil jurisdiction)이나 범죄가 있을 경우에는, 그 사신에게 맡겨 본국 법률에 비추어 직접 심판해야 하며, 소송이 있을 경우 이 관례에 따르는 경우가 많다. 범죄의 경우에는 국가사절이 비록 그 심판의 권리를 가지고 있을지라도, 대체로 그 사람을 구금하는 것에 불과하며, 본 범인의 소속 국가로 송환하여 심판받도록 한다. 혹은 고용을 해지하여 쫓아내거나, 혹은 재임 지역 법원에 넘겨 법률에 따라 다스리도록 하기도 한다. 공법이 부여한 국가사절의 권리는 모두 융통성 있게 적용될 수 있다.

---

158 마틴은 바로 앞 절에서 'exemption'은 '예외적인 특별 대우'라는 의미를 지니는 '曠典'으로 번역하고, 'immunity'는 '置權外'로 번역하였는데, 여기서는 다시 'exemption'을 '置權外'로 번역하고 있다. 원어와 번역어 사이의 일대일 대응 방식의 근대적 번역이라기보다는 문장의 전체적인 문맥과 의미 전달을 위주로 의역을 하였기 때문인 것으로 보인다. 여기서는 영어 원문이 아니라 중국어본 『만국공법』을 번역하는 것이므로 당시의 중국어 문맥을 고려하여 그냥 '치외법권'으로 번역하였다.

제17절 가옥 기구도 치외법권하에 있다

이미 언급하였던 국가사절의 가옥, 기구 등은 다른 국가의 관할에 귀속되지 않는다. 즉 그 소유 전답, 부동산, 몸에 휴대할 수 없는 것 등은 그 지방관할에 귀속되어 본국 백성의 재산과 다를 바 없다. 만약 국가사절이 상인으로서 매매한 것과 유산을 위탁받은 것이 있다면, 이런 재화 역시 지방관할에 귀속된다.[159]

제18절 납세의 규칙

국가사절 본인은 세금(丁稅; taxation)을 납부하지 않으며, 기물도 화물세(貨稅; duties)를 내지 않는다. 그 나머지 자신과 가족이 쓰고자 수입한 각종 물건 역시 세금을 내지 않을 수 있다. 오늘날 통례에 따르면, 수입세 면제는 정해진 수량이 있다. 만약 이 할당량을 넘으면 그 넘는 만큼에 대해서는 납세해야 한다. 검문소 비용, 배송비용 등의 경우는 국가사절 역시 일반 사람들과 다름없이 납부해야 한다. 거주하는 공관은 누구에게 속한 것이든 간에, 매년 임대료를 납부해야 하는데, 다만 다른 국가는 그 안에 군대를 주둔시킬 수 없다.

만약 국가사절이 스스로 동의한 것이 아니라면 경찰이나 세관 관리가 그 주거 가옥에 진입할 수 없는데, 다만 범죄자를 비호 은닉해서는 안

---

159 영어 원문에서는 공사의 면책권을 둘러싼 미국과 프로이센 정부 사이의 논쟁 사례에 대한 설명이 포함되어 있어 17절의 내용이 13쪽(287-299) 정도의 분량이지만, 중국어 번역문에서는 간단한 개요를 제외한 나머지는 모두 생략되었다.

된다. 예전에는 국가사절이 범죄자를 은닉하기도 하였던 탓에, 지금에는 이 권리가 축소되었다.

제19절 공적 서신을 보내는 경우

상례에 따르면 국가사절이 사람을 시켜 공문을 보내는 경우 오는 것이든 가는 것이든, 그 사람과 그 서신 모두 막거나 체포할 수 없다. 우방 국가의 경계를 지날 때도, 어떤 이유에서든 심문받지 않는다. 다만 본국의 증표를 지니고 있어야만 서신을 지킬 수 있다. 만약 배를 타고 수상으로 서신을 보낼 때도 본국의 증표가 있어야 한다.

전시에 서신을 보내는 배는 전쟁당사자 양국의 합의하에 백기를 보호 증표로 삼아야만 위험에 처하지 않고 통행할 수 있도록 허락한다. 다만 흠차사신이 중립국에 주재하며 평화 보호를 임무로 하는 경우, 만약 중립국 선박을 이용하여 공문을 발송한다면, 적국의 병선은 막거나 나포할 수 없다.

제20절 타국을 경유하는 경우

국가사절이 아직 부임하지 않았는데, 다른 국가를 경유한다면 어떻게 예우하고 보호해야 할 것인지에 대해서는 공법학자들의 논의가 일치하지 않는다.

그로티우스와 빈커쇼크는 국가사절은 공법에 따라 침해되어서는 안 된다고 하는 것은 오로지 그 파견된 국가를 가리키는 것일 뿐이므로, 다른 국가와는 관련이 없다고 논하였다.

과거에 프랑스 흠차사신이 독일의 국경을 지나다가 피살된 적이 있는데, 비크포(Abraham de Wicquefort; 越克甫)[160]는 다음과 같이 말하였다. "이 사건은 흉악한 살해사건이지만, 국가사절의 권리에 대한 침해는 아니다. 대체로 어떤 사람이 국경을 지나는데 나에게 아무 해가 없음에도 내가 그를 살해했다면, 이미 공법을 위반한 것에 속한다. 하물며 높은 귀족인 경우에야 더 말할 나위 있겠는가? 혹여 이로 인해 전쟁이 일어나는 것도 가능할 것이다. 다만 공법이 공사를 보호하는 조규와는 아무런 관련이 없다. 오직 파견한 군주와 이를 받아들일 군주만이 그가 국가사절임을 알 따름이다."

바텔은 다음과 같이 논하였다. "국가사절이 부임하러 다른 국가를 경과할 경우, 반드시 증표를 지녀 그 직분을 밝혀야 한다. 부임하는 국가의 군주는 국가사절이 자기 나라에 올 경우, 이를 존중하고 보호해야 한다. 그리고 그가 지나가는 우방국은 그 우방국가의 사신이 국경을 통과하는 것에 대해서도 존중하고 보호해야 함에는 다를 바가 없다. 만약 국가사절을 의롭지 못하고 예의 없이 대한다면 이는 곧 그 국가를 의롭지 못하고 예의 없이 대하는 것이다. 하물며 그 사람을 체포하거나 그를 해하는 것은 더 말할 나위 있겠는가? 이는 만국의 군주를 해하는 것이자, 만국이 파견하는 사절의 권리를 침해하는 것이다. 프랑스 왕이 국가사절의 피살에 대해 독일에 고소한 것은 당연한 것이다. 독일이 그 사건을 심사하지 않자, 프랑스가 군사를 일으켜 이를 토벌한 것 역시 형세상 필연적인 것이었다. 백성이 다른 사람에게 해를 입히지 않고 안전하게 길을 통행하는 것도 보호하지 않으면 안 되는데, 하물며 다른 국가의 대신이 군주

160 아브라함 드 비크포(Abraham de Wicquefort, 1606~1682)는 네덜란드의 외교관이다.

의 명을 받들어 군주와 국가의 대사(大事)를 수행하는 일임에랴? 국가사절이 아무 손해도 끼치지 않고 국경을 통과하는 것을 막아서는 안 된다. 만약 추측컨대 그 다른 국가에 가는 까닭이 우리나라를 모해하고자 하여 그 국경 통과의 권리를 이용해 마음대로 횡행하는 것이 의심된다면, 이를 금하여 허락하지 않을 수 있다. 만약 이를 명시적으로 동의해 놓고 암암리에 해하려 하거나, 혹은 타인이 암암리에 그를 해치는 것을 내버려둔다면 결코 세상에 이런 이치는 없다. 만약 금해야 할 마땅한 이유는 없지만 그가 불량한 마음을 품었을지 모른다는 우려를 가지고 이를 막으려 하는 것일 따름이다." "만약 사절을 파견한 것이 우방국이 아니라면, 그 사절은 국경 통과의 권리를 누릴 수 없다. 만약 영국과 프랑스가 과거에 전쟁을 일으켰을 때, 프랑스 사신이 프로이센 도성에 주재하였다가 귀국할 때, 영국 군주가 다스리던 소국을 지나갔는데, 소국의 사람들이 그를 잡아 영국에 송환하였다. 이는 국가사절의 권리를 침해한 것이 아니다."

빈커쇼크는 "국가사절이 부임하며 다른 국가를 경과하는 경우, 반드시 그 국가의 관할을 따라야 하니, 이는 다른 국가에 잠시 머무는 사람과 다를 바 없다"고 하였다.

메를랭(Philippe-Antoine Merlin; 麥爾林)[161]은 국가사절이 국경을 통과하는 것은 지방관할에 귀속되지 않는다. 다만 국경을 통과하려 할 때 반드시 먼저 그 국가에 알려, 입경 여부를 허락받아야 한다. 만약 이를 허락하였다면 이쪽 국가의 군주는 그를 존중하고 보호해야 하니, 부임할 곳의 군주와 다를 바 없다. 만약 허락이 없다면, 국가사절은 여행자와 마찬

---

161 필립 앙투안 메를랭(Philippe-Antoine Merlin de Douai; 麥爾林, 1754~1838)은 프랑스대혁명 시기에 활동하였던 프랑스 정치가이자 법률가이다.

가지이며, 체포될 만한 죄를 저지른다면 체포할 수 있으니, 일반 백성과 다를 바 없다. 과거에 스웨덴의 국가사절이 런던에 주재하다가 영국을 해하려는 의도를 가지고 네덜란드를 통과할 당시, 영국 군주가 네덜란드에 대신 체포하여 송환해 달라고 부탁하자, 네덜란드가 그에 따라 시행하였다. 이는 국가사절의 권리를 침해한 것이 아니니, 그 사람이 국가사절의 증빙문서를 네덜란드에 제시하지 않았던 것이다.

정리하자면, 다른 국가 사신이 국경을 통과하는 것에 대한 명시적 허락(明許; express permission)이든 암묵적 허락(默許; permission implied)이든 간에, 모두 이를 보호해야 한다. 이를 침해해서는 안 되는 것은 파견한 군주가 직접 국경을 통과하는 것과 같은 관례이며, 그 군주의 존엄과 마찬가지이니, 이는 보호하여 해를 입거나 저지당하는 것을 면하게 해야 한다. 명시적 허락인 경우만 이렇게 행해야 하는 것이 아니라, 암묵적 동의의 경우에도 이렇게 행해야만 한다. 국가사절이 국경을 통과하려면 관례에 따라 고지하고 이쪽 국가가 금지하지 않는다면, 이는 암묵적 허락이라 할 수 있다.

제21절 예배(禮拜; *religious worship*)는 금지할 수 없다

국가사절이 다른 국가에 주재하면서, 자기 교당에서 예배할 경우, 본국의 교례에 따라 행할 수 있다. 3백 년 동안, 천주교와 개신교 국가들은 특별조약을 맺거나 상례를 두어 상호 준수해 왔다. 오스만제국과 바르바리의 주들 역시 국가사절이나 영사 등 관리들의 예배를 막지 않았다. 근래에는 인정이 이전에 비해 더욱 관대해져서, 대체로 국가사절이 교당을 만드는 것도 허락한다. 자기와 본국인들의 예배뿐만 아니라, 민간에 그 종교에 귀의한 자 역시 그들과 한 곳에서 예배 보는 것을 허락한다. 다만 그 종교에 있어서 종을 울리며 하는 퍼레이드(賽會)나 교당 밖에서의 일체의 종교예절은 허락한 적이 없다.

제22절 영사의 권리

영사는 사신의 반열에 들지 않는다. 각국의 율례와 평화조약 장정은 혹여 추가로 권리를 부여하기도 하지만, 영사 등의 관리는 만국공법(萬國公法; general law of nations)에서 정한 국가사절의 권리가 주어지지 않는다. 만약 평화조약에서 명시적인 언급이 없다면, 다른 국가는 영사를 그 국가에 주재하도록 허락하지 않을 수 있다. 따라서 반드시 파견된 국가의 군주가 허락해야만 비로소 사무를 처리할 수 있다. 만약 무도한 행동을 함부로 할 경우, 허락한 증빙서류를 회수할 수 있으며, 법률에 따라 심판하거나, 그 국가로 송환시키는 것은 모두 그 지역을 주관하는 자의 편의에 따른다. 소송이나 범죄안이 발생하면, 영사는 모두 지방 법률에 따르니, 다른 국가의 인민과 다를 바가 없다.

제23절 국가사절의 퇴임(卸任; *termination*)

사신이 다른 국가에 주재하거나 국가사절 회의에 파견되어 가는 경우, 그 퇴임의 까닭은 7가지이다. 첫째, 임기를 다하였거나, 대리로 갔는데 정식 관리가 온 경우이다. 둘째, 어떤 사안으로 인해 특파되었다가 그 사안이 성사되었거나 실패하였을 경우이다. 셋째, 본국에서 소환한 경우이다. 넷째, 본국이나 주재한 국가의 군주가 붕어하거나 퇴위하는 등의 일이 생겨서, 다시 신임절차를 밟아야 하는 경우이다. 만약 본국 군주의 유고인 경우라면 따로 신임장을 마련할 필요는 없다. 계승한 군주가 즉위하여 기존 관례에 따라 우방국에 고지하고, 국내에 선군(先君)이 보낸 신임장으로 성명을 내면 된다. 만약 주재한 국가의 군주가 유고인 경우라면, 본국은 반드시 다시 신임장을 발행하여 다음 계승한 군주에게 제시해야 한다. 그러나 새로운 신임장이 도착하지 않아서 공무를 완결시키지 못한 경우, 만약 그 사람이 속히 다시 부임하길 바란다면 피차 상호 신임하여 기존의 신임장에 근거하여 그 사무를 완료하도록 할 수도 있다. 다섯째, 국가사절이 주재 국가가 만국율례(萬國律例; law of nations)를 위반하는 사안이 발생하거나, 예측하지 못한 중대 사안이 발생하여, 그 책임을 지고 사임하지 않을 수 없는 경우이다. 여섯째, 국가사절 스스로 불법적인 일을 저지르거나, 본국이 횡포한 행위를 하여, 저쪽 국가가 그 국서를 기다리지 못하고 먼저 귀국 명령을 내리는 경우이다. 일곱째, 국가사절의 품급이나 직무에 승급 혹은 강등이 있는 경우이다.

이런 사정이 생겨서 국가사절이 그 직무를 수행하지 못할지라도, 본국에 돌아갈 때까지 국가사절의 권리는 누릴 수 있다.

제24절 공사의 소환(召回; *recall*)

본국이 특서를 보내 사신을 소환하는 경우, 그 이유에는 두 가지가 있다. 첫째, 분쟁으로 인해 파견하였는데, 그 일이 성사되거나 실패하여 본국으로 소환하는 경우이다. 둘째, 다른 사안으로 인해 양국의 우의에 영향을 주지 않도록 소환하는 경우이다. 만약 이 두 가지 이유로 인하여 소환하는 경우라면, 사신의 사임은 부임할 때의 예우와 차이가 없다. 우선 그 소환의 국서를 사본을 만들어 외무대신에게 보내, 저쪽 국가의 군주에게 대면 사임인사를 할 수 있도록 택일을 요청한다. 군주를 알현하면 원본 서신을 바치고 좋은 말로 인사를 나눈다. 만약 양국이 불목하여 소환하는 경우라면, 본국은 공문을 발행해 철수시키거나, 혹은 공사가 국서를 기다리지 않고 먼저 그 임지를 떠나거나, 혹은 군주에게 대면 사임인사를 청하기도 한다. 또한 군주의 알현 허락 여부는 모두 사안에 따라 정해진다.

국가사절의 승급과 강등은 2, 3등급의 사신이 흠차사신으로 승급하거나, 혹은 특파 흠차사신이 임기 만료로 2, 3등급의 주재 사신으로 바뀌는 경우로, 소환 국서와 새로운 직무 신임장을 함께 묶어서 외무부서에 보내 확인시킨다.

만약 국가사절이 임지에서 사망한다면, 반드시 그 예에 맞춰 장사 지내거나, 아니면 시신을 본국으로 송환한다. 다만 상례(喪禮)는 소재지의 의례에 따르되, 그 직속의 서기관은 그가 남긴 문건과 물건들을 함께 봉함해야 하며, 만약 서기관이 없다면 우방국 사신이 대신 봉함할 수 있다. 하지만 부득이한 사정이 아니라면, 지방관은 반드시 그의 물건을 함부로 건드려서는 안 되며, 또한 함부로 봉함해서도 안 된다. 만약 유언이 있다면, 유언의 시행 여부는 모두 본국의 법률에 따라 정한다. 혹여 유언이 없다면 누가 사업을 상속할지 역시 본국의 법률에 따라 정한다. 그 행낭, 기구 등은 출국 시에 세금을 납부하지 않는다. 공법의 세부 조항에 따라, 국가사절이 이미 사망하였기에, 그 권리는 당연히 중단되지만, 상례에 따라 그 과부와 가족만은 그가 살아 있을 때 누리던 혜택을 일시적으로 누릴 수 있다. 몇몇 국가의 상례에서는 사신이 귀국할 때 혹여 축하할 일이 있으면 모두 예물을 갖춰 환송하고, 또한 몇몇 국가에서는 그 사신이

의식 예물을 받는 것을 금하고 있다. 예전에 자주국일 당시 베네치아 공화국(威內塞; Venetian Republic) [앞에서 Venice는 威內薩로 번역되었음 — 역주], 그리고 현재의 미국은 법률로 사신이 다른 국가의 예물을 받는 것을 금하고 있다.

제2장
조약 협상(商議立約; negotiation and treaties)의 권리

제1절 제한은 어떠한가

자주국이 만약 본 권한(자주권)을 양보하지 않았거나, 혹은 조약을 맺어 그 행위를 제한한 적이 없다면, 그 자주권을 가지고 다른 국가와 조약 협상할 수 있다.

속국과 반자주국은 조약권을 제한당하며, 자주국 역시 특별 조약으로 인해 조약권이 축소될 수 있다. 미합중국처럼 특별조약을 맺어 연합한 경우, 그 조약의 법도는 각 주가 외국이나 이웃 주와 사사로이 조약을 맺는 것을 금하고 있으므로, 반드시 국회의 허락이 있어야만 조약을 맺을 수 있다. 하지만 독일연방은 조약권을 지니고 있는데, 연합 조약만은 어겨서는 안 된다.

조약 협상의 경우 누가 그 일을 주관하는가는 각국 법이 정한 바를 따른다. 군주국가의 경우 조약권은 군주가 가지며, 민주국가는 대통령이나 국회(國會; senate), 혹은 이사부원(理事部院; executive council, 현대어로 '행정위원회', '최고집행위원회')[162]이 모두 그 권한을 가질 수 있다.

제2절 조약의 형식(式款; *form*)

양국이 조약을 맺을 때 준수해야 할 책무는 형식이 어떤 것인지에 상관없이, 명시적 언급으로 맺은 것이든 암묵적 동의로 맺은 것이든 모두 지켜져야 한다.

명시적 언급의 경우, 조약 내용을 구두 선언(口宣; declaration)하거나, 조약을 문건상에 기록하거나, 양국 전권대신이 공식 문서(公函; instrument)에 사인하거나, 양국이 상호 고시 및 상호 각서 교환하는 것 등이 모두 가능하다. 다만 최근의 상례에 따르면, 구두 선언은 반드시 바로 기록하여 후일 분쟁을 피할 수 있도록 해야 한다. 만약 조약 업무가 모두 다 기록되었는데, 사인하기 직전에 별도로 구두 논의된 것은 인준될 수 없다.

암묵적으로 동의된 경우, 양국의 조약을 체결하는 사람이 그 권한이 충분하지는 않지만 이미 구두로 조약이 합의되었다면, 비록 평화조약의 명시적 문장이 없을지라도 그 말을 취하여 시행할 수 있다. 그 말은 이미 시행을 허락한 것이니, 집권자의 조약과 다를 바가 없다.

제3절 조약(約據; *compact*) 장정

여러 종류의 조약이 있는데, 각국 대신이 직무 내 사무를 감찰 처리하고 협상 결정할 수도 있으니, 꼭 특별 협상권을 부여받은 이후에야 결정

---

162 '部院'은 원래 청대 중앙 조정의 육부(六部)와 도찰원(都察院)에 대한 총칭인데, 여기서 마틴은 영국의 식민지에서의 통치 행정을 담당하는 행정위원회를 의미하는 'executive council'을 '理事部院'이라는 의역어를 이용하여 번역하였다.

할 수 있는 것은 아니다. 예를 들어 교전 시에 병사를 이끄는 장수나 해군 제독은 증표를 발급하여 통상을 허락하거나, 포로 교환, 휴전 협약, 항복 철병 등의 사항을 논의할 수 있다. 이런 조약(條約; convention)은 명시적 언급이 없다면 군주에게 옥새 서신을 청하여 증빙으로 삼을 필요는 없다.

제4절 '함부로 맺은 조약'의 비준과 폐기

조약이 만약에 권한 없이 맺어지거나, 월권에 의해 맺어진 경우를 가리켜 '함부로 맺은 조약'(擅約, 擅自立約; sponsion, 국제법상 '무권한 대표에 의한 협정', '권한 외 보증')이라고 한다. 반드시 군주의 명을 기다려야 하며, 명시적 동의든 암묵적 동의든 그제야 비로소 시행될 수 있다. 명시적 동의의 경우, 공문으로 논의된 바를 허락하므로, 상례에 따른다. 암묵적 동의의 경우, 공문을 기다리지 않고, 그 약속된 사항에 따라 시행한다.

만약에 잠자코 아무런 언명을 하지 않는다면, 암묵적 동의의 증거로 삼기에 부족하다. 그러나 만약에 이런 '함부로 맺는 조약'을 허락하지 않을 생각이라면, 반드시 저쪽 국가에 공문으로 공지해야만 조약에 따라 시행되는 잘못을 피할 수 있다. 그렇지 않는다면 신의가 훼손될 수 있다.

만약 저쪽 국가가 이쪽 국가의 조약을 맺은 사람이 사안을 논의할 권리가 충분하다고 믿고 협의를 거쳐 이를 허락하였는데, 그 뒤로 저쪽 국가가 혹여 약속을 어기고 승락하려 하지 않는다면, 반드시 일체의 비용을 배상하고, 원래대로 되돌려 놓아야 한다.

제5절 공적 조약(公約)의 비준과 폐기[163]

공적 조약(公約; public treaty, 현대어로 '공법상의 조약')의 경우, 국가사절이 지닌 신임장 이외에, 반드시 전권(全權; full power)의 증빙을 가지고 있어야만 비로소 협상 사인할 수 있다.

그로티우스와 푸펜도르프는 "공적 조약은 관례에 따라 협상 사인하되, 군주와 국가는 반드시 이를 준수해야 한다. 전권대신은 군주를 대신하여 사안을 시행할 권리가 있으므로, 그 군주는 그 시행된 바를 윤허해야만 한다"고 하였다. 타인에게 대행(攝行)을 명령한 것은 직접 하는 것과 다를 바 없으니, 각국의 법률에는 진실로 이런 생각이 담겨 있다. 그로티우스는 "전권의 증빙 이외에 사신은 따로 훈령 밀서를 가지고 있는데, 이는 그 군주만이 알고 있는 바이다. 만약 사안을 시행하는 데 있어 밀서의 훈령은 어겼지만 전권의 공적 증빙은 어기지 않았다면, 그 군주 역시 그 조약 준수를 승낙해야 한다"고 하였다.

빈커쇼크는 "사신이 만약 공적 증빙과 밀서 내용에는 없는 사안을 월권으로 협상하였다면, 군주는 재협상을 기다리거나, 혹은 그 사안을 전면 폐지하는 것 모두 가능하다"고 하였다.

바텔은 "신임장 내에 만약 그 군주의 시행 허락을 기다려야 한다는 말이 없다면, 사신이 시행하는 바는 국가 군주가 반드시 허락해야 한다"고 하였다. 대체로 양국의 군주가 사신을 통해 교류하는데, 이들에게 특

---

163 제5절의 내용 가운데 영어 원문에서 빈커쇼크 이후의 국제법학자들인 바텔, 클뤼베르(Johann Ludwig Klüber, 1762~1837), 마르텐스(Georg Friedrich von Martens, 1756~1821) 등이 전권대사의 권한이나 조약의 비준 및 폐기에 관하여 논한 부분은 대부분 번역이 생략되었고, 기본적인 조약 비준 폐기에 관한 핵심적인 내용만을 번역하였다.

별히 전권을 부여한다. 법률에 의거하여, '정(正)'에는 반드시 '부(副; agent)'가 따른다. 이런 대신들이 곧 군주의 '부'이다. '부'라는 것은 구 군주의 훈령을 준수하여 시행해야 하며, 어떤 권리를 집행하는 것 역시 그 군주의 훈령에 따라 정해지는 것이다. 만약 월권으로 일을 시행한 것이 아니라 허락된 것들이라고 한다면, 군주는 반드시 이를 실현시켜야 한다. 그러나 지금의 상례에서는 군주가 비록 사절을 파견하여 대신 논의하더라도 여전히 인준 여부의 권리를 군주에게 두어, 분쟁을 피할 수 있도록 한다. 다만 신하가 전권을 가지고 협상하였다면 군주는 반드시 인준하여 시행해야 한다. 만약 그 신하가 훈령을 위반하고 월권한 것인지, 혹은 별도의 중대한 이유가 있는 것인지를 명확히 밝히지 않고서, 이유 없이 조약을 폐기하고 인준하지 않는다면 이는 매우 수치스러운 일이 될 것이다.

정리해 보자면, 사신은 전권을 쥐고서 조약 협의를 하는데, 비록 이미 그 군주가 장차 시행을 인준할 것이라 언명하였을지라도, 만약 이것이 훈령을 위배한 사건이라면 군주가 인준하지 않을 수도 있다.

전권 흠차사신이 훈령을 위배한 것이 아닐지라도, 아래 세 가지 경우에는 여전히 조약에서 협의된 내용이 미정인 상태에서 폐기될 수도 있다.

첫째, 그 사안이 결국 성사될 수 없는 경우이다. 본국이 성사시킬 능력이 없거나, 혹은 그 조약을 성사시킬 경우 반드시 다른 국가에 굴욕과 피해를 주게 될 경우라고 한다면, 그 조약은 비록 이미 시행이 인준되었을지라도 이 두 가지 일이 생긴다면 폐지할 수 있다.

둘째, 잘 모르고서 잘못 논의한 경우이다. 논의가 끝났지만, 중대 사안이 드러났음에도 양국이 미처 알지 못했던 경우가 그러하다. 만약 일찍 알았다면 분명 조약을 맺지 않았을 것이 지금에야 드러났다면, 그 논의를 폐기할 수 있다.

셋째, 사안에 큰 변화가 있는 경우이다. 사안에 따라 성립된다고 조약상에 언명하였거나, 혹은 조약의 대의에 이런 뜻을 담고 있는 경우에 그러하다. 그 후 그 사안에 중대한 변화가 생겨 시세(時勢; circumstances)가 크게 달라졌다면, 그 조약은 자동 폐기된다.

조약이 이미 협상 사인된 경우, 만약 상호 언명을 기다려야 할 필요가 없다면 당장 준수 시행하여 상호 교환을 기다리지 않는다.

제6절 누가 조약 결정의 권한(定約之權; *treaty-making power*)을 가지는가

조약이 이미 협상 사인된 경우, 누가 비준의 권한(准行之權; authority to ratify)을 가지는가는 반드시 각국의 법률이 정한 바를 준수하고 따라야 한다. 만약 군권에 제한이 없다면, 흠차사신이 시행한 사안을 인준할지 폐기할지는 반드시 군주의 명령을 기다려 정한다. 만약 군권에 제한이 있다면, 법을 제정하는 부[입법부]의 회의를 거쳐 결정한 후에야 그 군주가 시행할 수 있다. 민주국가는 대부분 상원(長老院; senate)의 합의와 인준을 거쳐, 대통령이 국가를 대표하여 인장을 찍을 수 있다.

다른 국가와 협상하는 경우, 비록 어떻게 인장을 찍어 비준할 것인지에 대해 언명하지 않았을지라도 또한 반드시 그 국가가 기존의 법률에 따라 인장을 찍는 것을 기다려야 한다. 미국은 전권 흠차사신을 파견할 때, 반드시 대통령과 상원의 합의를 기다린 후 인장을 찍어야 한다고 항상 명시해 왔으며, 이는 미리 언명해 두어 논쟁을 피하기 위함이다.

제7절 조약으로 인한 법의 개정

이미 인장을 찍었다면 반드시 조약에 따라 시행해야 한다. 만약 법률을 개정해야만 비로소 성사될 수 있다면 반드시 개정해야 한다. 만약 국법이 조약 체결의 권리를 제한한다면, 반드시 그 법률에 따라 허락되길 기다려야만 비로소 시행될 수 있다.

평화조약을 체결할 수 있다면 반드시 조약 내의 각종 장정도 정할 수 있다. 예를 들어 공적 토지, 국가 재산, 민간 개인 재산, 민간 관련 재산 등을 양도해야 하는 경우 역시 그 국가의 최상위 권력을 따라야 한다. 만약 법률이 조약 체결에 제한을 가하지 않는다면, 혹여 부득이한 사정이 생길 경우, 공적인 재산이든 사적인 재산이든 간에 다른 국가에 양도해야 하는데 이는 모두 이 권리에 속한다.

통상 조약의 경우, 만약 본국의 통상, 항해 등의 법률을 개혁할 부분이 있다면, 반드시 법률 제정의 권리를 가진 자가 이를 허락한 후에야 시행할 수 있다. 예를 들어 영국과 프랑스 양국이 피차간의 무역에 대한 조약을 맺은 이후 그 장정이 무시되어서는 안 되었다. 그런데 그 조약이 영국 항해법과 맞지 않았지만, 국회가 개정하기 원하지 않아서 그 조약이 시행될 수 없었다.

영국은 국고를 지출하기로 이미 조약을 맺었기에, 조약상에 "반드시 군주가 국회에 국고를 쓸 수 있도록 명령을 내린 후에야 비로소 시행할 수 있다"는 조항을 수정 추가하였다.

미국은 법에 부합하도록 하고자 "대통령과 상원이 상의 결정한 조약은 이미 미국의 법률이 되었으니, 국회가 신뢰를 저버린 채 부합하지 않는 법률을 제정해서는 안 된다"는 조항이 있다. 이는 조약을 법률로 여겨, 그 부합하지 않는 부분을 개정함으로써 이를 준수하여 바꾸지 않고자 함이다.

제8절 핍박에 의한 조약

어떤 사람이 맺은 계약이 만약 핍박 강요에 의한 것이라면 그 사안은 반드시 무효(虛; void)이다. 만약 핍박에 의한 계약도 준수하지 않으면 안 된다고 한다면, 강자는 핍박하고 약자는 양보하는 것이 상례가 되고 말 것이다. 오늘날 모두 주지하다시피, 이런 계약은 결코 반드시 성사시켜야 할 이유가 없다. 따라서 사람을 핍박하여 계약을 맺는 경우는 거의 보기 힘들다.

각국이 상대함에 있어서는 핍박에 의해 조약을 맺은 경우에도 여전히 반드시 준수해야 한다. 핍박당하는 이유로는 군대의 패배, 백성의 기아, 적의 지방 점령 등의 부류가 있다. 만약 이렇게 핍박당하여 맺은 조약을 만약에 준수하지 않는다면, 전쟁은 끝나지 않고, 적에 의해 정복당하고 전멸한 후에야 멈추게 될 것이다.

개인이 맺은 계약은 만약 이쪽이 편의를 얻게 되면 저쪽이 위축당하게 되어 그 손해됨과 이익됨의 차이가 커지게 될 것이니, 피해를 강요당하는 것이라 여겨 그 사안을 폐기할 수 있다. 하지만 각국이 맺은 조약은 이익과 손해의 차이로 인해 폐기할 수 없으니, 비록 핍박당했을지라도 반드시 엄수해야 한다.

제9절 항구적인 조약은 폐기되지 않는다

조약에는 두 가지 종류가 있는데 항구적인 조약(恒約; transitory conventions)과 일상적인 조약(常約; treaties)이 그것이다. 항구적인 조약은 영원히 전해지는 것으로 한번 성립되면 군왕이 교체되거나, 국가 정체가 변천하여도 그 조약은 폐기되어서는 안 된다. 즉 양국이 불목할 때, 그 조약이 비록 정지되어 시행되지 않을지라도, 양국이 평화를 되찾을 때를 기다렸다가 그 조약은 다시 기존의 관행대로 시행되어야 하며, 따로 논의를 할 필요가 없다. 땅의 양도나 교환, 국경의 개정, 다른 국가에 대한 복종 등의 사안은 모두 항구적 조약에 귀속된다. 예를 들어 1783년, 영국이 미국의 자주를 인정하고, 양국이 조약을 맺어 이후 다시는 피차간에 인민의 재산을 공유화하지 않기로 언명하였다. 1794년에는 다시 조약을 맺어, "영국인이 미국에서 전답 재산을 가지고 있는 경우나, 미국인이 영국에 전답 재산을 가지고 있는 경우, 다른 국가의 백성이라는 이유로 그 사업을 폐해서는 안 된다"고 하였다. 이 장정에 따라, 미국은 연방대법원이 "영국의 인민이 미국에 전답 재산이 있다면, 평화조약의 보호를 받는다. 1794년의 조약은 이를 확고히 하였기에, 그 사이에 새로 제정된 금지령으로 인하여 그 재산을 폐해서는 안 된다"고 판단하였다.

"양국 사이에 1812년 다시 전쟁이 일어나, 이에 따라 그 조약이 이미 폐기되었다고 혹간 의심하기도 한다. 그러나 폐기된 것은 조약이며, 조약에 따라 만들어 놓은 재산은 폐기되어서는 안 된다. 대체로 자기 백성이 어떤 법률에 따라 재산을 만들어 놓았는데, 이후에 법률을 폐기 변경하는 일이 생긴다고 하여, 그를 근거로 어찌 이미 만들어 놓은 재산 또한 그와 함께 폐기할 수 있겠는가? 또한 조약은 구별된다고 하였으니, 전시가 되어 자동으로 폐기되는 것이 있고, 영원이 존치되는 것 역시 있는데, 이는 조약된 사안으로 인하여 상존 불변하기 때문이다. 만약 조약된 바가 국경 설정, 자주권, 자위권 등과 관련이 있는 것일 경우, 불평등으로 인해 폐기된다면 이는 실로 이치에 부합하지 않는다. 하물며 조약상에 전쟁으로 인해 폐기되어서는 안 된다고 명시적으로 언명해 둔 경우라면 더 말할 나위 있겠는가? 예를 들어 영국과 미국 양국이 조약을 맺어 미국의 자주권을 인정하고 그 국경을 정하였는데, 그 뒤로 다시 전쟁이 일어났다고 하여 어찌 이전의 조약이 이로 인해 폐기될 수 있겠는가? 만약 그렇다면 반드시 다시 전쟁을 일으켜 자주권을 확정해야 할 것이니, 어찌 이런 이치가 있겠는가?" 연방대법원은 이 사안에 대하여 "상존하는 사안에 대해 조약을 맺을 경우 평시이건 전시이건 간에 그 조약은 모두 존치된다. 즉 교전을 할 경우 역시 폐기되지 않아야 한다. 다만 잠시 중지되어 시행되지 않은 것에 불과하다. 만약 조약을 맺은 것이 합의하에 폐기되거나, 혹은 상호 부합할 수 없는 장정을 따로 만든 것이 아니라고 한다면 이전에 맺어진 조약은 평화가 돌아오면 다시 시행될 수 있다"고 판단하였다.

제10절 일상적인 조약의 존폐

일상적인 조약은 보통의 조약, 즉 평화조약 동맹, 통상 항해 등의 논의를 말한다. 조약 내에는 비록 영원히 시행되는 것도 있지만, 자주 폐기되는 것도 있다. 그 폐기되는 까닭에는 네 가지가 있다.

첫째, 국가가 패망하여 폐기되는 경우이다.

둘째, 국법이 크게 변하여 이전의 조약과 부합하지 않고 지위가 달라져서 폐기되는 경우이다. 대체로 조약은 국체에 속하는 것이 있고, 군주 자신에게 속하는 것이 있다. 국체에 속하는 것은 왕조가 바뀌어도 지켜지며 폐기되지 않는다. 군주 자신에 속하는 것은 군주가 다른 국가와 자기 이익만을 위해 합의한 경우, 그 군주가 망하면 그 조약도 자동 폐기된다.

셋째, 조약을 맺은 국가와 평화가 깨져 전쟁이 일어난 경우, 그 조약은 바로 폐기된다. 다만 그 가운데 전쟁을 예방하고 제한하는 모든 장정, 예를 들어 적국의 인민이 재산을 가지고 출국하도록 기한을 미리 정해 두는 것과 같은 장정은 모두 존치해야 한다. 영국과 미국 양국이 1794년 맺은 조약을 살펴보면, 제10조는 다음과 같다. "만약 피차간 인민이 채무가 있어서 이를 국고에 은으로 보관하거나 혹은 민간 금고(錢莊; private bank)[164]에 보관한 경우, 양국에 전쟁이 일어났을 때 이는 공유화할 수 없다." 이 같은 예방이나 규제가 어찌 전쟁으로 인해 폐기될 수 있겠는가? 이를 예방하고자 한 바가 바로 전쟁이다. 따라서 양국이 합의하여 폐기하지 않는다면, 그 조약은 반드시 영구히 존치된다.

넷째, 만약 조약 내에 기한을 정하여 기한이 만료되었는데, 이를 다시 갱신하기로 합의하지 않았다면, 그 조약은 자동 폐기된다. 만약 어떤 사안으로 인해 만들었는데, 그 사안이 성사되어도 그 조약은 자동 폐기된다. 혹은 사안에 큰 변화가 있거나, 지위가 완전히 달라져서 형세상 이행 불가능하다면, 그 조약 역시 폐기된다.

제11절 조약에는 주로 두 가지가 있다

양국의 동맹 평화조약에는 대부분 두 가지가 있다. 조항(條款; articles) 내에는 항구적 조약에 귀속되어 끊임없이 전해져야 하는 것도 있고, 일

---

164 '전장'(錢莊)은 원래 중국 남부지역에 주로 발달했던 근대 이전의 개인 금융기관을 가리키는데, 마틴은 여기서 민간 은행을 의미하는 'private bank'의 번역어로 사용하였다.

상적 조약에 귀속되어 매번 전쟁이나 지위 변화 등이 있을 경우 그 조약에 부합하지 않게 되면 폐기되어야 하는 것도 있다. 따라서 조약 내의 조항이 어떤 종류에 귀속되는지, 존치할 것인지 폐기할 것인지는 구분하기가 쉽지 않다. 이 때문에 평화조약을 협상할 경우, 때로 특별 조항을 넣어 종전 조약 내의 모든 영구불변할 사항을 명시할 수 있으니, 이는 모두 다시 폐기되어서는 안 된다. 예를 들어 여러 국가들이 베스트팔렌(Westphalia; 外似非利)와 위트레흐트(Utrecht; 烏得喇) 두 곳에서 조약을 맺었는데, 조약 이후 여러 차례 전쟁이 일어났다가 평화를 되찾았음에도 여전히 기존 조약을 다시 갱신하여 이를 확고히 하였다. 이 두 조약은 결국 유럽의 국경 분할 및 권리 확정의 공법이 되었다. 폴란드가 멸망하고, 프랑스가 이웃 국가들을 병탄하기에 이르면서 이 조약은 비로소 폐기되었다. 빈에서 맺어진 조약이 이를 계승하였는데, 그 국경 분할과 권리 확정의 본의는 상존시키고자 하였지만, 1830년 프랑스, 폴란드, 벨기에에 모두 큰 변란이 생겨, 조약 내의 주요항목들이 개정되었다. 따라서 이 조약은 비록 모두 폐기된 것은 아니지만, 원래 조약의 제도는 아니다.

제12절 보호(保護; *guaranty*) 조약

동맹조약에서 가장 자주 보이는 종류는 바로 보호조약이다. 즉 이쪽 국가가 저쪽 국가 주권의 보호를 허락하여, 다른 국가의 침략을 피할 수 있도록 하는 것이다. 국경을 개정하지 않으려는 것에 관한 것이든, 법을 바꾸지 않으려는 것에 관한 것이든, 자주권의 무한함에 관한 것이든, 군왕 지위의 계승에 관한 것이든, 그 어떤 권리이든 상관없이 이 동맹조약에 의거하여 보호할 수 있다. 그러나 그 쓰임에 있어서 가장 중요한 것은 보호조약을 위배하지 않는 것으로, 별도의 조약을 맺어 이를 보장하는 것도 가능하고, 아니면 원래 조약 내에 별도의 조항을 추가하는 것도 가능하다.

보호조약의 체결은 중립국이 스스로를 보호하기 위한 경우도 있고, 조약을 맺은 여러 국가들이 상호 보호하기 위한 경우도 있다. 1748년 유럽의 8개국이 공동으로 평화조약을 맺어 상호 보호하기로 하였는데, 그 장정을 반드시 영구적으로 지킬 것을 보장하였다.

보호조약에 의해 동의된 바는 사안이 생길 경우 서로 돕는 것뿐이다. 그 일이 만약 실패하더라도 그 잘못의 책임을 지지는 않는다. 만약 다른 국가의 이치가 맞고 마땅히 도와줘야 할 국가의 이치가 틀리다면, 꼭 도와줄 필요는 없다. 만약 그 사안이 이전의 조약과 부합하지 않을 경우도 역시 꼭 도와줄 필요는 없다. 오직 지금 소유한 권리와 소유한 물건에 대해서만 보호할 수 있다. 이후 증가한 물건과 권리까지 미리 보호할 수는 없다. 공법학자는 "보(保; surety)와 호(護; guarantee)는 그 의미상 차이가 있다. 배상할 수 있는 것은 '보'라고 하고, 배상할 수는 없지만 협력하여 도울 수는 있는 것은 '호'라고 한다"고 하였다. 그래서 바텔은 "사물을 배상할 수 있는 경우라면, '호'보다는 '보'의 조약을 맺는 것이 더 낫다"고 하였다.

제13절 군사 연합 동맹

조약을 맺어 군사를 연합하는 것을 가리켜 동맹(會盟; alliance)이라고 하는데 두 가지 종류가 있다. 하나는 상호 보호를 통해 적을 방어하는 것이고, 하나는 상호 협조를 통해 공격 토벌하는 것이다. 그 방어와 공격은 일정한 적이 있는 경우든, 아니면 어떤 적이든 상관없는 경우든, 모두 군사를 연합하여 협력할 것을 동의한 것으로, 이 두 가지를 겸하는 동맹도 있다.

제14절 조약을 맺어 군사 원조(助兵; *succor*)하다

군사 연합 동맹과 군사 원조 조약에는 차이가 있다. 어떤 경우에는 이쪽 국가가 저쪽 국가에 병력, 전함, 자금, 군량 등의 약간을 원조하기로 동의했다고 해서, 그 적국과 원수가 되겠다고 동의해야 하는 것은 아니다. 이런 조약을 맺어 군사를 원조하는 경우, 적국의 적이 되어야 할 필요는 없다. 적이 되는 것은 원조해 준 병력과 선박뿐이다. 그 나머지는 여전히 중립이며, 이 사안과 무관하다. 스위스연방은 이웃국가들을 원조할지라도 항상 이 관례를 따른다.

제15절 상호 보호의 관례

공법학자는 "상호 방어의 동맹을 맺었다고 해서 이치에 맞지 않게 군사 원조를 해야 할 필요는 없다"고 하였다. 소위 이치에 맞지 않다고 하는 것은 곧 그 국가의 탐욕으로 인해 전쟁의 발단이 된 것을 말한다. 평시에 조약을 맺어 전시에 군사 원조할 것을 동의한 경우, 어떤 방식으로 군사 원조할 수 있을지 명시적으로 언급하지 않았을지라도, 실질적으로 이치에 맞아야 비로소 원조할 것임을 가리키는 것이다. 만약 이치에 맞지 않아도 원조하겠다고 동의하였다면 이는 그 횡포(橫行)를 돕겠다는 것이니 이런 동맹조약은 이치가 성립할 수 없다. 군사 연합의 조약 역시 이런 암묵적 제한이 있지만, 횡포함이 드러난 경우에만 비로소 원조하지 않을 수 있으니, 결코 핑계를 대어 군사 원조 조약을 위배함으로써 신뢰를 저버린 자가 되어서는 안 된다. 만약 시비를 판별하기 어렵다면, 우방국의 우의로써 조약에 따라 원조해 주어야 옳다.

무릇 어떻게 해야 할 것인지는 반드시 조약 내의 상호 보호에 관한 언명에 의거하여 정해야 한다. 즉 1756년 영국과 프랑스의 전쟁 당시, 네덜란드연방은 그 이전에 영국과 상호 보호 동맹을 세 차례 맺은 바 있다. 제1차 상호방어동맹 조약은 조약 체결의 이유가 피차 국경의 상호 보호라고 밝혔는데, 피차가 현재 소유한 땅이나, 장래에 평화조약에 따라 얻게 될 땅에 대해 동의하였는데, 다만 유럽에서만 손실이 없도록 상호 보호하기로 동의하였다. 또한 양국이 다른 국가와 맺은 평화조약에 대해서도 그 상호 보호는 반드시 이루어져야 한다고 동의하였다. 그 성(城池)과 포대는 모두 상호 보호하며, 만약 적국에 의해 공격받을 경우, 선박과 병력(兵馬)을 보내 원조해 주되, 우방국의 적은 내 적이라고 여겨 진력을 다해 이를 막기로 하였다. 제2차 조약에서는 네덜란드와 이웃한 벨기에의 국경에 손실이 없도록 보호하고, 영국의 왕위가 개신교인에게 세습되도록 보호할 것을 동의하였다. 만약 적국이 공격할 경우, 처음에는 군사 약간을 원조해야 하고, 뒤이어 상황이 급박해질 경우 구원병을 추가해야 하며, 마지막에는 진력을 다해 군사를 연합하여 적과 교전해야 한다고 동의하였다. 제3차 조약에서는 프랑스 역시 그 조약에 함께하였는데, 조약 체결의 까닭은 삼국이 국경을 상호 보호하는 것이었다. 이전의 위트레흐트 조약에서 정한 바에 따라, 우리 삼국에 관련된 경우에는 이전의 조약 일체의 장정을 상호 보호하기로 하였다. 또한 각국이 이전에 조약을 맺을 당시 소유한 속주(屬邦)와 성(省部)에 대한 권리가 유럽에서는 손실이 없도록 보호하기로 하였다. 상호 원조는 그 이전 조약[제2차 조약]과 마찬가지로, 처음에는 잘 조처하고, 뒤이어서는 약간의 군사를 원조하고, 마지막에는 진력을 대해 전쟁에 임하기로 하였다. 1718년과 1748년 두 차례에 걸쳐 4개국이 이 조약에 확대 참여하였다.

영국은 네덜란드를 평하여 "이전 조약 장정은 그 국회와 부합하지 않는 부분이 있었다. 영국의 속지인 작은 섬이 있는데, 프랑스가 이 섬을 공격하였을 때, 네덜란드는 구원하러 오지 않았다"고 하였다. 이후 네덜란드는 공문에서 그 이유 두 가지를 논하였다. 첫째, 영국이 고의로 사건을 만들어 프랑스를 선제공격하였으니, 그렇지 않았다면 프랑스가 이런 행동을 하지 않았을 것이다. 둘째, 유럽에서 먼저 군사행동을 한 것은 비록 프랑스였지만, 군사를 일으킨 이유는 실제로 영국이 아메리카에서 프랑스 속주를 먼저 공격하였기 때문이었으니, 이는 모두 상호 보호 동맹 조약의 범주 내에 있지 않으므로 원조하러 가지 않았다.

영국은 다음과 같이 논변하였다. "양국이 맺은 조약은 비록 보호조약이라 이름 붙였지만, 소유한 땅과 권리가 어떤 군주나 어떤 백성의 것이든 간에, 명시적인 공격이든 암암리의 습격이든 간에, 그 권리를 침해하거나 그 통상을 저해한 것인 경우에는 상호 보호에 협력해야 한다. 먼저 군사를 일으킨 쪽이 잘못의 장본인이라고 언급한 적은 없다. 조약 내에 이에 대한 내용이 비록 상세하지는 않을지라도, 오직 이미 체결된 조약만을 가지고 후세에 보여 주는 것이니, 신용 있는 행동을 하는 자라면 결코 잘못 해석해서는 안 된다. 또한 어떤 횡포한 행동에 대해 반드시 보호 원조를 할 것인지 언급한 적이 없으니, 결코 이치에 맞지 않아서 원조를 거절하는 것이라 핑계 댈 필요가 없다. 이 두 가지 폐단[165]의 경우, 조약을 체결하는 것은 그 첫째 폐단만이 아니라 그 둘째 폐단을 막고자 하는 것이다. 문명국가는 이유 없이 교전하는 이치가 없으니, 전쟁이 일어날 경우 반드시 서로 죄를 떠넘기게 된다. 조약 내에 자세히 분별하지 않은 것은 자세히 분별할수록 그 폐단이 더욱 많아지기 때문일 것이다. 또한 이미 피차가 영원히 우호적인 우방국가가 되었으니 조약을 해석하는 것은 반드시 그 사정과 이치에 따라 해야지, 결코 문구를 가지고 본뜻을 해쳐서는 안 될 것이다. 만약 네덜란드가 말한 것처럼, 프랑스가 유럽 지역 내에서 먼저 군사 행동을 한 것이 영국이 아메리카에서 먼저 교전한 일 때문이라고 한 것은 피차 구실을 대는 것인데, 조약에서 군사를 연합해 상호 보호하기로 한 것을 쓸모없는 휴지조각과 같이 만들었으니, 어찌 조약을 믿고 보호 원조할 수 있겠는가. 적국이 계략을 써서 이간하려 한다면 반드시 조약상에 명시되지 않은 땅을 먼저 공격할 것이니, 그 우방국은 분쟁이 유럽 밖에서 일어났기 때문에 원조를 거절할 것이다. 위정자는 이처럼 귀가 가벼워 신뢰를 저버려서는 안 된다. 또한 네덜란드는 자기 모순적이다. 이전에 프랑스와 상호 보호 조약을 맺고 난 후에 아프리카 땅에서 영국과 교전이 벌어졌다. 전쟁이 유럽 이외 지역에서 일어났다가, 유럽 지역 내에까지 파급되자, 네덜란드는 상호 보호 조약을 가지고 프랑스에 구원병을 청하였고, 프랑스가 이를 도와주었다. 이를 놓고 논하자면, 프랑스가 조약을 해석한 의미는 우리와 마찬가지였을 뿐만 아니라. 프랑스에 구원병을 청하였을 당시의 네덜란드는 또한 우리와 마찬가지였다. 어째서 지금에 와서는 군대를 안 움직인 채 도와주지 않

165 여기서 말하는 두 가지 폐단은 문맥상 파악이 쉽지 않은데, 첫째는 '조약에 횡포한 행동의 기준이 되는 구체적인 조건에 대한 조항이 없는 것'을 가리키고, 둘째는 '상호 보호에 대한 조약의 기본적인 취지를 위반한 것'을 말하는 것으로 보인다.

은 것인가. 이는 실로 우방국에 대한 신뢰를 저버리는 것이다."

1642년, 포르투갈이 스페인에 대해 반란을 일으켜 자립하였는데, 비록 영국과 상호 보호 조약을 맺었지만, 1661년에 그 조약을 다시 확고히 하면서 "어떤 이유에서든 적국이 포르투갈을 공격하면 영국은 반드시 이를 구원한다"고 하였다. 또한 별도의 비밀 조항에서는 "포르투갈은 탕헤르(Tangier; 丹吉耳)와 뭄바이(Bombay; 門買)를 영국에 양도하며, 이에 따라 영국은 어떤 적이 포르투갈의 현재 소유지와 장래에 얻게 될 지방을 공격하든 간에, 지금 이후로 영국은 전력을 다해 이를 보호한다"고 하였다.

1807년 포르투갈 국왕이 브라질로 옮기자, 영국은 또 조약을 맺어 그 후예의 영원한 왕위 계승을 보호하며 결코 다른 사람이 군주가 되는 것을 인정하지 않기로 하였다. 1810년에는 다시 조약을 맺었고, 1815년에도 다시 조약을 맺었는데, 그 조약 조항에는 "1810년의 조약은 당시 상황에 따라 맺은 것이고, 지금 상황이 이전과 다르므로, 이전 조약은 쓸모없게 되어 휴지조각이 되어야 할 것이다. 다만 역대의 상호 보호의 우의는 여전히 조금도 손상되지 않았으니, 그 조항을 다시 새롭게 확고히 하여 시행한다"고 하였다. 그 이후로 스페인과 프랑스가 포르투갈 왕위 찬탈을 모의하자 영국은 조약에 따라 그를 보호하였는데, 이를 통해 그것을 명확히 입증하였다.

第16절 인질 교환으로 신의를 굳건히 하다

고대에는 양국이 조약을 맺을 때, 종종 인질을 교환하여 그 신뢰를 굳건히 하였는데, 1748년까지도 여전히 이를 시행한 경우가 있다. 영국은 나중에 프랑스 속지를 돌려주기로 동의하였는데, 그에 앞서 제후 몇 명을 파견하여 인질로 삼아 그 사안을 반드시 성사시키고자 하였다.

제17절 조약의 해석(解說; *interpretation*)

조약의 해석은 다른 형식의 법률에 대한 해석과 다를 바 없다. 어느 국가의 언어 문자로 되어 있든 간에, 글은 말을 다 담아내지 못하고, 말은 그 뜻을 다 담아내지 못한다. 다만 그 문장을 해석하는 것은 그 뜻을 손상시키는 것을 면하지 못하므로, 조약의 조항에 대해 해석하는 조항이 따로 있어, 의심스러운 부분이 생기면 이를 인용할 수 있다. 자세한 내용은 바텔의 2권 제17장을 참고하기 바란다.[166]

제18절 중재 보증(中保; *mediation*)의 관례

양국 사이에 논쟁이 있을 경우에 다른 국가가 그 사이에서 조정(調處)하는데, 혹은 요청하지 않아도, 혹은 요청한 이후에, 혹은 한 국가가 요청하여, 혹은 양국이 요청하여, 혹은 이전의 조약에 선의로 조정한다는 언급이 있어서, 중재자로 오는 경우가 있다. 만약 스스로 자처하여 왔다면, 그 양국이 모두 거절하여 받아들이지 않을 수도 있다. 만약 양국이 일찍이 언급해 둔 바가 있고, 어떤 국가가 중재할 것인지에 대해 언급해 둔 증빙이 있는데도 이를 거절하고 받아들이지 않는다면, 이는 신뢰

---

166 영어 원문에는 바텔(Vattel)과 러더퍼드(T. Rutherforth)에 대해서 언급하고 있는데, 중문번역문에서 마틴이 말하는 '제2권 제17장'은 원래 본문에는 보이지 않고, 각주 부분에 있는 *Droit des Gens*의 17장을 의미하며, 러더퍼드의 *Institutes of national law*의 제7장에 대해서는 따로 언급하고 있지 않다.

를 저버리는 것이다. 중재자가 함께 논의할 수 있지만, 피차 양국을 강압하여 따르게 할 권리는 없으며, 또한 그 조약의 성사를 보증할 수도 없지만, 중재자는 대체로 동시에 보증인이기도 하다.

제19절 공론을 주재하는 학문

공론을 주재(主持公論; negotiation)하는 것은 별도의 학문이다. 다만 그 일이 매우 크고 번잡하여 기준을 잡고 그 규모를 정하기가 쉽지 않다. 사람들 가운데 가령 현명하고 재주 있는 자일지라도 만약 견문이 넓고 세상사에 능숙하지 못하다면 그 임무를 감당할 수 없다. 그러나 역사서를 두루 읽고 동맹조약들을 잘 고찰하였다면 도움이 될 수 있을 것이다. 다만 그 사람이 만약 대처 능력이 부족하다면 가까운 곳이나 먼 곳으로부터 필요한 것들을 찾아내어 그 정교한 부분까지 통찰할 수는 없을 것이다.

제4권

교전의 조규를 논함

제1장
전쟁의 시작에 대해 논함

제1절 힘으로 억울함을 풀다

자주국가가 분쟁을 겪게 될 경우, 만약 증거를 가지고 해명하여 합의하는 것이 아니라면, 그 사안을 판결할 권리를 가진 사람은 아무도 없다. 따를 바는 오직 만국공법 하나밖에 없다.[167] 이 법은 비록 율례라고 부르지만, 각국의 법률이 백성들이 형벌을 두려워하여 이를 준수하도록 하는 것과는 다르다. 그래서 각국이 만약 침략을 받는다면, 억울함을 풀 수 있는(伸冤; redress) 다른 대책이 없으며, 오직 힘(用力; forcible means; force, '무력', '강제력')으로 제어하고 보복하는 것뿐이다. 예를 들어 인민이 왕법이 미치지 못하는 곳에 거주하여 호소할 곳이 없다면, 그저 자기 힘으로 자

167 "자주국가가 분쟁을 겪게 될 경우, 만약 증거를 가지고 해명하여 합의하는 것이 아니라면, 그 사안을 판결할 권리를 가진 사람은 아무도 없다. 따를 바는 오직 만국공법 하나밖에 없다."에 해당하는 영어 원문 부분은 보이지 않는다. 영어 원문의 내용에는 만국공법에 대한 언급은 없고, 오히려 무력과 상호조약을 강조하고 있다. 전쟁과 관련된 부분답게 오히려 여기서 강조되는 것은 "forcible means"다.

위하는 수밖에 없다. 국가의 경우 어떤 억울한 일(委屈; injuries)을 당할 경우 힘을 사용할 수 있는데, 오직 각국이 스스로 판단할 부분이다. 양국의 분쟁을 힘으로 해결하되, 교전에까지 이르지 않는 방법에는 네 가지가 있다.

첫째, 이쪽 국가가 억울한 일을 당하여 저쪽 국가의 선박, 재화 등을 그 국가 국경 내에 나포하여, 먼저 압류 봉인하고 저당으로 삼을 수 있다.

둘째, 다툼이 되는 물건과 땅을 강제 점거하여 자기 소유로 삼고 저쪽 국가가 그 권리를 행사하지 못하도록 하는 것이다.

셋째, 보복의 방법에는 원한 맺힌 만큼 보복하거나(以怨報怨; vindictive retaliation; [라] retorsio facti), 아니면 이전과 같이 우호하되 저쪽에 용서치 못할 일을 하고서 법에 따라 되갚는 것(如法以報; amicable retaliation; [불] rétorsion de droit)이 있다.

넷째, 저쪽 백성의 재물을 압수(捕拿; reprisal)하여 저당으로 삼아서 저쪽이 전에 우리에게 훼손하였던 것을 보상하는 것을 기다렸다가 그 물건을 반환하는 것이다.

제2절 강제배상의 관례

힘으로 스스로 억울함을 풀되 교전에까지 이르지 않는 경우를 결론적으로 강제배상(強償; reprisal, 현대어로 '보복적 나포·압수')의 관례라 이름 붙인다. 그 강제 배상은 조약 내적인 것과 외적인 것으로 나눈다. 예를 들어 조약 내에 이미 시행해야 할 각 조항이 있는데, 억울함을 당하여 그대로 시행하지 않거나, 혹은 그로 인해 저쪽 국가가 가져야 할 권리를 더 이상 갖지 못하도록 하는 것이다. 조약 외적인 것으로는 예를 들어 저쪽 국가의 사람과 물건을 나포하여 저당 삼아 배상받는 것이다.

다시 강제배상은 완전한 강제배상(渾強償; general reprisal)과 특별 강제배상(特強償; special reprisal) 두 가지로 나뉜다.

예를 들어 완전한 강제배상은 한 국가가 이미 억울한 일을 당한 경우, 신민에게 허가증(牌照; commission) [민간 선박에게 나포를 허락하는 위임장 — 역주]을 발급하여 어느 곳에서든 상관없이 저쪽 국가의 인물을 만나면 바로 나포하도록 한다. 최근 규칙에 대해 논하자면, 이렇게 행동하면 곧 교전이 시작된다. 이런 경우에 저쪽 국가는 반드시 이미 전쟁의 의사가 있음을 우리에게 알려 줘야 하며, 만약 속히 보상하지 않는다면 교전을 피하기 힘들다.

소위 특별 강제배상이라는 것은 관계가 우호적인 상황인데, 우연히 어떤 인민이 다른 국가에 억울한 일을 당한 경우, 그에게 허가증을 발급하여 스스로 나포하여 보상받도록 허락하는 것이다.

이런 강제배상 허가증은 반드시 저쪽 국가의 명백한 기만이나 억압으로 인해 누차 고소하였음에도 여전히 이치에 맞게 소명하지 않는 경우라야만 발급할 수 있다. 만약 그렇지 않다면 결코 가볍게 발급해서는 안 된다.

강제배상 허가증을 부여하는 권리는 국가 군주가 행사한다. 이전에는 여러 국가들의 조약을 가지고, 그리고 각국의 법률을 가지고 그 범위를 정하였다. 예를 들어 영국에는 “본국의 백성이 다른 국가에서 강압적으로 억울한 일을 당할 경우, 그 일을 당한 자에게 정식 허가증을 부여하여 스스로 나포 배상받을 수 있도록 한다”는 법률에 있다. 프랑스인이 다른 국가에서 강압적으로 억울한 일을 당하면, 어떻게 해서든 배상받을 수 있는 허가증을 부여할 수 있으며, 프랑스 항해 조규에도 이에 대해 상세히 논하고 있다. 우호적인 상황하에서의 특별 강제배상은 오늘날에는 시행하지 않지만, 이전에는 그런 경우가 간혹 있었다.

제3절 강제배상의 적용

스스로 강제배상을 시행하든, 어떤 방식으로 힘으로 억울함을 풀든 상관없이, 만약 죄를 진 국가가 배상하려 하지 않는다면, 우리가 군대를 출병해도 명분이 있으며, 암암리에 무력을 쓰는 것이 아니다.

바텔은 다음과 같이 말하였다. "소위 강제배상이라는 것은 이쪽 국가가 저쪽 국가에 배상을 요구하는 것으로, 저쪽 국가가 배상하지 않으니 스스로 억울한 것을 해결할 수밖에 없다. 만약 저쪽 국가가 일찍이 이쪽 국가의 재화 재산을 점거하였는데, 반환 배상을 하지 않으려는 상황이라면, 억울한 일을 당한 자가 그 물건을 나포할 수 있다. 저쪽 국가가 점거한 것을 반환하고 피해 비용을 지급하기까지 기다리는데, 혹은 자기 용도로 사용하거나, 혹은 볼모로 잡고 있다가 저쪽이 배상하지 않겠다고 하면 사용하거나 하는 것이 모두 가능하다. 만약 후일 이치에 맞게 바로잡기를 기다리려면 반드시 쓰지 않고 존치시켜야 하며, 결코 가망이 없게 되었을 때에야 이를 공유화하여 배상(抵償; reprisal)을 받는 것이 비로소 가능하다. 만약 양국이 평화를 깨고 교전을 벌여, 이치에 맞게 바로잡기를 거부한다면 어떻게 해야 하는가? 이전에 나포 저당 잡힌 물건을 공유화할 수 있으며, 더 이상 기다릴 필요가 없다.

제4절 전전(戰前)의 화물 나포(捕物; *embargo*)에는 두 가지 해법이 있다

예를 들어 영국과 네덜란드 양국 사이의 평화가 깨져, 1803년 영국이 네덜란드가 먼저 자신에게 했던 불공정한 행위를 가지고 그 국경 내의 선박과 화물을 봉쇄(封; embargo, 현대어로 '금수 조치')하였는데, 화물 책임자가 이로 인해 고발을 당하자, 영국 공법학자 스코트(斯果得; William Scott)[168]는 다음과 같이 판단하였다. "선박과 화물의 봉쇄 나포(封捕; seizure)에는 두 가지 해결방법이 있다. 평화가 회복되면 일시적인 봉쇄는 반드시 되돌려져야 한다. 만약 교전에 이르게 되면 나포하여 공유화한다. 전쟁이 시작되면 이후 전개를 기다려 봐야 그 사안을 어떻게 할지를 알 수 있다. 화해하게 되면 일시적인 봉쇄이고, 전쟁을 하게 되면 전쟁 사안이 되어 봉쇄가 아니게 된다."

제5절 전쟁 결정(定戰; *making war*)의 권리

교전을 결정하고 강제배상 및 보복 등의 사안을 허락하는 것은 그 권리가 군주에게 속하며, 각국 스스로 법률을 가지고 그 범위를 정한다. 그러나 때로는 먼 곳의 속지에 위임하여 다른 국가와 소통하도록 하는 경우라면, 비록 본국의 관할을 따를지라도 마치 자주권을 가지고 있는 것처럼 이를 시행할 수 있다. 예를 들어 인도는 예전에 영국의 동인도회사(通商大會; commercial corporation; British East India Company)[169]에 그 국권을 위

---

168 위에서는 William Scott는 斯果德으로 음역되었는데, 여기서는 斯果得으로 음역하였다.

임하여, 이웃 국가와의 교전 여부에 대해 스스로 결정하도록 본국이 허락하였다.

제6절 공전(公戰)의 권리

자주국가가 힘을 겨뤄 교전하는 것을 공전(公戰; public war, 즉 '국가 또는 교전단체 간의 전쟁')이라고 한다. 만약 규정에 따라 선전포고하거나 관례에 따라 전쟁을 시작한다면 이는 광명정대한 것으로, 공법이 편파적으로 보지 않으며, 그 사리의 잘잘못을 따지지 않는다. 만약 이쪽 국가가 어떤 권리를 행사하는 것을 허락한다면, 또한 저쪽 국가에서도 그 어떤 권리를 행사하는 것을 허락해야 한다.

제7절 전쟁에는 3가지 등급이 있다

양국이 교전하는데, 만약 전국의 백성이 언제 어느 곳에서나 공격에 협력할 것을 허락하되 조규를 위반하지 않는다면, 이를 이름하여 완전한 전쟁(全戰; perfect war)이라고 한다. 만약 어떤 지역, 어떤 사람, 어떤 물건 등을 한정한다면 이는 제한적인 전쟁(限戰; imperfect war)이라고 한다.[170]

---

169 영어 원문에서 "commercial corporation — such, for example, as the British East India Company"라고 표현되어 있는 부분을 마틴은 '英國通商大會'라고 번역하고 있는데, 이는 인도에 진출해 있던 영국의 '동인도회사'를 가리킨다. 각 시기마다 그 명칭에 있어서 약간의 변화가 있기는 하지만 동일한 대상에 대해서 마틴은 제1권에서는 '客商大會'(great association of British merchants)로 번역하였고, 제2권에서는 '印度商會'(East India Company)로 번역한 바 있다.

170 'perfect war'와 'imperfect war'는 일반적으로 흔히 사용되지 않는 탓에 현대어로 통용되

민간에서 전쟁이 일어나는 경우를 그로티우스는 혼합전쟁(雜戰; mixed war)이라고 이름 붙였는데, 국가 권력 쪽에서 보자면 '공전'이라 할 수 있고, 반란자 쪽에서 보자면 사전(私戰; private war)인 것이다. 다만 상례에 따르면 양자가 적에 대해서나 중립국에 대해서 모두 전쟁권(交戰之權利; rights of war)이 있다.

제8절 선전포고의 관례

이전에는 교전당사자는 반드시 선전포고를 해야 하며, 그렇지 않으면 공전이 아니었다. 고대 로마의 이 관례에 따라 유럽 국가들은 1600년까지 이를 준수하였다. 1635년 프랑스와 스페인이 교전할 때도 여전히 그 당시의 관례에 따라 파견한 군대가 선전포고를 하도록 하였다. 그 이후로 여러 국가들이 이 관례를 쓰지 않게 되었고, 적국에 선전포고하는 관례는 점차 폐지되었다.

오늘날 관례로는 자기 국경 내에 먼저 반포하고 교전할 것을 예고하여, 자기 백성이 적과 왕래하는 것을 제한하고, 그 교전의 까닭을 밝힌다. 만약 고시를 하지 않는다면, 이후 평화조약을 맺을 때 공전의 피해인지 강압의 피해인지 분별하는 것이 힘들게 될 우려가 있다. 강압의 피해

는 명확한 번역어를 찾기 쉽지 않은데, '전면전'(all-out war; full-scale war; a general war)과 '국지전'(a local war; limited warfare; a brush-fire war)과 유사하면서도 또한 다소 다른 맥락과 의미를 지니고 있다. 'perfect war'와 'imperfect war'는 지역 범위나 규모뿐만 아니라 선전포고나 공적인 승인과 같은 국제법적 요건을 갖추고 전쟁 규칙에 따라 이루어지는 전쟁인가 아닌가 하는 점과 관련된 개념이라는 사실을 고려하여 여기서는 '완전한 전쟁'과 '제한적인[불완전한] 전쟁'으로 번역하고자 한다.

는 때로 이치를 따져 바로잡을 것을 요구할 수 있지만, 만약 공전이라면 이것이 불가능하다.

제9절 적의 재화가 자국 국경 내에 있는 경우

전쟁을 하려 할 때, 꼭 먼저 선전포고를 하지 않더라도 공전이 된다. 또한 적국의 재화가 어느 곳에 있든 간에 압수하여 전리품으로 삼을 수 있다. 즉 그 국경 내의 재화든 국경 밖의 재화든 일률적으로 모두 압수할 수 있다. 그러나 이에 대한 공법학자의 주장은 서로 같지 않다. 오늘날의 상례는 적의 재화가 자기 국경 내와 중립국에 있는 경우 모두 전쟁 권리 밖에 두어 압수할 수 없다. 중립국에서 압수할 수 없는 이유는 적국에 대한 권리로 인한 것이 아니라, 사실 우방국의 권리를 존중하기 때문에 그러한 것이다.

다른 물건의 경우 전쟁 권리의 밖에 둘지 여부는 다시 논의해야 한다.

고대 로마의 상례로는 전쟁을 시작할 때, 적국인이 자국 국경 내에 있는 경우, 그를 잡아 노예로 삼거나 혹은 살해하여도 이치에 어긋난다고 여기지 않았는데, 재화야 더 말할 나위 있겠는가? 그로티우스는 이 사안을 논하면서 대체로 로마 법률을 기준으로 삼되, 다만 그 뜻은 다소 관대하게 보았는데, 이는 그 당시 사람들의 인정 풍속이 점차 인후(仁厚)해졌기 때문이다. 그로티우스에 따르면 채무가 있을 경우, 전쟁이 일어나면 일시적으로 청구하지 않지만 청구의 권리가 폐기되는 것은 아니다. 다만 평화 회복을 기다렸다가 다시 청구할 따름이다.

빈커쇼크의 책은 그로티우스와 의미는 같았지만, 좀 더 상세하게 다음과 같이 논하였다. "전쟁을 시작하려 할 때도 적에게 꼭 선전포고할 필요가 없다고 한다면, 그 재화를 압수하려고 할 때 미리 통지할 필요가 있겠는가? 하지만 조약 내에 전쟁이 일어날 경우 재화를 회수하기로 명시했다면 반드시 통지해야 한다. 채무 등의 사안 역시 이 관례에 따른다." 여러 국가들의 사안을 들어 증명하면서 "최근 100년간은 대체로 이 관례를 따랐다"고 하였다. 또한 "네덜란드와 다른 국가는 아직도 이에 대해 회의적이다"라고도 하였다.

빈커쇼크가 그 책을 저술하기 70년 전부터 저술한 후 150년까지 오직 단 한 사람만이 이를 시행하였는데, 바로 프로이센의 왕이다. 영국이 그의 선박을 나포하자, 그는 영국 백성에게 진 채무를 공유화하여 그 배상으로 삼았는데, 영국의 법률학자는 이에 대해 다음과 같이 논하였다. "만약 저쪽 국가로부터 피해를 입어서, 저쪽 백성에게 진 채무를 가지고 그 배상으로 삼는다면, 이는 매우 드문 경우이다. 군주에게 재화를 빌려줄 때, 반드시 반환받을 것에 대한 믿음이 없었다면 그렇게 하지 않았을 것이다. 그렇다고 해서 법률을 가지고 청구하지 못할 따름이다." 영국과 프랑스가 교전할 당시, 비록 영국의 많은 이들이 일찍이 프랑스에서 돈을 빌리고, 프랑스의 많은 이들이 영국에서 돈을 빌렸지만, 모두 그 사안을 따지지 않고, 적국 인민에게 진 채무를 공유화하지 않았으니, 그 공적 신용의 중요성을 지킴이 이와 같았다.

바텔은 "적의 재물은 압수할 수 있다. 다만 토지와 가옥은 본국이 이미 그 획득을 인정하였다면 본국 백성의 토지 가옥과 다를 바 없으니 압수할 수 없다. 오직 소유한 임대료와 소출만은 잠시 봉해 두어 적국에 송출되는 것을 막는다. 채무와 재화는 다르지 않으니 공유화할 수 있다"고 하였으며 또한 다음과 같이 논하였다. "알렉산더(Alexander; 亞利三德)가 테베(Thebans; 推拜)지방을 격파하고 테살리아인(Thessalians; 得撒利人)에게 빚졌던 100섬(擔; talent) [무게단위로 1섬(擔)은 약 50kg, 1달란트(talent)는 약 34.3kg에 해당함 – 역주]의 금을 획득하자 이를 테살리아인에게 보냈다. 다만 이는 은사품(恩施)이지 그가 보냈어야 할 돈은 아니었다. 상례에 따르면 이 금을 공유화하는 것이 불가능한 것은 아니다. 적국의 군주도 [다른 나라 땅을] 점령하면 채무를 공유화하여 충당할 수 있는데, 하물며 본국의 군주는 더 말할 나위 있겠는가? 오늘날 유럽 각국 가운데 이 권리를 엄격히 시행하는 국가가 하나도 없는 것은 공적 신용을 손상시켜 통상에 이로울 바가 없기 때문이다. 국가가 적에게 진 채무라면 갚지 않으면 안 된다. 따라서 그곳이 어느 곳이든 공적 신용에 위탁하여 돈과 재물을 보관하는 경우라면 모두 압수의 권리 밖에 둔다." 또한 그는 "적국의 백성이 전쟁 개시 당시 국경 내에 있다면 그를 강제 억류할 수 없을 뿐만 아니라, 그 재화 역시 강제 압류할 수 없다. 그가 국내로 들어온 것은 공적 신용에 따라 온 것이고, 그의 거주를 이미 허락하였다면 전쟁이 시작되었다 해도 반드시 그가 출국하는 것을 허락해야 하니, 이 어찌 암묵적 동의가 아니겠는가? 전쟁이 시작되면 그 기한을 정해, 재화를 운반하여 떠날 수 있도록 해야 한다. 만약 기한을 넘겨 체류하면서 운반을 서두르지 않는다면, 그를 적으로 간주할 수 있다. 다만 병기를 지닌 적과 마찬가지라고 간주해서는 안 된다.

이로써 보건대, 전쟁이 시작되면 자국 국경 내의 적국 재화의 경우, 혹은 군주에게 빚진 것이든 백성에게 빚진 것이든 상관없이 저쪽 백성에게 진 채무의 경우, 모두 압수하여 공유화할 수 없으니, 이는 오늘날의 상례이다. 다만 조약 내에 명시적인 언급이 없다면 비록 상례일지라도 이를 위반하는 사람이 있을 수도 있다.

제10절 시행하는 바에 따라 시행한다(照行而行; *reciprocity*, 현대어로 '호혜주의')

만약 적이 그 국경 내의 우리 백성의 재화를 압수하거나, 혹은 우리 백성에게 진 채무를 공유화하는 경우, 우리가 저쪽에서 시행하는 바에 따라 그대로 시행하는 것은 불의한 일은 아니며, 또한 유익하기도 있다. 시행하는 바에 따라 그대로 시행하는 것은 공법에서 대부분 관례로 삼는 바이다.

스코트[171]는 다음과 같이 논하였다. "영국이 다른 국가와 교전할 때, 만약 전쟁에 앞서 적국이 압수한 영국 재화를 이후에 만약 공유화(入公; condemn, 현대어로 '몰수')한다면 영국 역시 그 국가의 재화를 공유화한다. 만약 반환한다면 영국 역시 그 국가의 재화를 반환한다. 또한 전쟁을 시작하였을 때, 적국의 상인을 억류하여 출국을 허락하지 않되, 적국이 우리 상인을 어떻게 대하는지를 보고서, 저쪽이 우리 쪽을 대하는 것에 따라 그대로 그들을 대한다. 이는 우리 영국의 건국대법(建國大法; great foundation of the law of England, Magna Charta) [즉 영국의 대헌장 '마그나 카르타'를 가리킴 – 역주]의 조항이다."

영국의 법학자는 프로이센 군주가 그 백성의 채무 상환을 허락하지 않았던 것에 대해 영국 군주에게 고소하면서 다음과 같이 논하였다. "예전에 영국과 스페인이 교전할 당시 실수로 프랑스 선박을 나포하였는데,

---

171 여기서는 William Scott를 다시 '斯果德'으로 음역하였다. 이처럼 인접한 본문 내용에서 다른 음역어를 쓰는 것은 번역이 한 사람의 손에 의해서 이루어지지 않았거나 적어도 구두로 번역하는 내용을 필사한 사람이 다른 사람이었을 가능성을 보여 준다.

후에 비록 프랑스와도 교전하게 되었지만, 법관은 이를 반드시 반환해야 한다고 공평한 판단을 내렸다. 이처럼 선박이나 화물이 적의 물건이라 해도 공유화하지 않았던 경우는 대체로 잘못 포획되었던 경우였다."

제11절 적의 물건이 국경 내에 있는 경우라도 바로 공유화하지는 않는다

영국이 최근 시행하는 바에 따르면 적국의 선박이나 화물이 그 항구에 있는 경우, 즉시 나포하여 전리품으로 귀속시키며, 적국이 어떻게 시행하는지를 기다렸다가 그에 따라 시행하지 않는다. 이처럼 현재의 관례는 옛 법만큼 관대하지 않다. 1812년 영국과 미국의 전쟁 당시 미국의 대법원은 다음과 같이 판단했다. "국회가 별도로 법률을 정하여 이를 허락한 경우가 아니라면 국경 내에 있는 적국의 재화는 압수할 수 없다. 또한 선전포고로 인해 바로 적의 재화를 자기 소유로 하여 이를 공유화해서는 안 되며, 다만 나포할 수 있는 권리가 있을 따름이다." 또한 "채무를 공유화하지 않고 평화가 회복되기를 기다렸다가 청구하는 것이 이미 상례가 되었다. 곧 재화는 전쟁이 시작되었다고 해서 원래 주인과 단절되는 것은 아니다. 또한 반드시 공유화하는 추세는 아니며, 공유화할 수 있는 권리가 있을 따름이다."

법률을 믿고서 다른 국가에 빚을 준 사람과 법을 믿고서 다른 국가에서 재화를 획득한 사람 사이에는 아무런 차이가 없다. 선박이 항구에 있다가 전쟁을 만나게 되면 그 선박과 화물은 함께 나포되는데, 비록 관례상으로는 이를 시행할 수 있을지라도, 화물을 연안지역에서 평화롭게 무역하려는 자는 여러 국가들의 관행에 따라 나포하지 않는다.

전쟁이 개시되면 그 재화를 군주에 귀속시켜 그 개인 소유물로 삼는 것인가, 아니면 다만 공유화의 권리에 귀속시킬 뿐인 것인가? 만약 공유화의 권리에 귀속시키는 경우라면 군주가 시행할 것인지 말 것인지는 모두 마음대로 가능하다. 어떤 한 물건에 대해 시행되는 바는 곧 모든 물건에 대해서도 법이 되니, 나포하여 공유화하는 것과 국경 내의 다른 재화를 나포하는 것은[172] 그 권리에 있어서 차이가 없다. 빈커쇼크의 논의에 따르면, 적이 비록 군사 무기를 지니지 않았더라도, 간계를 써서 적을 멸하거나, 독극물을 써서 해하거나, 몸을 제압하거나 물건을 빼앗는 것 등은 모두 전쟁권에 속한다. 그러나 적에게 상환해야 하는 채무가 있다면 이는 전쟁으로 인해 공유화될 수 없다. 평화가 회복되었을 때, 채권자가 요구할 수 있으며, 그 권리는 줄어들지 않는다[인용된 빈커쇼크의 논의는 채무의 상환에 관하여 논증한 것으로, 그 전쟁에 관한 논의에 있어서 잔인무도한 부분은 취할 바가 못 된다. ―원주]. 바텔은 "적국의 인민이 우리 국경 내에 있는데 선전포고를 한 경우, 그 사람과 그 재화를 압류해서는 안 된다"고 하였다. 바텔의 이 논의는 단지 인민이 현재 국경 내에 거주하는 경우만을 말하는 것이다. 그러나 이 이치를 추론해 보자면 그 사람이 국경 내에 없다면 그 재화 역시 강제적으로 점거 압류할 수 없고, 채무 역시 이 관례에 따라야 한다.

정리해 보자면, 적국 인민의 재화나 부채가 국경 내에 있는 경우, 전쟁의 시작과 함께 바로 공유화해서는 안 되는 것이 오늘날의 상례이다.

---

172 영어 원문상으로 여기서 차이가 없다고 논하는 바는 채무에 대한 압수(나포)의 권리와 물건에 대한 압수(나포)의 권리에 관한 것인데, 중국어 번역에서는 전자의 목적어에 해당하는 '채무'에 대한 언급이 누락되어 맥락을 이해하기 쉽지 않다.

따라서 조약을 맺을 때, 대체로 "전쟁이 일어날 경우, 그 재화는 즉시 회수할 수 있다"는 조항을 둔다.[173]

제12절 적에 대한 채무

적국 인민에 대한 채무에 관하여 영국 법률은 적의 선박에 대한 처리에 비해 관대한 편이다. 영국은 항해 대국이고 해군이 많기에, 전쟁 시 선전포고하기 전에 미리 선박을 나포하여 영국에 이롭도록 한다. 다만 영국은 또한 통상(通商)대국이기도 하여 각국이 영국에게 진 빚도 아주 많기에, 빚진 돈을 압수하는 것은 영국에게는 무익하다. 다른 국가들 역시 이와 같이 행한다면 소탐대실의 우를 면할 수 없다. 따라서 영국 군주는 비록 채무 압수의 권리가 있을지라도 결코 이를 시행하지 않는다. 그래서 영국 법에 따라 평화가 회복되면 채권자의 청구권(債主討索之權; right of the original creditor to sue for the recovery of the debt) 역시 회복된다.

오늘날 미국에서도 채무에 대한 이러한 관례는 마찬가지이다. 예를 들어 영국에서 분리 독립하기 이전에, 영국인에게 채무가 있는 경우에 평화 회복 이후 채권자가 청구하는 것을 허락하였으며, 결국 국고를 풀어 그 빚을 상환하였다. 1794년 통상조약 내에는 다음과 같은 특별 조항이 있다. "여러 국가들이 전쟁 시에 인민의 채무 상환을 허락하지 않는 것은 불공정할 뿐만 아니라, 근본적으로 손해이다. 이후로 영국과 미국

173 영어 원문에서는 이 절의 후반부에 전쟁 선전포고 이후 적국의 사람과 재산을 체포 압수하지 않도록 한 미국 법률의 사례에 관한 설명이 나오지만, 중국어 번역에서는 모두 생략되고 그 개요만을 정리하여 번역해 두었다.

양국은 어떤 전쟁이든 간에, 그 인민이 상호 채무가 있거나 은행과 국고에 재물을 보존한 경우에 결코 이를 압수 공유화하지 않는다."

1793년 영국과 프랑스가 교전하여, 프랑스가 영국인의 재화와 영국인에게 진 빚을 공유화하자, 영국도 이를 그대로 따라서 시행하였다. 1814년에 프랑스 수도에서 조약을 맺을 당시 양국은 종전의 공유화를 폐기하였다. 프랑스가 파견한 사절은 영국인에게 진 빚과 재화를 조사하여 배상하였다. 그리고 프랑스는 공유화한 물건을 먼저 반환하였지만, 영국은 존치하고서 반환하지 않았는데, 이는 영국이 승전국의 권리를 엄격히 시행한 것으로, 불편부당한 도리를 지킨 것은 아니었다. 1807년 영국은 덴마크와 교전 시 아직 선전포고하기 전에 먼저 각 항구 및 대양에 있던 선박을 나포하여, 이를 전후에 공유화하였다. 이에 덴마크는 자기 백성이 영국에 채무 상환하는 것을 허락하지 않고, 이어서 그 돈을 국고에 편입시킴으로써 보복하였다.

제13절 적과의 무역

전쟁을 개시할 때 만약 통행에 대한 특별한 허락이 없다면, 양국 인민의 교역 왕래는 허락되지 않는다. 스코트는 "이는 영국법이 아니라 공법"이라고 하였다.

빈커쇼크는 "이미 교전이 일어났다면, 통상 무역은 자연히 폐쇄된다. 따라서 비록 특별한 금지령이 없더라도 이를 금할 수 있을 뿐만 아니라, 이는 대대로 교전의 조규였다"고 하였다. 선전포고라는 것은 우리 국가 인민으로 하여금 저쪽 국가 인민을 공격하고 그 재화를 압수하고, 토벌에 협력하도록 하는 것이다. 그러나 통상을 통해 큰 도움과 이익을 얻는 것은 각국이 필요로 하는 바이다. 따라서 이런 관례를 엄격히 시행하는 경우는 드물다. 전시의 통상을 허락허거나 금하는 것은 모두 각국의 편의에 따라 시행한다. 그래서 양국이 통상을 허락하는 경우도 있고, 혹은 어떤 물건은 특별히 통상을 허락하고 나머지 물건은 중지하는 경우도 있으며, 혹은 전면 금지하여 어떤 물건도 통상하지 못하도록 하는 경우도 있다. 전면 금지는 원칙(經; generally)이며 나머지는 임기응변(權; specially)이다. 임기응변이란 곧 한편으로는 전쟁하면서 한편으로는 화평하는 것이다. 유럽 국가들의 법률은 대체로 이와 같다.

스코트는 "전시에 왕래를 허락하지 않으니, 사적으로 교류하는 것은 범법행위"라고 하였다. 이를 판별할 수 있는 경우는 아래의 두 가지이다.

첫째, 국법에 따라 화평하거나 전쟁을 하는 것은 군주가 스스로 정하며, 전면 화평하는 것이나, 일부만 화평하는 것 역시 군주에게 권한이 있다. 때로 교류하는 것이 유익할 수도 있지만, 인민이 자기의 사적 이익을 공익으로 삼을 수는 없다. 그 정당함과 부당함은 오직 군주만이 널리 살펴 허락할 수 있고, 그 장정을 정할 수 있다. 군주가 허락하지 않으면 백성은 통상할 수 없으니, 이는 법을 준수하는 것이다. 만약 전시에 어떤 사람이 무역이라는 이름을 빌려 적과 내통한다면 그 폐단은 무궁할 것이니, 오직 허가증(領照; permit)을 받고 조사에 따르면서 무역하는 경우라야만 정당한 이치에서 벗어나지 않는다.

둘째, 이쪽 국가의 백성이 저쪽 국가의 백성과 교역하는 경우, 전시에는 채무 청구를 관리에게 고소할 수 없다. 이런 무역은 이미 법률 바깥에 있는 것이므로, 만약 사적인 행위라면 법률을 어긴 범법행위이다.

스코트는 여러 공안들을 인용하여 이 규칙을 증명하였는데, 예를 들어 국회의 논의나 군주의 반포령으로 적국에서 재화를 운반해 오는 것은 허락하지만, 자기 재화를 적국에 판매하라고는 하지 않는다. 비록 그 사이에 상인이 형세에 쫓겨서 어쩔 수 없는 경우일지라도, 예를 들어 전쟁에 앞서 재화를 이미 실어 놓았거나, 혹은 대리인에게 위탁하였는데 통지가 늦어져서 받지 못하였을 경우일지라도, 이는 명시적 허락이 없기 때문에 전리법원은 또한 이를 범죄라 판정하는 것이 공법의 통용되는 관례이다.

오늘날 미국 법원 역시 이런 관례에 동의한다. 예를 들어 영국과 미국 양국이 아직 교전하기 이전에 미국인이 영국에서 산 화물을 그 인근섬에 두었는데, 전쟁이 시작된 이후 그가 고용한 대행 선박이 본국으로 운송해서 돌아오다가 미국 함선에 나포되었으며, 법원은 이 선박과 화물을 전리품으로 판단하여 모두 공유화하였다.

만약 선박이 이미 해상에 있었고, 선주가 전쟁이 일어난 것을 알고 있었고, 또한 풍랑의 위험이 없었기에 스스로 항로를 바꿔 적국 항구로 갔다고 한다면, 선박에 실은 무역 화물 역시 공유화할 수 있다.

전쟁 발발 이전에 영국에 화물을 둔 한 상인이 있었는데, 전쟁이 1년 정도 지속되길 기다렸다가 운반하여 돌아오자, 본국은 공유화를 결정하였다. 비록 화물이 외국에서 회수될 수 있다고 할지라도 서둘러서 시행해야지 늦춰서는 안 된다. 만약 시일이 오래되길 기다렸다가 화물을 회수하여 귀국하는 것을 허락한다면 적국과 사통하는 폐단이 없다고 보장하기 힘들다. 따라서 공유화하지 않을 수 없다.

또한 미국 선박이 전쟁 전에 화물을 싣고 영국으로 출발하였다. 이후 영국에 도착하여 화물을 내려놓고 영국의 허가증을 받아 다시 화물을 싣고 러시아로 갔는데, 러시아에 도착하고서야 미국과 영국이 교전하는 것을 알게 되었다. 그러고서 다시 화물을 싣고 영국에 돌아가서 영국 함선의 호송을 받고 화물을 내려놓은 뒤 영국 허가증을 가지고 미국으로 돌아오다가, 해상에서 본국 함선에 나포되었다. 전리법원은 적과의 내통에 대한 관례에 따라 이를 공유화하였다.[174]

정리해 보자면, 국가들의 공법과 각국 율례는 모두 적국과의 교류를 금하며, 허가증이 없이 명시적인 허락을 받지 않고 통상하는 경우, 이는 범법이며 그 화물은 압수할 수 있다.

제14절 군사 연합국의 백성(合兵之民; *allied subjects*)이 적국과 통상하는 경우

여러 국가가 군사를 연합하여 전쟁을 하는데 사적으로 적국과 통상하는 경우, 본국이 그 화물을 압수할 수 있을 뿐만 아니라 우방국의 전리법원 역시 이를 압수하여 공유화할 수 있다. 이런 일은 본국 법률, 만국공법, 공동전쟁 동맹조약(並同戰約盟; treaty of alliance) 장정 등이 모두 엄격히 금하는 바이다. 본국의 백성이 판매한 화물이 적에게 들어가는 것은 국가 군주가 허락한 것이 아니라면 불가하다. 군사를 연합한 전쟁에서 우방국이 허락하지 않는 경우 역시 그 판매한 화물이 적의 손에 들어가게 해서는 안 된다. 군사 연합 조약은 적과 통상하는 것을 허락하지 않는 것에 암묵적으로 동의한다.

만약 적을 공격하는 것이 한 국가라고 한다면, 그 관례는 다소 관대할

174 이 부분에 해당하는 영어 원문에서는 다섯 쪽에 걸쳐 미국과 영국 사이의 전쟁 당시에 있었던 무역상들에 대한 나포 압수 관련 사건들에 대한 사건 전개 및 법리적 판결 과정에 대한 자세한 설명이 부연되어 있지만, 중문 번역서에서는 대부분이 생략된 채 간략한 개요만이 번역 소개되고 있다.

수 있다. 만약 여러 국가들이 군사를 연합하여 적을 공격하는 경우, 엄격히 금지하지 않는다면 전쟁에 크게 손해를 끼칠 우려가 있다. 따라서 전리법원은 이런 사안이 있을 경우, 결코 우방국이 자기 백성의 적과의 통상을 허락했다고 해서, 우리 백성 역시 적과 통상할 수 있다고 해서는 안 된다. 반드시 그 사안이 전쟁에 아무런 지장을 주지 않음을 명확히 밝히거나 혹은 우방국에 동의를 받아야만 한다. 그렇지 않는다면 이를 죄로 판정하지 않을 수 없다.

제15절 적과 계약을 맺어서는 안 된다

이미 적국 백성과의 무역 왕래를 허락하지 않았는데, 만약 전시에 적과 사적으로 계약을 맺는 등의 정황이 있을 경우 이는 모두 범법행위이다. 예를 들어 적의 화물을 보관하거나, 전표(錢票; bills of exchange, 현대어로 '환어음')[175]를 발행하거나, 은화를 교환하거나, 지폐나 실물을 적국에 보내거나, 혹은 선전포고 후 여전히 적국 인민과 동업하거나 하는 것은 모두 이 조례를 위반한 것이다. 만약 본래 전쟁 전에 동업했었을 경우, 전시가 되면 자동으로 폐기된다. 오직 전쟁 전에 별도의 계약이 있었을 경

175 영어 원문에서 사용된 'bill of exchange'(환어음)이라는 용어를 마틴은 '錢票'라고 번역하고 있는데, 이는 현대어로 '환어음'에 해당할 만한 중국의 유사한 개념으로 의역한 것이다. 마틴은 앞서 제1권 제2장 제24절에서 'bill of credit'(신용장) 역시 '錢票'로 번역한 바 있는데, 이는 화폐 교환에 중점을 둔 '환어음'과는 달리 무역 거래의 안전성 보장과 원활한 결제에 중점을 둔다는 점에서 다소 다른 의미를 지니지만, 기본적으로 유사한 의미를 지니고 있을 뿐만 아니라, 서양의 근대적 금융시스템에 대한 이해나 적절한 번역어가 부재하였던 당시 중국의 상황으로 인해 이처럼 다른 개념에 대해 동일한 번역어를 사용한 것으로 보인다.

우에는 폐기할 수 없으며, 다만 그 청구권만 일시 정지될 뿐이다.

제16절 적국 국민이 국내에 거주하는 경우

그로티우스는 "한 국가가 다른 국가로부터 피해를 입는다면, 공법에 따라 그 백성의 재화를 압수하여 배상받을 수 있을 뿐만 아니라, 저쪽 국가 [즉 피해를 준 국가] 내에 상주하는 다른 국가의 백성의 경우라도 그 재화를 압수하여 배상으로 삼을 수 있다. 오직 국경을 거쳐 통과하거나 일시적으로 거주하는 경우에는 함부로 압수할 수 없다. 다른 국가의 사신과 그 재화의 경우는 이 [압수의] 권리 내에 있지 않지만, 사신이 적국에 파견되어 간 경우만은 [압수를] 피할 수 없다.

사람이 만약 다른 국가로 이주하여 오랫동안 저쪽 백성과 함께 통상의 이익을 누려 왔다면, 전쟁이 일어날 경우, 그 우환도 함께 당해야 하니, 가옥과 재화가 저당 배상될 수 있는 것도 저쪽 국가 인민과 다를 바가 없다.

제17절 다른 국가로 이주한다는 것은 무엇인가

다른 국가로 이주한 경우라야 비로소 압수하여 배상으로 삼을 수 있다고 하는 것이 무엇을 말하는 것인지, 공법학자는 자세히 논변한 적이 없지만, 영국 법원의 공안을 인용하여 그 관례를 명확히 밝힐 수 있다.

예전에 영국이 네덜란드의 속지를 격파하였을 때, 저쪽 땅에 거주하던 영국인의 자산을 함께 압수하여 배상으로 삼았는데, 이후 관청에 고소하여 반환을 청구하였다. 이에 법원은 다음과 같이 판단하였다. "그 사람은 이미 저쪽 땅에 거주하고 있고, 그 생계 역시 저쪽 국가에 있으며, 평소에 저쪽 국가에 이로움을 주고자 애쓰고 저쪽 국가의 보호에 의존해 왔다. 그렇다면 이는 저쪽 국가의 인민과 다를 바 없다. 전쟁이 일어났을 때 저쪽 땅에 있으면서, 본국에 돌아오지 않았다. 하물며 돈을 기부하고 세금을 내는 데 있어 모두 저쪽 백성과 함께했다면, 마땅히 저쪽 백성과 동일하게 보아야 할 것이니, 그 자산을 반환할 수 없다."

혹자는 일로 인해 우연히 거주하는 경우는 이주라고 할 수 없다고 한다. 다만 스코트는 "반드시 그 거주 기간의 길고 짧음을 보고, 또한 그 일이 생업(爲業)인지 여부를 보아야만, 그 사안을 판정할 수 있다"고 하였다.

본래 국적의 손쉬운 회복

과거에 영국 법률은 오직 상인단체[즉 동인도회사]의 사람만이 인도와 통상하는 것을 허락하고, 다른 사람이 사적으로 무역하는 것을 금지하였는데, 이는 1794년 조약을 맺어 미국인이 인도와 통상하는 것을 명시적으로 동의할 때까지 지속되었다. 당시 미국인이 영국 땅에 거주하며 인도와 통상하였는데, 그 선박이 영국 항구에 돌아오자 바로 영국에 의해 나포되었는데, 그 죄목은 금지령을 위반했다는 것이었다. 그 당시 그 상인은 이미 영국 땅을 떠나, 본국으로 돌아갔다. 따라서 법원은 "그 사람이 영국에 상주하였다면 영국 상인이라고 할 수 있지만, 본국에 돌아갔으므로 영국상인이라 할 수 없으며, 응당 본래의 국적(本名; original character)으로 돌아갔으니, 미국상인이라고 봐야 할 것"이라고 판단하였다. 그리하여 그 사안이 금지령을 위반한 것이 아니라고 판단하여, 선박을 반환하도록 명령하였다.

본래의 국적(本名; native character)을 회복하는 경우, 저쪽 국가 사람이 이쪽 국가에서 생업을 하거나 상주한다면 자기 백성으로 볼 수 있다. 만약 기존에 외국에 거주하다가 본국으로 돌아간 경우, 그 본래 국적으로 돌아가려고 한다면 이는 더욱 용이하다. 예를 들어 1800년에 프랑스 사람이 아이티(海底; Haiti)[176]라는 지명의 프랑스 속주에 거주하였는데, 후에 미국에 가서 거주하여 미국 인민이 되었다. 아이티에 돌아가서 화물을 싣고 프랑스로 가다가 영국 선박에 의해 나포되었다. 법원은 그가 프랑스인이라고 여겨, 그 화물을 공유화하기로 판정하면서, "본토에 돌아가서 본래의 국적을 회복하였으니, 프랑스인이라고 보지 않을 수 없다'고 하였다.

일찍이 네덜란드에 가서 무역을 하던 미국인이 있었는데, 네덜란드는 본래 영국과 화목하였지만 후에 프랑스에 정복 점령당하였을 당시 영국 프랑스가 교전할 때, 그 상인의 화물이 영국 군인들에 의해 수차례 압수되었다. 이에 대해 전리법원은 "그 상인이 네덜란드에 있을 때 압수당한 화물은 공유화해 마땅하다. 만약 네덜란드를 벗어난 이후라면 압수한 화물은 반환해야 마땅하다"고 판단하였다. 네덜란드 국경 내에 있다면 곧 프랑스 상인이고, 네덜란드 국경 밖으로 나오면 미국상인이라 여길 수 있는 것이다.

---

176 영어 원문에는 산토도밍고(St. Domingo)로 표기되어 있는데 중국어 번역문에서는 아이티(海底; Haiti)라는 지명으로 다르게 표기되어 있다. 현재 카리브제도에 있는 히스파니올라 섬의 왼편은 아이티, 오른편은 도미니카공화국으로 나뉘어 있고, 산토도밍고라는 항구도시는 도미니카공화국에 속한다. 과거에 섬 전체가 스페인의 식민지였다가 섬의 왼쪽 부분이 프랑스에 의해 점령되어 식민지가 되었으며, 이후 프랑스가 섬 전체를 식민지로 만들게 되는데, 사건이 있던 1800년 당시에는 프랑스 식민지였던 시기이다. 그래서 영문상의 도시명을 섬 전체의 프랑스 식민지명인 아이티로 바꾸어 번역하고 있는 것이다.

또한 네덜란드에 거주하던 영국인이 네덜란드 상인과 동업하였는데, 프랑스에 의해 그 [네덜란드] 땅이 점령당한 이후 영국과 프랑스가 교전할 때, 그 사람은 그 일을 그만두고 본국으로 돌아가고 싶었지만, 프랑스가 출국을 금지하여 뜻을 이루지 못하였고, 후에 영국인에 의해 그 화물이 압수당하자 관청에 고소하여 반환을 청구하였다. 법원은 "만약 그 사람이 과거에 생업을 위해 네덜란드에 있다가, 프랑스에 의해 강제 억류되어 귀국하지 못했음에도, 그 화물을 압수하여 공유화한다면, 지나치게 엄격하게 법을 집행한 것이라 하지 않을 수 없다"고 판단하였다. 그리하여 그의 물건을 반환받을 수 있다고 판단하였다.

법학자는 이 사안을 기록하면서 다음과 같이 평가하였다. "전리법원이 이런 사안을 판결하는 데는 난처한 부분이 많다. 따라서 외국에 거주하는 인민은 전쟁이 일어날 경우 특별 허가증을 받아 출국하기 위해 애써야 하며, 그렇지 않는다면 돌아올 뜻이 있었을지라도 증거가 없으니, 그 화물을 압수당할 우려가 있으며, 공유화되지 않을 것을 보장하기 힘들다."

미국과 영국이 전쟁할 당시, 미국 전리법원 역시 이 관례에 동의하였다. 영국인 몇 명이 미국에 오래 거주하여 미국 인민으로 간주되었는데, 이후 전쟁 전에 영국에 돌아가서 사업을 하여 화물을 싣고 바다에 나갔다. 이들은 전쟁이 일어났는지 모르고 있다가 미국 함선에 의해 나포되자 관청에 고소하여 반환을 청구하였다. 그 가운데 한 명이 아직 영국에 있다가 귀국하고자 하였지만 문제가 있어서 귀국하지 못하였고, 다른 한 명은 화물 압수 이후 미국에 귀국하였고, 또 다른 한명은 영국에 남은 채 귀국하지 않았다. 법원은 그 화물을 모두 공유화하여 반환하지 않아도 된다고 판단하였다.

제18절 서양인이 동양(東土; the East)에 거주하는 경우

상인이 서양(西土; Europe and America) 각국에서 생업을 하는 경우, 법률에 따라 자기 백성과 동일한 경우로 간주한다. 상인이 동양(東土; the eastern parts of the world)에 있는 경우에는 상인단체의 국적(以商會得名; in the character of association or factory)을 따른다. 서양과 동양은 풍속이 다른데, 서양에서는 다른 국가 사람이 본국 사람과 교제하는 데 아무런 장애가 없지만 동양에서는 그렇지 않다. 소위 이방인은 외곽지역에서만 여행하거나 머물 수 있다. 영국과 네덜란드의 교전 당시, 오스만제국에서 무역을 하던 한 영국 상인이 네덜란드 영사의 보호에 의존하고 있었는데, 전리법원은 그를 네덜란드인과 마찬가지로 볼 수 있다고 판단하였다. 즉 그의 재물을 적의 재물로 간주하여, 그 재물을 압수하여 공유화할 수 있다고 판단하였다.

서양인이 중국에서 상인단체에 들어간 경우, 그 본국이 어떤 국가인지 불문하고, 법률에 따라 중국인으로 보지 않고, 모두 소속 상인단체에 따라 그 국적을 정하였다. 동양에 거주하는 경우 대체로 이 관례에 따르되, 인도의 경우만은 동양에 속할지라도 이 관례에 귀속되지 않는다. 이미 영국의 속국이 되었기에 그쪽에 거주하며 통상하는 사람은 모두 영국 법률을 따라야 하므로, 영국인으로 볼 수 있는 것이다.

제19절 적국에서 상업 행위를 하는 경우

누구를 적으로 여기고, 누구를 중립으로 여길 것인지는 그 거처에 따라 정해야 한다. 다만 때에 따라 비록 적국에 거주하지 않더라도 그 재물

(貨物; property)을 적의 재물로 간주할 수 있는데, 예를 들어 적국에 무역상사(商行; house of trade)[177]를 세웠다면 그 재물은 공유화할 수 있다. 만약 평소 평화 시기에 무역을 했던 경우라도, 관례에 따라 전쟁 이전까지를 기한으로 삼아 그 재물을 회수하도록 할 수 있으며, 즉시 압수해서는 안 된다. 만약 교전 이후에 적국에 들어가 상사를 하거나, 혹은 전쟁 이전에 저쪽 국가에 있다가 아직 동업관계에서 벗어나지 않았다면, 모두 자신이 중립국에 머문다는 것을 핑계 삼아 그 재물의 압수를 피할 수 있기를 기대해서는 안 될 것이니, 이는 행위를 가지고 판단하는 관례이다.

제20절 몸은 적국에 있지만, 중립적으로 행동하는 경우

영국과 미국 양국의 전리법원은 모두 이 관례를 따른다. 비록 그 도리에 반해서 시행하고자 하여도 이를 피할 수는 없다. 적국에서 무역상사를 하면서 그 몸은 중립국에 있는 경우라 하더라도, 대체로 그 재물을 보호할 수 없다. 즉 중립국에서 상사를 하는 경우에도 역시 그 몸이 적국에 있음으로 인해서 그의 재물이 압수될 수 있으니, 이는 몸[의 거주지]을 가지고 판단하는 관례이다.

제21절 적국의 토산품은 지주에 귀속될 경우 적의 재물이다

적국의 토산품이나 그 속주의 토산품이 아직 지주의 손에서 벗어나지

---

177 'house of trade'는 원래 16~18세기에 스페인 정부에서 세운 '무역회사(trading company)'인 'Casa de Contratación'의 영어식 번역어이지만, 여기서는 일반적인 무역상사를 가리키는 의미로 사용되고 있다.

않았다면 이는 곧 적의 재물이므로, 어떤 사람에게 속하든, 그리고 그가 어느 곳에 거주하든 상관없이, 모두 압수할 수 있다. 이 조례는 본래 영국 전리법원이 정한 것으로, 후에 미국 전리법원 역시 이에 따라 판결한다.

어떤 섬이 본래 덴마크에 속하였는데, 영국 군대에 점령당하여 그 섬의 백성이 영국에 항복하였고, 인민들의 전답과 재산을 등록 명시하여 공유화하지 못하도록 하였다. 어떤 덴마크 무관이 전답과 재산을 다른 사람에게 관리를 위탁하고 그 나라로 돌아갔다. 그 관리인이 설탕 30통(桶; hogshead)[178]을 영국 선박에 실으면서 모든 피해는 그 [덴마크인] 화주(貨主; owner)가 입게 됨을 밝혔는데, 해상에서 미국 함선에 의해 그 화물이 나포되었다. 법원은 이 30통의 설탕을 전리품으로 판정하며 다음과 같이 밝혔다. "저 섬은 영국이 점령한 곳으로, 비록 조약을 맺어 그 사안에 대해 확정하지는 않았지만, 지금 영국의 관할하에 있으며, 상업적 사안에 관하여 아직 덴마크에 반환되지 않았으므로, 영국의 속지로서, 그 토산품은 적국의 화물로 봐야 할 것이다. 비록 지주가 중립국에 속할지라도 압수하여 공유화할 수 있다."[179]

제22절 선박은 선주(船戶; *owner*)에 따라 국적(名; *national character*)을 얻는다

사람은 거주하는 곳에 따라 국적을 얻고, 선박은 선주에 따라 국적을

178 원문에는 'hogshead'로 되어있는데, 이는 약 238.5리터에 해당하는 용량의 큰 통을 가리킨다.

179 영어 원문에서는 이 이하 부분에 덴마크인의 재산에 대한 몰수 사건의 적법성을 둘러싼 법리적 논쟁에 관한 설명이 4쪽에 걸쳐 부연되고 있는데 모두 생략되었다.

얻는다. 다만 다른 국가의 허가증과 깃발을 빌려서 항해하는 경우, 허가증과 깃발에 따라 국적을 얻으며, 그 국가 선박과 같은 관례에 따라 대우받아야 한다. 그 선주가 중립국인지 여부와 상관없이, 반드시 그 허가증을 가지고 그 국적을 판정한다.

만약 평화 우호적인 시기라면, 화물을 적재할 때 다른 국가의 화물로 기록하여, 저쪽 국가가 선박에 달아 놓은 국기나 허가증과 같은 관례에 따라 중과세하는 것을 회피하므로, 꼭 깃발을 가지고서 화물의 공유화를 판정할 필요는 없다. 선박과 화물은 구별되니, 선박은 국권이 부여한 허가증에 따른다. 즉 그 국가에 따라 국적을 얻으므로 이로부터 벗어날 수 없다. 화물의 경우는 주인이 만든 기록에 따르며, 국권을 근거 삼지 않는다. 만약 평시에 적재한다면, 장차 전쟁이 일어날 경우를 고려하여 선박과 함께 공유화되는 판정을 받지 않도록 해야 한다. 만약 전시에 화물을 적재한 기록이 있다면 엄격히 판단하여 처리할 수 있다.

제23절 적국에서 허가증을 받은 경우

만약 전시에 적국 인민이 국가 군주의 허락이 없다면 왕래 교제할 수 없는 것은 이미 위에서 언급하였다. 어떤 사람이 만약 본국의 허가증을 받지 않은 채 함부로 사적으로 적과 통행한다면 이는 법을 위반한 것이다. 만약 적국의 허가증을 받고 본국에서는 받지 않은 경우라면 이 역시 법을 위반한 것이다. 이런 사안을 예외로 두는 것이 공사(公事)에 유익한가 손해인가는 집정자만이 정할 수 있다. 적국에서 허가증을 받고 통상하는 경우만 이 관례를 위반하는 것이 아니라, 적국의 허가증을 받고서 선박을 몰고 적국의 우방국이나 중립국에 가는 경우 역시 이를 위반하는 것이다. 적국에서 허가증을 받는 것은 교전조규에서 엄격히 금하는 바이다. 적국이 그 허가증을 발급한 이유는 원래 자기에게 도움이 되도록 하여 전쟁의 용도로 쓰고자 할 따름이니, 우리나라의 백성이 어찌 그 허가증을 받아 이를 이용해 보호를 받아 도움을 주도록 할 수 있겠는가?

제2장

적국과의 전쟁권(交戰之權; rights of war)[180]을 논함

제1절 적을 해치는 데도 제한이 있다

전쟁에서 적에 대해서 어떤 권리를 행사할 수 있는가는 반드시 어떤 원인에 의해 전쟁이 일어났는지를 봐야 한다. 그 일이 완료되지 않았다면 모든 방법을 다하여 이를 이룰 수 있으며, 이는 모두 전쟁의 권리에 속한다.

고대인들은 전시에 사용할 수 없는 방법은 없다고 생각했으며, 근래 공법학자 가운데도 그 설에 동의하는 이가 없지는 않다. 빈커쇼크와 볼프 두 사람은 비록 그 본국의 교화가 융성(敎化興隆; civilized)하고 학문(文學; learned)[181]이 넓고 깊지만, 1800년에 어떻게 적에게 해를 가하는가에 있어

180 영어 원문상 'rights of war'(전쟁권), 'the general operations of war'(전쟁작전), 'belligerency'(교전) 등과 같이 현대어 맥락상 미묘한 차이를 보이는 개념들을 마틴은 '交戰權', '戰權' 등으로 뭉뚱그려서 번역하고 있는데, 여기서는 그 전반적인 현대어 맥락을 고려하여 '전쟁권'으로 번역하였다.

181 중국어 번역상으로 '文學'이라고 되어 있지만, 지금과 현대어에서 사용하는 'literature'에

서 어떤 일이든 할 수 있다고 언명하였다. 무기를 지니고 있지 않아서 몸을 보호할 수 없는 경우 역시 체포 살해할 수 있으며, 계략이나 독극물 역시 사용할 수 있다. 그 사람과 재물이 이미 체포 압수되었다면, 모두 승자의 권리에 귀속되는 데 제한되는 바가 없다. 하지만 유럽 국가들은 그 논의를 따르지 않고, 이렇게 잔인하게 행동하지 않는다. 그로티우스는 일찍이 인의의 도를 가지고 교전조규를 논하였고, 바텔은 그를 뒤이어 그 의를 밝혔으니, 오늘날 공법학자들 가운데 이를 따르지 않는 이가 없다.

제2절 적을 해치는 권리는 어디까지 미치는가

만약 왕법[실정법]이 미치지 않는 곳에서 다른 사람이 나를 해하는 경우, 나는 힘으로 나를 보호하거나 그에 대한 보상을 받거나, 저쪽에 대해 보복하는데, 어디서 멈추어야 할 것인가? 이법(理法; law of nature)으로 이를 논하여 판정하기는 쉽지 않다. 오직 최선을 다해서 그 일이 완료된 이후에 이치에 위배되지 않도록 할 따름이다. 국가가 교제하는 도리 역시 그러하니, 무력을 쓰는 것은 부득이한 경우가 아니라면, 이치에 어긋나는 일이다. 비록 부득이하여 쓰더라도 과분하게 해를 주는 것 역시 이치에 어긋난다.

이 때문에 전쟁당사자가 만약 적을 항복시킬 다른 방법이 있다면, 그

대응하는 번역어가 아니라, 영어 원문상 'learned'에 대한 번역어로 사용된 것이다. 근대적 개념인 'literature'의 번역어로서 '文學'이 사용되기 시작한 것은 19세기 말엽의 일로, 일본식 번역어와의 경합 과정에서 정착되었다.

국가의 병사와 백성을 죽여서는 안 된다. 오직 무기를 지니고 항거하며 항복하지 않는 경우에만 살해할 수 있으며, 무기를 지니지 않거나 무기를 지녔지만 투항한 자는 모두 살해해서는 안 될 것이니, 비록 그를 살해하더라도 전쟁에 도움이 되지 않는다. 혹은 생포하여 구금하거나, 혹은 기한을 정하여 그 기한 내에는 반드시 더 이상 무기를 가지고서 우리 측을 공격하지 않겠다고 보장하도록 하거나, 혹은 기한을 정하지 않고 전쟁이 끝날 때까지 무기를 가지고 우리를 공격하지 않겠다고 보장하도록 할 수도 있다. 이는 모두 대사에 무해하며 오히려 유익하다.

생포한 자는 만약 그 사람이 반항하며 불복하는데다, 또한 적군의 도발에 내응하여 지키기 어렵게 만드는 경우가 아니라면, 결코 다른 이유로 그를 죽여서는 안 된다. 결론적으로 부득이한 상황이 아니라면 생포한 자를 죽이는 것은 천리를 해치는 것이니, 반드시 하늘에 죄를 얻어 그 벌을 피하기 힘들 것이다.

제3절 포로 교환

생포한 자를 살해하는 것은 오랑캐(夷狄; savage nations)의 교전 시 상례이다. 과거에 다소 예의를 알았던 국가들이 점차 옛 규정들을 혁신하여 생명을 잔혹하게 해하지 않게 되었지만, 잡은 사람을 노예로 삼고, 뒤이어 돈을 받고서 속량해 주었는데, 이는 수백 년 전까지 오래도록 시행되어 왔다. 최근 200년 동안은 포로 교환이 제도로 정해졌지만, 돈을 주고서 속량하는 것이 공법을 위반하는 것은 아니다. 혹은 속량해 주지 않고서 전쟁이 끝났을 때에야 비로소 속량 송환하는 것 역시 공법을 위반하는 것은 아니다. 만약 포로를 교환하는 경우, 양국이 각기 뜻을 밝혀 장정으로 정하는 것도 가능하다.

때로 곤경에 처한 병사가 투항하면서 반드시 자신을 귀국시켜 주되, 자신의 국가에 석방 교환할 포로가 없더라도 허락해 준다면 반드시 다시 공격하지 않겠다고 언명하는데, 후에 포로 교환되고 나면 여전히 전쟁에 참여할 수도 있다. 포로가 된 장교(官弁; officer)의 경우, 내뱉은 말을 증빙으로 삼아 석방하는데, 이는 아직 포로교환이 되지 않았지만 반드시 무기를 지니지 않겠다는 말을 믿기 때문이다.

이런 사안에 대해서는 반드시 인의로써 논의하고 신의로써 행동해야 한다. 그 뜻은 교전의 흉포 잔인함을 피하고자 하는 것이지, 그 전쟁을 끝내지 않으려는 데 있는 것이 아니다. 오늘날 사절을 파견하여 적국에 주재시켜 포로 교환을 처리하는 것이 상례이다. 만약 조약 위반의 죄를 범하는 경우, 형벌을 가할 수는 없으며, 오직 그 조약 내에서 동의한 이익이 돌아오지 않을 따름이다. 혹여 중대한 까닭이 있는 경우에는 보복할 수 있다.

제4절 어떤 사람을 살해해서는 안 되는가?

공전의 경우, 적국 인민은 모두 적으로 간주할 수 있되, 다만 일률적으로 대우해서는 안 된다. 적에는 구별이 있는데, 그 사이에 공법으로 죽여도 되는 자가 있는 경우, 이들을 구분하지 않고 모두 죽여서는 안 된다. 그 일반 원칙(大綱; general rule)은 천리에서 나온 것으로, 만사를 총괄함은 변하지 않는다. 진실로 대사(大事)를 이루는 데 부득이한 경우가 아니라면 적에게 더 이상의 해를 가해서는 안 된다.

기독교를 신봉하는 국가들의 상례에 따르면, 여러 종류의 사람들은 비록 전시라 할지라도 그 신상에 해를 주어서는 안 되는 경우가 있다. 예를 들자면 국가 군주와 그 가속, 문관(文官; members of the civil government), 선비(士人; men of science and letters),[182] 부인, 어린아이, 농부, 기술자(工匠), 도붓장수, 상인, 민간의 각 업종의 사람들로 군인에 속하지 않는 자는 공사(公私)를 막론하고 모두 해를 가해서는 안 된다. 다만 무기를 가지고 교전하거나 별도의 교전 조규를 위반한 경우에는 이런 권리를 잃게 된다.

제5절 적의 재산

위 절에서 말한 일반 원칙이라는 것에는 또한 전쟁하는 자가 적 지방의 재화를 약탈하는 것을 제한한다는 뜻을 담고 있다. 양국이 교전하는 경우, 이쪽 국가가 저쪽 국가의 재물을 압수할 수 있는 권리를 가지며, 어떤 것 어느 곳을 막론하고, 모두 자기 것으로 하거나, 자기 병사에게 상으로 줄 수 있다. 고대의 관례에 따르자면, 비록 신을 섬기는 사당 내의 성물일지라도 압수하여 공유화하는 것을 피할 수는 없었다. 키케로가 "패배하면 성물 역시 일반 재물이 된다"고 하였던 것이 바로 이것이다. 하지만 현재의 엄격한 관례에 따르면, 만국이 반드시 따라야 하는 몇 가지가 있는데, 가옥이나 물건 가운데 전쟁 시에 가해권 밖에 있는 것(置

182 마틴은 영어 원문상의 'men of science and letters'를 지식인 계층을 가리키는 '士人'(선비)으로 번역하였는데, 재미있는 사실은 원래는 상인 다음의 맨 뒷자리에 놓여 있었던 것을 중국어로 번역하면서는 정부 관료를 의미하는 '文官' 바로 뒤에 위치시켰다는 점이다. 이는 지식인인 '士人'을 중시하고, 또한 '文官'과 '士人'이 거의 한 쌍으로 인식될 정도로 밀접할 수밖에 없었던 중국의 전통 담론이 작용하였기 때문으로 보인다.

於害外; exempt from the general operations of war; exempt from hostilities)으로는 예를 들어 신을 섬기는 사당, 문관 관청(文職公廨; public edifices), 학당 도서관, 기이한 명물 등과 같은 것이 있다. 민간 화물을 연안에 하적해 둔 것도 전쟁권 밖에 둔다. 다만 변경지역에서 빼앗아 온 화물이나 성을 공격하여 그 재화를 얻은 것은 모두 이 권리[전쟁권]로부터 벗어날 수 없다. 적의 국경을 쳐들어가 그 백성에게서 군사비를 거두는 경우도 관례에 어긋나지 않는다. 다만 어떤 사람 어떤 물건을 가해권 밖에 둬야 하는지에 대한 이런 관례는 비록 적국을 정복하고 병탄한 경우라 할지라도 반드시 준수하여 시행해야 한다.

고대의 관례에 따르면, 동산과 부동산은 모두 승자에 귀속된다. 예를 들어 로마 법률에는 매우 엄격하게 정하여, 정복한 땅에 대해 매번 이와 같이 시행하였다. 국가의 세력이 쇠약해져 북쪽 오랑캐에 정복당하자, 스스로도 반복적으로 이런 보복을 당하였다. 땅과 재산의 경우 북쪽 오랑캐의 군주가 그 삼분의 이를 공유화하였다. 8백 년 전, 노르망디(Normandy; 挪滿)의 군주 윌리엄 1세(William I; 韋良)이 영국을 정복하자 영국인 역시 이와 같이 취급되었다.

이후로는 기독교를 신봉하는 국가들이 교전한 경우, 비록 정복한 지방과 평화조약을 맺어 속국으로 삼더라도 그 땅과 재산, 부동산 등을 강제로 주인을 바꾸는 일은 없었다. 다만 정복당한 국가 소유의 공적 토지(公地; place of sovereign)와 공적 재산(公物; property of government)은 모두 승자에 귀속시키되, 민간의 사유재산은 상위의 주권에 귀속시킨다. [이는 그 임대료(年租)와 세금(稅銀)을 모두 승리한 군주에게 바치는 것을 말한다. ― 원주] 이 외에는 바뀌는 바가 없다.

제6절 적국 영토에 대한 약탈

이상의 여러 조항들은 모두 전쟁권을 제한하기 위하여 만든 것으로, 양국이 힘을 겨룰 때 너무 흉포 잔혹해지지 않도록 하기 위함이다. 무력으로 적을 공격할 때 비록 복속시키는 것은 가능하지만, 이미 충족되었다면 그치는 것이 천리의 마땅한 바이니, 함부로 흉포하게 해서는 안 된다.

적국의 어떤 사람을 죽여도 되는가는 이미 일반 원칙으로 정해져 있으며, 지방을 약탈하는 것은 어떻게 해야 하는가에 관해서도 이 일반 원칙에 따라 판단한다. 만약 전투가 끝나지 않아서 부득이하여 하는 것이라면 범법으로 보지 않는다. 만약 그렇지 않다면 결코 해서는 안 된다. 예를 들어 적이 아군을 공격하는데, 아군이 막아 내지 못하여 우리 국경을 지키기 힘들게 되거나, 성을 공격하는데 나아갈 방법이 없어서 부근 마을을 파괴하는 경우, 이는 부득이한 형세에 의한 것으로 교전할 때에는 드문 일이다. 비록 우연히 임기응변한 것이기는 하지만 실제 교전 조규에서는 금하는 바이다. 국가들이 준수하는 공법은 피차가 서로 허락한 바에 의존하는 것이니, 이쪽 국가가 이를 준수하는 이유는 저쪽 국가가 이를 위반하지 않을 것을 믿는 까닭이다. 적국이 만약 교전의 상례를 위반할 경우, 만약 그 분별없는 행동을 막을 다른 방법이 없다면, 그와 마찬가지로 보복하여 그들이 다시는 그런 일을 또 일으키지 않도록 할 수 있다.

과거에 영국과 미국이 교전할 때, 영국이 교전조규상 가해권 밖에 두었던 사람들을 누차 체포하고 재화를 훼손하였다. 영국의 해군제독은 서신을 보내 그 사안에 대해 논변하면서, 미국 군대가 캐나다의 영국 속지를 침범할 당시 이미 이런 불법 행위를 저질렀다고 말하였다. 그래서 그 서신에서는 "캐나다 총독이 일찍이 나에게 보고하면서, 미국인이 우리 국가의 백성과 재물을 함부로 훼손하였으니, 이에 대해 보복해 주기를 청하였다. 그리하여 본 제독은 명령을 내려 해군에게 미국 해안 도시를 파괴하도록 하였다"고 밝혔다. 미국은 그 서신에 대하여 다음과 같이 답서를 보냈다. "우리가 영국과 교전할 당시 실로 부득이하여 그리 된 것이지, 원래 인의를 저버려 후세에 오명을 남기고자 한 것은 아니었다. 다만 영국이 인디언을 시켜 흉포한 살인행위를 하도록 하였을 뿐만 아니라, 작년 우리 해안의 마을을 훼손시키고 최근에는 우리 수도를 파괴하였다. 무릇 공공관청(公宇; the houses of the government)을 훼손하는 일은 유럽 국가들조차도 감히 행하지 않는 일이니, 지난 10년 동안 여러 국가들의 수도가 여러 차례 점거되었지만 이렇게 훼손된 일은 없었다. 고대에 교화가 미개하던 시대에도 이런 일이 간혹 일어나는 정도였다. 이는 우리가 보복하도록 몰아붙이고자 한 것일 따름일 것이다. 그러나 우리는 결코 우리 군사가 보복행위로 이런 일을 저지르는 것에 동의하지 않았다. 즉 우리 군사가 영국 땅의 작은 마을을 훼손한 것은 보복하고자 함이 아니었다. 지휘관의 보고에 따르면 이 마을이 포대와 인접하여 그 마을을 훼손시키지 않고서 그 포대를 공격하는 것이 불가능하였기에 실로 부득이한 조치였다. 그러나 우리나라는 그 사안에 동의하지 않았기에, 그 해당 지휘관을 군 형사재판(軍營刑官; military tribunal)에 넘겨 심사받도록 하였다. 두 번째 마을의 경우는 패잔병들(亂兵; stragglers)이 훼손한 것으로, 해당 지역의 지휘관이 이미 해직되었기에, 그 사고를 예방할 수 없었다. 영국이 의를 가지고 우리를 대한다면, 우리도 의를 가지고 대할 것이다. 다만 영국의 행위가 인정에 부합하지 않고 교화의 이치에 위배되니, 우리는 이를 심히 수치스럽게 생각한다. 만약 이런 불법적인 일을 저지른다면, 우리는 자주국가로서 자위권을 가지고 있기에 반드시 온힘을 다해 이를 막아 조금도 허용치 않을 것이다."

이듬해 영국의 국회는 이 사안을 논의하였는데, 영국 공법학자 매킨토시(Sir James Mackintosh; 麥金督士)는 다음과 같이 말하였다. "이렇게 해서 승리하는 것은 패배하는 것만 못하다. 이 사안은 유럽 국가들에 오명을 남겼을 뿐만 아니라, 이들에게 원한과 두려움을 갖도록 하였다. 더욱이 미국인들이 한마음으로 이를 기억하고 원망하게 하였으니, 이후 영국이 적에 의해 당하는 것을 반가워하며 적을 도와 공격하게 될 것이다. 장구한 정치사에 있어서 큰 해가 되었을 뿐만 아니라, 당시의 전투에서도 전혀 도움이 되지 않았다. 오직 우리 영국만이 이런 큰 잘못을 저지른 것이다. 이웃 나라의 귀족 거주지나, 법원의 집결지, 문서 역사서의 소장처 등을 문명국가들이 관례로 전쟁권 밖에 두도록 정한 것은 오로지 이 지역이 피해를 입을까 두려워하기 때문이다. 그런데 우리는 끝내 군대로 하여금 특별히 이 지역들을 파괴하도록 하였으니 심히 부끄러운 일이다. 이는 비단 미국인을 멸시한 것일 뿐만 아니라, 실로 만국의 공법을 멸시한 것이다.

프랑스의 군주 나폴레옹(Napoleon; 拿波良)[183] 1세는 일찍이 여러 국가를 정복하여, 기묘한 명물들을 모두 약탈하여 프랑스 수도에 가져왔는데, 이후 여러 국가들의 연합군이 그 수도에 쳐들어가서 강화조약을 논의할 당시 "이 물건들은 모두 전쟁권 밖에 있던 것들이니, 각 물건들을 나누어

183 앞부분의 제1권 제2장 제11절에서는 나폴레옹을 '拿破侖'으로 음역하였으나, 여기서는 '拿波良'으로 음역하였다.

원래 주인들에게 돌려주어야 한다"고 하였다.[184]

제7절 해상과 육지에서 나포하는 것은 다른 관례를 따른다

육지에서 교전할 경우, 그 법은 과거에 비해 더 관대한 편이어서, 비록 적국 민간의 물건일지라도 약탈해서는 안 된다. 하지만 해군이 교전하는 경우, 그 관례가 엄격해서 적국 민간 물자가 대양이나 혹은 항구의 선상에 있는 경우, 모두 나포할 수 있으니, 이는 해상과 육지의 관례가 다르기 때문이다. 어떤 이는 이에 대해 논하기를 "육지에서 성을 포위하여 공격하는 경우, 민간의 재화를 약탈하여 전리품으로 삼고 적국을 공격하여 그 땅을 점거하는 것은 항상 있는 일이다. 또한 자주 그 백성들이 재물을 기부하도록 하여 그 재화가 공유화되는 것을 면해 주기도 한다. 이는 육지 교전의 관례가 해군의 민간 물자 나포와 다른 것 같지만 실제로는 같다. 육지에서 나포 약탈하지 않는 이유는 승자가 점거한 땅은 자기의 땅으로 삼고, 복종하는 백성은 자기 백성으로 삼는 까닭에 적으로 보지 않고자 하기 때문이다. 만약 해상의 전투라면 적국이 통상을 해서 이득을 얻는 경우 돈과 곡식으로 군대를 키울 우려가 있다. 따라서 민간 물자를 나포하여 그 수익원을 끊음으로써 우호관계를 복원할 수밖에 없도록 하고자 함이다.

184 여기서는 이 부분의 영어 원문에서 다루고 있는 영미 간의 전쟁 관련 사건과 나폴레옹 전쟁 당시 약탈 전리품 관련 사건에 대한 세부사항은 상당부분 생략된 채 개요만 번역되었다.

제8절 적을 해할(害敵; *engage in hostilities*) 수 있는 것은 어떤 사람인가?

관례에 따라 선전포고를 하고 양국 인민들이 상호 적으로 삼는 것이 본래의 전쟁 관례이다. 하지만 여러 국가들에서 이 규약이 조금씩 변화하였다. 만약 국권을 받들어 적을 해하라는 명령을 내린 경우, 그 명령이 명시적이든 암묵적이든 간에 모든 힘을 다해 적을 해할 수 있다. 하지만 그 명령이 내려지지 않았는데 사사로이 적을 해하는 것은 공법에서 엄격히 금하는 바이다.

해군과 육군, 민병대(鄕勇) 등은 모두 자국을 보호하는 경우, 전시에 적을 해할 수 있다. 또한 적이 공격해 왔을 때 서민들이 자위를 위해 부득이하게 적을 해하는 것은 관례에 위반되지 않는다. 로마 법률에 따르면 만약 군에 입대 등록을 하고 군인 서약을 맺지 않으면 적과 교전을 할 수 없었다. 이 관례는 천리에 부합하며 세상에 유익하였다. 양국의 백성이 만나서 서로 죽일 수 있고, 마음대로 약탈할 수 있다고 한다면, 그리고 이러한 행동을 통제할 수 없다면, 교전은 더욱 잔인 흉포해질 것이다. 그래서 육지 교전 시, 패잔병(散兵; irregular band)의 약탈은 반드시 강도행위로 보아 비합법적 행위로 처리한다. 관례에 따라 교전하는 경우, 관례에 따라 이를 대우하다. 하지만 비합법적 약탈(法外擄掠; lawless banditti)은 전쟁의 명분을 가지고 자신을 보호하는 것이 될 수 없다.

제9절 선박에서 전쟁허가증 없이 화물을 나포하는 경우

고대에 해양 선박은 거의 약탈 강도나 마찬가지로 별 차이가 없었다.

그리고 해군 교전 관례가 지금에 와서 그 조항이 생기긴 하였지만, 여전히 과거의 유풍이 남아 있다. 전쟁허가증(戰牌; commission)을 받은 민간 선박뿐만 아니라, 전쟁허가증을 받지 않은 민간 선박이 적을 공격하여 그 화물을 나포하는 경우, 이는 관례 위반이 아니다. 하지만 나포된 화물은 공유화되며, 개인 용도로 귀속되지는 않는다.

병선이 전쟁허가증을 받아 어떤 나라를 공격하였다가, 이후에 다른 나라와 전쟁이 일어나 그 김에 이를 공격한 경우, 위의 경우와 다를 바 없이, 나포한 화물은 또한 공유화되며 나포한 자의 전리품으로 귀속시키지 않는다.

제10절 민간 선박이 전쟁허가증을 받은 경우

허가증을 민간 선박에 발급하여, 해양을 순항하며 적국 무역의 수익원을 끊도록 하는 것은 각국이 모두 상규(常規; laws of every maritime nation)로 삼고 있지만, 어떤 이는 다음과 같이 논박하였다. "그 폐단이 극심해지면 반드시 인민들에게 도적질할 마음을 일으키게 할 것이며, 또한 육지에서의 관용의 관례와도 부합하지 않는다." 그래서 후대의 인의롭고 현명한 인사들은 그것이 성세교화(盛世敎化; liberal spirit of the age)의 세상과 맞지 않으므로 매번 여러 국가들이 이 조례를 개혁 금지하도록 강력히 권해 왔다. 즉 미국과 프로이센이 1785년 맺은 조약과 같은 것이 바로 그것이다. 프랭클린(Benjamin Franklin; 佛藍林)이 협상한 이 조약의 한 조항은 다음과 같다. "이후 우리 양국이 교전할 경우, 피차 결코 민간 선박에 전쟁허가증을 발급하여 적국의 상업 화물을 약탈하도록 명령하지 않는다." 이 협의는 매우 완벽하여 천하가 본받을 만하다. 다만 4년 뒤 새로운 평화조약을 맺어 이 조항을 삭제한 것이 애석할 따름이다. 병선이 민간 화물을 나포하거나 민간 선박이 전쟁허가증을 받아 화물을 나포하는 것은 모두 한가지 이치이다. 여러 국가들이 한쪽은 폐기하지 않으면서, 다른 한쪽을 폐기하기를 기대하기는 힘들다. 병선이 많지 않은 국가는 이로써 해군력이 강성한 국가를 제어할 수 있으니, 이는 더욱이 이를 폐기하려 하지 않는 까닭이다.

제11절 나포된 재화에 대한 청구(討; *title*, 현대어로 '소송 표제/원인') 가능 여부

전시의 관례에 따라 재화를 나포한 경우, 나포 직후 그 재화는 원래 주인과 관계가 없어지며 완전히 나포한 사람에게 귀속되는 것이 일반 관례(大例; general principles)이다. 그러나 각국은 법률로 이를 제한하는데, 동산의 경우, 만약 재화를 나포한 자가 이를 굳건히 지킬(堅守; firm possession) 수 있다면 재화는 원주인의 소유권이 상실된다. 소위 굳건히 지킨다고 하는 것은 갖고서 하루를 넘기거나, 혹은 성(城池)이나 진영(營壘) 안에 그 재화를 둔 경우를 말하며, 원주인은 반환청구를 할 수 없다.

제12절 재화를 되찾아오는 조례

만약 해상의 선박, 화물을 적에게 나포당한 이후 다시 되찾아오는 경우, 그 관례는 다른 동산과는 조금 다르다. 그런데 이 경우에는 세 가지 종류가 있으며, 각 조항을 두어 이 사안을 다스리는데, 첫째, 해적에게 약탈당한 경우, 둘째, 상대가 적이 아닌데 전쟁허가증을 받아 나포한 경우, 셋째 적군에게 나포된 경우 등이다.

첫째, 해적에게 약탈당한 경우, 되찾아온다면 반드시 그 원주인에게 복귀되어야 한다는 데 이론의 여지가 없다. 강도에게는 재화 나포의 권리가 없으니 원주인의 재화 소유권은 상실되지 않는다. 그런데 재화 주인을 대신하여 이 재화를 되찾아온 자는 조례에 따라 재화를 구해 온 보상을 얻을 수 있다. 프랑스 해상법에는 다음과 같은 조항이 있다. "프랑스인이나 우방국의 백성이 선박, 화물을 해적에게 약탈당하였다가 나중에 되찾아온 경우, 1년 1일 이내에 한하여 화물주가 해사재판소에 소송을 할 수 있다. 그 조례에 따라 2/3는 원주인에게 돌려주고 그 1/3은 재화를 구해 온 보상을 삼는다." 영국 법률 역시 이 조례에 따른다. 네덜란드와 베네치아가 정한 조례에서는 해적을 공격하여 되찾아온 민간 재화는 전부 보상으로 충당하도록 하여, 해적을 소멸시키는 것을 장려하였는데, 이는 공공에 대해 무익하지 않다. 스페인의 조례에서는 재화가 도적의 손에 들어간 지 하루가 지나면, 원주인이 반환을 청구할 수 없도록 하고 있다.

밸랑(René-Josué Valin; 發林)[185]은 프랑스 해상법의 조례에 대해 논하며 다음과 같이 말하였다. "우방국의 재화가 도적에 의해 약탈당하였다가 우리나라 사람이 되찾아온 경우, 해상법상으로는 그 재화가 전부 나포한 자에 귀속되며 원주인에게 반환하지 않아도 된다." 이는 그 시행당한 바대로 시행하는 것(所行而行; reciprocity)으로, 공의(公義)의 도에도 어긋나지 않는다.

둘째, 적국이 아닌 국가의 병선과 전쟁허가증을 받은 민간 선박이 화

185 밸랑(René-Josué Valin; 發林, 1695~1765)은 프랑스 법학자로 해상법 전문가였다.

물을 나포한 경우, 이후 이를 되찾아오면 원주인에게 반환해야 한다는 데 이론의 여지가 없다. 이는 잘못해서 화물을 나포한 것이므로 그 화물의 소유권이 사라지지 않는다. 만약 그 선박이 비록 우방국의 것일지라도, 실린 화물에 금지령을 위반한 물건이 많고, 또한 적국에 팔려고 하는 것이라면, 나포된 것을 반환할 필요가 없으며, 나포한 자가 조례에 따라 전리품으로 삼을 수 있다. 즉 과거에 네덜란드 선박이 영국에 나포되었다가 프랑스의 전리법원에 의해 원주인에게 반환된 경우가 그러한데, 다음과 같이 판결하였다. "이 네덜란드 선박은 관례에 따라 영국의 전리법원이 공유화해서는 안 된다고 판단하였다. 따라서 우리 역시 공유화해서는 안 된다." 그런데 만약 이 선박의 화물이 공법을 위반하였거나, 조약에서 금지한 것이라면, 원주인이 반환을 청구할 수 없다. 중립국의 선박과 화물을 다른 제삼자가 되찾아온 경우에는 화물을 구해 준 보상을 시행하지 않는다. 중립국이 나포한 것은 부당하게 나포한 것이므로 전리법원은 반드시 반환하도록 명령해야 하며, 되찾아온 것이 화물주에게는 이익이 되는 바가 없으므로 보상을 청구할 수 없다.

셋째, 적에게 나포되었다가 바로 되찾아온 물건은 고대 로마법에서는 원주인에게 복귀시킨다고 보았다. 그 인민, 노비, 부동산, 동산, 병선, 민간 선박 등은 모두 이 조례를 따른다. 이런 경우 되찾아온 것은 모두 원주인에게 반환해야 하니, 잃기 전과 다를 바 없다. 다만 어선이나 놀이용 선박은 이 관례에 따르지 않는다.

그로티우스는 다음과 같이 말하였다. "고대의 해상법에서는 성이나 진영에 들어온 물건은 원주인이 돌려받을 권리를 이미 상실한 것으로 보았기 때문에 재화의 주인은 반환을 청구할 수 없다. 근래의 공법에서는 나포한 것을 하루 이상 굳건히 지킬 수 있다면 비록 진영 내에 들여놓지 않더라도 그 소유권(主權; original proprietor)이 사라진 것으로 본다." 로케니우스[186]는 "하루가 지나면 그 화물에 대한 원주인의 권리가 사라진다고 보는 것이 현재의 통례"라고 하였다. 빈커쇼크는 "선박, 화물이 성이나 진영 내에 들어가면, 그곳이 적국이든 우방국이든 중립국이든 간에 모두 원주인의 권리가 사라지니, 이는 해상법의 통례"라고 하였다.[187]

제13절 나포된 선박에 대한 심판은 나포한 본국의 법원에 귀속된다

해상법상 나포된 선박, 화물은 반드시 나포한 자의 본국 법원에서 그 사안을 심판해야 한다. 그 법원은 본국에 있건, 동맹국에 있건 모두 가능하다. 아니면 동맹국이나 혹은 중립국의 항구에 가져가는 것 역시 가능하다. 다만 중립국에 머물 수 없는 경우에만 사안 심사를 본국 법원에 귀속시켜야 한다.

본국에 가지고 돌아간 경우, 본국 법원의 사안 심사에 귀속된다. 동맹국에 가져간 경우, 동맹국에는 이를 심사할 권한이 없지만, 동맹국은 이미 전쟁에 협력하고 있으므로, 저쪽 국가의 법원이 땅을 빌려 주재하는 것을 허락하여 양국의 우의를 이루는 것이 이치에 부합한다.

---

186 요하네스 로케니우스(Johannes Loccenius; 독일명 Johan Locken; 중역명 陸濟尼, 1598~1677)는 독일의 법학자로 스웨덴 해상법에 대한 주해서인 *De jure maritimo*의 저자이기도 하다.

187 이 부분의 영어 원문에서는 12쪽 분량에 걸쳐 나포한 재화를 돌려줘야 하는 경우와 관련된 역사적 사례, 특히 적에게 나포되었다가 바로 되찾아오는 경우인 세 번째 경우와 관련하여 영국, 미국, 프랑스, 스페인, 포르투갈, 네덜란드, 스웨덴 등의 법 조항과 역사적 사례들에 대한 자세한 설명이 부연되어 있는데, 중국어 번역에서는 모두 생략되었다.

중립국 항구에 가져간 경우, 땅을 빌려 사안 심사를 할 수 없을 뿐만 아니라, 본국의 법원이 그 사안을 관할할 수 있는지 여부도 확실치 않다. 스코트는 "이런 사안은 그리 이치에 맞지 않긴 하지만, 우리나라의 법원에서 중립국 항구에 있는 선박을 공유화하는 것이 이미 일반적인 일이라서 아마도 고치기 쉽지 않을 듯하다"고 하였다.

미국의 연방법원 역시 이 관례에 따라 심판함으로써 교전국(戰國; belligerent)과 중립국 모두에게 편의토록 하고 있다. 비록 나포된 선박을 중립국에 가져갈지라도 그 관할 소속은 나포한 국가에 있다.

제14절 중립국의 법원이 사안 심사하는 경우

어떤 사람이 본국의 권리를 빌려 전시에 선박, 화물을 나포한 경우, 본국은 그 사안을 전적으로 관할하여 가부를 결정할 수 있으며, 다른 국가에게 물을 필요가 없다. 그러나 두 가지 경우에는 제한받는다. 첫째, 중립국의 땅에서 나포한 경우, 둘째, 중립국의 땅에서 선박을 준비해서 나포한 경우이다. 이 두 가지 사안에 대해서는 그 지역의 법원에 그 사안의 관례 부합 여부를 판단할 권리가 있다. 부합하지 않는다면 자기 백성이든 우방국의 백성이든 간에 그 선박과 화물은 원주인에게 반환해야 한다. 이는 중립국의 권리를 보호하기 위함이다.

때로 지방 법률에 다음과 같은 조항이 있기도 하다. "우리나라는 중립을 지키지만 우리 백성의 화물이 다른 국가에 잘못 나포되었다가 본국 항구로 가져오게 된 경우, 본국 법원의 심사에 귀속되므로 원주인에게 반환한다." 이 경우 중립국 항구에 가져온 화물은 중립국 법원이 그 화물의 나포 가능 여부를 결정하는데, 프랑스 해상법에는 이와 같은 조항이 있다. 밸랑은 "이는 공정하다. 중립국은 교전국이 나포한 선박을 자국의 항구에 들여올 수 있도록 허락해야 하며, 그 국가는 중립국의 심사를 따름으로써 자기 백성이 굴욕을 당하지 않도록 하는 것이 또한 관용의 도리"라고 하였다.

중립국이 나포한 선박을 자국 항구에 가져오는 것에 대해 허락하거나 금하는 것은 모두 그 편의에 따르되, 다만 공정하게 행해야 하며 편파적이어서는 안 된다. 만약 가져오는 것을 허락한다면 반드시 우리 법원이 심판할 수 있음을 명시해야 한다. 만약 명시하지 않은 채 다만 항구에 들어오는 것만을 허락한 것이라면, 그 심사권한을 행사할 필요가 없다. 나포한 자는 화물을 항구에 들여오도록 허락받은 것으로 인해 화물에 대한 관할권을 상실하는 것은 아니니, 그 본국에 심사의 권한이 있음이 분명하다. 그 선박과 화물을 중립국 항구에 정박해 두었든, 본국의 포대나 진영 내에 가지고 돌아갔든 그 소재지에 상관없이 이 권한을 행사할 수 있다. 화물주가 비록 중립국 사람일지라도 역시 교전국 법원의 사안 심사를 따라야 한다. 나포가 관례에 부합하는지 여부는 오직 교전국 법원에게만 판단할 수 있는 권한이 있다.

第15절 영사가 중립 지역에 있는 경우는 이 안건을 판단할 수 없다

이런 사안을 심사하는 것은 중립국에 있는 사람에게 권한을 위임할 수 없으니, 외국에 나가 주재하는 영사 등의 관리 역시 이를 심사할 수 없다. 비록 중립국이 땅을 빌려주어 사안 심사를 하도록 해 주고자 할지라도 이 역시 불가능하다. 중립국의 권리를 위반한 사안을 제외하면 중립국에는 다른 사안을 심사할 권리가 없기 때문에 다른 제삼자에게 권한을 부여할 수 없다. 따라서 선박, 화물을 나포하여 전리품으로 삼았다가 중립국 항구에 가지고 들어온 경우라면, 그 지역에 주재한 교전국 영사관이 비록 그 사안을 심사하더라도 그 선박과 화물이 결국 누구에게 속하는지 판단할 수는 없다.

제16절 관례에 따라 나포된 경우 [그 권한은] 백성에 있지 않고 국가에 있다

나포자의 국가는 그 법원이 이미 판결하였으면 종결지어야 하며 나포의 조례 부합 여부에 대해 재론해서는 안 된다. 나포자와 반환청구자 양측의 소속국가는 모두 더 이상 고소해서는 안 된다. 그런데 그 사안이 법원의 심판을 거쳤다면 민간 사안은 곧 국가 사안이 되므로 다른 국가가 여전히 그 국가에 대해 청구할 수 있다. 나포자는 증명서에 근거하여 나포한 것이고, 법원은 또한 권한에 근거하여 판단한 것이므로, 그 사안의 유죄 여부는 모두 국가의 책임이다.

이치에 어긋난 판결은 스스로 바로잡는다

그로티우스는 "다른 국가의 법원이 이치에 어긋나게 판결하여 우리에게 해를 입힌 것이 분명하다면 우리나라는 무력을 써서 자체적으로 배상을 시행할 수 있다"고 하였다. 사법권은 자기 백성과 다른 국가의 백성에 대해서 다르므로, 그 사안이 이미 판단되었다면, 자기 백성은 반드시 따라야 한다. 비록 불공평한 줄 알지라도 억지로 바로잡을 수는 없다. 다른 국가에 대한 경우라면 스스로 나서 바로잡을 권리를 행사하여 해명을 도모할 수 있다. 그러나 만약 법에 따라 정의를 찾을 수 있다면 강제력에 의존해 청구해서는 안 된다.

빈커쇼크는 "이치에 어긋나게 판결하는 것은 강제적 폭력을 함부로 행사하는 것과 마찬가지이다. 따라서 다른 국가는 이런 굴욕을 받는다면 무력으로 배상을 시행할 수 있다"고 하였다. 바텔은 "만약 법원이 억지스럽게 판결한 것이 분명하다면 다른 국가는 이에 따를 필요가 없다. 그러나 작은 일 때문에 함부로 불복해서도 안 된다"고 하였다. 따라서 이런 조례에 따라 여러 국가들은 평화조약을 맺으며 다음과 같은 조항을 둔다. "만일 명백히 공의(公義)를 위반한 것이 아니라면 자체적으로 배상을 시행해서는 안 된다." 그러나 억울한 판결은 이런 까닭에 공의를 위반하는 것이다.

지방법원은 전리법원과 구별된다. 지방법원의 사안 심사가 불공정해도 인민이 그로 인해 자체적으로 배상을 해서는 안 된다. 관리가 지방 법률에 따라 시행한다면 그 땅에 있는 자는 반드시 그 관할을 따라야 한다. 만약 전리법원이라면 만국공법에 따라 시행하며, 본국과 다른 국가의 구분이 있어서는 안 된다. 지방법원의 관할에 대해서는 다른 국가 사람이 명시적으로 동의할 수도 암묵적으로 동의할 수도 있다. 그 법원에 고소를 한다면 이는 명시적 동의이다. 자신의 집안과 재화를 국경 내에 의탁한 경우라면 이는 암묵적 동의이다. 다만 전리법원이 관할하는 것은 해상에서 나포된 선박과 화물이니, 강제적으로 나포된 것은 아마도 공정한 심판이 쉽지 않을 것이다. 이쪽 지역의 관리가 저쪽 지역의 화물을 심사하면 편파적인 것을 피하기 어렵다. 그러나 국가들의 상례에 따르면 나포된 화물은 오로지 나포한 국가의 법원의 심판에 귀속된다. 다만 법에 맞지 않게 판결하여 중립국에 해를 가한 경우라면 그 국가는 그 억울함을 풀어 주기 위해 작게는 자체적으로 배상을 시행하거나, 크게는 군사를 일으켜 전쟁을 벌일 수도 있다.

만약 언제 본국에 고소할 수 있는가에 대해 묻는다면, "반드시 전쟁당사자의 사안 심사 권리가 다한 이후에야 가능하다"고 할 것이다. 전쟁당사자의 사안 심사권은 모두 그 국가의 소속 관리가 관례의 부합 여부를 조사하며, 관례에 부합하면 군주가 그 사안을 책임지고, 관례에 어긋나면 신하가 그 잘못을 담당한다. 만약 심사가 종결된 것이 아니라면 그 권한은 끝나지 않는다. 또한 전리법원에는 상급과 하급의 구별이 있어서 초심은 하급 전리법원에 귀속되고, 재심은 상급 전리법원에 귀속된다. 그 사람이 만약 하급 법원에서 억울하게 판단되었다면 상급 법원에 고소할 수 있다. 만약 상급법원도 여전히 초심의 논의대로라면 비로소 본국에 고소할 수 있다. 다만 공법에 의거하여 본국은 반드시 그것이 실제로 억울한 판단인지 여부를 조사하여야 하며, 그제야 자체적으로 이치에 맞게 바로잡을 수 있다.

제17절 부동산은 어떻게 돌려주나

전쟁당사자가 나포한 동산은 어떤 경우에는 굳건히 지킬 수 있지만, 어떤 경우에는 법원의 심판을 거치고서야 그 물건이 전쟁당사자에게 귀속된다. 부동산의 경우 그 법률이 같지 않음은 위에서 이미 밝혔다. 따라서 복원의 관례에 따라 반환을 청구할 수 있다. 나포자의 권리는 반드시 평화조약을 맺어 확고히 해야만 다시 반환하지 않을 수 있다. 그러나 이런 관례는 민간 재산과는 관련이 매우 적다. 근래의 상례에 따르면 민간 재산은 공유화할 수 없기 때문이다. 오직 전쟁당사자가 어떤 지방을 점거하여 공적 토지와 공적 재산을 관유화(入官; alienation, 현대어로 '이전' '양도')하기 위해서는 반드시 평화조약이나 영토 할양(讓地; cession of territory) 조약으로 그 사안을 확고히 해야만 한다. 그렇지 않을 경우 이는 복원의 관례에 귀속된다. 만약 어떤 이가 앞서서 이런 토지나 집을 구매한 경우, 그 땅을 원주인에게 복귀시킬 때 그 구매자는 이를 차지할 수 없다.

제18절 적에게 신뢰를 지키다

그로티우스는 저서의 한 장(章)을 전적으로 전쟁당사자가 신뢰를 지켜야 하는 경우에 대해 다루고 있는데, 여러 국가들의 고금의 사안들을 인용하여 그 도리를 입증하였다. 빈커쇼크 역시 전시에 약속한 신뢰를 위반해서는 안 된다면서 다음과 같이 말하였다. "적과 약속한 경우, 약속된 사안에 대해서는 잠시 적대행위를 하지 않을 수 있다. 만약 전시에 신뢰를 지킬 필요가 없다고 한다면, 전쟁에 미치는 폐해는 무궁할 것이니, 어찌 조약을 맺어 평화를 회복할 수 있겠는가? 이에 여러 국가들이 전시에 지킬 교제의 예를 정하여, 지나치게 흉포 잔인해지지 않도록 한다. 전시에도 평화 지역을 미리 남겨 둔 연후에야 피차가 평화를 논의할 수 있으니, 소위 '전쟁 중의 평화'라는 것이 바로 그것이다."

제19절 정전조약(停兵之約; *truce or armistice*)

전쟁당사자의 전쟁권은 때에 따라 융통성 있게 사용하는데, 피차가 정전조약 체결을 논의하는 것이 바로 그것이다. 정전조약에는 전반적 정전조약과 특별 정전조약이 있다.

전반적 정전조약은 각처에서 일자를 정하거나 혹은 무기한으로 정전을 하되, 강화(講和; peace)와 대체로 동일하다. 하지만 강화가 아직 결정되지 않은 것은 전쟁하게 된 까닭이 아직 남아 있음이다. 기독교국가가 오스만제국[188]과 교전하면서 누차 이렇게 정전한 바 있다. 네덜란드가 과거 스페인에 반란을 일으켰을 당시, 전쟁이 오래되자 정전을 하였는데 이 역시 마찬가지 경우였다.

특별 정전조약은 한정된 지역에서만 잠시 정전하여 서로 공격하지 않는 것이다. 양쪽 군대가 전쟁터에서나 혹은 포위당한 성(城池), 포대 등지에서 잠시 정전하여 서로 공격하지 않기로 상호 약속한 경우이다.

제20절 정전조약을 맺을 권리

전반적 정전의 경우, 장수가 함부로 결정할 수 없으며, 반드시 그 국가가 사전에 특별 권한을 부여하거나, 혹은 사후에 이를 특별 허락하여야만 합당한 것이 된다. 만약 현지에서 잠시 정전하는 경우라면 양국의 장수는 비록 특별 파견한 권한이 없을지라도 약정을 맺을 수 있다. 군대를 쓸 권한이 있다면, 잠시 정전할 권리도 이미 그 안에 포함되어 있는 것이다.

제21절 언제부터 시행되는가

장수가 정전을 하면, 그 휘하의 사람들은 반드시 그 조약을 지켜야 한

188 '土耳其'는 초반부에서는 '土爾其'로 번역되었다.

다. 다만 만약에 그 약정이 아직 민간에 선포되지 않아서 다른 곳의 병사와 백성이 혹여 이를 위반하는 경우라면, 이는 법을 위반한 것으로 보지 않는다. 병사와 백성이 공격한 일 역시 조약을 위반한 책임을 지지 않는다. 그러나 이미 알고 있으면서 일부러 모른 척한 것이라면 조약 위반의 책임을 피할 수 없다.

해상에서의 정전의 경우, 그 이후로 조약을 위반하여 선박을 잘못 나포하였다면, 그 국가는 반드시 반환해야 한다. 그 조약이 국권에 근거하여 맺어진 것이라면 명시적인 것이든 암묵적인 것이든, 그 국가는 반드시 이를 실현해야 한다.

정전조약과 평화조약에서 기한을 얼마나 길게 두는가는 대체로 그 지방의 멀고 가까움을 보아 정하는데, 모두가 알게 하여 분쟁을 피하게 하고자 함이다.

제22절 정전조약(停兵之約; *conventions of truce*) 해석(解說; *interpreting*)

조약 해석의 관례 이외에, 정전조약에 대해서만 해당하는 해석에는 몇 가지가 있다.

첫째, 정전 시, 각기 자기 땅에서나 조약으로 제한한 경계 내에서 권한을 행사하는 것은 평시와 다를 바가 없다. 즉 군사 훈련, 병사 모집, 식량 수확, 무기 제조, 우방국 지원병의 접대 등과 같은 것이 모두 가능하다. 만약 포위된 지역이 아니라면 포대와 성곽을 수리하는 것 역시 가능하다.

둘째, 전시에 행하기 어려웠던 일들을 정전이라는 이유로 몰래 행해서는 안 된다. 만약에 이를 행한다면 이는 조약과 신뢰를 위배하는 것이다. 즉 적군이 우리 성을 포위한 경우, 만약 정전조약을 맺었다면 상호 공격해서는 안 될 뿐만 아니라, 우리 쪽 성곽을 수리하거나 다른 곳에 진영을 새로 만드는 등의 일을 해서는 안 된다. 만약 전시에 저쪽 군대가 가로막고 있는 도로를 정전이라고 해서 우리 쪽 군대가 사사로이 군량을 운반하거나 지원병이 통과해서는 안 된다.

셋째, 정전은 평화 우호의 상태는 아니다. 따라서 전쟁이 일어난 지방에서 모든 일은 원래의 제도를 고수한다.

이 세 가지는 조약을 맺는 사람들이 임의대로 명시적으로 추가하거나 삭제할 수 있다. 만약 대충 정전 약속을 맺어, 명시적으로 조약을 맺지 않았다면, 이상의 세 가지 해석에 따라 시행해야 한다.

제23절 정전 기한이 만료되면 전쟁을 재개한다

정전조약에서 정한 기한이 만료되면 자연히 전쟁이 재개되므로, 별도로 선전포고할 필요가 없다. 그러나 조약상에 기한을 정하지 않았거나, 약속한 기한이 긴 경우라면, 평화조약과 큰 차이가 없으므로, 다시 전투를 벌이려면 적국에 통지해야만 인의에 어긋나지 않는다. 고대 로마가 베이(Veii; 費國)[189]와 전쟁을 할 당시 정전이 오래 지속된 이후 다시 전쟁을 재개하게 되었는데, 베이 사람들은 정전기간이 만료되기를 기다리지 않고 기한만료에 앞서 전쟁을 일으켜 분쟁을 야기했다. 로마인들은

---

189 'Veii'는 로마 북서쪽에 위치한 고대 에트루리아(Etruria) 지역의 한 도시국가로, 기원전 5세기부터 로마와 갈등관계에 있다가 결국 기원전 396년 로마의 장군 카밀루스(Marcus Furius Camillus)에게 정복당하였다.

예의로써 이를 처리하고 사절을 파견하여 배상을 청구하면서 전쟁의 개시와 마찬가지의 관례를 따랐다. 이후로 교전을 재개할 때는 이 관례를 준수하였다.

제24절 항복 조약

조약을 정해 성과 포대 등지를 넘겨주거나 항복하는 등의 사안은 장수의 권한이다. 만약 도시가 포위되어 그곳을 지키던 지방 관료가 공격해 온 장교와 조약을 정해 항복하는 경우, 이는 양국 군주의 윤허를 기다렸다가 시행할 필요가 없다. 이는 부득이하여 잠시 투항하는 것이지 영원히 그 지방을 할양하는 것은 아니다. 즉 그 조약은 도시 내의 인민이 자신들의 종교와 규칙에 따라 스스로의 권리를 누릴 수 있도록 하는 것이니, 한정된 기한 동안 투항병은 다시 무기를 지녀서는 안 된다. 그 당사자는 모두 스스로 상의하여 결정할 수 있다. 만약 지방관이 그 지방의 영원한 할양을 약정한다면 이는 월권하여 함부로 허락한 것이다. 고대 로마국의 장군 두 명이 적국과 조약을 맺어, 적국에 땅을 반환하였다. 국회가 이를 수치스럽게 여겨 월권행위를 저지른 두 사람을 붙잡아 적국에 보내고, 그 원래 약속을 폐기한 후 오랫동안의 전쟁을 치른 끝에 그 땅을 복속시킬 수 있었다.

제25절 안전통행용 증표(護身等票)

전시에 증서(文憑; document)를 발급하여 자신과 가족, 재물 등을 보호하는 것은 언제나 있어 왔던 일이다. 즉 여권(過路票; passport), 안전통행증

(護身票; safe-conduct), 통행면허증(准行照; license) 등의 증서가 그러하다. 누가 이를 발급할 권한을 갖는지는 위에서 이미 대략 언급한 바 있다. 그 권한은 군주가 장수와 고위문관에게 특별 부여하거나 혹은 그 신하가 그에 합당한 자리에 임관하면 저절로 그 권한을 포괄할 수 있다. 그 증서의 의미를 해석할 때는 반드시 관대하면서도 신의를 다해 해석해야 한다.

제26절 증명서(憑照; license)를 받아 적과 무역하다

즉 전쟁당사자가 자기 백성이나 혹은 적국의 백성에게 증명서(照; license, 즉 '면허증')를 발급하여 교전조규에 따르지 않고 무역을 할 수 있도록 허락하는 경우, 그 적국은 그 증명서를 문제 삼아 그 사람을 체포하여 그 재화를 공유화할 수 있다. 하지만 증명서를 발급한 국가의 법원은 반드시 그 증명서를 근거 있는 것으로 보아야 한다.

전시에 이런 증명서를 발급할 때는 그 사안이 공무에 이익이 있는지 여부를 살핀 후에 결정해야 하는데, 그 권한은 모두 군주가 행사한다. 무릇 권한 행사의 편의를 위해 특별히 부여한 증명서를 받는다면 이는 국권을 빌린 것이니, 경건히 준수해야 하며, 결코 공권을 빌려 사익을 달성하거나 권한 이외의 일에 대해 행사해서는 안 된다.

증명서의 의미는 관대하게 해석되어야 하며, 작은 잘못이 있다고 해서 그 증명서가 그와 그 재화를 보호하기에 부족하다고 보아서는 안 된다. 즉 그 재화가 비록 증명서 내의 목록보다 많을지라도, 만약 사안에 대해 큰 손해를 끼치지 않는다면 그 증빙근거가 없다고 보아서는 안 된다. 그러나 만약 증명서상에 어떤 재화의 목록을 명기해 놓았지만 그 재화가 적힌 바와 전혀 달라서 그 폐단이 심각하다면 증명서가 없는 것이나 마찬가지라고 간주하는 것 역시 불가능한 것은 아니다. 증명서 내에 적혀 있는 인명과 지방 등이 가장 중요하다.

이런 경우의 일반원칙(大綱; great principle)은 만약 특별 허가된 증명서가 없다면, 우리 백성이 적국과 교역해서는 안 되며, 적국 백성 역시 우리 백성과 교역해서는 안 된다는 것이다. 만약 특별 증명서를 가지고 누가 언제 어디서 전쟁으로부터 예외적으로 왕래 교역할 수 있도록 허락할 것인지는 반드시 그 국가가 스스로 판단하여 결정해야 한다.

그로티우스는 "안전통행증은 반드시 관대하게 해석되어야 하며, 통행면허증 역시 마찬가지"라고 하였다. 예전에 영국과 미국이 교전할 당시, 영국의 전리법원은 통행면허증을 해석할 때 종종 관대하게 해석하였다.

제27절 어떤 권한으로 증명서를 발급해 줄 수 있는가

그 당시 증명서를 발급한 사람이 어느 정도 권한을 가져야 재화를 보호하여 나포되지 않도록 할 수 있는가에 대한 논의가 있었다. 즉 미국 선박 한 척이 곡식 등의 화물을 싣고 스페인으로 가다가 당시 영국군이 점거한 지역에 머물렀는데, 그 선박은 미국에 주재한 영국 영사가 발급한 증명서를 가지고 있었고, 또한 미국 해안에 주재해 있던 영국 해군제독에게서 받은 서신도 있었다. 이후 해상에서 영국 선박에 의해 나포되었는데, 법원은 다음과 같이 판결했다. "증명서를 발급한 자의 권한이 부족하다면 그 증명서는 쓸모없다. 이번에 해당 선박에 발급한 증명서는 그 사람 자체가 그럴 권한이 없는데, 그 증명서로 어찌 그 화물을 보호할 수 있겠는가? 적의 화물을 전쟁 권한 밖에 두는 것은 오직 군주만이 주관할 수 있으며, 만약 신하가 이를 대신하려면 반드시 특별히 증빙문서를 받거나 그 직위가 이 권한을 지니고 있어야만 가능하다. 영사관이 어떤 등급에 있고 어떤 곳에 있건 간에, 그 직분에는 이런 권한이 없다. 이번에 해당 영사가 함부로 증명서를 발급한 것은 특히나 월권행위이니 어찌 근거로 삼을 수 있겠는가? 또한 해군제독이 어느 곳에 있든 간에 그 역시 이런 권한이 없다. 그 권한으로는 관할 병선에 대해서만 명령을 내려 상선을 나포하지 말라고 할 수 있을 뿐, 관할 밖에 대해서는 그렇게 할 수 없는데, 그가 보낸 서신으로 어찌 그 화물을 보호할 수 있겠는가?"

제28절 나포한 재화에 대한 배상금(贖; *ransom*) 청구

해상에서 나포한 적국의 재화를 그에게 돈을 받고 돌려주는 경우, 풀어 줄 때 안전통행증을 발급하여 제한된 기간 동안 정해진 곳으로 갈 수 있도록 허락해 준다. 이런 안전통행증은 법률에서 금한 바가 아니라면 이 증명서로 안전을 보장할 수 있다. 본국의 해군이든 동맹국의 해군이든, 제한된 장소와 시간동안 나포하거나 통행제재를 해서는 안 된다.

병선이 안전통행증을 발급할 수 있는 것은 오직 그 국가가 특별히 나포의 권한을 부여했기 때문인즉, 배상금을 받을 권한이 이미 그 안에 내포되어 있으므로 편의대로 시행할 수 있다.

풀려난 배가 만약 해상에서 풍랑을 만나서 혹여 침몰될 경우라도 배상금은 지급해 줘야 한다. 나포한 자는 풍랑을 만나지 않을 것을 보장한 것이 아니며, 다만 자기 쪽 선박이나 우방국의 선박에 의해 나포되지 않을 것을 보장할 뿐이기 때문이다. 안전통행증상에 만약 풍랑을 만나 파손되면 그 선박에 대해 배상금을 지급하지 않아도 된다고 명기되어 있다면, 이 역시 해상 침몰에 대해서만 언급한 것이므로 해안가에서 좌초되거나 충돌 파손되는 등의 사안과는 상관이 없다. 이렇게 한 의도는 선주가 고의로 자기 선박만 파괴하고 그 화물은 사사로이 옮겨 두어 배상금을 면하고자 할 것을 우려해서이다.

만약 그 선박에 대해 이미 배상금을 받고 안전통행증을 발급하였는데 늦어져 기한을 넘기게 되거나 혹은 다른 경로로 가다가 다시 나포되었다면, 선주는 아직 덜 낸 배상금은 지급하지 않아도 된다. 나중에 나포한 자가 이미 그 선박을 자기 것으로 삼았다면, 이를 판매할 때 앞서 나포한 자에게 배상금을 귀속시켜야 하며, 그 나머지를 남겨 자기 이익으로 삼을 수 있다.

만약 나포한 자가 배상금 계약서(贖契; ransom bill, 현대어로 '나포 선박 재매입 증서')를 가지고 있다가, 그 [나포한 자]가 다시 다른 적국에 나포되어 그 배상금 계약이 발견되는 경우 이 역시 나중에 나포한 자에게 귀속되며 원래의 나포자와는 상관없게 된다. 만약 배상해 줘야 할 자가 같은 국가라면 계약상에 허락한 배상금은 지급할 필요가 없으며, 그 계약은 폐기된다.

나포한 자가 인질을 잡아 둔 경우, 그 사람이 비록 죽더라도 그 계약은 폐기되지 않는다. 계약상에 특별히 언급해 두지 않았다면 그 계약의 성사와 폐기는 오로지 인질에만 달려 있는 것은 아니다. 그리고 인질을 두는 까닭은 약속된 바가 지켜지지 않을까 우려하여 확실히 해 두고자 함일 따름이다.

스코트는 다음과 같이 말하였다. "영국은 [자기] 백성이 배상금을 받고서 적국의 재화를 풀어 주는 것을 금지하기 이전에도, 적국의 사람이 법원에 와서 배상금을 청구하는 것을 금지하였다. 오직 남겨진 인질이 사람을 보내 본국 법원의 관원에게 석방을 요구하는 경우에만 재화에 대한 배상금 문제를 사안에 따라 판단할 수 있도록 하였다." 하지만 유럽 내의 각국 법원은 모두 적국이 와서 반환 청구하는 것을 허락하고 있는데, "이미 맺어진 재화에 대한 배상금 계약은 그 사안에 따라 논할 일이므로 적국으로서 상대할 일은 아니다."

제3장
전시 중립의 권리를 논함

제1절 중립(半局外; *neutrality*)의 의미 해석(解; *definition*)

로마와 그리스 두 국가가 논한 교전 조규에서는 중립의 의미에 대해 언급한 적이 없다. 고대에는 양국의 교전 시 이웃국가가 좌시해서는 안 되었으니, 우방이 아니면 적이 되어야 했다. 우방과 적 사이에서 중립(中立; intermediate) 상태란 없었다. 그래서 두 국가[로마와 그리스]의 문자에 중립이라는 말이 없었던 것이다. 지금에 와서는 교전 조례가 비교적 관대하여, 이웃국가에게 그 일[우방과 적 – 역주]에 대해 입장을 선택하도록 강제하지 않는다. 공법에 따라 논하자면, 중립은 본원적인 권리로 이를 함부로 침범할 수 없다.

제2절 완전 중립, 불완전 중립의 두 가지 종류

중립의 권리에는 완전 중립(全局外; 1st, natural, or perfect neutrality)과 불완전 중립(半局外; imperfect, qualified, or conventional neutrality)의 두 가지가 있다.

제3절 완전 중립의 권리

자주국가가 다른 국가 간의 교전 상황이 벌어졌을 때, 만약 동맹조약 상의 제한이 없다면 중립을 취해 그 전쟁에 간여하지 않을 수 있는데, 이는 소위 완전 중립의 권리이다. 자주국가는 본래 이 권리가 있음에 이론의 여지가 없다. 그렇지 않다면 자주가 아니다. 그런데 비록 중립이라도 만약 전쟁당사자와 우호적으로 왕래하고자 한다면 전쟁에 대해 관심을 가질 수밖에 없다.

중립국의 권리를 행사하기로 하였다면 반드시 의를 지켜야 하며, 더욱이 불편부당함을 중시해야 한다.

중립국이 [전쟁당사자] 양국 모두와 우호적 관계를 맺고 있다면 어느 한 쪽에 후하거나 박해서는 안 된다. 빈커쇼크는 다음과 같이 말하였다. "중립국은 그 도리를 다해야 하며, 그 분쟁에 간여해서는 안 된다. 그러므로 더욱이 평등 공정하게 양자를 동등하게 봐야 한다. 즉 전쟁의 경우 역시 그 사이에서 편파적이어서는 안 된다. 전쟁이 정의로운지 여부에 있어서도 중립에 별 상관이 없다면 중립국은 함부로 판단해서는 안 되며, 또한 이쪽 국가의 이치가 조금 더 맞다고 해서 이를 좋게 보거나, 저쪽 국가의 이치가 혹여 부족하다고 해서 이를 나쁘게 보아서는 안 된다." 중립국이라면 이쪽을 돕거나 저쪽을 해해서는 안 된다. 이처럼 동맹조약을 맺어 제한을 받는 바가 없다면 그로써 중립국의 본분을 지킬 완전한 권리를 갖는다.

제4절 불완전 중립의 권리

만약 교전국과 맺은 동맹조약의 제한을 받아 이를 준수해야만 한다면 소위 불완전 중립이다.

스위스의 중립

예를 들어 예전에 스위스가 독일왕국의 한 연방주였지만, 독일왕국이 1648년 먼저 이를 자주국으로 인정하였다. 그 이전에 유럽 북방 국가들의 30년 전쟁이 있었는데, 스위스는 매우 지혜롭게 정치를 하여 그 사건에 함께 휘말리지 않았다. 그 뒤로 150년 동안 이웃국가들에서 전쟁이 날 때 중립의 권리를 지켰는데, 이 권리는 조약과 협의에 의해 제한받았다. 이웃국가들이 그와 동맹을 맺기도 하고, 조약을 맺어 군대를 빌리는 경우도 있었다. 프랑스와 오스트리아 양국 사이에 큰 전쟁이 일어나 수차례 교전하였는데, 스위스는 비록 그 사이에 있었지만, 중립을 지켜 이를 위반하지 않았다. 이는 유럽 국가들에게 공익이 되었다. 스위스는 유럽의 중앙에 있어서 북으로는 독일, 남으로는 이탈리아, 동으로는 오스트리아, 서로는 프랑스가 위치해 있으며, 4대 강[190]의 발원지로, 각기 다른 국가들과 유통하니, 실로 유럽대륙의 교차로라 하겠다. 그 산악의 높고 가파름이 마치 견고한 성과 같아서, 스위스는 그 협애한 지역을 지켜 이웃국가들의 전쟁이 그 국경을 넘어올 수 없었다. 그래서 스위스는 이 나라 저 나라의 국경이 교차하는 곳에 있으면서도 중립의 위치를 지키며 안녕을 유지할 수 있었다. 1815년에 영국, 오스트리아, 러시아, 프랑스, 프로이센 등의 5대국이 조약을 맺었는데, 그 안에 다음과 같은 조항이 있다. "만약 이후로 국가들 간의 전쟁이 일어났을 때, 스위스가 중립을 지

---

190 유럽의 4대 강이란 다뉴브(Danube, 혹은 도나우)강, 라인(Rhine)강, 론(Rhone)강, 포(Po)강을 가리키는데, 모두 스위스가 위치한 알프스산맥에 그 발원지를 두고 있다.

킬 수 있도록 하고, 다른 국가의 군대는 그 땅을 점거하거나 그 국경을 통과하지 않도록 한다."

벨기에의 중립

벨기에 역시 스위스와 유사한데, 국경이 독일, 프랑스, 네덜란드 3국을 접하고 있어서, 만약 자주적으로 중립을 지킬 권리가 없다면, 이 3국은 평화를 오래 유지하기 힘들다. 그 땅이 예전에 누차 다른 국가의 전장이 되었던 까닭에 5대국이 근래에 조약을 맺어 그 자주를 인정함과 동시에 조항을 추가하여 그 영구적 중립을 보장하였다.

크라쿠프의 중립

크라쿠프(Cracow; 革喇高)[191]는 그 국경이 러시아, 오스트리아, 프로이센 3국 사이에 위치해 있어서, 3국 보호에 의존해 영구적 자주를 얻어 중립권을 지킬 수 있었다. 그러므로 3국 가운데 혹여 도피하거나 배신하려는 자가 있더라도 그곳을 도피처로 삼을 수는 없었다.

스위스, 벨기에, 크라쿠프 3국이 영구중립을 지킬 수 있었던 것은 유럽 공법이 정한 조례에 의한 것이다.

이처럼 조약으로 정하여 중립권을 지키는 것은 자주국이 스스로 완전 중립의 권리를 시행하여 중립 지위를 지키는 것과는 다르다. 완전 중립의 권리는 이웃국가에 전쟁이 일어나도 굳건히 지킬 수 있고, 만약 평시라면 제한받는 바 없이 동맹조약 등에 참여할 수도 있다. 하지만 영구중립국은 조약의 제한을 받아 이에 의존해 그 국가를 보존하는 것이라,

191 앞의 제1권 제2장 제13절에서는 크라쿠프가 '戈拉告'로 음역되기도 하였다.

평시에도 역시 연루되지 않도록 애써야 하고 전시에는 중립의 권리를 지키기 힘들 우려가 있다. 이미 자주국이라고 한다면 다른 국가와 교제할 때 그 전권을 행사할 수 있고, 평화조약이나 동맹 등을 맺을 수도 있다. 그러나 조약 맺을 바가 만약 그 중립의 본분과 맞지 않는다면 맺어서는 안 된다. 이웃국가와 군사를 연합해 전쟁을 하거나 대신 국경을 지켜 주는 것은 더욱이 허락되지 않는다. 만약 다른 나라와 함께 중립의 지위를 지키고자 하는 경우, 상호보호조약을 맺어 중립의 권리를 지키는 데 협력을 도모하는 것도 가능하다.

혹자는 영구 중립국이 이웃국가와 조약을 맺어 정치연합, 군사연합 등을 하는 것은 불가한데, 그가 통상, 항해의 조약을 맺을 권리가 있을지는 잘 모르겠다고 묻기도 한다. "중립국은 대체로 다른 국가와 통상장정을 맺는데, 만약 연루되지는 않았지만 전쟁에 편파적으로 될 경우에는 편의에 따라 행하면 된다." 바텔은 다음과 같이 말하였다. "중립국은 전시가 아닐 때 간섭하지 않으므로, 전쟁이 일어나도 간섭하지 않는다. 중립국은 이쪽에 시행하면 저쪽에도 시행해야 한다. 만약 영구 중립국이 비록 통상장정을 맺을 권리는 있지만 이 권리를 행사하는 데 반드시 그 중립국의 지위에 어떠할지 고려한 후에 행사해야만 하니. 이는 연루될 것을 우려함이다.

제5절 중립권은 조약의 제한을 받는다

중립국이 만약 전쟁당사자와 일찍이 동맹조약을 맺었다면, 그 [중립의] 권리는 동맹조약에 의해 제한 축소된다. 즉 전쟁 전에 맺은 조약에서 병사, 선박, 무기, 군량 등의 협조를 허락하였거나, 혹은 우방국이 선박을 나포하여 항구에 진입하는 것을 허락한 경우, 비록 이 조약을 준수하여 시행할지라도, 이를 중립의 권리를 포기하고 적대시하는 것으로 볼 필요는 없다.

중립국이 이처럼 연루될 경우, 전쟁당사자를 어떻게 대할 것인지, 그 중립을 할 것인지 여부 등은 모두 공익에 따라야 하며 조례에 구속되어서는 안 된다. 즉 덴마크가 과거에 러시아와 협력 보호 동맹을 맺었는데, 1788년 러시아가 스웨덴과 전쟁이 일어나자 덴마크가 조약에 따라 러시아에 병사와 선박 약간을 원조하였다. 이 외에는 덴마크가 중립을 지켰기에 스웨덴과 우방국들 역시 그것이 불가하다며 쟁의를 벌이지 않았다. 그러나 그 당시의 역사기록을 보건대, 만약 전쟁이 오래 지속되었다면 덴마크는 러시아를 원조하지 않았거나 혹은 러시아가 원조를 사양하고 받지 않았을 것이다. 그러지 않았다면 스웨덴과 우방국들이 모두 그 중립을 지킬 권리를 받아들이지 않았을 것이다.

제6절 이전 조약으로 인해 이쪽 국가에는 허락하지만 저쪽 국가에는 금지하는 경우

때로 중립국은 일찍이 맺은 동맹조약의 제한을 받는다. 혹간 전쟁당사자의 한쪽 국가의 병선이 적국의 선박을 나포하여 항구에 들어오는 것은 허락하면서, 그 적국의 선박이 항구에 들어올 때에는 이를 허락하지 않거나, 혹은 허락하더라도 또한 별도의 제한을 가하기도 한다. 예를 들자면 미국과 프랑스가 1778년 우호통상조약을 맺었는데, 프랑스는 이로 인해 두 가지 조항의 권리를 더 얻게 된다. 첫째는 그 민간 선박이 나포허가증[令兵照; admission for privateers, 현대어로 '사(私)나포선 승인']을 받은 경우 나포된 적선을 가지고 항구에 들어갈 수 있지만 [프랑스의] 적국은 이런 선박이 항구에 들어오지 못하도록 한 것이다. 둘째는 프랑스 병선이 긴급한 상황인 경우 항구에 들어와 군량을 사고 수리를 할 수 있도록 한 것이다. 두 번째 조항에는 미국이 프랑스의 적선이 항구에 들어오는 것을 허락하거나 금해야 한다는 내용이 없으므로 다른 국가가 비록 프랑스와 전쟁을 할지라도 미국이 그 항구에 진입하여 해난을 피할 수 있도록 허락하였다. 그리하여 영국과 네덜란드는 미국이 프랑스에 허락한 첫 번째 조항의 권리가 편파적이고 불공평하다고 비난하였다. 프랑스 역시 미국이 자국의 적을 항구에 진입할 수 있도록 허락한 것이 우호의 원칙을 따르지 않고 두 번째 조항의 권리를 없애는 행위라고 하였다. 영국과 네덜란드의 쟁론에 대해 미국은 다음과 같이 답하였다. "프랑스와 맺은 조약은 이미 오래되었는데, 그 나포 허가증을 가진 선박이 항구에 들어오도록 허락하여 그 오래된 호혜관계를 보상해 주고자 함이다. 또한 이는 오늘날의 일을 예견하여 특별히 이런 편파적인 조약을 맺은 것이 아니다. 이 조항 이외에 나머지는 모두 균등함을 갖추었는데, 어찌 이를 구실 삼아 비방 원망하려 하는가?"

프랑스의 흠차대신은 이전의 조약에 기대어 미국 국경 내에서 군대를 모으고 병선을 준비하려고 하자, 미국은 이에 대해 공법을 연구 조사하도록 하여 국가들의 상례와 유명 공법학자들이 공인하는 바를 인용하여 다음과 같이 말하였다. "전시에 중립국은 반드시 중립을 지켜 편파적이어서는 안 된다. 중립국은 이쪽 국가에 유리하게 하고 저쪽 국가에는 해롭게 함으로써 다른 국가를 우롱해서는 안 된다. 설령 이전의 조약에서 이미 언명한 것이 없더라도, 피차 전쟁당사자는 병사와 무기를 빌려서는 안 되고, 또한 병사를 모집하는 일은 오직 군주와 국가만의 최상위 권한으로, 군주가 허락하지 않는다면 다른 국가가 그 영토를 빌려서 이를 시행할 수는 없다. 이전 조약에 프랑스의 적이 미국 내에서 병력을 빌려서는 안 된다는 조항이 있지만, 이 말은 또한 프랑스가 미국에서 병력을 빌릴 수 있다는 의미로 해석될 수는 없는 것이다."

제7절 중립 지역에서는 전쟁권을 행사해서는 안 된다

전쟁권이 행사되는 곳에는 세 가지가 있다. 첫째 전쟁당사자의 영토, 둘째 해상, 셋째 무주지. 세 곳 이외에 전쟁권은 행사될 수 없다. 중립국은 양쪽 국가와 모두 우호관계여서 이쪽과 저쪽을 가를 수 없으므로, 그 영토 내에서 전쟁권을 행사하는 것은 공법을 위반하는 것이다.

제8절 중립국의 국경을 통과할 경우

병력(兵馬)이나 선박을 움직이는 것은 모두 전쟁에 속하는 일이니, 중립 지역에서 시행되어서는 안 된다. 각국에서 평화 시에는 국경을 통과하는 것이 손해를 주지 않을 경우 길을 내줄 것을 요구할 권리가 있지만 다만 강제적으로 통행해서는 안 된다. 하지만 전시에 국경을 통과하는 것은 선의에 해당하는 것이 아니니, 그것이 반드시 손해가 없다고 부장할 수 없으며, 더욱이 강제에 의해 길을 빌려주어서도 안 된다. 허락하거나 금하거나 하는 것은 모두 중립국이 임의대로 할 수 있다. 만약 전쟁당사자가 모두 각자 이 권리를 얻도록 허락받는다면 피차간에 원망받을 일이 없을 것이다. 만약 이쪽은 허락하면서 저쪽은 금지한 경우, 그 금지의 이유가 실로 타당하다면 원망받지 않을 수 있다.

제9절 연해 관할 지역 내에서 선박을 나포할 경우

중립국의 관할권이 미치는 곳에서 전함(戰船; belligerent cruisers)이 적국의 선박과 화물을 나포하는 것은 법을 위반하는 것일 뿐만 아니라, 그런 일은 반드시 그만두어야만 한다. 또한 전함이 그 항구에 정박하면서 이를 전쟁의 발판으로 삼는다면 그 나포된 선박과 화물 역시 불안을 키울 것이다. 예를 들어 영국의 나포 허가증을 받은 민간 선박이 미국의 장강(長江; river Mississippi) 하구 내의 중립 지역에 정박하였는데, 이는 드나드는 배들의 소식을 얻기 위함이었다. 후에 적선이 하구를 빠져나올 때 이를 해변 10리 이내에서 나포하였는데, 영국법원은 이를 반드시 반환해야 한다고 판결하였다.

전함이 중립지역에 정박해 있으면서 삼판선(舢板; vessel)[192]이 국경 밖으로 나오자 그 선박과 화물을 나포하였는데, 법원은 이 역시 부당하다고 여겼다. 비록 군사력을 국경 밖에서 썼을지라도 사실상 병선이 국경 내에 정박해 있다가 나포를 행한 것이기 때문이다. 따라서 중립 지역을 빌려 교전상의 편의를 취하는 것은 이치에 부합하지 않으며, 더욱이 이는 공법에서 엄격히 금하는 바이다. 다만 중립 지역에 들어가서 식량 등의 필요한 물품을 사는 것은 금하는 바가 아니다. 정리해 보자면 교전과 깊이 관련된 일이라면 모두 중립 지역에서는 행해서는 안 되며, 또한 중립 지역에서부터 비롯되는 일도 해서는 안 된다.

---

192 '舢板'(삼판선)은 중국식 작은 돛단배를 말하는데, 여기서는 영어 원문의 문맥상 일반적인 민간 선박인 'vessel'에 대한 의역어로 사용되고 있다.

제10절 중립 지역까지 추격해서 나포하는 경우

전쟁에 속하는 일은 모두 중립 지역에서 행해서는 안 되는 것이 원래 통례이다. 그런데 어떤 이는 "적선을 대양에서 만난 경우, 중립국의 경계를 넘어 추격해서 나포하는 것은 가능하다"고 하기도 하는데, 이런 주장은 실로 이치에 맞지 않는다. 빈커쇼크 한 사람을 제외하면 유명 공법학자 가운데 이에 동의하는 이가 없다. 그는 또한 "공법서 가운데 이런 설은 보이지 않는다"고 하였다. 유럽 대륙 내에서 오직 네덜란드 한 나라에만 이런 설이 있으니, 이것이 이치에 맞지 않음이 분명하다. 즉 이치에 맞다 할지라도 그렇게 행하는 자가 매우 적어서 조례로 삼기에 부족하다. 하물며 빈커쇼크도 교전국이 적을 추격하는 것을 거듭 경계한 것은 우방국의 국경에 들어가게 되면 손해를 입힐 수밖에 없음을 우려하였기 때문인데, 만약 중립국이 위험 불안에 처하도록 만든다면 이 어찌 가능하겠는가? 살상전의 상황에서 어찌 우방국의 백성을 보호해서 피해를 입지 않도록 할 틈이 있겠는가? 이런 까닭에 전쟁당사자가 교전의 뜻을 가지고 중립 지역에 함부로 들어가는 것은 공법을 위반하는 것으로 보는 것이 정론(定論)이다. 스코트는 "중립국 국경 내에서 나포하는 것에 대해 따로 물을 것도 없이 화물이 적의 화물이라 할지라도 반드시 반환해야 한다"고 하였다.

제11절 중립국의 반환 청구

중립국 경계 내에서 화물을 나포하면 나포한 자는 반환해야 한다. 그러나 전리법원은 반드시 침범당한 중립국의 청구가 있어야 비로소 원주인에게 반환할 수 있다고 상규를 정하였다. 굴욕을 당한 것은 중립국이므로 적국의 사람에게는 찾아와서 그 나포가 관례에 부합하는지 여부를 물을 권리가 없다는 것이다.

제12절 중립의 권리를 침범하여 재화를 나포하는 경우, 중립국은 스스로 배상 반환해야 한다

중립국은 국경 내에서 나포된 화물에 대해서도 반환을 해야 할 뿐만 아니라, 전쟁당사자가 [중립국] 땅을 빌려 사사로이 선박과 병사를 준비한 경우라면, 어디로 가서 화물을 나포해 오건 간에 해당 화물이 중립국의 손에 이미 들어왔다면, 이것도 역시 원주인에게 반환해야 한다.

예를 들자면 1675년 프랑스와 독일 간의 전쟁이 일어났을 당시, 프랑스 선박이 영국 해안의 관할지역에서 독일 선박 한 척을 나포하였는데, [영국] 전리법원(戰利法院; the English High Court of Admiralty)의 판사(臬司; Judge)[193]는 그 [영국] 군주에게 독일 선박을 반환해야 한다고 보고하였는데, 이는 '왕의 방'(王房; King's chambers)[영국 해안의 커다란 만에 대한 총칭 – 원주][194]이라는 [영국] 군주 관할 지역 내에서 나포되었기 때문이었다. 소위 '왕의 방'이라는 것이 실제로 중립 지역인지 여부는 논할 필요가 없

---

193 영어 원문에서의 'Judge of the English High Court of Admiralty'(영국 고등해사법원의 판사)를 마틴은 청대에 한 성(省)의 감찰과 함께 사법까지도 관장하던 벼슬인 안찰사를 가리키는 '臬司'라는 단어를 이용하여 의역하고 있다.

194 'King's Chambers'(왕의 방)이란 영국에서 사용되는 용어로, 하나의 곶과 다른 곶을 연결하는 가상의 선에 의해 둘러싸여 있는 해역, 즉 영국 해협, 아일랜드 해, 북해 등의 영국 해안 지역에 있는 커다란 만들을 가리킨다. 영국의 독특한 용어이기 때문에 마틴은 이를 직역하고 그 뒤에 원주를 달아 그 의미를 설명해 주고 있다.

겠지만. 판사가 의미하는 바에 따르면 그 관할 내에서 나포된 물건은 중립국이 당연히 반환해야 한다는 것이므로, 이는 이론의 여지가 없다.

영국과 미국 양국은 다음과 같이 조약을 맺었다. "양국의 선박과 화물이 양국 해안의 대포가 미치는 곳에서나 혹은 강, 해구, 만 등지에서 반드시 다른 국가의 병선이 와서 나포하는 것을 내버려 두어서는 안 된다. 만약 중립 지역을 침범하여 나포하는 자가 있으면, 반드시 최선을 다해 침범한 자가 상환하도록 해야 한다."

미국은 일찍이 프랑스, 프로이센, 네덜란드 등의 3국과 "피차간의 선박은 조약을 맺은 국가의 해안, 항구, 강 등지에서는 최선을 다해 보호하고, 적에 의해 나포된 것 역시 최선을 다해 반환을 요청해야 한다"고 조약을 맺었다. 만약 최선을 다해 요청하였지만 소득이 없다고 해서 자체적으로 배상해야 하는 것은 아니다. 워싱턴은 다음과 같이 말하였다. "비록 영국과는 아직 조약을 맺지 않았지만 영국 선박 역시 이 관례에 귀속된다고 간주한다. 이것에만 특별히 한정되지 않으니, 적국이 우리 항구를 빌려 선박을 준비하여 영국 선박과 화물을 나포하는 경우 비록 대양에서 나포했을지라도, 만약 우리 항구에 들어오면 반드시 반환해야 한다."

만약 전쟁당사자가 미국 경계를 침범하여 선박을 나포하거나 땅을 빌려 선박을 준비하여 이를 나포한 경우, 반환의 심사업무는 국법에 따라 분배한다. 집행권한이 어느 부서에 속하는지는 그 이전에 논의하되, 다만 대법원이 그 직무를 맡는 것이 정해진 관례이다.

제13절 반환의 권리에는 제한이 있다

만약 전쟁당사자가 중립국의 경계에 들어와서 적에 의해 나포된 경우, 중립국은 반환 청구를 할 수 있는 권리가 있지만, 나포한 것에 대해 처벌을 할 수는 없다. 만약 나포된 선박을 이미 적국 영토 내에 가져가서 관례에 따라 법원이 전리품으로 결정한 경우이거나, 혹은 잘 모르고서 이를 잘못 구매한 경우라면, 그 뒤에 반환 청구할 수 있는지 여부는 논쟁의 여지가 있다. 그러나 전리품으로 결정되었지만 그 선박이 나포한 자의 손에 아직 있다면, 중립국의 전리법원은 반드시 반환을 청구해야 하며, 이는 이론의 여지가 없다.

법을 어겨 가며 개인이 중립국의 땅을 빌려, 선박을 준비해서 적의 화물을 나포한 경우에는 반드시 반환 청구를 해야 한다. 다만 그 선박이 만약 이미 본국으로 돌아가려고 나선 이후 대양에서 적 화물을 나포하였다면, 이는 공정한 일이므로 해당 화물은 반환 청구의 관례에 해당하지 않는다.

제14절 중립 지역에 피난 오거나, 식량을 구매하거나, 장물을 파는 경우

공법학자는 다음과 같이 말한다. "전쟁당사자의 병선은 중립국 항구에 들어와 정박하며 해난을 피하고 식량을 구매하는 것이 가능할 뿐만 아니라, 나포된 적선과 화물을 가져와서 판매하는 것도 가능하다. 하지만 중립국은 편파적이어서는 안 되므로 양자 모두에게 허락하거나 금할 수 있으며, 혹은 동맹조약의 제한을 받아 이쪽은 허락하지만 저쪽은 금할 수 있으니, 이는 모두 공법의 상례에 부합한다." 각국이 이렇게 시행하여 스스로 그 권리를 행사할 수 있다. 이는 각국이 자기 항구를 관리하여 자국의 경계를 보호할 권리가 있기 때문이다. 그러나 반드시 [입항하기 전에] 먼저 금지를 해야 하며, 그렇지 않으면 양국의 선박이 항구에 들어

와서 정박하며 식량을 구입하고 나포한 선박 화물을 판매하는 것을 암묵적으로 허락하는 것이 된다.

제15절 중립을 지켜야 할 두 가지 사안

바텔은 "중립국이 관례에 따라 중립을 지켜야 할 두 가지 사안이 있다"고 말하였다.

첫째, 만약 이전에 허락한 조약이 없다면 병력, 무기, 대포 등을 원조해서는 안 된다. 양국 모두에게 원조하겠다고 말하는 것은 더욱 이치에 맞지 않는다. 둘 다 균등하게 원조할 수는 없는데, 왜냐하면 원조받는 병마, 무기, 대포 등의 항목과 수량이 비록 같을지라도 그 시기상의 완급, 그 지리상의 득실은 다를 수밖에 없기 때문이다.

둘째, 교전에 상관없는 일인 경우, 중립국이 한쪽 국가에 허락한 바를 전쟁 상황이라고 해서 저쪽 국가에 대해서만 금해서는 안 된다.

제16절 중립 지역을 빌려 병력을 모으거나 선박을 준비하는 것은 법을 위반하는 것이다

1793년 유럽 국가들 사이에서 격전이 벌어지자, 어떤 이가 미국의 항구를 빌려 선박을 빌리고 병력을 모으려고 하자, 미국은 위에서 언급된 바를 인용하여 "중립국이 병력을 원조하는 것도 이치에 맞지 않은데, 전쟁당사자가 와서 병력을 모집하는 것을 받아들이는 것이 어찌 이치에 맞겠는가?"라고 하며 이를 기각하였다. 또한 볼프와 바텔의 책을 인용하여 병력 모집은 오직 군주와 국가의 권리에 속하는 것인데, 다른 국가가 그 국가에 묻지 않고 함부로 이를 행하는 것은 법을 위반하는 것에 해당한다. 그러므로 전쟁당사자가 미국 항구에서 선박을 준비하고 병력을 모집하는 것을 금한다. 미국의 이번 조치는 공법학자들의 논의에 따르면, 권한상 가능한 것일 뿐만 아니라, 본분상 당위적인 것이기도 하니, 정직하고 인의로운 행위이다. 전쟁당사자 가운데 여러 나라들이 일찍이 미국과 평화조약을 맺었는데, 그 조약에는 이미 지방 법률이 들어가 있다. 설령 조약을 맺지 않았더라도 그 국가가 미국과 분쟁이 없다면 평화 우호적인 관계의 국가라 할 수 있으니 이는 천지자연의 공법이다. 이치에 따라 논하더라도, 굴욕을 당해서 적과 전쟁을 하는 것이 아니라면 곧 평화 우호 관계인 것이다. 오늘날 미국은 굴욕을 당한 바 없는데, 만약 미국의 인민이 다른 국가들의 인민을 살해하고 그 재물을 약탈하려 한다면, 이는 자기 백성을 죽이고 그 재물을 약탈하는 것과 다를 바 없으니, 어찌 법률에 어긋나지 않겠는가? 법을 어기는 데는 마땅히 형벌이 따르기 마련이므로, 자기 영토 내에서이건 아니면 해상의 관할 지역이건 간에 모두 엄격히 금해야만 한다.

제17절 법률에서 금하는 것

1794년, 미국 국회는 법을 하나 정하였는데, 1818년에 다시 개정하면서 다음과 같이 논하였다. "다른 국가에 전쟁이 일어났을 때, 만약 어떤 인민이 미국 관할지역 내에 그 병선을 두고서, 병력을 모집하여 우리와 우호적인 국가를 공격하거나, 혹은 병사나 해군을 모집하여 다른 국가를 위해 이들을 쓰거나, 혹은 선박을 준비하여 순양하며 다른 국가를 도와 전투를 하는 것 등은 모두 법을 위반하는 것이며, 그 준비된 선박은 모두 나포하여 공유화할 수 있다. 만약 공법과 조약 장정에서 선박이 미국 항구에 정박하는 것을 허락하지 않았는데도 정박한 경우, 대통령(首領; President)은 추방할 수 있다." 대통령은 국가 권력(國勢; public force)에 의존하거나 법률에 기대어 스스로 그 중립의 권리를 보호할 수 있다.

다른 국가의 군대에 입대하는 경우

후에 영국이 법률을 정하여 영국 백성이 다른 국가의 군에 입대하여 군주의 명령을 받지 않은 채 사사로이 영국 국경 내에서 전함을 준비하는 것을 모두 금지하였다. 그 이전까지 영국의 예전 법률에서는 영국인이 다른 국가에 입대하는 경우, 사형에 처하고 사면하지 않았다. 오늘날 조례를 관대하게 개정하여 형이 다소 감형되었으며, 또한 조항을 정하여 선박을 준비하거나 대포를 구매하는 등의 일을 막되, 이를 위반한 자는 형을 가하도록 하였다.

제18절 중립국 선박은 대양에서 어떻게 되나

중립국의 국경 내에서 선박과 화물을 나포하면 법을 위반하는 것이니, 국가들의 상례나 공법학자들의 공론, 천리상의 당위 등이 모두 이를 뒷받침한다. 혹자는 중립국이 누리는 권리가 해상에 있는 그 선박에까지 미치는지 여부를 묻기도 한다. "자주국가의 공적인 선박이나 민간 선박이 대양에서 항해하면서 다른 국가의 국경 내에 있지 않은 경우, 전적으로 본국의 관할에 따르는 것은 이미 앞서 밝힌 바 있다. 그 관할권은 전적으로 본국 법률을 위반하는 사안에 대해서만 간여하며, 이런 안건에 대해 다른 국가는 자기 법률로 다스릴 수 없다. 그러나 도적행위 등과 같이 만국공법에 대해 죄를 지은 경우, 이런 범죄를 심사 처벌하는 것은 각국의 권한이 모두 매한가지이다. 본국의 관할권으로 각국이 공법상의 범죄에 대해 치죄하는 것을 막지 못하는데, 전쟁당사자가 적의 화물을 나포할 권리에 대해 본국이 막을 수 있는 것인가? 나포의 권리는 나포자의 본국, 혹은 적국, 혹은 무주지 등의 세 곳에서 당연히 행사될 수 있다. 그런데 해상에 있는 중립국의 선박 역시 이 세 곳에 속하는가?

어떤 이는 다음과 같이 논하였다. "중립국 선박에 공과 사의 구분이 있으니, 공적인 선박의 경우 전쟁당사자가 조사(稽査; visitation and search)를 해서도 나포를 해서도 안 되며, 일체의 전쟁권은 이 배 안에서 행사될 수 없다. 공적인 선박이 다른 국가의 국경 내에 있더라도 여전히 조사할 수 없는데, 하물며 대양에서야 더 말할 나위 있겠는가? 그곳에서 전쟁권을 행사할 수 없음이 명백하다. 사적인 선박의 경우 중립 지역으로 보지 않는다. 다른 국가의 국경 내에서 다른 국가의 관할을 따라야 하는데, 그 선박이 해상에 있다면 이 역시 중립 지역이 아니다. 또한 그 선박 자체가 민간인에 속한 것이지 군주나 국가에 속한 것이 아니며, 그것은 동산이지 부동산이 아니다. 해상에서의 본국의 관할 역시 오직 그 인민과 화물을 관할할 뿐이니, 영토를 다스리는 권리와는 다르다. 따라서 해상에서는 국가가 자기 권리를 전적으로 행사할 수 없으니, 사실상 만국이 같은 권리를 행사할 수 있다.

제19절 중립국 선박에 있는 적의 재화를 나포하는 것은 항상 있는 일이다

이를 어떻게 처리해야 할 것인가에 대해서는 중론이 각기 다른데, 다만 전쟁당사자의 경우는 고금의 관행상 모두 마찬가지이다. 적국의 화물이 비록 중립국 선박에 있더라도 나포하여 전리품으로 삼을 수 있다. 혹여 이와 다른 경우라면 이는 조약상의 특정한 장정 때문에 그러한 것일 따름이다.

제20절 때로 적의 재화를 실은 선박을 나포하여 전리품으로 삼는다

여러 국가들은 과거에 장정을 두어 중립국 선박에 있는 적의 화물을 모두 나포할 수 있을 뿐만 아니라, 화물을 실은 선박 역시 공유화해야 한다고 정하였다. 고대의 로마법에서는 화물을 실은 선박이나 차량조차도 공유화하였기 때문에, 프랑스가 처음 항해장정을 만들 당시 그 안에 "적의 화물을 실은 선박은 나포하여 전리품으로 삼을 수 있다"는 조항을 넣었다. 후에 새로운 조례를 정할 때는 "중립국 선박에 있는 적의 화물은 나포할 수 있지만, 그 선박은 반드시 원주인에게 반환해야 한다"고 하였다. 오늘날 각국의 상례상으로는 적의 화물만을 나포할 따름이다.

제21절 적국의 선박에 있는 우방국의 재화를 나포하는 경우도 있다

우방국 선박에 있는 적의 화물은 모두 나포할 수 있는 것이 상례이다. 적의 선박이 우방국의 화물을 적재한 경우, 만약 그 화물 역시 나포할 수 있다고 한다면, 이는 이치에 맞지 않으며, 정의에 어긋난다. 그것이 적의 선박에 있다고 해서 적의 화물이라고 의심해서는 안 되니, 사안을 결정하는 자는 반드시 근거를 확실히 해야만 비로소 [나포권을] 행사할 수 있다. 이 조규는 비록 매우 의롭지 못하지만 여러 국가에서 일찍이 법률로 삼았으며, 그 법원은 그에 따라 사안을 심사한다.

밸랑과 포티에(Robert Joseph Pothier; 破退)[195]는 이를 다음과 같이 판단하였다. "우방국 사람이 적국 선박에 화물을 실은 경우, 이는 적의 무역 이득에 도움이 되므로 그 화물을 적재한 적국 선박과 함께 귀속시키는 것을 암묵적으로 허락한다. 따라서 이를 나포할 수 있다." 밸랑은 또한 "우방국 사람이 적국 선박에 화물을 실으면 당연히 전리품으로 나포할 수 있다. 우방국의 백성이 이에 대해 어찌 [나포한 국가의] 자기 백성에 대해서보다 더 심하다고 여길 수 있단 말인가"라고 물었다. [포티에가] 이에 답하여 다음과 같이 말하였다. "민간 화물이 나포된 까닭은 실로 적과 통상하는 것에 대한 금령을 위반하였기 때문이다. 그럼 중립국의 경우 적국과의 통상에 대한 금령이 없는데, 어째서 똑같이 다스릴 수 있는 것인가? 적재한 화물의 경우 선박과 길흉을 함께하기를 자원한 것이기 때문이다." 이런 주장은 아무런 근거가 없다. 하물며 중립국의 적재 화물은 어떤 선박에 적재한 것이든 간에 이는 공법에서 금하는 바가 아니다. 따라서 빈커쇼크는 "양국이 교전할 때 그 법원이 함부로 조례를 정하여, 적국 선박에 실린 중립국 화물을 나포하여 전리품으로 삼는 것은 실로 이치에 부합하지 않는다"고 하였다.

만약 중립국과 일찍이 조약을 맺어, 중립국 선박에 실린 것은 중립국의 화물이고, 적국 선박에 실린 것은 적국의 화물이라고 명시해 두었다

---

195 로베르 조제프 포티에(Robert Joseph Pothier; 破退, 1699~1772)는 프랑스의 법학자로, 오를레앙 최고법원의 판사를 지니기도 하였다.

면 불가능한 것은 아니다. 이와 같다면 전쟁당사자의 권리는 다소 넓어지지만 중립국의 권리는 다소 줄어들 것이니, 이 두 가지 조건은 대체로 연관되어 있다. 그 [조약을 맺은] 뜻은 법원이 조사 심판하는 데 편리하도록 하고자 함이니, 그 화물이 누구의 것인지 따지지 않고 그 선박에 따라 결정하면 될 따름이다.

제22절 두 가지 규칙은 불가분의 것은 아니다

이 두 가지 조건은 꼭 불가분한 것만은 아니다. 전쟁당사자에게 적국 화물을 나포할 권리는 있지만 우방국의 화물을 나포할 권리는 없으니, 이는 공법의 명확한 조례이다. 적의 화물을 나포할 권리는 그 소재처를 제외하면 별다른 제한이 없다. 만약 그 소재처가 중립국에 있다면 그 땅에서 잡더라도 나포할 수는 없다. 그러나 대양에 있는 중립국의 선박이라면 중립국의 땅으로 간주하지 않으니, 나포한들 무슨 상관이 있겠는가?

중립국의 화물을 나포할 수 있는 경우는 오직 금지된 화물을 금지된 지역에 가져가서 판매하여 봉쇄령을 위반한 경우이다. 이런 경우에는 우방국의 화물을 적의 화물과 마찬가지로 간주할 수 있다.

중립국의 깃발을 가지고서 적국의 화물을 획득해서는 안 되며, 전쟁당사자의 깃발을 가지고서 중립국의 화물을 적국의 화물로 삼아서는 안 된다. 이는 공법의 자연스러운 이치(自然之理; natural principle)이다. 여러 국가들이 조약을 맺을 때마다 매번 변경하는 것이 있다. 비록 중립국 선박에 실린 화물은 중립국의 화물이라고 할 수 있을지라도, 적국의 선박에 실린 화물이 꼭 적국의 화물이라고는 할 수 없다는 것이다. 공법에 따르면 본래 중립국의 깃발을 가지고서 적국의 화물을 보호해서는 안 되지만, 전쟁당사자들이 보호할 수 있도록 허락한다. 중립국의 화물은 비록 적국 선박에 실려 있을지라도, 공법에 따르면 본래는 나포할 수 없지만, 중립국은 이를 나포할 수 있도록 허락하니, 이는 그 권리를 스스로 양보한 것이다. 그러나 전쟁당사자가 하나를 양보하였다고 해서 중립국이 꼭 다른 하나를 양보할 필요는 없다. 이치를 놓고 따지자면 이 두 가지는 분립할 수 있으며, 꼭 하나로 병합해서 볼 필요는 없다.

미국이 과거에 스페인과 조약을 맺어, 중립국 선박에 실린 것은 중립국 화물로 보기로 하였는데, 연방법원은 이를 다음과 같이 해석하였다. "적국 선박에 실린다고 해서 곧 적국의 화물이 된다고 암묵적으로 동의한 것은 아니다. 한 가지를 동의하였다고 다른 한 가지를 동의할 필요는 없다. 따라서 스페인 사람이 미국의 적국 선반에 화물을 실은 경우, 나포하여 전리품으로 삼아서는 안 된다. 비록 미국의 화물이 스페인의 적국 선박에 실려 있다가 저쪽[스페인]에 의해 나포될지라도, 우리 법원은 그래도 그 화물을 공유화하지 않는다. 미국이 새로 장정을 만들어 시행당한 바대로 시행한다(所行而行; reciprocity, 현대어로 '상호주의')고 정하지 않는 한, 본 법원은 반드시 만국공법을 가지고 지방 법률로 삼아 그에 따라 사안을 결정한다."

제23절 조약 조항에서 중립국 선박에 실린 적국 화물에 대해 논한 경우

중립국 선박이 적국 화물을 실은 경우와 적국 선박이 중립국 화물을 실은 경우를 논함에 있어서 여러 국가들의 행하는 바가 다르니, 그 관례 역시 일정하지 않다. 그러나 근래에 맺어지는 조약 조항의 다수는 중립국 선박에 실린 것은 중립국 화물로 보며, 그에 따라 적국 선박에 실린 것은 적국 화물로 보는 경우 역시 꽤 있다.[196]

제24절 전시 금지 물품

중립국과 전쟁당사자의 통상은 본래 평상시처럼 할 수 있다. 그러나 전시에 금지되는 화물이 있는 경우 이를 사사로이 적국에 가서 판매해서는 안 되는 것이 공법이다.

만약 전시에 금지되는 물품이 무엇이냐고 묻는다면 무기, 화약 등은 모두 금지 물품이다. 다른 물품은 그 금지 여부를 판단하기 쉽지 않다. 그로티우스는 다음과 같이 말하였다. "화물에는 세 가지 종류가 있다. 첫째, 전적으로 전쟁에서만 써야 하는 것, 둘째, 전쟁에 써야 하는 것이 아닌 것, 셋째, 전시와 평시에 모두 쓸 수 있는 것. 공법학자들 모두 그 첫 번째 화물은 중립국이 적국에 가서 판매하는 것을 금한다. 두 번째 화물은 적국에 가서 판매하는 것을 모두 허락한다. 세 번째 화물 중 금전, 식량, 선박 등에 대해서 어떤 이는 금하고 어떤 이는 허락하는데, 반드시 그 당시 상황(時勢)을 보아 결정해야 한다.

196 이 절의 영어 원문에서는 적국 선박에 실린 중립국 화물, 그리고 중립국 선박에 실린 적국 화물에 대한 나포권을 둘러싼 역사적 사례들, 특히 1604년 프랑스와 오스만 제국 사이에 맺은 조약을 비롯해, 그 이후 네덜란드 프랑스, 영국, 미국, 스페인, 포르투갈, 오스트리아, 프로이센, 스웨덴, 덴마크 사이의 각종 분쟁들과 양국 내지는 다국 간 조약들에 대해 총 27쪽에 걸쳐 자세하게 부연하고 있는데, 마틴의 번역에서는 모두 생략되었다.

바텔은 이에 대하여 마찬가지로 논하면서 다음과 같이 말하였다. "목재류와 선상에서 사용되는 물품은 모두 첫 번째 부류에 속하지, 세 번째 부류에 속하지 않는다. 교전에서 중요한 필수품은 금지 물품에 해당한다. 식량의 경우, 만약 포위된 성곽에 운반하려 한다면 이 역시 첫 번째 부류에 속한다."

영국과 미국의 조약에는 다음과 같은 조항이 있다. "전시 금지 물품은 무기, 화약 등의 부류, 그리고 선박 제조 재료나 송유(松油; rosin), 구리 조각, 돛, 밧줄, 마 등과 같은 것으로, 선박을 제조 수리하는 각종 물품은 모두 금지 물품에 들어간다. 오직 생철과 송판은 금지 물품에 들어가지 않으며, 식량 등의 물품은 어떨 때 금해야 하는지에 대해서는 결정하기 힘들다." 따라서 양국은 사후에 피차간에 상황을 판단하여, 이런 화물들을 공법을 위배해 운반하는 경우, 모두 나포하여 적에게 전달되는 것을 막을 수 있다고 명시하였다. 그러나 이런 경우 반드시 완전 배상해야 하는데, 그 원가에 따라 본전과 이자, 선적 비용 및 폐기 비용 등을 계산하여 보상해야 한다.[197]

제25절 공적인 서신을 보내거나, 병사나 공사를 싣고 있는 경우

적국을 위해 공적 서신을 전하거나 병사를 싣는 것은 모두 금지 물품

197 이 절 역시 영어 원문에서는 17~18세기를 거치면서 나왔던 전시 금수품(contraband)에 관한 각국의 금지령과 여러 국가들 사이의 관련 조약들에 관한 자세한 사례들을 다루고 있는데, 마틴의 번역에서는 대부분 생략되었다.

운반의 관례에 귀속된다. 중립국 선박이 적국의 병사를 싣는 경우, 적에 의해 나포되어 공유화될 수 있다. 비록 전쟁당사자가 억지로 병사를 싣도록 강제하여 실로 부득이했던 경우라 해도 나포를 면할 수는 없다. 그렇게 하는 것은 자원한 것인지 원하지 않았던 것인지 그 말을 신뢰하기 힘들기 때문이다. 만약 강제에 의한 것이라서 풀려날 수 있다고 한다면, 사후에 금지 물품을 실었던 것이 모두 강요에 의한 것이라고 핑계를 대고서 요행히 면할 우려가 있다. 만약 이렇게 금지 물품을 운반하는 것을 금지할 수 없다면, 전쟁당사자의 전쟁을 돕는 것 역시 금지할 수 없게 될 것이다. 따라서 중립국은 만약 강제에 의해 금지령을 위반하여 손실을 입게 될 경우, 자신을 강제한 국가에 대해서만 배상을 청구할 수 있다.

만약 약간의 병사만을 실었는데도 그 선박을 공유화할 수 있는 것인지 묻는다면, 그 인원수의 많고 적음은 논할 필요가 없다. 때로 한 무리의 부대를 운반하는 것보다 한 명의 장수를 운반하는 것이 적의 전력에 무궁한 도움이 될 수도 있다. 그래서 적국에 대해 반드시 이를 막고 엄벌에 처하는 것이다. 설사 선주가 이를 모르고서 했다고 하더라도, 모르고 한 것이므로 이를 법원이 관대하게 처벌하기란 쉽지 않다. 만약 실제로 몰랐더라도 이 역시 속였던 쪽에 대해서만 배상을 청구할 수 있지, 나포한 사람에 대해서 원망할 수는 없다.

전쟁당사자를 위해 사사로이 공적 서신을 전하는 것은 적국이 나포하여 공유화할 수 있다. 서신을 전하는 것은 여러 금지 물품에 비해 더욱 중요하다. 스코트는 "무기와 대포를 싣는 것은 적을 돕는 데 있어서 한계가 있지만, 사사로이 서신을 전하는 것은 적을 돕는 바가 무궁하다." 편지는 교전의 대국을 담을 수 있으며, 양국의 승부를 결정할 수 있다. 한 개의 탄알은 장수를 상하게 할 수 있는데 이는 우연한 일일 뿐이니, 결코 겨우 탄알 한 개만으로는 사람의 생명을 좌우할 수 없다고 할 수 있다. 그래서 탄알의 운반은 그 수가 반드시 많아야만 한다. 만약 공적 서신을 대신 부치는 것이라면 그 서신이 많건 적건 간에 모두 전쟁 대사에 관련된 것일 수 있으니, 그 관련성은 다른 물품보다 훨씬 크다. 따라서 그 처벌 역시 다른 물품보다도 더욱 중하다. 다른 물품은 공유화함으로써 처벌하지만, 만약 서신을 공유화한다고 하면 어찌 충분한 처벌이 되겠는가? 그래서 반드시 서신을 전한 선박을 공유화하여 처벌로 삼는다. 그러나 혹여 전쟁당사자가 중립국에 주재시킨 사신이 보내는 서신은 또한 별도의 관례에 귀속시켜야 한다. 그가 중립국에 주재하는 것은 원래 저쪽 국가와 그 본국 사이의 우호관계를 유지하고자 함이다. 따라서 만국공법은 특별히 보호하여 중립국이 그를 대신해서 서신을 전하는 것 역시 불가능하지는 않다. 중립국이 전쟁당사자와 평시대로 왕래하는 것은 우호관계 때문이지 전쟁을 돕고자 하는 것은 아니다.

전쟁당사자가 전쟁을 수행하는 곳으로부터 피차간의 사신을 밖으로 내보낼 경우, 그 사람을 잡거나 그 길을 막을 수 있다. 다만 그 사신이 중립국 지역에 가서 예로써 군주를 접견하여 사신으로 간주된다면 공법에 기대어 보호받을 수 있다. 만국의 상례는 중립국이 전쟁당사자의 사신을 받을 수 있도록 허락하고 있기 때문이다.

제26절 적재 금지 물품과의 관련

만약 선박에 금지 물품을 적재하였는데 그 선박과 화물의 주인이 다르다면, 그 금지 물품은 나포하여 공유화할 수 있으며, 실려 있던 다른 물건들 가운데 적국의 화물 역시 공유화할 수 있다. 다만 적재 화물의 운송비용만은 [선주에게] 반환할 필요가 없다. 하지만 만약 그 선박과 그 적재 화물이 모두 같은 주인이라면 모두 금지 물품과 마찬가지로 간주한다. 한 주인에 속하지는 않지만 선박 허가증을 위조하여 다른 곳에 간다고 핑계를 댄 경우, 나중에 조사를 통해 밝혀지면 선박과 화물 모두 나포하여 공유화할 수 있다.

만약 우방국과 맺은 조약에서 적에게 물품을 운반하는 것을 특별히 금지하였는데 그 국가의 선박이 조약을 위반하고 사사로이 금지 물품을 운반하는 경우, [화물과 선박을] 한꺼번에 나포하여 공유화할 수 있다. 그 선박이 중립 조약을 지키지 않는다면 이는 중립국 선박이 아니라 적국 선박으로 간주할 수 있다.

스코트는 다음과 같이 말하였다. "금지 물품을 적국에 운반하는 경우 도중에 마주치면 나포할 수 있다. 하지만 그 화물이 이미 저쪽에 도착하여 판매되었고, 그 선박이 판매로 얻은 돈을 가지고 돌아가는 길이었다면, 오늘날 공법에 따르면 나포할 수 없다. 그 선박이 처음 적국을 향해 출발할 때 그 죄는 이미 성립되었으니, 저쪽 국경에 도착해야 비로소 금지 물품이 되는 것은 아니다. 따라서 도중에 마주치면 나포할 수 있지만, 판매 후의 경우는 그다지 관련이 없다."

유럽에서 인도로 가던 선박이 위조 선박 허가증으로 다른 곳에 간다고 핑계를 대고서 화물을 판매하고 나중에 되돌아가던 도중에 나포되었는데, 스코트는 이것은 공유화할 수 있다고 하였다.[198] 또한 미국이 예전

198 영어 원문에서 이 문장의 바로 뒤에는 같은 판사임에도 불구하고 스코트가 앞선 판례와는 다른 판결을 내린 사유, 즉 앞선 경우와는 달리 위조 증명서를 이용하였기 때문에 몰수(공유화)해야 한다고 판결한 것에 대한 설명이 있는데, 중국어 번역상에서는 생략되었다.

에 영국과 전쟁할 당시 스웨덴 선박[199] 한 척이 영국의 식량을 싣고서 스페인에 건너가 영국의 군용으로 전달하였다가 미국의 민간 선박에 의해 나포되었다. 미국 법원은 스코트의 논의를 따라 그 사안이 법 위반이라고 보아, 그 화물을 적국 화물로 간주하여 공유화해야 하며, 그 적재 화물의 운송비용 역시 선주에게 환급하지 않아도 된다고 판결하였다. 적군이 어느 곳에 있든지 간에, 양식을 운반하여 군용으로 전달하는 것은 적을 돕는 것이니, 그 선박을 공유화하는 것도 불가능하지 않다. 만약 그 선박 운반비용만을 벌금으로 삼는다면 너무 관대한 처리이다.

제27절 전쟁당사자의 속지와 통상하는 경우

1756년 영국과 프랑스 사이에 전쟁이 일어났다. 영국 해군이 수적으로 우세하여 프랑스가 해외 속지와 통상하기 어렵게 되자, 프랑스는 특별히 네덜란드가 프랑스의 여러 속지들과 통상할 수 있도록 허락하였다. 네덜란드 선박이 곧바로 영국인에 나포되었는데, 이에 대해 "프랑스는 줄곧 속지와 통상을 허락하지 않다가, 이번에 네덜란드 한 나라에만 특별히 통상을 허락하였는데, 이것이 어찌 네덜란드가 프랑스를 대신해서 통상을 하는 것이 아니겠는가? 그러므로 프랑스 선박과 마찬가지 사례로 처리할 수 있다"고 하였다. 미국은 이런 규정을 허락하지 않았으며, 여러 국가들도 중립국이 전쟁당사자의 속지와 통상하는 것에 대한 금지

---

199 마틴은 앞서 다른 부분에서는 스웨덴을 '瑞威敦'이라고 번역하였는데, 여기서는 'Swedish vessel'을 중국어로 '瑞船'으로 번역하고 뒤에서는 스웨덴을 '瑞國'이라고 번역해 두어, 스위스의 번역어인 '瑞士'와 혼동을 주기도 한다.

를 원하지 않았다.

제28절 항구 봉쇄와 봉쇄 위반

한 성곽 지역이 전쟁당사자에 의해 포위당하면, 중립국은 그와 무역을 할 수 없는데, 항구 봉쇄 역시 마찬가지이다. 하지만 한 지역을 포위하고 항구를 봉쇄하여 선박의 왕래를 금하는 것은 허언(虛言)이 되어서는 안 될 뿐만 아니라, 대규모 세력으로 가로막아야만 한다. 이 이후로 무역선박이 포위 봉쇄된 지역에 가서 물건을 파는 것은 법을 위반하는 것이 된다.

그로티우스는 "전쟁당사자가 성곽을 포위하고 항구를 봉쇄한 경우, 중립국이 만약 그 사실을 안다면 물품을 운반하여 저쪽에 전달해서는 안 되는데, 이는 포위에 방해가 될 우려가 있기 때문"이라고 하였다.

빈커쇼크는 다음과 같이 말하였다. "무기뿐만 아니라, 식량 등의 물품 역시 포위된 곳에 운반해서는 안 된다. 그 지역이 포위되어 물품이 전달되지 않는다면, 즉시 투항하지 않을지 어찌 알겠는가? 그 필요로 하는 바가 어떤 물품인지 알 수 없으므로 어떤 화물을 운반하든 모두 공법을 위반하는 것이다." 또한 "전시에 금지된 물품을 적군에 운반하는 것은 원래 금할 수 있지만, 금할 수 있는지 없는지는 포위 여부를 봐야 한다"고 하였다.

봉쇄 위반의 세 가지 요건

스코트는 다음과 같이 말하였다. "항구 봉쇄의 금령을 위반하여 고발당한 경우, 세 가지 사항에서 반드시 근거를 가지고 입증되어야 범죄로 판정할 수 있다. 첫째, 항구 봉쇄의 금령이 거짓이 아니라 실질적인 것인지, 둘째, 위반한 자가 알고서 고의로 위반을 저지른 것인지, 셋째, 봉쇄 후 그 사람이 실제로 화물을 운반 출입하였는지 등이 그것이다." 그 대의를 간략히 설명해 보자면 다음과 같다.

실질적 세력으로 봉쇄를 시행할 것

첫째, 공법학자의 명시적 언급과 국가들의 동맹조약에 따르면, 항구 봉쇄는 반드시 그 세력이 내외간의 통상을 금하기에 충분해야 비로소 타협할 수 있다. 하지만 태풍과 같이 인력으로 제어할 수 없는 재난으로 항구 봉쇄를 지키던 선박이 대양에 표류하게 될 경우, 비록 잠시 지키던 곳에 있을 수 없게 된다 할지라도 봉쇄가 풀리게 되는 것은 아니다. 만약 재난 상황을 틈타 봉쇄를 뚫는 것도 공법에서는 규정 위반으로 판단한다.

위반자가 이를 인지할 것

둘째, 막겠다는 허언만으로는 항구 봉쇄가 되지 않는다. 예시(預示; proclamation)가 있었다고 해서 바로 이미 인지(已知; knowledge)되었다고 할 수는 없다. 항구 봉쇄라는 것은 우선 항구 봉쇄가 실제로 있어야 할 뿐만 아니라, 실제 근거도 있어야만 어떤 이가 알고서도 고의로 위반하였는지를 입증할 수 있다. 만약 장차 항구 봉쇄를 할 것이라고 예시하였지만 세력을 이용해 실제로 봉쇄하지 않는다면, 공법에서는 봉쇄로 간주하지 않는다. 하지만 병력이 봉쇄를 하기에 충분하다면, 그곳에서 사람들에게 포고(出示告知; declaration)하여야 비로소 완비된다. 만약 선박이 인근지역에서 온 경우라면 항구 봉쇄가 포괄적이고 엄격한 것을 저절로 알 것이기에 따로 서신 통지할 필요가 없다. 항구 봉쇄 초기 이미 포고를 한 지 오래되었고, 또한 두 지역의 거리가 멀지 않다면 분명 소식을 잘 알고 있을 것이다. 만약 멀리 떨어진 지방이라서 소식을 자주 듣기 힘들거나, 혹은 시일이 오래되어 봉쇄가 풀렸을 것을 기대하고서 화물을 싣고 저쪽으로 간 경우라면, 그때에는 실제 상황을 조사하고 들어 봐야 하며, 항구를 지키는 쪽 역시 바로 나포해서는 안 된다. 만약 이미 고지되었음에도 와서 물건을 팔고자 하였다면 나포하여 공유화할 수 있다.

스코트는 다음과 같이 말하였다. "항구 봉쇄에는 두 가지가 있는데, 고지하고 봉쇄하는 것과 불고지하고 봉쇄하는 것이 있다. 불고지하고 봉쇄하는 경우, 만약 풍랑 등의 재난 상황이 아니지만 잠시 퇴각한다면 그 퇴각이 곧 봉쇄 해제이다. 고지하고 봉쇄하는 경우, 만약 봉쇄 해제 시 명확히 고지하지 않았다면 봉쇄 해제라고 할 수 없다. 전쟁당사자가 항구 봉쇄를 행하는 것은 명시적으로 고지하고 봉쇄하는 것이다. 그 봉쇄 해제 시에도 바로 고지하고 해제해야 하며, 그렇지 않으면 중립국을 기만하는 것이 된다. 따라서 고지하고서 봉쇄를 하는 경우, 만약 봉쇄 해제를 명시적으로 고지하지 않았다면, 아직 봉쇄가 해제되지 않은 것으로 간주하여 판결해야만 한다." 또한 다음과 같이 말하였다. "다른 국가에 고지하는 것은 그 국가 사람에게 고지하는 것이다. 만약 인민이 알지 못했다고 핑계를 대도록 허락한다면 고지가 무슨 소용이 있겠는가? 그 본국이 다 알게 하는 것은 가가호호 숙지시켜 인민이 범죄에 빠지는 것을 면하게 하고자 함이다. 따라서 중립국 선주가 몰랐다는 핑계는 법원이 사안을 판결하는 데에 아무런 상관이 없다. 만약 실제로 몰랐다면 혹여 본국에 보상을 청구할 수 있겠지만, 전쟁당사자의 법원에서는 몰랐던 것을 핑계로 배상을 청구할 수 없다. 만약 불고지하고 봉쇄한 경우 혹여 모르는 자가 있을 수 있지만, 이미 고지한 경우라면 몰랐던 것을 핑계 삼을 수 없다. 배를 몰아 봉쇄된 곳에 가는 것은 봉쇄 위반의 범죄가 된다. 대양에 나가는 것으로 그 죄가 이미 성립되므로 나포하여 공유화할 수 있다. 따라서 개항의 고지가 있기 전까지는 이미 항구가 열렸다고 판단해서는 안 된다. 만약 불고지하고 봉쇄한 경우라면 혹여 이미 항구가 열렸다고 판단할 수 있지만, 이로는 아직 열리지 않은 것을 몰랐음을 핑계 삼을 수 있을 뿐이다.

연해의 국가들은 누차 장정을 맺어 어떻게 항구 봉쇄를 행해야 하는지에 대해 정해 놓았다. 예를 들어 영국과 미국이 맺은 평화조약에는 다음과 같은 조항이 있다. "만약 한 지역이 봉쇄된 것을 모르고 배를 몰아 찾아온 경우 나포할 수 없다. 적재된 화물이 전시 금지 물품이 아니라면 이 역시 나포하여 공유화할 수 없다. 반드시 고지를 하여 다른 곳으로 가도록 하되, 만약 다시 와서 항구 진입을 도모한다면 봉쇄를 위반한 것이니 나포하여 공유화할 수 있다." 영국이 일찍이 유럽 북방 국가들과 맺은 조약에도 이런 조항이 있다.

영국 해군과 전리법원이 서인도지역에서 누차 이를 위반하자 미국은 바로 이 조항을 고지하였다. 영국은 이에 대해 공문을 보내 서인도지역의 해군과 전리법원에 경고하였다. "프랑스에 속한 섬 몇 곳에 대해서만 실질적 세력으로 항구 봉쇄를 하고 그 나머지는 봉쇄해서는 안 된다. 또한 선박이 비록 봉쇄된 곳에 가더라도 만약 예전에 나타났다가 다시 온 경우가 아니라면 이 역시 나포해서는 안 된다." 이런 훈령과 이상의 조약은 모두 공법의 실질적 의를 명확히 한다. 공법에 따르면 선박이 봉쇄된 곳에 가더라도 공연히 함부로 나포하여 공유화해서는 안 된다. 즉 봉쇄된 곳에 가더라도 만약 봉쇄된 것을 명확히 안 것이 아니라면 죄라고 할 수 없다. 바텔은 "그 나포의 이유가 되는 것은 오직 항구 진입을 도모한 경우뿐이다." 도모한다 할 수 있는 것은 이미 봉쇄된 것을 명확히 알고 있는 경우이다. 영국과 미국의 평화조약에 따르면 불고지하고 봉쇄한 경우 만약 선박이 찾아오면 반드시 봉쇄 고지를 먼저 해야 하며, 만약 아직 포고하지 않았다면 해당 선박은 봉쇄된 항구를 방문할 수 있다. 따라서 중립국 선박이 봉쇄된 곳으로 가는 경우, 만약 미리 봉쇄를 고지하지 않았다면 봉쇄 위반의 범죄가 될 수 없다.

공문으로 항구 봉쇄를 고지하였지만, 동시에 항구를 봉쇄한 해군이 이미 적에게 격퇴되었다는 보고를 받고 나서 그 뒤에 다시 항구 봉쇄를 시행한 경우, 항구에 진입하려던 선박이 나포되자, 전리법원은 공유화할 수 없다고 판결하였다. 비록 다시 항구를 봉쇄하였지만 항구 봉쇄의 고지를 다시 갱신하지 않았으므로, 그 최초의 고지는 해군이 패퇴됨으로써 폐기되었는데, 찾아온 선박이 어찌 다시 항구가 봉쇄된 사실을 알았겠는가? 만약 먼저 포고된 이후 위반한 것이 아니라면 나포해서는 안 된다.

실제로 항구 봉쇄를 위반할 것

셋째, 비록 실제로 이미 알았을지라도 그 실제 사실이 있어야 비로소 봉쇄 위반이 된다. 즉 항구 봉쇄 후 화물을 싣고 배를 몰아 항구 입구에 들어가야만 하는 것이다.

1630년 네덜란드가 벨기에 항구를 봉쇄하면서 다음과 같이 포고하였다. "중립국 선박이 이곳에 출입하거나 가까이 다가온다면 비로소 실제로 저쪽 항구로 가려는 것이 분명하다 할 수 있으며, 혹은 이를 입증할 허가증을 가지고 있을 수도 있다. 네덜란드 병선이 아직 발견 및 추격하기 이전에 반드시 방향을 틀어 다른 쪽으로 가야 한다. 그러지 않는다면 나포하여 공유화할 것이다." 빈커쇼크는 그 사안을 처리함에 인정과 이치 모두에 맞도록 하였다. 봉쇄된 곳에 가까이 가는 것은 풍랑 등의 재난을 피하려는 것이 아니라면 봉쇄령을 위반하려는 것일 테니 나포할 수 있다. 하물며 그곳에 가는 것을 입증할 허가증이 있다면 더 말할 나위 있겠는가? 포고문에는 다음과 같은 조항이 하나 더 있다. "선박이 봉쇄된 항구를 나설 때, 만약 풍랑 등의 재난을 피해서 들어갔다가 나오는 것이 아니라면, 비록 이미 그곳으로부터 멀리 떨어졌을지라도 나포할 수 있다. 하지만 이미 본국으로 돌아갔거나 다른 중립 지역으로 갔다가 이후에 대양으로 나온 경우라면 이전의 범법행위로 인해 나포할 수는 없다. 그러나 봉쇄된 항구를 나오는 것을 네덜란드 병선이 발견하여 본국이나 다른 국가의 항구까지 추격하여 다시 나오기를 기다렸다거나 혹은 대양에서 그 배를 마주치게 되면 나포하여 공유화할 수 있다." 빈커쇼크는 "평화롭게 본국에 돌아간 것과 병선이 이를 추격하였기에 돌아간 것은 매우 다르다. 오늘날 공법 역시 그러하다. 추격하여 돌아가는 경우는 항구를 빠져나오는 즉시 나포할 수 있다. 평화롭게 돌아간 경우는 항구를 빠져나오는 것을 기다렸다가 나포해서는 안 된다"고 하였다.

화물을 싣고 봉쇄된 항구를 빠져나와 봉쇄령을 위반하는 것은 그 적재 화물을 언제 적재하였느냐와 중요한 관련이 있다. 중립국에서 이미 적재한 화물은 자기 화물이다. 만약 그것을 싣고 본국에 돌아가려고 나오는 것을 허락하지 않는 것은 지나치게 엄격한 적용이 될 우려가 있다. 다만 항구 봉쇄 이후 중립국이 적을 도와 화물을 운반해서는 안 될 따름이다.

중립국 선박이 일찍이 사 두었거나 교환한 화물을 싣고 항구를 빠져나오는 것은 가능하지만, 만약 항구 봉쇄 이후 다시 적재한 경우는 봉쇄 위반이다.

중립국 사람이 중립국에 선박을 판매한 경우 그 선박이 빈 배로 항구를 나오는 것은 봉쇄 위반이 아니다. 중립국 화물을 일찍이 항구에 들여왔는데, 만약 물건을 사는 사람이 없어서 화주가 그것을 다시 싣고 다른 곳으로 가려는 경우라면, 비록 이미 항구가 봉쇄되었지만 나포한 병선은 이를 반드시 반환해야 한다. 이런 사안은 중립국이 선박을 몰아 봉쇄된 항구를 빠져나가는 경우와 동일한 관례이다.

항구 봉쇄 이후라면 중립국은 봉쇄된 곳에서 화물을 다시 구매해서는 안 된다. 이 관례에 따르면 이전에 전쟁당사자가 봉쇄된 항구에서 중립국에 선박을 판매하였는데, 그 항구를 빠져나와 중립국으로 가던 중 풍랑을 피해 적국 항구에 들어갔다가 나포된 적이 있다. 전리법원은 이를 공유화한다고 판정하면서 다음과 같이 말하였다. "비록 자기 선박에 적재된 화물을 팔고 그 돈으로 따로 구매한 적국 선박이라고 핑계를 대기는 하였지만, 이는 판결과 아무런 상관이 없다. 법의 위반 사항은 적국 선박을 산 데에 있는 것도 아니고 어떤 돈으로 구입했느냐를 따지는 것도 아니다. 오직 봉쇄된 항구에서 매매를 했기 때문인 것이다." 또한 다음과 같이 말하였다. "해당 선박이 법 위반에 해당될지라도 만약 바다를 건너 자기 항구로 들어갈 수 있었다면 형벌을 가할 수 없었을 것이다. 그러나 들어간 항구가 원래 가려고 했던 항구가 아니며, 풍랑을 피해 부득이하게 들어간 것이므로 돌아가던 도중이나 다를 바 없다고 간주해야 할 것이니, 어찌 그런 이유로 형벌을 면할 수 있겠는가?"

만약 강이나 육로를 통해 화물을 운반하여 봉쇄된 항구로 가거나, 혹은 봉쇄된 항구로부터 [육로로] 운반해 돌아가는 것은 봉쇄 위반이 아니다. 항구 봉쇄에는 여러 종류가 있는데, 해상 봉쇄를 전적으로 맡는 것은 해군으로, 강과 육로와는 아무 관련 없다. 해군이 미치지 못하는 곳은 공법에서 봉쇄지역으로 삼지 않는다. 그 밖에 만약 아직 육군이 도로를 막지 않았다면, 강과 육로 등의 다른 통로로 교역할 수 있다. 혹자는 이런 주장에 따르면 항구 봉쇄는 결국 성립될 수 없다고 말한다. 이는 세력이 부족하기 때문이다. 세력이 미치지 못하는 곳에는 그 금지령 역시 미치지 못한다. 하지만 선박이 빈 배로 항구를 빠져나와 근처에 정박하고 있다가 작은 배에 실은 화물을 강으로 운반하여 옮겨 싣는다면 나포하여 공유화할 수 있다. 해안은 전투세력이 미칠 수 있는 곳이기 때문이다.

봉쇄 위반의 죄는 아직 그 도중에 있다면 벗어날 수 없다. 그러나 또한 이전에 행했던 봉쇄 위반 행위로 인하여 그 죄를 판정할 수는 없다. 갔다가 돌아오면 한 번의 항해가 끝나는 것이다. 만약 돌아오는 길에 나포되었다면 죄가 아직 남아 있으므로 공유화한다고 판정할 수 있다. 이는 인정과 이치에 어긋나지만 않는다면 전쟁당사자의 병선이 그 밖에는 달리 경계하여 막을 방법이 없기 때문이다. 그러나 해당 상선이 아직 나포되기 이전에 만약 이미 봉쇄가 해제되었다면 공유화할 수 없다. 항구 봉쇄의 사안이 이미 폐기되었기 때문에 사람들에게 봉쇄 위반을 경고하는 것이 아무런 이득도 없으므로 공연히 형벌을 가해서는 안 된다. 또한 봉쇄가 일단 해제되면 봉쇄 이전의 일은 더 이상 따지지 않는다.

제29절 방문 조사의 권리

전쟁당사자는 대양에서 중립국 선박을 만나면 방문 조사(往視稽查; visitation and search, 현대어로 '임검 수색')[200]할 수 있다. 그렇지 않다면 적국 선박과 봉쇄 위반 선박, 그리고 전시 금지 물품과 적국 화물을 실은 선박

등을 나포할 수 없을 것이다. 비록 중립국 선박에 실린 것이 모두 중립국의 화물이라고 말할지라도, 방문하여 조사하지 않는다면 어찌 그 선박이 중립국 선박인지 알 수 있겠는가? 빈커쇼크는 "중립국 선박인지 여부는 깃발만으로는 근거로 삼기 부족하기에 전쟁당사자는 [만났을 때] 바로 길목을 막고 승선하여 허가증을 살펴볼 수 있는 것이다.

여러 국가들의 공법학자가 모두 이런 규정에 동의한다. 조사의 관례가 없다면 해상에서 나포하는 것 역시 무엇에 근거하여 시행할 수 있단 말인가? 예전에 영국 병선이 스웨덴 상선을 조사하려 하자, 스웨덴 병선이 이를 보호하며 조사를 허락하지 않았다. 스코트는 다음과 같이 판단하였다. "공법은 이를 정함에 있어서 세 가지 강령이 있다.

첫째, 만약 전쟁당사자의 병선 허가증이 실로 타당하다면 대양에서 상선을 마주쳤을 때 어떤 화물이 실려 있는지, 어느 항구로 가는지에 상관없이 모두 방문 조사할 수 있다. 이런 권리는 의심의 여지가 없다. 만약 방문 조사가 아니라면 어찌 그것이 어떤 선박인지, 어디로 가는 것인지 알겠는가? 이는 이치에 부합할 뿐만 아니라, 국가들의 관행 역시 이를 입증한다. 국가들의 동맹에서 이런 권리를 언급하였다는 것은 만들어 낸 말이 아니며 실제로 모두 옛 장정에 담겨 있다. 다만 그 사이에 간혹 범위를 정하는 조항이 추가되어 있을 따름이다. 하물며 국가들의 공법학자 가운데 이에 동의하지 않는 이가 없으니 더 말할 나위 있겠는가?

둘째, 전쟁당사자의 병선이 관례에 따른 허가증을 가지고 있다면 중립국 선박을 조사할 권리가 있으며, 비록 중립국의 군주라 할지라도 이

---

200 'right of visitation and search'(임검 수색권)는 요즘에 와서는 'right of visit and search' 혹은 'right of search', 'right of board and search'(승선 수색권) 등으로 쓰이기도 한다.

를 막을 권리가 없다. 양국 군주가 혹여 특별 합의한 장정이 있어서 '만약 상선을 병선이 호위한 경우라면 실린 사람과 화물이 모두 중립의 본분과 우방국의 호의(情; amity)에 부합하는 것임이 명백하다'고 하였다면, 이런 조약의 합의 체결도 결코 불가능하지 않다. 그러나 만약 이쪽 국가의 군주가 이렇게 하려 하지 않는다면, 저쪽 국가의 군주는 병선이 호위하도록 하여 그 상선이 금지 위반 화물을 싣지 않았음을 보장하는 것을 강제할 수는 없다. 특별 동맹조약을 맺어 전시 규정을 위반하지 않았음을 보장하려고 하는 경우가 아니라면, 공법에 따라 방문 조사를 하도록 하는 방법밖에 없다.

셋째, 만약 조사를 강제로 막거나 허락하지 않는 경우라면, 그 화물을 나포 공유화하여 형벌로 삼을 수 있다." 스코트는 바텔의 말을 인용하여 이를 입증하였다. "만약 중립국 선박을 조사하지 않는다면 금지 화물의 운반을 막을 수 없으니, 이것이 조사권의 유래이다. 예전에 간혹 강력히 불복하는 경우가 있었지만, 오늘날 상례로는 중립국 선박이 조사를 불복하는 경우 비록 다른 잘못이 없더라도 이 한 가지 일만으로도 전리품으로 삼아 공유화할 수 있다."

프랑스의 항해장정 제12조 역시 이를 뒷받침하고 있다. "선박이 조사에 불복하여 전투로 강하게 저항(戰爭強禦; fight and make resistance)하는 경우에는 나포하여 전리품으로 삼을 수 있다." 밸랑은 이를 다음과 같이 해석하였다. "'전투'라는 두 글자가 있기는 하지만, 그 본뜻은 '강한 저항'에 놓여 있으니, '강한 저항'만으로도 이미 나포의 이유로 충분한 것이다." 스페인이 후에 장정을 정하며 프랑스의 이 말을 베꼈는데, 다만 '혹은'이라는 말을 덧붙였을 뿐이다. "전투 혹은 강한 저항으로 조사에 불복하는 경우, 나포하여 공유화한다."

영국의 법률에는 다음과 같은 조항이 있다. "선박이 공적 선박을 마주쳤는데 감히 교전을 하며 저항하는 경우 마땅히 전리품으로 삼아야 한다. 법원은 이를 일반적인 원칙으로 삼는다. 혹여 우호관계나 공적 이익에 따라 임시변통하는 경우, 상황에 따라 관대하거나 엄격하게 하되, 다만 원칙은 결코 폐기된 바 없다."

1801년 영국이 북방 연해 국가들과 장정을 맺을 때 제4조에서 옛 규정을 개정 제한하여, 다만 군주와 국가의 병선만이 중립국의 보호를 받는 상선을 조사할 수 있도록 허락하며, 나포 허가증을 받은 민간 선박은 조사를 시행할 수 없다고 하였다. 그 이후로 러시아와 나머지 북방 국가들은 전쟁당사자가 조사할 수 있도록 하여, 비록 병선의 보호가 있더라도 상선이 더 이상 저항하는 일이 없었지만, 조사권에 여전히 남아 있는 폐단을 우려하여 장정을 징하여 이를 제한하였다. 그 제8조에서는 "해전이 일어났는데 만약 우리 가운데 한 국가만 [그 전쟁에] 관련이 있고 나머지는 그렇지 않은 경우라면, 이 장정을 반드시 영원히 준수할 것을 우리 통상 항해의 상규로 삼는다"고 규정하였다.

제30절 적국의 사람이 선주라서 저항하는 경우

위의 절에서 언급한 것처럼 보호하는 선박이 조사에 저항하는 경우, 법원은 "그 보호받았던 상선 역시 그 죄를 분담해야 하니, 함께 공유화한다"고 판단하였다. 이처럼 중립국 화물을 공유화하는 것은 중립국 선박이 조사에 저항한 죄 때문이다. 만약 그 선박이 적국 선박이었다면, 비록 저항하였더라도 적재된 중립국 화물은 상관없다. 그 저항의 까닭이 조사를 피하고자 함이 아니라 나포를 피하고자 함이니, 만약 자기 배를 보호할 능력이 있다면 이 역시 불가능하지 않다.

스코트는 다음과 같이 말하였다. "중립국 선주가 조사를 받게 되어 고의로 도피하거나 혹은 저항하며 불복한다면 법 위반의 책임을 져야 하며, 이는 그 소관 선박과 화물에까지 연루된다. 만약 선주가 적국 사람이라면 그 사안은 전혀 다르다. 적국 선박은 이 관례를 지켜야 할 본분(本分; duty, 현대어로 '의무')이 원래 없기 때문에 만약 도망칠 수 있다면 이 역시 가능하다.

제31절 중립국이 적국의 병선을 빌려 화물을 적재한 경우

중립국 상인이 적국의 전함에 화물을 적재할 수 있는지 여부, 그리고 적국 선주와의 교전과 그 화물이 관계가 있는지 여부, 이 두 가지 사항에 대해 영국과 미국 양국 법원은 예전 전쟁 당시 일찍이 상세히 논의한 바 있다. 미국 법원은 중립국이 전쟁당사자의 호위선을 고용하여 화물을 적재할 수 있는데, 만약 선주를 도와 전쟁에 동참하는 것이 아니라면 그 중립국의 본분을 잃는 것은 아니다. 그러나 스코트는 이런 판단에 대해 반대하였다.

포르투갈 상인이 영국 호위선을 고용하여 화물을 실었는데, 나중에 미국 병선에 의해 나포되었다가 다시 영국 병선에 의해 구출되었다. 스코트는 화물주인이 반드시 화물 구조의 보상을 행해야 한다고 판단하면서 "영국 병선에 의해 구출되지 않았다면 미국 법원이 분명 공유화하였을 것"이라고 하였다. 미국 법원은 이후 다른 사안을 심사하면서 앞선 논의를 다시 확고히 하면서 다음과 같이 논하였다. "만약 이후 이런 사안이 다시 일어나게 된다면, 스코트는 미국이 중립국 화물을 공유화할 것이라는 우려를 할 필요가 없을 것이다. 이런 사안은 중립국 선박이 적국의 힘을 빌려 보호받았다가 혹여 호위선의 저항으로 인해 공유화되는 것에 비할 바가 못 된다. 일국이 선박을 파견하여 상선을 보호하는 것은 적국의 조사를 피하기를 바란 것이니, 공적 선박과 다를 바가 없다. 상선이 보호를 받을 수 있는 경우는 중립국의 권세에 의존하는 것이 아니라면, 병선의 세력에 의탁하는 경우이다. 기왕 호위선단에 들어가기(入幫; undertake convoy)로 했다면 더 이상 평화 우호적 선박이 아니라 병선이 되는 것이다. 따라서 호위선단에 들어가는 것이 만약에 자원하여 들어간 경우라면, 그 길흉은 반드시 보호자와 함께하며, 함께 나포된 경우 결코 배상되거나 반환될 수 없다.

제32절 중립국 선박이 적의 보호에 의지한 경우 나포할 수 있다

1804년 덴마크-영국의 전쟁에서 덴마크는 다음과 같이 장정을 만들었다. "선박이 일찍이 영국의 보호를 받았던 경우, 비록 중립국에 속할지라도 모두 나포하여 전리품으로 삼을 수 있다." 이 장정에 따라 미국 상선 여러 척과 실려 있던 화물이 모두 덴마크에 의해 나포 공유화되었다. 이로 인해 공론이 일어났는데, 미국은 다음과 같이 말하였다. "이 사안은 공법에 맞지 않는다. 덴마크가 따로 전리 장정을 추가하여 중립국이 준수하도록 하려 하지만, 공법의 상규를 고치는 것이 어찌 가능하겠는가? 생각건대 덴마크 군주가 이렇게 포고하여 자기 해군에게 명령을 내린 것은 실로 다름 아니라 그저 자기 견해를 가지고서 공법의 뜻을 만들어 내 본국 법원의 권형으로 삼고자 하는 것에 불과할 따름이다. 공법은 만인이 살펴보기 편리하도록 책 한 권에 모두 기록해 둔 적은 없었지만 만국이 마땅히 준수해야만 한다. 어찌 아직 명확하지도 않은 이치에 기대어 중립국 선박을 공유화할 수 있겠는가? 하물며 그 이전에 위반한 경우에 대해서까지 돌연 나포의 조례를 규정하려 한다면, 이후의 사안에 대해 경계하는 것이 아니라 과거의 사안에 대해 소급해 금하려 하는 것이니 어찌 이런 이치가 있겠는가?"

이에 대하여 오랜 논의가 있은 이후로 특별 조약 조항을 만들어 덴마크가 금전을 내어 미국 선박과 화물에 대해 배상하였고, 미국은 대신을 파견하여 각 상인들에게 나눠 배상해 줌으로써 공의에 맞도록 하였다. 다만 "이 사안은 전적으로 분쟁을 종식시키고자 함이니, 피차 이를 끌어다 관례로 삼아서는 안 된다"고 하였다.[201]

---

201 이 절의 영어 원문에서는 덴마크와 미국 사이의 사건 전개와 협상의 과정에 대한 자세한 설명이 각주 포함 총 12쪽의 분량으로 부연되어 있는데, 중국어 번역서에서는 대부분 생략되었다.

제4장

평화조약 장정

제1절 누가 화해를 집행할 권리를 갖는가는 국법에 따라 정한다

선전포고의 권리를 누가 갖는가는 각국의 법도를 봐야 하며, 평화협상의 권리 역시 그러하다. 한 사람이 전자를 처리할 수 있다면, 대체적으로 후자 역시 처리할 수 있는 것이다. 만약 군주의 권한이 무한한 국가라면 그 권한은 군주의 손에 있다. 군권이 유한한 국가라도 때로 후자의 권한은 또한 군주의 손에 있다.

즉 영국의 국법의 경우, 군권에 대해 제한을 가하지만, 군주가 여전히 선전포고와 평화협상의 권한을 가지고 있다. 그러나 이는 명목상으로만 그러하며, 사실 그 권한은 국회에 있다. 국회가 만약 허락하지 않는다면 국고(國帑)와 군비(軍餉; supplies) 등을 지급하지 않을 수 있다. 국고 예산과 군비가 없다면 비록 전쟁을 벌여 불화를 일으키고 싶더라도 그렇게 할 수 없다.

미국의 국법에 따르면 국회와 대통령 모두 선전포고의 권리를 가지고 있는데, 평화협상의 권리는 오직 대통령에게만 있다. 그러나 비록 이렇게 말하기는 하지만, 다른 조항에는 평화 회복의 논의가 반드시 국회 상원의 동의를 받아야만 타당하다고 명시되어 있다. 국회가 동의하면 이전에 선전포고와 부합하지 않는 모든 법률들이 일률적으로 폐기된다. 만약 대통령이 평화협상을 원하지 않지만, 국회가 그 군비를 끊어서 더 이상 전쟁할 능력이 없어지면 평화협상을 하지 않을 수 없다.

프랑스의 국법에서는 교전, 평화협상, 군대 연합, 통상 등의 장정 모두가 군주의 손에 있다. 그러나 전쟁권과 평화협상권의 실제 권한은 의회(議事部院; Chambers)[202]에 있다. 그 군비를 실행하여 허락하거나 금하는 것은 이 의회가 주관한다.

제2절 평화조약의 권리에는 제한이 있다

평화협상을 다룰 권리에는 장정 체결의 권리로부터, 지방과 재산의 할양, 민간 재산의 관할 등이 모두 그 안에 포함되어 있다.

공법학자는 "만약 공익을 위해 지방을 할양하거나 민간 재산을 파괴하거나 하는 경우 반드시 배상해야 한다"고 하였다. 시행할 권리가 있다는 것은 지켜야 할 본분이 있다는 뜻이지만, 그러나 이런 본분 역시 무궁

202 프랑스 대혁명 이후부터 1946년 이전까지 제정과 공화정이 번갈아 세워지면서 명칭상의 변화가 있기는 하지만, 기본적으로 이 시기 프랑스 의회(議事部院; Parliament)는 상원(Chamber of Peers)와 하원(Chamber of Deputies)로 구성되어 있었다. 2월 혁명 이후 1848~1852년 사이의 짧은 기간 동안 유지되었던 제2공화국 시기가 지나고 번역 원본인 1855년판이 나오기 직전인 1852년 나폴레옹 3세에 의해 제정으로 복귀하였던 탓에 여기서는 대통령이 아니라 군주에게 권한이 있는 것으로 나온다.

하지는 않다. 가령 적국에 의해 공격당하거나 민간에 분쟁이 있을 경우 그 배상할 금액이 이처럼 막대한데, 국가가 어찌 무한히 책임을 질 수 있겠는가? 만약 지방이 적에게 점령당하였거나 혹은 강제를 당하여 부득이하게 적국에 할양해야 한다면 그 인민이 비록 심각한 해를 입더라도 꼭 배상해야 할 필요는 없다.

자주국은 비록 조약 체결의 권리가 있어서 이를 군주에게 위임하지만, 대체로 영토 할양에 대한 권리는 없다. 따라서 조항을 만들어 특별히 금하거나 혹은 그 국법에 몰래 할양하는 것을 금지하는 뜻을 두어 그런 일이 일어나지 않도록 막는다.

1600년 무렵에 프랑스 군주가 독일 황제와 스페인 수도[마드리드]에서 조약을 맺어 국토를 할양하였는데, 백성들이 뽑은 신사(紳士; the States-General)가 이를 허락하지 않아 그 조약은 결국 폐기되었다.[203] 이는 왕이

---

203 이는 신성로마제국의 황제이자 스페인 국왕이기도 하였던 합스부르크 왕조의 카를 5세(Karl V; Carlos I)와 경쟁관계에 있었던 프랑스의 국왕 프랑수아 1세(François I)가 이탈리아에서의 패권을 두고 전쟁을 벌이던 도중 1525년 파비아 전투에서 포로로 붙잡히게 되자 스페인 수도 마드리드에서 밀라노와 플랑드르, 그리고 프랑스의 영토인 부르고뉴 등의 지역을 할양하는 조약을 체결하고 풀려날 수 있었는데, 프랑스 왕국의 의회 격인 삼부회가 이 조약의 승인을 거부함으로써 무효화되었던 사건과 관련 있다. 중국어 번역상에는 일부 오류와 의역된 부분이 있는데, 우선 '1600년 무렵'(一千六百年間)이라고 연도를 표기하였지만, 원래 영어 원문에는 연대가 나와 있지 않고, 역사상 실제로는 마드리드 조약이 맺어진 것은 1526년이었다. 그리고 프랑수아 1세가 조약을 맺었던 것은 오스트리아 합스부르크 가문의 군주인 카를 5세로, 그는 신성로마제국의 황제와 스페인 국왕, 그리고 독일왕국의 왕을 겸하고 있었는데, 중국어 번역에서는 가장 상위의 공식 직함이라 할 만한 '신성로마제국 황제'가 아니라 '독일의 황제'(日耳曼皇)이라고만 번역하였다. 그리고 중국어로 '紳士' 내지는 '紳爵'이라고 의역한 것은 원래 귀족, 가톨릭 고위 성직자, 평민으로 구성된 프랑스의 독특한 의회인 '삼부회'(三部會; [불] États généraux; [영] the State-General)를 가리킨다.

볼모로 붙잡혀 자주적일 수 없었기에 영토를 할양한 것이었을 뿐만 아니라, 백성들에 의해 뽑힌 신사 귀족의 허락을 거치지 않는다면 이는 월권 행위로 국법에 위배되는 것이기 때문이기도 하였다. 국회가 이를 허락하지 않을 뿐만 아니라, 저쪽 성(省)[부르고뉴]의 백성은 "우리 지역은 자고로 프랑스 군주만을 따랐다. 만약 다른 국가에 투항하여 바친다면 이를 결사반대한다. 만약 우리 군주가 반드시 우리를 버리려고 한다면, 각자 무기를 들고 자립 자위할 수밖에 없으며, 결코 다른 국가의 관할에 투항하지 않겠다"고 선언하였다. 그 이후로 프랑스 각 성의 국회는 폐지되었고, 프랑스 루이 14세가 무한한 권리를 갖게 되면서부터는 국토를 할양해서 평화협상을 하는 이 권리는 한 사람의 손에 들어가게 되었다. 1830년에는 새로 국법이 개정되고 국회가 세워지면서 군권을 제한하였다. 그러나 조약 체결의 권리는 여전히 군주의 손에 있는데, 다만 국법의 권력 분산(分派執權; the general distribution of the constitutional powers of the government)이라는 대의만은 월권해서는 안 된다. 프랑스 공법학자는 "왕이 만약 국토를 할양하려면 반드시 여러 성들의 국회의 허락을 받아야만 비로소 확고해질 수 있다. 국경은 국법 내에서 정하는 것으로, 조약 체결권을 가지고 국법을 폐기하여 국경을 고칠 수는 없다"고 하였다.

영국의 국법에 따르면 군주의 조약 체결의 권리가 가장 큰데, 명목상으로는 제한이 없다고 하지만 실제로는 국회가 이를 제한한다. 군주가 만약 조약을 체결하여 국가 정치나 영토를 개혁하려는 경우, 국회가 이에 동의하지 않는다면 마음대로 시행할 수 없다.

연방국가에서 그 조약 체결권에는 유한한 것과 무한한 것이 있는데, 반드시 그 연방법에 따라 정한다. 만약 여러 국가들이 각자의 자주권을 축소 제한하지 않은 동맹 연합의 경우라면, 그 맹주가 비록 여러 국가들을 대신해서 평화조약을 체결할 권리가 있지만, 한 연방주의 땅이라도 함부로 할양할 수 없으며, 반드시 그 연방주의 허락을 받아야만 시행할 수 있다.

과거 독일에는 일찍이 이런 연방법이 있어서, 국토를 할양하는 것은 국법의 일반 원칙에 위배되는 일이었다. 오늘날 국법의 실제 법의(國法實義; actual constitution) 역시 이를 허락한 적이 없다. 그러나 비록 국법에서는 영토의 할양을 허락하지 않지만, 위급한 상황에 처하게 되면 부득이 할양해야 했던 경우가 몇 차례 있었다. 1800년 조약을 맺어 프랑스에게 라인(Rhine; 蓮那) 강 왼편 [서쪽]을 할양하였던 것이 그런 경우이다.

미국은 합중국인데, 모든 권리가 연방정부(上國; federal head)에 귀속된다. 그러나 그 연방주들 가운데 하나라도 허락하지 않는다면, 조약 체결의 권리로는 그 영토를 다른 국가에 할양할 수 없다.

제3절 평화조약으로 분쟁을 종식시키다

평화조약이 맺어지면 전쟁은 끝나며, 또한 그 전쟁으로 인한 일들 역시 사라진다. 하물며 피차간에 더 이상 시비곡직을 논하지 않기로 허락한 바에야, 그 본래 전쟁의 발단이 된 일은 땅에 묻고 영원히 지워 버려 다시는 기억하지 않아야 한다. 즉 이 이후로 이전 사안을 다시 끌어오거나 전시에 행해졌던 일들로 다시 분쟁을 일으켜서는 안 된다. 따라서 피차가 영원히 평화 우호하기로 동의하는 것은 곧 영구히 평화 우호하자는 것이지 일시적인 화해를 청하는 것이 아니다. 비록 또 다른 전쟁의 발단이 있을지라도 이 역시 이 조약에 따라 되돌아보지 않아야 한다.

만약 이쪽 국가가 이전 사안을 번복하려 한다면, 저쪽 국가는 비록 평화조약을 맺었을지라도 이를 방어할 수 있다. 비록 과거의 일일지라도, 실제로 새로운 폐해가 나타날 수도 있다.

만약 두 국가가 이치를 논하고 권리를 놓고서 싸우게 된다면 그 의도는 각기 다를 것이다. 전쟁이 일어난 이후 평화조약 조항이 그 시비를 명확히 가르지 않는다면 피차간에 모두 따르려 하지 않을 것이니, 그 이후로 다시 논쟁이 일어나게 될 수도 있다. 다만 전시에 가하거나 입었던 피해는 영원히 기억하지 않아야 한다. 이치와 권리에 대해 쟁론이 되는 바는 평화조약에서 한꺼번에 명확히 하여 그 분쟁을 종식시켜야 한다. 만약 다른 이유로 인해 전쟁이 일어난다면 이 역시 금하는 바는 아니다. 다만 분쟁을 영구히 종식시키려 한다면 반드시 평화조약에 명시해야 하며, 일이 이미 권리와 이치에 따르게 되었으니, 이 이후로 언제 어떤 이유로든 다시 이 일에 대해 다투지 않아야 한다. 전쟁 전에 있었던 피차간의 모든 부채와 피해는 교전과는 아무런 상관이 없으므로, 비록 평화조약에서 분쟁 종식을 명시하였을지라도, 만약 조항에서 이를 명확히 명시하지 않았다면 이런 사건은 후에 다시 이치를 따질 수 있다. 또한 피차 인민의 전쟁 전 모든 권리와 피해는 전쟁의 이유가 된 것이 아니라면 평화조약과는 아무런 상관이 없다. 따라서 양국 인민 상호 간의 부채의 경우, 비록 전시에는 배상 청구할 수 없었을지라도, 만약 이미 공유화된 것이 아니라면 평화가 회복되었을 때 다시 청구할 수 있다.

부채를 공유화하는 것이 비록 전쟁권에 속할지라도 아무래도 지나치게 엄격하다고 한다면, 오늘날 같은 인의로운 시대에 와서는 이를 경감하여 시행한다. 전시 민간 무역에서 진 부채와 받은 피해는 때에 따라서 평화 회복 이후에도 다시 배상 청구할 수도 있다. 즉 인민이 허가증에 따라 적국과 무역을 하였다가, 혹여 붙잡혀 있는 중에 어음을 써 주거나,

식량을 구매하거나, 자신과 화물에 대한 속량금을 주거나 하는 등의 일이 있었다면 이는 평화회복 이후에도 이치를 따질 수 있다.

제4절 각자 소유(所有; *possession*)한 것을 지킨다

조약을 맺을 때 피차가 소유한 지방은 조약상에서 반환할 것을 명시하지 않았다면, 그 이후로도 각자 지킨다.

전시에 승자가 점령(據; conquer)한 지방은 다만 잠시 사용할 권리를 가진 것이며, 이전 군주의 권리는 잠시 가려졌을 뿐 사라진 것이 아니다. 그런데 평화 회복 시에 조약상에서 할양을 명시하였거나, 혹은 반환을 언급하지 않았다면, 이전 군주의 권리는 완전히 사라져서 더 이상 분쟁해서는 안 된다.

평화조약에서 만약 어떤 지방의 반환을 허락하였다면 인구와 재산 등도 모두 원주인에게 반환해야 하니, 전답과 부동산은 모두 이 관례에 따른다. 전시에 얻은 관할권은 만약 평화조약에서 이를 확고히 하지 않았다면 일시적인 것에 불과할 뿐이다.

승자의 일시적 권리로는 다른 사람에게 전수할 수 없다. 영토가 원래 군주에게 반환될 때, 전답과 부동산 역시 원주인에게 반환되어야 한다. 다만 승자가 이미 다른 사람에게 판매한 이후, 평화조약을 맺을 때 그 토지가 승전국에 할양되었다면, 재산을 판매한 일은 확고해진다. 그 재산은 원주인에게 반환하지 않아도 되며, 매입자의 권리 역시 타당해지는 것이다.

동산의 경우 그 관례(規例; rule)는 다소 다르다. 적국이 하루를 지킬 수 있다면 이는 자기 물건이 되며, 원주인은 반환을 청구할 수 없는데, 이것은 육군의 관례이다. 만약 그 물건이 해상에서 나포된 경우라면, 과거에는 이 관례에 따랐지만, 오늘날 관례에서는 반드시 전리법원의 심판을 받고 공유화되며, 원주인의 권리는 그제야 사라지게 된다. 그렇지 않으면 화물을 구출해 준 것에 대한 보상금을 내면 그 잃었던 물건을 반환해 주어야 한다.

만약 평화조약에 처리에 대한 조항이 따로 없다면, 모든 것은 그 평화조약 당시의 상태를 유지해야 하며 나포된 화물은 그 소유하고 있는 자에게 암묵적으로 양도된 것으로 해야 한다.

복원의 관례는 모두 전시에만 해당한다. 따라서 전쟁당사자가 나포한 물건을 중립국에 판매한 경우, 만약 되찾아 오지 않았다면 평화 회복 시에 원주인이 더 이상 청구할 수 없으니, 구매자의 권리는 확고해지며, 나포한 것과 다를 바 없다.

제5절 평화조약은 언제부터 시작되나

평화조약이 일단 조인(畵押; signature)되면 체결된 조약은 그날 이후로 시행되어야 한다. 만약 조약상에 따로 일시를 제한하지 않았다면 모두 즉시 전쟁을 끝내야 한다. 다만 반드시 양국의 인민에게 평화조약의 협상이 고지되어야만 그것을 준수하도록 할 수 있다. 만약 조약 체결 이후로부터 고지되기 이전까지의 사이에 혹여 피차간에 전투로 피해를 입히게 된다면 이를 법 위반으로 보아 형벌을 가해서는 안 된다. 하지만 나포된 화물은 반드시 반환해야 한다.

대체로 조약상에 전쟁 종식 일시를 정하는 경우, 반드시 지방의 원근에 따라 정하여, 몰랐다는 핑계로 고의로 가해하는 것을 막아야 한다.

그로티우스는 "평화조약의 체결을 모르고서 적에게 가해를 하게 된 경우, 이는 범죄가 아니다. 피해자 역시 이에 대해 고소하여 피해 보상을 명령할 수 없다. 다만 나포된 화물은 훼손 손실되지 않았다면 그 국가가 반드시 반환해야 한다"고 하였다. 하지만 이 주장은 오늘날 공법학자들과는 다른데 이들은 "평화조약 이후, 해외에서 나포한 선박은 나포자가 몰랐다는 핑계로 요행히 회피할 수 있기를 기대해서는 안 되며, 반드시 그 피해에 대해 배상해야 한다. 만약 실제로 몰랐다면 그 배상에 대해 본국 역시 상환해야 한다"고 하였다.

만약 특별한 장정을 체결하여 어떤 특정 지방을 전투 제외 지역으로 두려면, 반드시 군주와 국가가 미리 그 백성에게 칙령을 내려 이 사실을 고지해야 한다. 만약 그 백성이 몰라서 이를 위반한 경우 군주와 국가는 그 잘못을 책임져서 그 손해를 보상해야 한다.

이런 일들이 일어났다면, 피해자는 가해자에게 배상을 청구해야 한다. 만약 해군 총사령관이 그곳에 없었다면 그 일과 상관이 없을 수 있다. 만약 위반한 것이 오래전이라면 그 또한 전리법원이 그 배상 상환을 판단할 필요가 없다.

평화조약에 만약 언제 어디서 전쟁을 종식할지 명시한 조항이 있는 경우, 평화조약이 이미 체결된 줄 알면서도 선박과 화물을 나포하였다면 비록 기일이 되지 않았을지라도 나포된 선박과 화물은 반드시 반환해야 한다. 이미 기한이 된 이후라면, 비록 몰랐던 경우일지라도 알게 되자마자 바로 그 일은 폐기(廢; invalid, 즉 '무효화')된다고 말하였는데, 하물며 알고서도 위반한 경우라면 그 일은 더더욱 폐기되어야 마땅하지 않겠는가? 그러나 그 국가의 집정자가 아직 확실히 고지하지 않았다면, 고의로 저쪽에 가해하는 죄를 저지른 것인지 명확히 밝히기는 쉽지 않다.

1814년 영국과 미국이 평화조약을 맺고서 그 [발효] 기한이 아직 안 되었을 때, 영국 상선이 미국 병선에 의해 나포되어 강 하구에 끌려갔다가, 기한이 넘은 뒤에 다시 영국 병선에 의해 구조되었다. 이는 평화조약이 이미 체결된 것을 몰랐던 경우로, 이후 법원에 의해 다음과 같이 판단하였다. "그 선박이 이미 미국 병선에 나포되어 평화조약 이후로는 미국의 소유가 되었는데, 이를 영국인이 무력으로 되찾아갔으니 이는 법 위반에 해당하며, 이는 원래 나포자에게 반환되어야 한다." 평화 회복의 기한일이 이미 지나서 모든 무력전쟁은 종식되었으므로, 모든 일들은 평화조약 [발효] 당시의 상태를 유지해야만 한다. 평화조약 [발효] 당시의 소유가 곧 평화조약 [발효] 이후의 소유인 것이다. 평화조약을 맺을 때 만약 다른 언급이 없다면, 반드시 양국은 각자 보유한 것을 지킬 수 있다. 나포되어 아직 심판을 거치지 않은 선박의 경우, 평화조약상 그것은 나포자에게 속하므로, 잃어버린 자가 무력으로 되찾아가는 것을 금하고 있으니, 다시 되찾을 기대를 해서는 안 된다. 이는 마치 그 배를 항구에 끌고 와서[204] 법원의 심판을 받는 것과 마찬가지이다.

제6절 반환 상태는 어떠해야 하나

조약상 반환을 허락받은 물건은 별다른 협의가 없다면 반드시 나포될 당시의 상태 그대로 반환되어야 한다. 그러나 이미 시간이 오래되어

204 영어 원문에서는 국제법상 나포된 선박이 '완벽하게 관할 통제하에 있음'을 의미하는 'infra praesidia'라고 표현된 라틴어 개념을 중국어 번역에서 마틴은 '携帶進口'(항구로 끌고 가다)라고 의역하고 있다.

훼손되었거나 혹은 부득이한 피해를 입었다면 원래대로 반환할 수는 없다. 예를 들어 성곽과 포대가 점거되었을 때 그 상태가 어떠했는지에 따라 반드시 조약 체결 때 원상태대로 반환되어야 한다. 다만 훼손된 포대나 소실된 지방은 먼저 대신 수리한 이후 반환할 필요는 없다.

반환 물건은 반드시 평화조약 당시의 형상대로여야 하며, 만약 평화조약이 이미 체결된 이후로부터 반환일시 이전까지, 그 사이에 기회를 틈타 포대를 훼손하거나 어떤 지방을 불태운다면 신뢰를 저버리고 이치에 위배된 행동이다. 만약 승자가 이미 포대를 수리하여 원래와 다를 바 없게 되었다면 평화조약 이후 반환할 때 반드시 평화 시의 상태 그대로 반환해야 한다. 따로 세운 진영이나 포대 등은 최대한 스스로 파괴할 수 있지만, 조약 내에 별도로 어떤 상태로 반환해야 할지 명시하여 분쟁을 피하도록 해야 한다.

제7절 조약을 어기는 경우

만약 조약 내 한 조항을 위반한다면 이는 그 전체 조약을 위반하는 것이다. 여러 조항들은 상호 연관되어 있기에 하나라도 빠져서는 안 된다. 따라서 한 조항을 위반한다면 그런 굴욕을 당한 자가 그 전체 조약을 위반한 것으로 간주할 수 있다. 하지만 때로 조약 내에 특별히 "비록 조약의 한 조항에 대해 위반할지라도, 양국은 그 나머지 조항은 반드시 준수하여 처음과 다를 바 없이 해야 한다"는 조항을 두는 경우도 있다.

만약 조약을 체결한 국가 한쪽이 조약 내 조항 하나를 위반하거나 시행한 바가 평화조약의 대의와 크게 어긋나는 경우라면 그 조약은 비록 아직 폐기되지는 않았을지라도 이미 폐기될 수도 있는 상태이다. 그러나 그 폐기 여부는 오직 굴욕을 당한 자만 판단할 수 있다. 만약 굴욕을 당한 자가 평화조약을 폐기하고 싶지 않다면 그 조약은 유지되며, 두 국가 모두 평시대로 준수해야만 한다. 그 위반된 사안에 대해 내버려두고 논하지 않거나, 혹은 양해하여 면죄하거나, 혹은 도의를 따져 배상을 청구하거나 하는 것 모두 가능하다.

제8절 평화조약의 분쟁은 어떻게 종식시키나

평화조약의 뜻을 해석하는 데 있어서, 그 권형(權衡; rule)이 되는 것은 다른 동맹조약과 마찬가지이다. 혹여 그 뜻이 명확하지 않아서 위반의 혐의가 있는 경우, 몇 가지 방법으로 이 분쟁을 종식시킬 수 있다. 첫째, 양국이 우의를 견지하며 타당한 방안을 논의한다. 둘째, 한쪽 국가가 우방국에 요청하여 조정하도록 한다. 셋째, 양국이 다른 국가에 요청하여 공정한 이치로 판단(秉公理斷; arbitration, 현대어로 '중재' '조정')하도록 한다.

근래 유럽의 5대국은 일반적으로 스스로 판단하여, 작은 위반으로 인한 분쟁이 큰 전란으로 치닫는 것을 막는다. 예를 들어 예전에 네덜란드와 벨기에 사이에 전쟁이 일어났을 때, 여러 국가들은 런던에 사절을 파견하여 공동으로 평화협상을 벌여, 양국이 이를 지키도록 함으로써 영구평화의 강령을 삼았다. 대국이 이처럼 소국의 사안들을 관리한다면 소국이 자주를 지키기 힘들어지는 것은 자명하다. 그러나 이는 자칭 신성동맹국(聖盟; Holy Alliance)[205]이 다른 국가를 관리하려 했던 것과는 매우 다르

---

[205] 신성 동맹(Holy Alliance; [불] Sainte-Alliance)은 프랑스 대혁명 이후 유럽 각국에서 일어난 민족주의와 자유주의 물결에 맞서 1815년에 결성된 동맹으로, 러시아가 주도하여 프랑

다. 이것이 사안에 따라 평화협상을 주관하는 것이라면, 저것[신성동맹]은 강제적으로 여러 국가들이 군주를 바꾸거나 법을 개혁하지 못하도록 한 것으로, 유럽 대륙에 변혁이 일어날까 두려워한 것이었다.

런던 공사 회의(倫敦公使會; conference of London)는 네덜란드와 벨기에가 비록 여러 국가들의 공론에 의해 연합에 이르기는 하였지만, 오늘날 다시 갈라져서 다시는 만회할 방법이 없게 되자, 5개국이 벨기에와 맺은 조약에 따라 그 자주를 견지하고 국경을 보장하며 영구 중립권을 결정하였다.[206] 조약 내 장정의 개혁에 관해서는 네덜란드와 벨기에 양국 스스로 상의하여 결정하도록 허락하였다.

스, 오스트리아, 프로이센 등의 4개국이 파리에서 맺은 동맹을 말한다. 이 동맹은 기독교 정신과 보수주의적 가치를 강조하며 빈 체제의 중심축을 이루었지만, 애초에 영국이 불참하기도 하였고 이를 주도하던 러시아 황제 알렉산드르 1세가 1825년 사망한 이후로는 사실상 유명무실해져 역사의 뒤안길로 사라졌다.

206 영어 원문에서 말하는 'conference'란 1830년 8월 발생한 벨기에 혁명과 네덜란드로부터의 분리 독립 문제를 둘러싸고 1830년 12월 20일부터 런던에서 진행되었던 '런던 회의'(conference of London)를 말하는데 이를 중국어로는 '倫敦公使會'로 번역하였다. 나폴레옹 전쟁의 뒷수습을 위해 1814~1815년에 열렸던 빈 회의(Congress of Vienna)의 결과로 네덜란드에 병합되었던 벨기에가 갈등 끝에 결국 혁명을 일으키자 유럽의 5대 열강(영국, 프랑스, 프로이센, 오스트리아, 러시아)이 이를 중재하여 벨기에 분리 독립을 승인하는 것으로 마무리되었는데, 중국어 번역에서 말하고 있는 5개국과 벨기에 사이의 조약이란 1831년 11월 15일 맺은 조약을 말하며, 이와 관련된 내용은 앞서 1권 2장 9절이나 2권 1장 11절에서도 이미 언급된 바 있다.

역자
해제

『만국공법』과 국제법, 그리고 동아시아

※ 이 해제는 『중국어문학지』 87집(2024년 6월)에 실린 논문 「『만국공법』의 판본학적 계보 고찰」과 『외국학연구』 68집에 실린 논문 「만국공법과 자연법론의 상관성 연구: 중국어 번역어휘와 번역방법을 중심으로」(2024년 6월)을 수정 보완하여 작성한 것임을 밝혀둔다.

1. 들어가며

> 무릇 번역이라는 것은 천축(梵天)의 말(語)을 뒤집어(翻) 한(漢)의 말(言)로 전환시키는 것이다. 음은 비록 다른 듯하지만, 뜻은 대동소이(大同)하다. 『송승전』(宋僧傳)에서 이르길 "비단 수(錦繡)를 뒤집으면, 그 뒷면에도 수의 무늬가 나타나는 것과 마찬가지인데, 다만 그 좌우가 다를 따름이다. 역(譯)이란 바꾸는 것(易)을 말하는 것으로, 있던 것을 가지고 없던 것으로 바꾸는 것을 말함이니, 따라서 이쪽의 경(經)으로써 저쪽의 법(法)을 드러내는 것이다.[1]
>
> — 『번역명의집』(飜譯名義集) 「자서」(自序) [법운(法雲, 1088~1158)]

한나라 후반부터 이루어지기 시작해서 거의 천 년 가까운 시간 동안 이어졌던 서역으로부터의 불경 번역 과정이야말로 동아시아 지역에서 문명 간의 충돌이라 할 만큼 대규모의 번역이 이루어졌던 첫 번째 사례였다. 그 기나긴 과정을 통해 얻은 번역에 관한 지식과 통찰들은 여러 서적들을 통해 지금까지도 전해지고 있는데, 위에 언급한 송나라 승려 법운이 지은 『번역명의집』(飜譯名義集)도 그 가운데 하나이다.

일견 "비단 수(錦繡)를 뒤집으면, 그 뒷면에도 수의 무늬가 나타나

1 法雲, 『飜譯名義集』 「自序」; 羅新璋(1984) 51쪽 재인용. 법운(法雲, 1088~1158)은 송(宋)나라 평강[平江, 지금의 장쑤(江蘇)성 쑤저우(蘇州)]에 있는 경덕사(景德寺)의 승려로, 불교 사전인 『번역명의집』(飜譯名義集) 7권 64편을 펴낸 인물이다. 산스크리트 음역어 2,040여 항목을 수록한 이 불교 사전에는 각 항목에 대한 출처와 해석뿐만 아니라 번역에 관한 이론적 논의도 함께 담고 있는데, 법운이 1143년에 쓴 「자서」(自序)는 물론, 주돈의(周敦義)가 쓴 서(序)에서 언급한 당(唐)대 현제(玄提)의 '다섯 가지 번역되지 않는 것'(五種不飜)에 관한 논의가 그 대표적인 사례이다.

는 것과 마찬가지인데, 다만 그 좌우가 다를 따름"이라는 말에 담긴 의미는 수의 모양이 좌우만 바뀌듯이 경전의 언어만 바뀔 뿐 본질상의 의미는 같다는 '대동', 즉 번역 가능성(translatability) 내지는 통약 가능성(commensurability)을 뜻하는 것처럼 보인다. 하지만 다른 한편으로 "있던 것을 가지고 없던 것을 바꾸는 것", "이쪽의 경(經)으로써 저쪽의 법(法)을 드러내는 것"이라는 표현은 동시에 그 안에 이미 번역 불가능성(untranslatability) 내지는 통약 불가능성(incommensurability)의 측면이 내재해 있음을 의미하는 것이기도 하다. 그리고 이는 번역의 이면에 "있던 것"과 "이쪽 경"을 사용함으로 인해서 생겨날 수밖에 없는 오역과 자기화된 해석의 가능성이 자리하고 있으며, 또한 기존에 "없던 것"과 "저쪽의 법"의 번역이 가져오게 될 이쪽 사상과 문화 자체의 변화의 불가피성이 놓여 있음을 보여 주는 것이기도 하다.

그런 의미에서 보자면 "역(譯)이란 바꾸는 것(易)을 말하는 것"(譯之言易也)이라는 말로 요약될 수 있는 그의 번역론에서 '역'(易)이라는 말은 매우 중의적으로 해석될 수 있다. 한 '언어'를 다른 언어로 바꾼다는 '번역'의 의미로 해석할 수도 있겠지만, "있는 것을 가지고 없는 것으로 바꾸는 것을 말함이니, 따라서 이쪽의 경(經)으로써 저쪽의 법(法)을 드러내는 것"과 같이 새로운 것을 만들어 냄의 의미로도, 또한 궁극적으로 하나의 사상이나 사회 전반에 대한 '변화'의 의미로도 이해될 수 있을 것이다. 법운이 의도했든 아니든 간에, 어찌 보자면 '역'은 중국 사상의 뿌리라 할 수 있는 『주역』(周易)적 함의를 담고 있는 것으로 해석될 수도 있는 것이다.

19세기 중엽 이후로 동아시아인들의 사상과 사회 전반에 근대적 변화를 가져온 또 한 차례의 대규모 번역, 즉 서학(西學)의 번역이 있었다. 그러한 근대적 서학 번역의 출발점이자, '천하'(天下)라는 지역적 질서에서 세계 체제로의 편입이라는 근본적인 변화(易)를 가져온 대표적인 번역(譯)을 꼽으라면 『만국공법』(萬國公法)을 빼놓을 수 없을 것이다.

헨리 휘튼(Henry Wheaton, 1785~1848)의 *Elements of International Law*(제6판, 1855, 국내에서는 주로 '국제법 원리' 혹은 '국제법 요소'라는 이름으로 알려짐. 이하 '*E.I.L.*')를 중국어로 번역한 윌리엄 마틴(William Alexander Parsons Martin, [중] 丁韙良, 1827~1916)의 『만국공법』이 동아시아 각국에 끼친 영향은 서구 근대 국제법의 번역 소개에서 그치는 것이 아니라, 서구 중심의 근대적 국제질서로의 편입, 근대적 관념과 담론의 내재화를 가져왔다는 점에서 커다란 시대적 '변화'(易)의 출발점이자 전환점이라 해도 과언이 아니다. '예제에서 법으로', '천하에서 세계로', '조공(朝貢) 질서에서 국제법 질서로', '봉건체제에서 근대세계체제로', '제국에서 국민국가로', '중화와 오랑캐의 구분(華夷之辨)에서 문명-야만으로' 등의 다양한 이름으로 불리는 근본적인 전환이 바로 그것이다. 그리고 덧붙여 그 같은 담론 질서만이 아니라 번역이라는 것 자체에 있어서도 '격의(格義)[2]식 번역어에서 원의에 충실한 번역 신조어로' '해석적 의역에서 축자적 직역으로', '구역필술'(口譯筆述) 방식의 협역(協譯)으로부터 근대적 개인번역가 번역으로'

2 '격의'(格義)라 함은 '의미에 다가가다' 내지는 '의미를 궁구하다'를 뜻하는 개념으로, 불교 경전을 번역하던 초기에 중국에서의 기존의 고전 경전들, 특히 노장(老莊) 사상의 술어를 빌려 불교 교리나 개념을 번역 이해하는 방식을 말한다. 이러한 격의의 방식에 따라 중국으로 번역 수용된 불교를 이른바 '격의불교'라 하는데, 이는 주로 후한(後漢)대로부터 동진(東晋) 무렵 쿠마라지바(鳩摩羅什) 같은 번역승들에 의해 극복되기 이전까지 초기에 번역되었던 불경들에 의해 소개된 불교를 가리킨다. 예를 들자면 'Śūnyatā'를 '無'(후대에 '空'으로 번역됨)로, 'nirvāṇa'를 '無爲'(후대에는 '涅槃')로, 'tathātā'를 '本無'(후대에는 '眞如')로 옮긴 번역어 같은 것들을 말하는데, 이는 중국의 지식인들이 이해하기 힘든 낯선 불교 교리를 이해하는 데 일면 도움이 되는 부분도 있었지만, 한편으로 불교 교리의 본뜻을 왜곡하는 측면 또한 적지 않았다.

의 변화 역시 그러한 근본적인 전환의 한 측면이었다.

이 같은 중요한 의미를 지니는 『만국공법』이 나오게 된 시대적 배경과 맥락은 무엇이었는지, 그리고 그 번역과정은 과연 어떻게 이루어졌는지, 마지막으로 그 구성 내용과 사후 영향은 어떠하였는지 등의 세 가지 주제에 관한 아홉 개의 질문을 중심으로 살펴보고자 한다.

2. 시대적 배경과 맥락

1) 휘튼 이전, 서구 근대 국제법은 어떻게 발전해 왔나?

대항해시대 이전까지만 해도 각 지역의 문명권들은 각기 다른 나름의 보편적 원리와 질서를 유지하고 있었다. 근대 이전까지 유럽은 고대로부터 내려온 시민법(jus civile)과 이민족들에게 적용하던 만민법(萬民法; jus gentium)을 그 바탕으로 삼고 중세 이후로는 그 위에 '신법'(神法)을 가정한 교회법과 봉건 신분질서를 중심으로 하는 국제 질서를 형성하였다. 한편 중국을 포함한 동아시아에서는 한(漢)나라 이후로 '치세(治世)의 도'로 자리 잡은 유교의 영향하에 소위 '천하', '화이'(華夷), '조공' 등으로 대변되는 전근대적 '예제'(禮制)[3] 질서를 유지하고 있었다. 물론 인도나 서아시아, 아메리카 등지의 각기 다른 문명권들 역시 종교와 정치·경제적 권

---

3 근대 이전까지의 동아시아에서의 질서를 '예제'로만 설명할 수는 없겠지만, 유가나 도가, 혹은 불교와 같은 사상적 기반 속에서 형성된 담론 질서 속에서 실정법은 사실상 필요악의 의미에 가까웠다. 특히 유가에서는 형벌과 같은 강제력에 근거한 실정법적 중재나 조정보다는 상하 신분질서에 기반한 '예'(禮)나 '인'(仁)과 같은 인격적 중재를 더 강조하였고, 이는 국제 관계에 있어서도 마찬가지였다.

위가 결합된 상하 신분제도 기반의 제국 형태를 지닌 나름의 보편 질서를 지니고 있었다.

하지만 대항해시대의 시작과 함께 산맥이나 사막과 같은 지리적 장벽들과 민족적 인종적 장벽들, 그리고 육상 이동의 제약과 어려움이 하나둘씩 극복되면서 소위 '세계화'(globalization)로의 길이 서서히 열리기 시작하였다. 이는 다른 한편으로 각 지역별로 형성되어 있던 동일한 종교와 문화를 기반으로 한 인접 국가나 민족들 간의 질서, 즉 대개는 봉건 제국이라는 형태를 지니고 있던 질서가 하나둘씩 와해되면서, 서구를 중심으로 하는 원거리 무역에 기반한 새로운 제국-식민지의 질서로 대체되어 가는 결과를 가져왔다.

학살과 정복에 의한 중세 제국의 와해는 비단 유럽 제국들에게 정복되었던 지역의 문명권들에게만 일어난 일은 아니었다. 식민지 쟁탈전과 해상무역 주도권 경쟁, 그리고 구교와 신교 사이의 종교전쟁이라는 명분이 덧씌워지기는 했지만 실질적으로는 자본주의적 축적 과정에 의해 형성되기 시작한 거대한 부를 둘러싼 각 봉건 제후국들과 여러 계급들 간의 경쟁은 16세기 이후로 진행되었던 유럽 내부에서의 수많은 잔혹한 전쟁들을 야기했고, 결국 신성로마제국과 교황, 그리고 교회법에 기반하여 유지되던 서구의 중세 질서의 와해와 근대 국제법 질서의 등장을 가져왔다.[4]

---

4 휘튼은 *E.I.L.* 3판 서문에서 그 당시 상황에 대하여 다음과 같이 설명한다. "현대 유럽에서 국가법의 기원은 이 두 가지 주요 원천, 즉 교회법과 로마 민법에서 찾을 수 있다. … 가톨릭 교단의 각 총회는 교회 문제를 심의할 뿐만 아니라 그리스도교를 믿는 여러 국가 간의 논쟁을 결정하는 유럽 의회이기도 하였다. 로마 법학 교수들은 당시의 국제법 학자이자 외교협상가이기도 하였다. 프란시스 드 빅토리아(Francis de Victoria), 발타자

17세기 상반기 유럽을 뒤흔들었던 30년 전쟁(1618~1648) 역시 그런 전쟁들 가운데 하나였다. 유럽 역사상 가장 참혹했던 전쟁 가운데 하나로 기록된 이 전쟁은 로마 가톨릭교회를 지지하는 국가들과 프로테스탄트 교회를 지지하는 국가들 사이에서 벌어졌던 종교 전쟁으로, 유럽 각국으로 하여금 더 이상 중세적 질서가 통용되기 힘들게 되었음을 깨닫게 해 주었다. 결국 유럽 각국은 전쟁의 종결을 위해 베스트팔렌 평화조약(Peace of Westphalia, 1648)을 체결함으로써 근대적 국제법 질서 형성의 첫발을 내딛게 되었다. 루터파와 칼뱅파 개신교 국가들에 가톨릭 국가와 동등한 국제법적 지위를 보장하는 내용을 담고 있던 이 조약의 성립에는 근대 국제법의 기초를 다졌던 후고 그로티우스(Hugo Grotius, 1583~1645)의 저서가 중요한 역할을 하였다.

16세기 말에서 17세기 초 사이에 네덜란드는 교황 자오선을 근거로 동인도제도에서의 무역과 항해에 대한 독점권을 지니고 있던 포르투갈에 대해 도전하기 시작하였는데, 그로티우스는 이 분쟁과 관련하여 『해양자유론』([라] *Mare Liberum*, 1609)을 통해서 포르투갈의 주장을 반박하고 법률적 관점에서 해양자유에 관하여 논한 바 있으며, 1625년에는 자연법적 원리에 기반하여 전쟁의 정당성과 법적 근거에 대한 논의를 다룬 『전쟁과 평화의 법』([라] *De jure belli ac pacis*; [영] *On the Law of War and Peace*)을 저

르 아얄라(Balthazar Ayala), 콘라드 브루누스(Conrad Brunus), 알베리쿠스 겐틸리스(Albericus Gentilis) 등 그로티우스 시대 이전의 국제법에 관한 저술가들은 로마 교회법 학자들의 권위를 바탕으로 자신의 논리를 강화하였지만, 16세기의 종교 혁명은 이러한 보편적 법학의 기반 중 하나를 약화시켰다. 개신교 측 국제법 학자들은 로마 교회의 권위와 교회법에 대해 이야기하면서도 한편으로 문명국가의 일반 규범을 구성하는 로마 민법에 계속 호소했다."[Wheaton(1855) clxxxix]

술하였다. 비록 베스트팔렌 조약이 체결되기 3년 전에 사망하기는 하였지만, 이러한 저술들을 통해 전쟁이나 강제력에 의해서가 아니라 상호 합의에 의해 통치되는 하나의 '국가들의 사회'라는 개념을 제시함으로써 근대 유럽의 베스트팔렌 체제를 형성하는 밑바탕을 제공해 주었다는 점에서 그는 근대 국제법의 아버지로 여겨지게 되었다. 또한 그의 『전쟁과 평화의 법』은 베스트팔렌 조약 이후로 유럽 여러 국가들에 의해 일종의 '국제법전'으로 여겨질 정도로 중요한 의미를 지니게 된다.

베스트팔렌 체제하에서 개신교 국가들이 급부상하고 각 제후국들 간에 합종연횡이 진행됨에 따라 유럽 내 국제 질서는 더욱 복잡해졌고, 또한 해상 주도권을 둘러싼 경쟁과 갈등이 더욱 격렬해짐에 따라 각 국가들 사이의 분쟁과 전쟁이 끊임없이 이어지게 된다. 결국 18세기 이후로는 베스트팔렌 체제마저 더 이상 통용되기 힘들게 되면서, 그만큼 각 분쟁국들 사이의 상호 합의를 통한 분쟁 해결 판례와 전쟁 종식을 위한 조약들은 더욱 늘어나고 그런 실증적인 법적 근거들이 점점 중요해지기 시작하였다. 그처럼 근대적 국제법 질서를 구성하는 수많은 판례와 논거들이 축적되는 과정 속에서 각국과 각 시기를 대표하는 국제법 학자들과 저술들이 나오게 되는데, 그 가운데 18세기를 대표하는 국제법 학자인 바텔(Emer de Vattel, 1714~1767)의 『국제법 또는 자연법원칙: 국가와 주권자들의 행위와 사무에 적용되는』(*Le droit des gens, ou Principes de la loi naturelle: appliquésà la conduite et aux affaires des Nations et des Souverains*, 1758) 역시 그 가운데 하나였다. 물론 그에 앞서 푸펜도르프(Samuel Pufendorf, 1632~1694), 빈커쇼크(Cornelis van Bijnkershoek; 혹은 Cornelius van Bynkershoek, 1673~1743), 볼프(Christian Wolff, 1679~1754) 등과 같은 이들의 저술도 있기는 하였지만, 프랑스어로 쓰인 바텔의 저서가 나온 이후로는 18세기 후반부터 그로티우스의 『전쟁과 평화의 법』을 대신하여 각국 정부와 외교관들에게 있어서 가장 중요한 국제법 참고서적으로 활용되기 시작하였다. 그로티우스의 뒤를 잇는 가장 권위 있는 국제법학자로서 인정받았던 바텔은 다년간 외교관으로 활약하였던 인물이다. 그런 외교관 경험으로부터 나온 체계적이고 상세한 국제법 지식은 18세기 말엽에 미국 독립전쟁과 나폴레옹 전쟁 등으로 인해 야기되었던 여러 외교적 문제들을 논하는 데 중요한 참고가 되었다. 또한 그의 저술 바탕에 깔린 인권·주권과 민주주의적 사상들은 이후 루소와 같은 프랑스 계몽주의 사상가들과 함께 프랑스 대혁명에 대해서뿐만 아니라 미국의 독립과 건국 과정에 있어서 중대한 영향을 주게 되면서, 영국과 미국에서 가장 권위 있는 국제법 서적으로의 위상을 갖게 된다.[5]

'신법'을 가장한 교회법의 논리에 맞서 자연법적 원리들을 내세워 개신교 국가들의 기본적 권리를 주장하였던 그로티우스에 비해, 바텔은 더욱 법실증주의(Legal Positivism)[6] 입장을 가미하여 국가들의 주권과 국제법적 권리가 선험적인 자연법에서만이 아니라, 상호 간의 조약이나 호혜성의 원리에서 나오는 것이라는 입장을 취함으로써 18세기적 변화의 흐름을 반영하고 있다. 바텔의 '주권국가들의 황금률'(Golden Rule of Sovereigns)로 잘 알려진 "한 국가는 자신이 대우받기 원하는 대로 다른 국가도 대우

---

5 누스바움(2019), 199-205쪽.

6 법실증주의(혹은 실증법주의, 실정법주의)는 홉스(Thomas Hobbes), 흄(David Hume), 제러미 벤담(Jeremy Bentham, 1748~1832) 등의 경험주의 사상가들의 영향을 받아 19세기 초 존 오스틴(John Austin, 1790~1859)이 제기한 법철학적 이론으로, 자연법론 내지는 자연법 원리(principles of natural law)와는 달리, 법의 근거와 기원이 신이나 자연법, 선험적 도덕률에 의해 주어지는 것이 아니라 인간이 만든 실정법, 조약, 계약 등에 의해서만 그 유효성을 지닌다는 이론이다.

해 줘야 한다"는 원리는 각 국가들이 국제법을 따르게 되는 근거가 상호주의적인 것에서 오는 것이라는 점을 잘 보여 주고 있다.

하지만 이 같은 위상과 영향에도 불구하고, 실질적으로 바텔의 저서는 그의 사망 이후 18세기에서 19세기로 이어지는 시기에 진행되었던 급격한 변화들 속에서 점차 그 의미가 퇴색해 갈 수밖에 없었다. 바텔의 사후 유럽을 포함한 전 세계를 격동의 시기로 몰아넣었던 시대적 변화를 에릭 홉스봄(Eric Hobsbawm)은 장기 19세기의 첫 번째 단계인 '혁명의 시대'로 정리한 바 있다.[7] 영국을 기점으로 폭발하기 시작한 산업혁명, 그리고 미국독립전쟁과 프랑스대혁명, 그 뒤 유럽을 뒤흔든 나폴레옹 전쟁과 그 여진들로 이어진 시민혁명이라는 이중의 혁명이 바로 그 '혁명의 시대'를 관통하고 있었다. 이는 유럽 각지는 물론, 전 세계적으로 왕정으로부터 공화정으로, 왕권과 신분 등급 질서에 기반한 국가들 간의 관계로부터 민족주의에 기반한 국민국가들 간의 관계로, 그리고 식민지로부터 독립주권국가로 전환해 가던 급격한 변화를 가져왔다.

특히 프랑스 대혁명 및 나폴레옹 전쟁은 자연법적 원리나 기존의 국제법 판례들만으로는 판단하기 힘든 수많은 국제적 분쟁과 사안들을 만들어 내었을 뿐만 아니라, 그 해결을 위해 영국을 중심으로 하는 유럽 5대 열강에 의한 빈 조약체제가 성립되었다가 다시 해체되는 과정에서 '힘의 균형'에 변화와 균열이 생김으로써 국제법 질서에 변화가 일어날 수밖에 없었다. 더불어 실질적인 국제법과 주권국의 권리 바깥에 놓여 있을 수밖에 없었던 유럽 열강들의 식민지 지역들이 미국을 필두로 독립운동과 함께 국제사회의 구성원으로 인정받게 되면서 국제법 질서의 새

---

7 홉스봄(1998) 참조.

로운 주체로서 편입되기 시작하였다. 그리고 비기독교 문명권으로서 각기 독자적인 국제적 질서를 유지하고 있던 중동 지역과 동아시아 지역까지도 점차 서구의 국제법 질서에 강제적으로 편입되고 이를 수용하기 시작하면서 유럽 국제법 질서는 새로운 단계로 접어들고 있었다.

이처럼 서구에 의해 자신들의 국제법 질서가 비서구 지역으로까지 확장되어 가던 과정은 *Elements of International Law*의 저자인 헨리 휘튼이 쓴 그 책의 세 번째 판(Third Edition) 서문의 다음과 같은 문장이 잘 보여주고 있다.

> (서구의) 국제적 정의의 규칙들은 오랫동안 인정받아 왔으며, 또한 근대 유럽의 기독교 국가들에 의해 대체로 완벽하게 준수되어 왔다. 또한 이는 아메리카 대륙에 세워진 유럽 식민지들의 최초 이주자들로부터 뿌리 뻗어 나온 신세계의 후예들에 의해 받아들여졌으며, 최근에는 유럽 및 미국 국가들과 지구의 다른 지역에 있는 이슬람 및 이교도 종족들과의 관계를 규정하는 데도 적용되고 있다.[8]

그리고 그런 당시의 변화들을 반영하여 집대성한 것이 바로 휘튼의 *E.I.L.*이었으며, 그 등장 이후로 점차 바텔의 저서가 차지하고 있던 지위를 대신하게 된다.

2) 휘튼은 누구이며, 그의 *E.I.L.*은 어떤 책이었나?

『만국공법』의 원서 *E.I.L.* (1836년)의 저자인 헨리 휘튼은 영국의 식민지

---

8 Wheaton(1855), clxxxvii쪽.

로부터 벗어나 새롭게 건국된 미국의 외교관이자 법학자로서, 그러한 시대적 변화와 사건들을 가로지르며 19세기 근대 국제법 질서가 전환되어 가던 과정의 한복판에 있었던 인물이다.

헨리 휘튼

'파리조약'을 통해 미국이 영국과 프랑스로부터 독립을 승인받았던 1783년으로부터 2년 뒤인 1785년 11월 7일 미국 로드아일랜드(Rhode Island) 주 프로비던스(Providence)에서 태어난 헨리 휘튼은 1802년 자신의 고향 주립대학(현재의 브라운대학교)를 졸업하고 나서 바로 변호사 입문을 준비한다. 이후 그는 나폴레옹 전쟁이 한창이던 1805년 프랑스 푸아티에(Poitiers)와 영국 런던 등지에서 유학을 하였는데, 이를 통해 그는 영미법 이외에도 소위 '나폴레옹 법전'으로 불리는 프랑스 민법전을 연구함으로써 로마법에 바탕을 둔 성문화된 대륙법에도 익숙해질 수 있었다.[9] 그리고 이후 뉴욕 해양법원 판사(1815~1819), 미국 연방대법원 판례 편찬관(reporter of decisions of the Supreme Court of the United States,[10] 1816~1827), 덴마크 주재 대리공사(chargé d'affaires, 1827~1835), 프로이센 베를린 주재 전권

9 헨리 휘튼은 '나폴레옹 법전'을 영어로 번역한 바 있지만, 불행히도 화재로 소실되어 간행되지는 못하였다.

10 이는 미국의 독특한 사법시스템 가운데 하나로, 연방대법원에서 내려진 판결과 의견을 담은 미연방 판례 보고서인 *United States Reports*의 공식적인 편집 출판을 담당하는 책임자를 가리킨다. 헨리 휘튼은 역대 세번째 편찬관으로서 1816년부터 12년 동안 제14권에서 제25권까지의 미연방 판례 보고서를 편집 출판하였다.

공사(1837~1846) 등으로 활약하면서 법조계와 외교의 현장에서 국제법에 대한 풍부한 지식과 경험을 얻을 수 있었다.

그는 공직에 있는 동안 그로티우스나 바텔과 마찬가지로 자신의 업무가 끝나고 남는 시간에 틈틈이 광범위한 학문적 연구를 통해 19세기 국제법 형성과 전환의 현장에서 겪었던 다양한 경험들과 풍부한 지식을 정리하여 여러 편의 저술들을 남겼다. 예를 들자면 '해상 나포법 개요'(Digest of the Law of Maritime Captures, 1815), '베스트팔렌 평화조약으로부터 빈 회의까지 유럽 국가들의 발전사와 베스트팔렌 평화조약 이전 유럽 국제법사 요약,'(Histoire du progrès des gens en Europe depuis la paix de Westphalie jusqu'au congres de Vienne, avec un précis historique du droit des gens Européens avant la paix de Westphalie, 1838), '노예무역 연루 혐의 미국 선박에 대한 임검수색권에 관한 영국 주장의 타당성 연구'(An Enquiry into the Validity of the British Claim to a Right of Visitation and Search of American Vessels suspected to be engaged in the Slave Trade, 1842) 등과 같은 글이 바로 그것이다. 하지만 무엇보다도 그를 대표하는 성과는 19세기 상반기까지의 국제법 형성 과정에 축적된 성과들을 집대성한 *E.I.L.*이었다. 1836년 초판이 영국과 미국에서 출간된 이후 유명세를 타기 시작한 *E.I.L.*은 1848년 저자 자신이 생전에 마지막으로 직접 증보작업을 한 판본인 프랑스어판이 출간되면서 유럽의 외교가에서 더욱 널리 인용되며 명성을 날리게 되었다.

하지만 이 같은 국제적 명성에도 불구하고 1845년 제임스 K. 포크(James Knox Polk)가 미국 대통령에 취임 한 이후 정치적 이유로 인해 1846년 프로이센 주재 전권공사에서 강제로 물러나 귀국하게 된 휘튼은 한때 하버드대학교로부터 국제법 교수에 대한 요청을 받기도 하였으나, 갑작스런 병으로 인해 결국 1848년 3월 11일 그 생을 마감하게 된다.

앞서 언급하였던 네덜란드 출신의 그로티우스가 펴낸 국제법 저술과 관념들 속에는 중세의 국제 질서를 무너뜨리고 새로운 대안을 찾아야만 했던 개신교 자유도시 상인들의 요구와 네덜란드의 지정학적 시대적 상황이 반영될 수밖에 없었다. 한편 국제법에 내재된 시민과 국가의 권리 의무에 중점을 두었던 바텔의 정치적 입장이나 자연법주의(natural law theory)와 법실증주의의 절충적 사상 속에는 18세기 프로이센 출신의 국제법학자이자 외교관으로서 게르만 제후국들 사이의 합종연횡하는 정치 외교적 상황과 시대적 요구가 반영되어 있을 수밖에 없었다. 그런 점에서 보자면, 휘튼의 국제법 저술은 19세기 상반기 유럽 내의 경쟁과 분열을 이용하여 독립과 발전의 기회를 찾아야만 했던 신생독립국으로서의 처지와 필요성들 속에서 나온 것이었다고 할 수 있다.

이는 앞서 언급하였듯이 미국이 영국의 식민지였기 때문에 휘튼이 익힌 법적 지식의 상당부분이 영국의 법체계를 바탕으로 할 수밖에 없었으면서도, 또한 프랑스에서 유학하면서 로마민법대전의 영향을 받아 새롭게 성문화한 프랑스 민법전에 대한 연구를 통해 대륙법에 대한 지식과 이해가 깊었기 때문에, 그는 그 둘을 절충하거나 둘 사이에서 비교적 균형 잡힌 입장을 지닐 수 있었다.

이와 관련하여 국제법 연구자인 누스바움은 건국한 지 얼마 안 된 미국에서 출간된 대표적인 국제법 저술에 대한 평가에서 휘튼의 저서에 대해 다음과 같이 평가한다.

> 휘튼의 국제법원론이 켄트의 저서보다 법률적으로는 부족하지만, 휘튼의 개인적인 경험으로 인해 휘튼의 책은 대륙(즉 영국에 상대되는 개념으로서의 유럽 대륙을 말함)의 자료들을 더 충실히 가지고 있었다. 그의 책

은 외교적 행위들과 관례를 강조하였고, 충분한 가치를 가지고 있어서 상당한 영향을 오랫동안 미쳤다. … 켄트와 휘튼의 저서들은 국제법에 관한 미국의 초기 태도를 나타내는 것으로 볼 수 있는데, 이 책들에서는 나중에 강조되는 미국의 국가주의적 입장이 거의 없다.[11]

휘튼에 10년 앞선 1826년 영국과 미국의 자료를 바탕으로 국제법에 관해 체계적으로 설명해 놓고 있다고 평가한 Commentaries on American Law를 쓴 켄트(James Kent)에 비해 휘튼의 저서가 "법률적으로 부족하지만", 대륙, 즉 프랑스와 독일의 국제법 자료들을 더 충실히 가지고 있고 또한 "미국의 국가주의적 입장이 거의 없다"는 누스바움의 평가는 휘튼의 *E.I.L*의 단점과 장점을 동시에 지적하고 있다는 점에서 눈여겨볼 필요가 있다.

역사적 연구에 강점을 지니고 있다는 점, 영국과 대륙 모두의 판례와 역사들을 참조하고 있다는 점, 미국 중심의 국가주의적 입장보다는 비교적 중립적 입장을 취하고 있다는 점 등은 사실 당시 국제법의 상황하에서 보자면 중요한 장점들이었다고 할 수 있다. 미국을 뒤이어 스페인과 포르투갈 식민지였던 아르헨티나(1816), 멕시코(1821), 브라질(1822) 등과 같은 중남미 각 지역에서 연이어 독립 운동이 일어나고, 영국과 미국이 이를 앞장서서 승인하게 되면서 국제법 질서하의 주권국 사회에 식민지로부터 독립한 신생 국민국가들이 새로 포함되기 시작하였다. 스페인과 포르투갈을 약화시키고자 한 영국의 의도와, 자신들의 앞마당인 아메리카 지역에서 유럽 제국으로부터의 간섭과 개입을 배제하고자 한 미국

11 누스바움(2019), 291-292쪽.

의 입장이 맞물려서 이루어진 변화이기는 하지만, 당시 유럽과 아메리카 대륙 간에 상호 불간섭할 것을 주장한 고립주의 외교정책인 미국의 먼로 독트린(1823)과, 유럽 열강의 입장과 사례들만을 보여 주는 것이 아닌 신생 독립국 미국의 입장과 판례들까지 포함하여 국제법 역사를 다룬 휘튼의 *E.I.L.*은 비유럽 지역에까지 국제법 질서가 확장되어 가던 이러한 중요한 변화의 흐름과 함께하고 있었다.

그리고 19세기까지 남아 있던 두 개의 전근대 제국인 오스만 제국과 중화 제국에 대한 서구 근대 국제법의 확장 과정 역시 휘튼의 *E.I.L.*에 반영되어 있을 뿐만 아니라, *E.I.L.* 자체가 그러한 변화를 이끌어 내는 역할을 하기도 하였다. 휘튼의 *E.I.L.*에는 1798년 나폴레옹의 이집트 원정, 그리고 프랑스군 철수 이후 오스만제국의 이집트 총독이었던 무하마드 알리 파샤에 의한 이집트 통치, 1821년에서 1829년까지 근대 그리스의 혁명주의자들이 오스만제국에 대항하여 일으킨 독립 전쟁, 1840년 오스만제국과 이집트 분쟁에 대한 유럽 열강 4국에 의한 간섭과 런던 조약(이집트와 수단의 세습적 영유 결정) 등에 이르기까지 18세기 이후로 갈수록 쇠락해 가던 오스만제국이 서구 유럽 열강들과 충돌하면서 일으켰던 역사적 사건들과 관련 판례 및 조약들에 대한 내용들이 반영되어 있다. 특히 저자가 죽기 직전에 마지막으로 증보작업을 하였던 1848년의 제4판에는 1836년 *E.I.L.* 초판이 간행된 이후에 발생한 사례들 역시 반영되어 있는데, 중국의 청나라가 아편전쟁에 패배한 이후 1842년 난징조약을 맺어 개항을 하며 새롭게 서구 국제법의 적용을 받게 된 사실에 대한 언급 또한 담겨 있다.

더욱이 휘튼의 *E.I.L.* 제6판(로렌스판, 1855)이 미국인 선교사 윌리엄 마틴에 의해 1864년 중국어본인 『만국공법』으로 번역된 이후로는 중국인들은 물론 동아시아의 각국이 서양의 국제법을 인용하여 서구에 대응하거나 외교업무를 진행하기 시작하게 된다. 다시 말해 서구의 입장에서 봤을 때, 근대 국제법의 글로벌적인 확장의 마지막 퍼즐이 완성되는 데 있어서 휘튼의 *E.I.L.*이 결정적인 작용을 하였던 셈이다.

3) *E.I.L.*의 구성과 판본은?

판본	출판 년도	출판지	언어	쪽수 (본문 쪽수 / 전체 쪽수)	비고
제1판	1836	영국 런던	영어	593 (297+296) / 647 (343+304)쪽	런던에서 출간되어 소위 '런던판'으로 불리는데, 제2판인 미국판과 동일한 내용이지만 Part 1~3와 Part 4로 나뉘어 2권으로 분권되어 출간됨. 본문 내용만 놓고 보면 1권은 297쪽, 2권은 296쪽이며, 미국판에 비해 판면이 작고 활자가 커서 같은 내용으로 구성된 미국판에 비해 쪽수가 많은 편임. 책 서두에 국제법의 역사를 간략하게 소개하는 'SKETCH OF THE HISTORY OF INTERNATIONAL LAW' (29쪽)에 추가되어 있는데, 각주가 별로 많지 않은 편이고, 별도의 부록이나 색인도 없음.
제2판	1836	미국 필라델피아	영어	341 / 396쪽	제1판인 '런던판'과 동시에 미국 필라델피아에서 출간되어 소위 '미국판'으로 불림. '런던판'과 동일한 내용이지만 1권으로 합권되어 있고 판면이 크고

					활자가 작아서 런던판에 비해 쪽수가 거의 절반 가까이 적은 편임.
제3판	1846	미국 필라델피아	영어	551 / 659쪽	휘튼이 베를린 주재 전권공사로 있던 시기에 제1판에 대해 수정 증보작업을 진행하여, 주석과 본문 내용이 늘어나고, 목차에 변화가 적지 않으며, 빈 회의 최종 결의문(1815) 전문을 담은 부록과 색인까지 추가되어 전체 페이지수도 대폭 증가함.
제4판	1848	파리, 라이프치히	불어	550 / 753쪽	휘튼 자신이 생전에 마지막으로 수정 증보한 판본으로, *Éléments du droit international* (프랑스어)로 출간함.
제5판	1852	파리, 라이프치히	불어	550 / 753쪽	제4판과 동일한 판본
제6판	1855	미국 보스턴	영어	622 / 930쪽	휘튼의 지인이었던 로렌스(William Beach Lawrence, 1800~1881)가 저자의 마지막 수정 증보판인 제4판(불어판)을 저본 삼아 이전 영어본에 없던 내용들을 영어로 번역하고, 로렌스가 쓴 휘튼의 전기 및 저자 제1판~4판 서문(총 196쪽), 로렌스 자신이 추가한 주석, 새로 추가한 부록(104쪽) 등을 덧붙여 간행한 판본으로, 소위 '로렌스판'으로 불리며, 『만국공법』의 저본이 됨.

휘튼은 *E.I.L.*의 초판이 간행된 1836년 이후로 국제법 저서에 대한 당시의 수요로 인해 여러 차례 판본을 달리하며 출판을 하게 되는데, 윌리엄 마틴이 1864년 중국어로 번역 출간한 『만국공법』이 간행되기 이전까지 위와 같이 총 여섯 개의 판본이 나왔다.

소위 '로렌스판'으로 불리는 제6판 이후로도 로렌스가 한 번 더 자신의 주석과 설명을 추가한 제7판을 1863년에 미국 보스턴과 영국 런던에서 출간하지만, 추가된 부분에 대한 저작권문제로 인해 출판사 및 유족과의 분쟁이 생겨, 1866년에 나온 제8판부터는 유족들로부터 새롭게 의뢰를 받은 리처드 데이나(Richard Henry Dana Jr., 1815~1882)가 편집을 맡게 된다. 그래서 '데이나판'으로 불리기도 하는 제8판은 제4판을 저본으로 하되 각 절의 일련번호를 변경하고 로렌스가 추가한 주석을 없애는 대신 새로운 주석을 추가하고, 또한 남북전쟁 시기의 판례들을 추가하여 확대 증보하여 휘튼의 *E.I.L.*의 명성을 이어가게 된다.

앞의 표에서도 볼 수 있듯이 휘튼의 저서는 판면이 작아서 각 쪽당 활자수가 적었던 초판본을 제외하면, 제2판이 간행된 이후로 판을 거듭할수록 책의 분량이 지속적으로 늘어난 것을 알 수 있다. 이는 각주와 부록을 통해 실제 사건과 판례에 대한 인용들을 대폭 늘려 실증적인 근거를 보완하고자 노력하였기에 이처럼 분량이 늘어난 측면도 있지만, 1836년부터 저자 휘튼이 사망한 1848년까지의 사이에도 국제법 질서에 있어서 새로운 중요한 사건들이 적지 않았고, 이러한 최신 사례들을 자신의 책 속에 반영하고자 지속적으로 수정 보완하였기 때문에 이처럼 분량이 대폭 늘어나게 된 것이었으며, 이는 *E.I.L.*의 명성을 더 높이는 한 원인이기도 하였다.

또한 각 판본의 권·장·절의 목차 구성상으로도 추가되거나 빠지는 부분이 있어서 다소 차이가 있는데, 특히 제4판을 저본으로 한 제6판(로렌스판)의 목차는 제1~3판과는 차이가 큰 편인데, 『만국공법』의 저본이 된 제6판을 기준으로 *E.I.L.*의 전체 구성을 살펴보면 다음과 같다.

제1부 국제법의 정의, 기원 및 주체
  제1장 국제법의 정의와 기원
  제2장 국가와 주권 국가
제2부 국가의 국제적 절대 권리
  제1장 자기 보존과 독립권
  제2장 민사 및 형사 입법권
  제3장 평등권리
  제4장 재산권
제3부 평시 관계에서 국가의 국제적 권리
  제1장 사절 파견의 권리
  제2장 협상 및 조약의 권리
제4부 적대 관계에서 국가의 국제적 권리
  제1장 전쟁 개시와 그 즉각적인 효과
  제2장 적국 간의 전쟁 권리
  제3장 중립국에 대한 전쟁 권리
  제4장 평화 조약

제1부 '국제법의 정의, 기원 및 주체'에서는 국제법 발전의 역사와 그 법리적 근원, 그리고 그 근본 주체로서의 주권국가에 대해 설명하고 있

는데, 특히 제1장 '국제법의 정의와 기원'에서는 그로티우스로부터 제러미 벤담(Jeremy Bentham, 1748~1832)과 같은 19세기 초의 국제법 학자들에 이르기까지 자연법주의로부터 법실증주의의 방향으로 발전해 온 근대 국제법 사상과 관념들의 역사와 논리들을 체계적으로 정리하여 국제법 이론에 대한 기초적인 이해를 돕고 있으며, 제2장에서는 국제법 질서에 있어서 가장 중요한 근본적인 주체라 할 수 있는 주권국가에 대해 정의하고 그 성립 조건과 종류에 대해 자세히 설명하고 있다.

뒤이어 제2~4부에서는 그러한 주권국가가 행사할 수 있는 국제적 권리를 절대적 기본 권리, 평화 시의 권리, 전쟁 시의 권리 등과 같이 각기 조건과 상황에 따라 종류별로 나눠서 상세히 설명하고 있다. 제1부와 제3부가 두 개의 장으로 구성된 반면, 제2부와 제4부는 네 개의 장으로 구성된 사실을 통해서도 짐작할 수 있듯이, 이 책에서 분량상 중요한 비중을 차지하고 있는 것 가운데 하나는 우선 각 주권국이 행사하거나 지킬 수 있는 제도적 권리 및 민사·형사상의 권리를 다룬 제2부였다. 주로 로마의 시민법과 만민법을 기초로 하여, 그 위에 근대 국제법 질서의 형성 이후 각국 사이에 일어났던 다양한 분쟁과 판례들을 통해 각국의 기본적인 절대 권리들을 정리해 두고 있는데, 특히 각국의 재판 관할권을 포함하여 민·형사 관련 입법 및 사법적 권리에 관하여 논하고 있는 제2장이나 각국의 재산과 영토의 문제를 다루고 있는 제4장은 중요한 비중을 차지하고 있으며, 다른 부분에 비해 판을 거듭할수록 그 비중이 더욱 커지고 있는 부분이기도 하다.

그러나 무엇보다도 근대 국제법의 기원이 된 그로티우스의 저서 제목이 『전쟁과 평화의 법』이었던 데서 알 수 있듯이, 그리고 근대 국제법 질서 자체가 갈등과 전쟁을 해결하고 조정하기 위해서 발전해 왔다는 사실을 통해서도 짐작할 수 있듯이, 휘튼의 *E.I.L.*에서도 가장 큰 비중을 차지하고 있는 것은 제4부 적대 관계, 즉 전쟁 시 국가들의 국제적 권리에 대한 부분이다. 제4부가 책 전체의 거의 절반 가까운 분량을 차지하고 있는데, 전쟁이야말로 국가의 존망이 걸린 가장 중대한 사안이기 때문에, 이는 어찌 보면 당연한 것이라 할 수 있을 것이다. 특히 제4부 가운데서도 큰 비중을 차지하는 것은 제3장 '중립국에 대한 전쟁 권리'인데, 전쟁당사자가 아닌 중립국이나 중립국의 선박을 어떻게 처리하느냐의 문제는 각국이 서로 다른 입장을 갖고 있기도 했고, 또한 전쟁 이후까지도 그 처리나 해결이 매우 복잡한 민감한 문제이기도 하였다. 19세기 초 나폴레옹 전쟁과 미영전쟁 등을 거치면서 프랑스와 영국, 그리고 미국이 각기 다른 주장을 펼쳤고, 그 이외의 다른 국가들 역시 사안에 따라 다른 입장들을 보였던 탓에, 전쟁 당시는 물론 전후 치리에 있어서도 수많은 분쟁과 갈등이 이어졌고, 그에 관한 사건과 판례 역시 많을 수밖에 없었다.

그 밖에도 각 판본의 출간 당시 출판사나 사회로부터 요구되는 내용을 서문과 부록의 형태로 추가하기도 하였는데, 제1판과 제2판에는 다른 부록 없이 국제법의 역사를 다룬 'Sketch Of The History Of International Law'만 서두에 집어넣었고, 제3판에는 거기에 영-러 해양 협정(Maritime convention between Great Britain and Russia, 1801)과 빈 회의 최종 결의문(Final Act of the Congress of Vienna, 1815)을 부록으로 추가하였다. 저자 사망 이후 로렌스에 의해서 편집되었던 제6판에서는 책 서두에 휘튼의 'Sketch Of The History Of International Law' 대신에 로렌스 자신이 쓴 저자에 관한 평전의 내용을 담은 'Introductory Remarks'와 저자의 제1판부터 제4판까지의 서문(Preface)들을 함께 묶어 집어넣었다. 그리고 맨 뒤에는 귀화(naturalization) 문제에 관한 자신의 글과 함께 미국의 외교-영사 시스템 재조정 법안(Act to remodel the diplomatic and consular systems of the United States), 영국 하원의 중립권에 관한 논쟁(Debate on neutral rights, House of Commons, 1854)을 추가하였다. 이 같은 서문과 부록은 출판상의 필요나 당시 시대상을 반영한 것이기는 하지만, 판본마다 내용이 다르고, 중국어로 번역할 당시에는 전혀 함께 번역되지 않아서 중요한 역할을 하지는 못하였다.

전반적으로 휘튼의 *E.I.L.*은 국제법의 이론이나 관념에 대한 기본적인 논의에 대한 내용이 초반에 나와 있어서 중요한 의미를 지니기는 하지만, 그 나머지 분량은 각 주권국가들의 구성과 기본 권리, 그리고 평시 교류와 전시의 대응 원칙과 권리를 서구의 역사를 배경으로 법실증주의적으로 그 관행, 판례, 조약 등의 사례를 통해 그 논리적 쟁점과 원리들을 입증 설명하고 있는 내용이 대부분이다. 사실상 실정법적 권한을 지닌 상위 권력이 없는 국제사회에서 각 주권국가가 교류하거나 갈등을 해결하는 관습법적 판례들의 집대성에 불과하지만, '힘의 균형'의 원리와 '상호주의'의 원칙을 통해 각국이 상호 합의와 조약(계약)에 따를 수밖에 없도록 만든 근대 국제법 질서를 이해하는 데는 이런 역사적 판례들의 집대성이야말로 가장 중요한 참조점이 될 수밖에 없었다.

그로 인해 *E.I.L.*의 초판이 나온 지 반세기가 넘도록 판을 거듭해 가며 계속 출판되었을 뿐만 아니라, 세계 각국에서 각기 다른 언어로 번역되어 그 국제적 권위와 명성을 더해 갔다. 우선 1848년에는 저자가 직접 간여한 제4판이 파리와 라이프치히에서 프랑스어본으로 나왔고, 1854년에는 멕시코에서 스페인어본이, 그리고 1860년에는 이탈리아어본이 출간되었으며, 1864년에는 『만국공법』이라는 이름으로 중국어 번역본이 나오기에 이른다. 물론 그 뒤로도 수많은 판본들의 출간이 이어지게 되는데, 대략 대표적인 것들만 골라 본다면, 1866년 데이나(R.H. Dana)가 편집한 판본, 1878년 보이드(A.C. Boyd)에 의해 편집된 영어판 완정본, 1904년에는 애틀레이(J.B. Atlay)에 의해 편집된 네 번째 영어판, 1936년 데이나본을 근거로 해서 출간 100주년 기념으로 간행된 판본 등을 꼽을 수 있다.[12]

이처럼 E.I.L.가 크게 유행할 수 있었던 이유로 우선 당시의 시대적 상황을 꼽아 볼 수 있을 것이다. 당시 19세기 초반에는 유럽 사회에 커다란 변화가 일어나게 되는데, 우선 18세기 말엽 프랑스 혁명과 미국의 독립이라는 중대 사건이 발생하면서 공화주의와 민주주의 혁명의 열기가 전 유럽을 휩쓸게 되었던 것이다. 이로부터 국가 정체(政體)에 대한 새로운 관념들과 사례 및 조약들이 쏟아져 나오면서 국제법 체계가 더욱 풍부해지는 계기가 마련되었다. 또한 영국의 산업혁명 이후로 유럽 사회 전반적으로 자본주의 경제 체제가 보편화되고 비서구 지역에 대한 식민지 경쟁이 심화되면서, 영국의 주도하에 비서구 지역 특히 중국을 비롯한 동아시아 지역에 대한 경제적 침투가 노골화해 가고 있었다. 이 같은 전반적인 변화들로 인해 국제법과 관련하여 수많은 경험과 사례들이 제공되면서 이를 포괄적이면서도 체계적으로 정리한 국제법 서적에 대한 수요가 증대되고 있었던 것이다.

또 한 가지 생각해 볼 수 있는 점은 바로 끊임없이 개정되고 증보되었던 판본 자체가 이유였다고도 볼 수 있을 것이다. E.I.L.의 서문에서는 이 같은 유행의 이유에 대해서 E.I.L.에 담겨 있는 국제법 질서가 지니고

---

12 Wheaton(1916), Note; 윤영도(2005) 157쪽 재인용.

있는 보편성으로 인해 이처럼 많은 언어들로 번역되고 유행될 수 있었다고 설명하고 있는데, 리디아 류는 오히려 역으로 많이 번역됨으로 인해 그 보편성이 획득될 수 있었다고 설명한다.[13] 실제로 국제법 체계는 당시 급변하는 시대적 상황을 따라 다양한 국제법적·외교적 사례들과 경험들의 축적을 통해 점차 그 체계를 갖춰 가고 있었다. 사실 국제법이란 그 자체의 선험적 필연과 보편에 의해서 그 근거가 보장되었던 것이 아니라, 서구의 우연과 특수로부터 형성된 국제법을 타자들에게 보급하고 유통시키는 과정에서 그 헤게모니 관계를 통해 합법화되고 정당화되면서 보편으로서 상상될 수 있었던 것이다. 결국 위에서 언급한 수많은 번역본들과 개정본 및 증보판들은 보급과 유통에 의한 합법화 과정을 반증해 주는 것이라 할 수 있을 것이다. 『만국공법』 역시 그처럼 근대 서구의 국제법 질서 담론이 보급과 유통에 의해 합법화되어 가는 과정에 나온 하나의 산물이라 할 수 있을 것이다.[14]

3. 『만국공법』의 번역 및 출간 과정

1) 번역자 마틴은 어떤 사람이었나?

1864년 휘튼의 *E.I.L.*을 중국어로 번역 출간한 것은 바로 미국인 선교사 윌리엄 마틴이었다.

사실 과거 중국 학계에서는 마틴에 대한 부정적인 시각이 적지 않

---

13 Lydia H. Liu(2004), 2쪽.

14 윤영도(2005) 158쪽.

았는데, 개혁개방 직후인 40여 년 전만 해도 그는 제국주의의 앞잡이로 평가받고 있었다는 점을 통해서도 이를 확인해 볼 수 있다. 마주이(馬祖毅)는 그의 『중국번역간사: 5·4운동 이전 부분』(中國飜譯簡史: 五四以前部分, 1984)에서 마틴을 다음과 같이 평가하고 있다.

> 윌리엄 마틴은 별호를 관서(冠西)라고 하며 미국인 선교사로, 제국주의자이다. … 마틴이 우리나라(중국)에서 진행한 침략활동은 매우 많은데, 두 가지만 예를 들어 보겠다. 1850년(道光 20년), 미국인 선교사 마틴은 중국에 도착하였다. 그는 '조약에 따라, 내지에 들어가서' 선교 활동하는 것이 '금지되어 있음'을 명확히 알고 있었지만, '우리는 주의 명을 받들어, ('미국 침략자들의 명을 받들어'라고 말해야 맞겠지만) 만방에 선교활동을 하는 것이니, 세속인들이 막고자 한들, 어찌 막을 수 있으리오'[마틴의 『화갑억기』(花甲憶記)[15] 참조]라고 함부로 말하면서, 기어코 네덜란드 목사와 함께 항저우(杭州) 등지에서 선교활동을 하였다(榮孟源 『美帝利用宗敎侵華擧例』). 1858년, 미국은 영불 연합군이 중국을 침략하는 기회를 이용해서, 청 정부에게 톈진(天津) 불평등조약을 체결하도록 압박하여, 내지 '여행', 연안 지역 개항 확대, 관세 개정, 자유 '선교' 등의 특권을 얻어 내었다. 이 조약 체결 과정에서 미국 선교사는 또한 왕샤조약(望厦條約) 때와 마찬가지

---

15 이는 윌리엄 마틴의 자전적 기록인 *A Cycle Of Cathay: Or China, South And North, With Personal Reminiscences* (1896)을 그가 중국에 들어간 지 60년이 되는 1910년을 맞아 영어본이 출간된 1896년 이후의 일을 추가하여 중국어로 번역한 중문본으로 상하이 광학회(上海廣學會)에서 출간한 책이다. 19세기 후반 미국에 파견된 선교사의 삶과 중국 정치의 중심지인 베이징에서의 역사적 사건과 인물들, 그리고 중국 각지에서의 경험과 견문들을 담고 있다는 점에서, 윌리엄 마틴의 개인사에 대해서뿐만 아니라 중국 근대사 연구에 있어서도 중요한 자료 가운데 하나이다.

로 무시할 수 없는 역할을 하였다. 당시 미국 공사 윌리엄 리드(William Reed)의 가장 중요한 비서 가운데 하나는 윌리엄즈[16] 박사였고, 다른 하나는 마틴 목사였다. 중미 톈진조약 속에서, 거의 매 조항들은 초안 때부터 모두 이 두 명의 미국인 선교사의 의견을 참고로 하였으며, 더욱이 제29조항은 초안부터 조인에 이르기까지, 완전히 두 사람의 합작품이었다(余繩武『1858年以前美籍傳教士在中國的侵略活動』).[17]

이 같은 평가는 다분히 1980년대 이전까지 중국 사회에 널리 퍼져 있던 반제 반미 사조의 영향이 컸기 때문이었다.

하지만 1990년대 이후로는 자본주의 시장경제 도입이 더욱 가속화되고 그에 따라 19세기 서학(西學) 번역과 『만국공법』에 대한 관심이 높아지게 되면서 마틴을 새롭게 재조명하고 있는데, 왕후이(汪暉)는 서양 학자의 평가를 인용하면서 '윌리엄 마틴 본인은 중국 문화, 특히 철학과 문학을 몹시 애호하였고, 또한 대단히 앙모하였다'[18]는 식의 긍정적인 평가를

16 사무엘 웰즈 윌리엄즈(Samuel Wells Williams, [중] 衛三畏, 1812~1884)는 미국의 초창기 중국 파견 선교사이자, 외교관 겸 중국학자로서, 1833년 처음 중국으로 건너가 미국 해외선교회(American Board of Commissioners for Foreign Missions) 출판사 일을 맡아 브릿지먼(Elijah Coleman Bridgman, [중] 裨治文, 1801~1861)과 함께 중국 선교사업에 있어서 선구적인 역할을 했던 인물이다. 그는 *The Middle Kingdom; A Survey of the Geography, Government, Literature, Social Life, Arts, and History of the Chinese Empire and its Inhabitants* (1846)를 포함하여 다양한 중국학 관련 저술과 사전 편찬 등의 학술 활동을 펼쳤고, 또한 1848년부터 1851년까지는 잡지 The Chinese Repository의 편집자로서 활동하기도 하였다. 그리고 1853년에는 일본을 개항시킨 페리 함대에 승선하여 통역관을 맡았고, 이후 1858년 톈진조약 협상 시에도 윌리엄 마틴과 함께 통역관을 맡기도 하였으며, 1860년부터 1876년까지는 중국 주재 미국 대리대사(chargé d'affaires)를 역임한 이후, 1877년 미국으로 귀국하여 예일대에서 미국 최초의 중문학 교수로도 활동하였던 인물이다.

17 馬祖毅(1984), 231쪽.; 윤영도(2005) 142-143쪽 재인용.

삽입해 넣기도 하고 있다.

이처럼 제국주의의 앞잡이로 부정적인 평가를 받든, 아니면 서학을 소개함으로써 중국의 근대화에 중요한 기여를 한 인물로 평가받든 간에, 어쨌든 윌리엄 마틴이 중국 근대 초기의 국제법의 번역에 있어서는 물론 서구 언어 및 사상 담론의 수용 과정에 있어서 남긴 영향이 적지 않다는 사실만은 부인하기 힘들어 보인다.

1827년 미국 인디애나주의 리보니아(Livonia)라는 작은 마을에서 장로회 선교사 집안의 아들로 태어난 윌리엄 마틴은 인디애나 대학을 졸업한 후, 1846년 인디애나주 뉴알바니(New Albany)의 장로회신학대학원에 들어가 신학 공부를 하며 중국 선교사업을 결심하게 된다. 결혼한 지 얼마 안 된 윌리엄 마틴 부부는 1849년 크리스마스 직후 22살의 젊은 나이에 그의 형 시무엘 마틴(Samuel Newell Depew Martin, 1825~1903) 부부와 함께 보스턴에서 중국행 배에 오른다. 134일간의 항해 끝에 1950년 4월 10일 홍콩에 도착한 그는 그곳에 잠시 머무르며 주변을 돌아다니기도 하고, 그곳의 선교사들과 교류를 하게 되는데, 그 가운데는 아편전쟁 직전에 임칙서(林則徐, 1785~1850)의 부탁을 받고 바텔의 『국제법 또는 자연법 원칙』(滑达尔 '各国律例')의 일부분을 번역하였던 외과의사 겸 선교사 피터 파커(Peter Parker, [중] 伯駕, 1804~1888)도 있었다. 이후 마틴은 다시 홍콩을 떠나 6월 26일 저장(浙江) 닝보(寧波)에 도착한 이후로 본격적인 선교활동을 시작하게 된다.[19]

우선 그는 선교활동을 위하여 중국어를 배우는 데 전념하였는데, 닝

---

18 Gale(1953); 汪暉(2004), 708쪽 재인용.

19 Martin(1896) 17-61쪽.

보의 지역 주민들과 소통하기 위해서는 먼저 닝보 사투리부터 익혀야만 하였다. 하지만 이내 관리들과의 소통이나 베이징 지역에서의 선교를 위해서는 당시의 표준어라고 할 수 있는 베이징 관화(官話, 즉 관리들이 사용하는 말)가 필수적임을 깨닫고서 여러 사람들로부터 관화를 배우게 되는데, 이후 몇 년 만에 상당한 성취를 이루었던 것으로 보인다. 이는 닝보 시절 알게 된 친구이자 이후 중국 총세무사가 되어 마틴의 든든한 경제적 후견인 역할을 하게 되는 로버트 하트(Robert Hart, [중] 赫德, 1835~1911)가 남긴 기록을 통해서도 확인해 볼 수 있는데, 그는 1855년 1월 30일 일기에 자신의 중국어 선생이 당시 닝보에 있던 서양인들 가운데 윌리엄 마틴이 관화나 현지 사투리에 있어서 가장 뛰어나다고 평가한 사실을 적어 두고 있다.[20]

그는 이처럼 구어 실력 향상뿐만 아니라 관방과 지식인들의 글쓰기 방식인 고문(古文)의 학습을 위해서도 많은 노력을 기울여, 중국에 온 지 불과 5년 만에 사서를 독파할 수 있었으며, 1854년에는 고문으로 기독교의 교리를 변증한 『천도소원』(天道溯源), 1858년에는 기독교의 핵심을 해설한 『삼요록』(三要錄)과 기독교 우화집인 『유도전』(喩道傳)과 같은 책들을 지을 정도로 상당한 수준에 이를 수 있었다.

이 같은 중국어 능력을 인정받아 닝보 주재 미국 영사관에서 통역관으로 일하기도 하였던 윌리엄 마틴은 제2차 아편전쟁을 종식시키기 위해 1858년 서구의 4대 열강들과 청 정부가 톈진에서 협상을 벌이던 당시, 미국의 전권공사인 윌리엄 리드(William Bradford Reed, 1806~1876, 공사 재임 기간 1857.4~1858.11)와 존 워드(John Eliot Ward, 1814~1902, 공사 재임 기

20 Hart(赫德)(2003) 142쪽; 王文兵(2007) 24쪽 재인용.

간 1859.8~1860.12)의 통역관으로 사무엘 윌리엄즈 박사와 함께 중국과의 외교협상에 참여하게 된다. 이 같은 협상을 통해 1858년 6월 톈진조약이 체결되기는 하지만, 청 정부 내 강경파가 비준 거부를 주장하게 되고, 또한 강경한 입장을 지니고 있던 영국과 프랑스가 조약 비준을 위해 베이징으로의 여정을 강행하던 도중 중국군과 다시 충돌하게 되면서 전쟁은 다시 재개되고, 조약의 협상과 비준은 중단될 수밖에 없었다.

이후 건강이 안 좋아져 남쪽으로 돌아온 윌리엄 마틴은 1860년 1월 중국에서 태어난 4명의 아들과 부인을 데리고 휴가를 위해 잠시 미국으로 돌아갔다. 그는 2년 넘게 미국에 머물면서 중국 선교를 위한 관심과 후원을 얻기 위해 애썼지만, 당시 남북전쟁에 휘말려 혼란스러웠던 미국 상황으로 인해 별다른 성과를 얻지 못한 채 1862년 여름 가족과 함께 다시 중국으로 돌아온다. 마침 그 무렵 상하이 선교회 출판부의 편집자였던 마이클 컬버슨(Michael Simpson Culbertson, 1819~1862) 박사가 사망하게 되자, 그 자리를 대신하기 위해 마틴은 한동안 상하이와 닝보를 오가며 선교활동을 할 수밖에 없었으며, 이 기간 동안 헨리 휘튼의 *E.I.L.*을 중문으로 번역하는 작업에 들어가게 된다. 그가 이처럼 선교활동과는 직접적인 관련이 없어 보이는 국제법 서적의 번역작업에 뛰어든 이유는 바로 서양인을 무도하고 야만적이라고 생각하던 당시 중국인들에게 서양에도 국제법이라는 문명과 질서가 있음을 일깨워 주는 것이 선교에도 도움이 될 수 있을 것으로 보았기 때문이었다. 그리고 그는 이 번역 작업을 진행하면서 동시에 다른 저술 작업도 함께 병행하였는데, 서양인 선교사들을 위한 중문 한자 학습교재인 『인자신법상자쌍천』(認字新法常字雙千, [영] *Analytical Reader Short Method*)이 바로 그것이다.

그리고 *E.I.L.*의 번역을 진행하던 무렵인 1862년 무렵 이전까지는 주로 상하이와 닝보를 오가며 활동을 해 왔던 윌리엄 마틴은 번역이 거의 완성되어 가던 무렵인 1863년부터는 베이징으로 거점을 옮겨 선교활동을 펼치기 시작한다. 1864년에는 친구이자 당시 중국 총세무사였던 로버트 하트의 지원을 얻어 총리각국사무아문(總理各國事務衙門, 이하 총리아문) 근처에 공간을 얻어 인쇄시설을 갖춘 기독교 학교인 숭실관(崇實館, 후에 숭실중학으로 발전함)을 세우고 그곳에서 어린 학생들을 길러 내기도 하였는데, 여기에는 어느 정도 청 왕조의 실세였던 총리아문의 고급 관료들의 신임을 얻었던 것도 일정한 역할을 하였다.

뒤에서 살펴보게 될 번역 과정을 거쳐 마침내 1865년 *E.I.L.*의 중문 번역서인 『만국공법』을 출간한 윌리엄 마틴은 당시 청 정부 고위 관료들의 신임을 얻은 덕분에, 외교사무상의 문서 번역과 통역을 위한 인재를 기르고자 베이징에 설립한 외국어 교육기관인 경사동문관(京師同文館, '京師'는 수도를 의미함)에 교습(教習, 즉 교수)으로 들어가게 된다. 1862년 설립되던 당시 중국인 가운데 외국어를 교육할 수 있을 만큼 뛰어난 실력을 지닌 인재가 없었기에, 외국어 교육은 물론 법학이나 자연과학, 기술과 같은 서양 학문에 관한 교육은 외국인 교습들이 담당할 수밖에 없었는데, 이들 대부분은 선교를 목적으로 중국에 들어온 서양인 선교사들이었다. 아편 전쟁 이후로 중국 내 서양 조계지나 개항도시들에서 주로 선교활동을 해 왔던 서양인 선교사들이 '외국인의 중국 여행과 무역의 자유 보장', '기독교 포교의 자유와 선교사 보호' 등을 약속한 톈진조약(1858)와 베이징조약(1860) 덕분에 그 이후로는 베이징에서도 비교적 자유롭게 활동할 수 있게 되기는 하지만, 동문관 교습과 같은 공적인 지위와 관료들과의 친분을 가진 선교사들은 선교활동에 있어서 더욱 유리할 수밖에 없었다.

1865년 마침 영국 선교사 존 프라이어(John Fryer, [중] 傅蘭雅, 1839~1928)

의 사직으로 인해 공석이 된 경사동문관 영문 교습 자리에 로버트 하트의 추천과 더불어 고위 관료들의 신임에 힘입어 임명되었던 윌리엄 마틴은 1869년에는 경사동문관 총교습(總教習, 일종의 총장)의 자리에까지 오르게 되면서 청 정부의 관립 교육기관의 최고 수장직을 맡은 유일한 서양인 선교사가 될 수 있었다. 이후 병으로 인해 사임한 1894년까지 25년 동안 재임하면서, 그는 외국어 및 국제법 교육으로부터 서학 번역 및 선교사업에 이르기까지 중국의 근대화 과정에서 적지 않은 영향을 끼치게 되는데, 특히 동문관 시절 그가 참여한 국제법 관련 번역서로는 아래와 같은 것들이 있다.

- 『성초지장』(星軺指掌, 1876): 외교상의 매뉴얼과 지침을 담고 있는 독일인 마르텐스[[독] Karl von Martens [불] Charles de Martens; [중] 馬頓斯, *저명한 국제법학자 게오르그 프리드리히 폰 마르텐스(Georg Friedrich von Martens)의 조카, 1790~1861]의 *Guide Diplomatique* (1832)를 동문관의 불어 부교습인 연방(聯芳, 1835~1927)과 경상(慶常)이 번역하고 윌리엄 마틴이 감수함.
- 『공법편람』(公法便覽, 1877): 미국인 시어도어 울시(Theodore Dwight Woolsey, [중] 吳爾璽, 1801~1889)의 국제법 서적 *Introduction to the Study of International Law*를 동문관의 왕봉조(汪鳳藻, 1851~1918)와 봉의(鳳儀)가 번역하고 윌리엄 마틴이 감수함.
- 『공법회통』(公法會通, 1880): 스위스의 블룬칠리(Johann C. Blunctschli, [중]步倫, 1808~1881)의 *Das moderne Völkerrecht* ([영] Modern International law, 1868)를 마틴이 번역함. 범례의 설명에 따르면 독일어(프로이센어)인 원서의 프랑스어 번역본으로 블룬칠리의 책 전

반부를 연방과 경상, 연홍(聯興) 등이 번역하고 나머지는 마틴이 구술 번역한 것을 천문관(天文館)의 부교습 귀영(貴榮)과 동문관 학생이었던 계림(桂林)이 받아 적는 형태로 번역함.

- 『공법천장』(公法千章, 1902): 윌리엄 에드워드 홀의 *A Treatise on International Law* (1884)를 윌리엄 마틴이 번역함.

다른 한편으로 미국에서 출간되었던 그의 저술들, 특히 자신의 중국에서의 선교활동과 삶을 자전적으로 기술한 *A cycle of Cathay ; or, China, south and north, with personal reminiscences* (1896)이나, 1900년 의화단(義和團)의 난 당시 포위된 베이징에서의 체험과 목격담을 기록한 *The Siege in Peking, China against the World: By an eye witness* (1900) 같은 저술들은 미국에서의 중국에 대한 이해를 제고시키는 데 있어서 적지 않은 영향을 끼치게 된다.

경사동문관 총교습을 사임한 이후 병 치료를 위해 미국에 잠시 귀국했다가 다시 중국으로 돌아온 윌리엄 마틴은 1898년 강유위(康有爲) 등이 주도한 무술변법(戊戌變法)의 일환으로 설립된 최초의 근대적 공립 고등교육기관인 경사대학당(京師大學堂, 베이징대학의 전신)의 총교습으로 초빙되어 임명되지만, 결국에는 서양인 선교사들에 대해 불만을 품은 보수적인 관료들의 반발과 비난으로 인해 1902년 해고되고 만다.

이후 미국과 중국을 오가며 호광(湖廣)총독 장지동(張之洞)이 세운 우창(武昌)대학에서 국제법 강의를 하거나, 미국에서 중국 선교에 대한 저술과 강연 활동을 이어 가기는 하지만, 이미 많은 활동을 감당하기에는 너무 고령의 나이였던 탓에, 결국 1916년 12월 17일 베이징에서 폐렴으로 89년간의 생을 마감하게 된다. 그의 장례식에는 미국 공사관의 인사는 물론, 그해 여름 사망한 원세개(袁世凱)의 뒤를 이어 당시 중국 정부를 이끌고 있던 여원홍(黎元洪) 총통이 보낸 비서 등이 참가하였으며, 그의 시신은 부인과 함께 베이징 시즈먼(西直門) 밖 외국인 공동묘지에 묻히게 된다.

윌리엄 마틴에 앞서 로버트 모리슨(Robert Morrison ; 중국명 馬禮遜, 1782~1834)을 비롯해서 수많은 서양의 개신교 선교사들이 중국에서 선교활동을 하며 서학을 소개하기도 하였지만, 공식적으로 청 정부의 인정을 받아 이처럼 오랫동안 높은 관직에서 활동한 경우는 그가 거의 유일하였으며, 그럴 수 있었던 배경에는 『만국공법』의 번역이 한몫을 하였다.

2) 『만국공법』은 어떻게 번역되었나?

(1) 원저 및 저본의 선택

앞서 언급하였듯이 『만국공법』 이전에 제1차 아편전쟁 무렵 바텔의 『국제법 또는 자연법원칙』의 일부분에 대한 피터 파커의 번역이 있기는 하였지만, 이는 국가 간 교역 금지품과 관련된 극히 일부분에 불과하였고,[21] 사실상 중국 내에서 서구 국제법의 전반적인 내용에 대한 소개나 이해는 전무하였다. 아편전쟁 이후로 서양인들과의 교류와 접촉도 점차 늘어나면서 그만큼 분쟁이나 갈등도 늘어났지만, 중국인들 가운데 서구 언어나 문화, 혹은 국제법에 대해 관심을 갖는 이들은 없었다.

---

21 제1차 아편전쟁이 발발하기 직전인 1839년 피터 파커에 의해 번역되었는데, 그 번역문은 이후 위원(魏源)의 『해국도지』(海國圖志 100권본, 1852) 권83에 수록되었다.

반면 19세기 상반기 동안 서양인들, 특히 외교관이나 선교사들 가운데는 중국어에 능통하거나 이를 번역할 수 있는 이들이 점차 늘어나고 있었고, 이들 가운데는 중국 진출을 위해 청나라의 법전 『대청율례』(大淸律例)를 영문 *Fundamental Laws of China*(1810)으로 번역한 영국의 조지 스턴톤(Sir George Thomas Staunton, 1781~1859)같은 중국학 연구자나, 개신교 최초로 중국에 진출한 로버트 모리슨이나 그 뒤를 이은 서양인 선교사들도 적지 않았다. 하지만 윌리엄 마틴이 나타나기 이전까지, 이들 가운데 중국인들에게 서구 국제법을 번역 소개하려 한 이는 없었다.

하지만 제2차 아편전쟁을 종식시키기 위한 협상과 그 결과물로 탄생한 톈진조약으로 인해 당시 중국인들은 물론, 중국에 와 있던 서양인에게 변화가 생겨났다.

1858년 톈진조약 협상 과정에 통역관으로 참여하였던 윌리엄 마틴은 그 협상 경험이 그가 국제법 관련 서적의 번역을 결심하도록 만드는 중요한 계기가 되었다. 왜냐하면 선교활동의 한 일환으로서, 중국인들의 서양인들에 대한 부정적인 인식, 즉 무력을 이용해 강제로 통상을 요구하고 불평등한 조약을 맺으려 하는 서양인들을 군사력은 강하지만 무도하고 무례하면서 또한 도덕적·정신적으로 열등한 '양이'(洋夷)로밖에 여기지 않고 있던 중국인들의 의식을 바꾸기 위해서는, 신의 정의의 구현으로서의 국제법 질서에 의거해서 서구 문명이 유지되고 있음을 보여 줄 필요가 있다고 여겼던 것이다.[22]

그는 원래 바텔의 책을 번역하려고 생각했었지만, 미국 공사 존 워드의 추천으로 휘튼의 *E.I.L.*을 번역하게 된다. 바텔의 저서는 이미 1세기

---

22 Lydia H. Liu(2004), 116쪽.

이전에 만들어져 비교적 낡은 편이었고, 상대적으로 휘튼의 책이 최근에 저술되어 최신의 내용을 담고 있을 뿐 아니라, 당시 국제적으로도 상당한 권위를 지니고 있었기 때문이었다. 1862년 미국에서 돌아온 윌리엄 마틴은 상하이에 머물며 휘튼의 *E.I.L.*의 번역작업에 들어가게 되는데, 당시 최신판으로 1855년 출간된 *E.I.L.* 제6판(로렌스판)이 이미 상하이 주재 미국 공사관에 비치되어 있었던 덕분에 이를 참고할 수 있었다.[23]

사실 과거의 연구 성과 가운데는 영문 판본들을 직접 대조해 보기 쉽지 않았던 한계로 인해, 『만국공법』의 영어 저본에 대한 이설이 있었고, 초판본이 저본이었다고 오해하여 『만국공법』에 번역된 내용이 영어 저본과 차이가 크다고 주장하는 경우가 있기도 하였다.[24] 하지만 판본의 목차, 특히 아래 표와 같이 제1권 제1장 목차만 놓고 보더라도 『만국공법』이 저본으로 삼고 있는 것이 제6판이었음을 확실히 알 수 있다.

제1판	제3판	제4판	제6판	중문판	한국어
PART FIRST. SOURCES, AND SUBJECTS OF INTER-NATIONAL LAW	PART FIRST. DEFINITION, SOURCES, AND SUBJECTS OF INTER-NATIONAL LAW	PREMIÈRE PARTIE. DEFINITION ET SOURC-ES DU DROIT INTERNA-TIONAL. DE CEUX	PART FIRST. DEFINITION, SOURCES, AND SUBJECTS OF INTER-NATIONAL LAW	第一卷 釋公法之義, 明其本源, 題其大旨	제1권 공법의 뜻을 설명하고, 그 본원을 밝히며, 그 요지(大旨; subjec)를 적다

23 1857년 새로 중국 주재 미국공사로 부임한 윌리엄 리드가 1855년에 간행되어 나온 E.I.L. 6판을 구입하여 상하이의 미국 공관에 비치해 두었다[김용구(2008) 66쪽 참조].

24 王开玺(2005) 참조.

제1판	제3판	제4판	제6판	중문판	한국어
		QUI SONT SOUMIS A CE DROIT			
CHAPTER 1. SOURCES AND SUBJECTS OF INTER-NATIONAL LAW	CHAPTER I. DEFINITION AND SOURCES OF INTER-NATIONAL LAW	CHAPITRE PREMIER. DÉFINITION ET SOURCES DU DROIT INTERNA-TIONAL	CHAPTER I. DEFINITION AND SOURCES OF INTER-NATIONAL LAW	第一章 釋義明源	제1장 뜻을 설명하고, 본원을 밝히다
1. Natural law defined	1. Natural law defined	1. Origine du droit international	1. Origin of international law	第一節 本於公義	제1절 공의(公義; principles of justice)에 근본이 있다
2. Natural law identical with the law of God or divine law	2. Natural law identical with the law of God or divine law	2. Définition du droit naturel selon Grotius	2. Natural law defined	第二節 出於天性	제2절 천성(天性; natural law, 현대어로 '자연법')에서 나온 것이다
3. Natural law applied to the intercourse of states	3. Natural law applied to the in-tercourse of States	3. Identité du droit naturel et de la loi de Dieu ou loi divine	3. Natural law identical with the law of god or Divine law	第三節 稱爲天法	제3절 천법(天法)이라는 것
4. Law of na-tions distin-guished from natural law	4. Law of na-tions distin-guished from natural law	4. Distinc-tion entre le droit des gens et le	4. Law of na-tions distin-guished from natural law	第四節 公法·性法猶有所別	제4절 공법과 성법은 여전히 구별된다

		droit naturel selon Grotius	by Grotius		
5. Law of nature and law of nations asserted to be identical by Hobbes and Puffendorf	5. Law of nature and law of nations asserted to be identical by Hobbes and Puffendorf	5. Identité du droit naturel et du droit des gens suivant Hobbes et Puffendorf	5. Law of nature and of nations asserted to be identical, according to Hobbes and Puffendorf	第五節 理同名異	제5절 이름은 다르나 이치는 같다
6. How far the law of nations is a positive law derived from the positive consent of nations	6. How far the law of nations is a positive law derived from the positive consent of nations	6. Droit des gens fondé sur la raison et l'usage	6. Law of nations derived from reason and usage	第六節 理例二源	제6절 이치와 관례라는 두 가지 기원
7. Law of nations derived from reason and usage	7. Law of nations derived from reason and usage	7. Système de Wolf	7. System of Wolf	第七節 性理之一派	제7절 성리(性理)의 일파
8. The law of nations is not merely the law of nature applied to sovereign states	8. The law of nations is not merely the law of nature applied to sovereign States	8. Différence d'opinion de Grotius et de Wolf sur l'origine du droit des gens volontaire	8. Difference of Opinion between Grotius and Wolf on the Origin of the voluntary law of nations	第八節 二子所論微異	제8절 양자가 논한 바의 미묘한 차이

제1판	제3판	제4판	제6판	중문판	한국어
9. There is no universal law of nations	9. There is no universal law of nations	9. Système de Vattel	9. Systems of Vattel and Wolf	第九節 發氏大旨	제9절 바텔의 대의
10. International law between Christian and Mohammedan nations	10. International law between Christian and Mohammedan nations	10. Système de Heffter	10. System of Heffter	第十節 海氏大旨	제10절 헤프터의 대의
11. Definition of international law	11. Term law of nations, how far applicable to express the rules which govern the mutual intercourse of States	11. Définition du droit international	11. Definition of international law	第十一節 公法總旨	제11절 공법의 총지
12. In what sense the rules of conduct between states are called laws	12. Term International Law substituted for that of law of nations	12. Sources du droit international	12. Sources of international law	第十二節 公法源流	제12절 공법의 원류 (源流; sources)
13. Divisions of international law	13. Extension of the international law of				

	Christendom to the Asiatic and African nations				
14. Sources of international law	14. Definition of Interna-tional Law				
	15. Divisions of Interna-tional law				
	16. Sources of International law				

휘튼은 *E.I.L.*의 초판 간행 이후로 판을 거듭해 가면서 목차 구성에 변화를 주거나 증보를 통하여 새로운 국제법 판례와 내용들을 추가함으로써 지속적으로 발전시켰는데, Part 1의 Chapter 1만 놓고 보더라도 초판 다음에 대폭 증보한 제3판에서는 14개의 절이었던 것을 16개로 늘였고, 그 다음에 저자 자신의 사망 직전에 마지막으로 직접 증보작업을 하였던 프랑어판인 제4판에서는 내용은 약간 더 늘리기는 하였지만 내용의 구성에 약간 변화를 주고 절의 수를 12개로 줄여서 이해하기 쉽게 정리하였다. 초판·3판과 4판의 앞부분만 놓고 비교해 보더라도 제1절 'Natural law defined'를 'Origine du droit international'(국제법의 기원)로 바꾸고, 제2절 'Natural law identical with the law of God or divine law'를 'Définition du droit naturel selon Grotius'(그로티우스에 의한 자연법 정의)로 바꾸었으며,

원래 제2절에 있던 내용을 제3절로 위치를 바꾸었다. 이는 애초에 자연법에 대한 소개로부터 시작하던 원래의 내용을 제4판부터는 헤프터같은 당시 유럽 국제법학자들의 최신 경향을 반영하여 다소 균형 있게 자연법주의와 법실증주의를 절충하는 방향으로 내용을 추가하면서 일어난 변화로 보인다. 이후 로렌스판으로 불리는 제6판은 이 제4판인 프랑스어판을 저본으로 하여 작업을 하였기 때문에 제1장의 12개절의 목차 구성과 제목을 그대로 유지하였으며, 마틴의 『만국공법』의 제1권 제1장 역시 이 제6판의 목차 구성과 제목을 그대로 따르고 있다.

이처럼 *E.I.L.* 제6판을 저본 삼았던 윌리엄 마틴은 그 전체 내용을 그대로 옮기되, 영문판의 상당 분량을 차지하고 있던 'Introductory Remarks'와 서문 부분(196쪽), 부록(104쪽), 그리고 각주 부분 등은 모두 생략하고 본문 내용만을 위주로 하여 번역하였다.

(2) 번역 방식과 조력자들: 구술필역

윌리엄 마틴은 중국에 들어온 지 불과 5년 만에 사서를 독파하였을 뿐만 아니라, 『천도소원』이나 『삼요록』, 『유도전』과 같은 책을 중국어로 펴내기도 하였고, 『만국공법』의 서(序)를 쓴 청 조정의 고위관료였던 동순(董恂, 1810~1892)으로부터는 "好古多聞之士", 즉 "옛것(중국의 전통 학문)을 좋아하고 박식한 선비"라는 칭찬을 받을 정도로 언어적으로나 학문적으로 상당한 수준에 이르러 있었다. 하지만 그럼에도 불구하고 서양인으로서의 마틴이 구사할 수 있는 고문 문장능력이나 중국 고전에 대한 이해는 이를 모어로서 어려서부터 익혀 왔던 중국의 지식인들, 특히 과거 시험을 통해 진사(進士, 즉 최고 단계의 시험인 殿試에 급제한 자)의 수준에까지 오른 고급관료들에게는 미칠 수 없는 수준이었음은 당연한 것이었다. 그들에게 있어서 마틴의 문장은 그저 반고문(半古文) 정도에 불과한 난해한 문장 정도로 간주되었다.

때문에 그는 *E.I.L.*의 번역 초기 단계에서부터 하사맹(何師孟)을 포함한 4명의 중국인 조력자들의 도움을 받아야만 했는데, 이에 대해서는 범례에서도 다음과 같이 밝히고 있다.

> 이 책을 한문(漢文)으로 번역한 것은 본래 미국의 선교사 윌리엄 마틴이다. 보건대 의리에 부족함이 없고 중국과 외국 사이의 외교문제를 판단함에 무익하지 않다고 여겨, 강녕(江寧) 하사맹, 통주(通州) 이대문(李大文), 대흥(大興) 장위(張煒), 정해(定海) 조경영(曹景榮) 등과 함께 여러 권을 대략 번역하였다.

사실 범례에 등장하는 이들에 대한 별다른 언급이나 기록이 많지 않기에 이들이 정확히 어떤 인물들이고 번역과정에서 어떤 역할을 하였는지에 대해서는 상세히 알 길이 없다. 다만 『만국공법』을 번역하고 있던 중인 1863년에 펴낸 『인자신법상자쌍천』에서 중국어로 필사하는 데 난징(南京) 출신의 수재[秀才, 즉 지방 현(縣) 단위에서 실시하던 1단계 과거시험에 급제한 자]인 하사맹의 도움을 받았던 사실을 기록하고 있는데,[25] 이를 통해서 그가 마틴이 상하이에서 번역을 시작할 무렵부터 도움을 주었음을 짐작할 수 있다. 강녕[江寧, 현재는 난징시(南京市) 산하의 장닝(江寧)구] 출신의 하사맹에 대한 다른 기록은 『청사고』(清史稿) 권493에서도 찾아볼 수 있기는 하지만, 그나마도 장계경(張繼庚)이라는 인물에 관한 기록 가운데 간단

---

25 Martin(丁韙良) (1863) 6쪽; 孫建軍(2012), 357-359쪽.

히 언급된 내용뿐이다.[26] 그 밖에 마틴의 다른 기록에서 그에 관한 별다른 언급이 없는 것으로 보아, 하사맹이 마틴의 교인이거나 이후 지속적인 관계를 유지하지는 않았던 듯하며, 그가 주로 했던 역할은 『인자신법상자쌍천』 저술 과정에서와 마찬가지로 중국어로의 필사 작업이었을 것으로 보인다.

그리고 정해[定海, 현재의 저장(浙江)성 저우산(舟山)시 딩하이구] 조경영의 경우는 마틴이 닝보에서 중국어를 배우던 선생 가운데 한 명으로, 그는 이후 개종하여 교인이 되었을 뿐만 아니라, 마틴이 베이징으로 옮겨서 활동하게 된 이후에도 그곳 예배당에서 전도사 역할을 하였던 인물이기도 하다.[27] 조경영은 닝보 앞바다에 위치한 저우산섬 출신이면서 또한 시안(西安)에서 자라난 덕분에 관화에도 비교적 익숙하였기 때문에 마틴에게 닝보 사투리는 물론 관화를 가르쳐 줄 수 있었지만, 수재 출신이었던 하사맹 정도의 학식을 갖춘 인물은 아니었던 것으로 보인다. 다만 닝보에서부터 베이징으로 옮겨온 이후까지 마틴의 교인으로서 교회와 출판일에 깊이 관여하고 있었고, 또한 『교회신보』(教会新報), 『중서문견록』(中西聞見録), 『만국공보』(萬國公報) 등과 같은 신문이나 잡지에 글을 싣기도 하였던 것으로 보아 *E.I.L.*의 번역을 돕는 조수로서의 역할을 했을 것으로 보인다.

---

26 하사맹의 평생에 관한 기록은 거의 보이지 않는데, 『清史稿』 卷493의 충의지사 장계경(張繼庚)에 관한 기록 가운데 "會欽差大臣向榮軍至, 因與諸生週葆濂, 夏家銑及錢塘人金樹本謀結賊為內應, 而使金和, 李鈞祥, 何師孟出報大營."에 등장하는데, 이로 미루어 보건대, 후난 바오징현의 지현(湖南保靖縣知縣)까지 지냈다가 태평천국군에 맞서 스파이 활동을 하던 도중 순국한 장계경의 지인 가운데 하나였던 하사맹은 그를 돕다가 나중에는 상하이로 피신하게 되었던 것으로 보인다.

27 William Martin(1896), 237쪽.; 王文兵(2007), 24쪽.

나머지 두 명인 통주(通州, 현재 베이징시 통저우구) 이대문, 대흥(大興, 현재 베이징시 다싱구) 장위의 경우는 별도의 기록이 남아 있지 않은데, 둘 다 베이징 근처 출신이라는 점으로 미루어 보아 윌리엄 마틴이 베이징에 올라간 이후 알게 된 지인이거나 숭실관 학생으로서 그의 번역을 도왔던 인물로 짐작된다.

이들 네 명 모두 번역 과정에 있어서 어느 정도 중요한 역할을 하였기 때문에 범례에 기록될 수 있었을 것으로 짐작되기는 하지만, 이들 모두 직접 번역에 참여할 정도로 영어에 능숙하였을 가능성은 없어 보이기 때문에, 아마도 하사맹과 조경영의 경우처럼 중국어로의 필사나 윤문 과정에 도움을 주었을 것으로 보인다. 그리고 이 같은 구술번역과 중국어 필사가 결합된 번역 방식의 사례는 윌리엄 마틴의 다른 번역서에서의 범례를 통해서도 확인해 볼 수 있다.

블룬칠리의 *Das moderne Völkerrecht*의 불어판을 번역한 『공법회통』(公法會通, 1880)의 범례에서, 윌리엄 마틴 자신이 맡았던 책의 후반부는 자신이 구술 번역(口譯)한 것을 천문관(天文館)의 부교습 귀영(貴榮)과 동문관 학생이었던 계림(桂林)이 중국어로 받아 적는(筆述) 방식으로 번역하였다고 밝히고 있다.[28]

『만국공법』을 번역한 마틴 이외에도 당시 다른 서양인 선교사들의 서학 번역 역시 비슷한 방식을 따르고 있었는데, 상하이에 세워진 강남제조국(江南製造局) 번역관(飜譯館)에서 서학 번역에 종사하고 있던 존 프라이어가 남긴 번역과정에 관한 기록을 통해서 당시 상황을 짐작해 볼 수 있다.

---

28 Martin(丁韙良)(1880) 범례.

> 번역관 내에서 번역의 방법은, 번역하고자 하는 것을 서양인이 먼저 숙독하여 책 속의 이치를 확실히 익힌 다음 중국인과 함께 번역하는데, 서양서의 의미를 구두법에 따라 중국말로 바꾸면, 이를 중국학자가 받아 적는다. 만약 구술하기 어려운 부분이 있으면, 중국학자와 함께 어떻게 하면 (뜻을) 명확히 할 수 있을지 궁리해 본다. 만약 중국학자가 불명확한 부분이 있으면 그 정확한 뜻을 강구한다. 번역 후, 중국학자가 초고를 개정 윤문하여 중국 문법에 맞게 한다.[29]

『만국공법』 역시 이런 '구역필술'(口譯筆述)의 협역(協譯) 내지는 중역(重譯) 방식에서 크게 벗어나지는 못하였을 것으로 보인다.

물론 협역이라고는 해도 서구 언어나 문화에 대한 이해가 부족하였던 당시 중국인들의 상황을 놓고 보자면 윌리엄 마틴과 같은 중국 언어와 문화에 익숙한 서양인 선교사의 역할이 절대적일 수밖에 없었겠지만, 그럼에도 불구하고 협역의 과정에서 필사자인 중국어 원어민이 가질 수밖에 없는 언어 문화적 감각이 반영되거나 기존 관념과 담론의 틀에 속박된 자기화된 해석과 의역어들이 사용될 수밖에 없었을 것이다.

과거 불경 번역 초창기의 격의식 번역은 물론, 마테오 리치를 비롯한 명말청초의 예수회 선교사들이 사용하였던 '서역중술'(西譯中述, 즉 서양인이 구술번역하고 중국인이 기술함)이나 19세기 개신교 선교사들의 '구역필술' 등과 같은 번역 방식들은 상호 익숙하지 않은 언어 문화권들 사이에서 교류와 번역이 진행되는 초창기에 나타나는 불가피한 방편이기도 하였다. 다시 말해 장기간의 교류와 접촉을 통해 두 언어 사이의 어휘 간에

---

29 李亞舒・黎難秋(2000), 419쪽.

일대일 대응 관계가 정착되거나, 이런 대응 관계를 매개해 줄 수 있는 사전과 같은 도구들이 구비되거나, 교육기관을 통해 통번역의 경험과 훈련이 쌓여 익숙해질 만한 환경이나 여건이 성숙되지 못한 상태에서는, 일정 부분 소위 '격의'나 자기화(혹은 중국화)된 방식의 해석과 의역은 불가피하였던 것이다.

이처럼 중국인 조력자들의 도움을 받아가며 1년 가까이 번역한 끝에 1863년 봄 번역을 어느 정도는 완성할 수 있었다.

3) 어떻게 출간될 수 있었나?

1863년 6월 마틴은 아직 미완성인 초고를 가지고 당시 상하이에 있던 장사계(張斯桂, 1816~1888)에게 보여 주고서 그가 써 준 '서문'(序)을 받게 된다. 원래 서학에 관심이 많았기에 닝보에 있을 때부터 중국어와 영어를 서로 가르치고 배우면서 가깝게 지내던 장사계는 '서문'을 통해 당시 유럽 열강들의 상황을 춘추전국 시대 중국에 비유하며 당시 국제적 정세에 어둡던 중국의 관료들도 이해하기 쉽게 설명해 주고 있다. 또한 그는 자신의 '서문'을 다음과 같은 말로 마무리 지으면서 마틴의 번역서 『만국율례』(萬國律例, 즉 만국공법)[30]의 필요성을 강조한다.

---

30 인용문에서도 확인할 수 있듯이 사실 장사계가 '서'를 쓸 때까지만 해도 아직 번역서의 제목은 『만국공법』이 아니라 『만국율례』였다. 이후 총리각국사무아문의 도움을 받아 번역을 완성하고 출간하는 과정에서 '율례'라는 명칭이 다소 구체적인 실정법적인 법률 조문과 조례라는 의미를 지니고 있기 때문에 그렇지 못한 국제법의 명칭으로 부적합한 측면이 있기도 하고, 또한 범례에서도 설명하고 있듯이 '여러 국가들에 통용되는 것'이라는 의미를 강조하기 위하여 '공법'이라는 명칭으로 변경하였던 것으로 보인다.

지구상의 판도를 살펴보건대 대소 국가들이 수십 개가 넘는데, 그들이 살아남을 수 있었던 것은 그 선왕의 명을 유지하여 맹부(盟府)에 올려두고 세세토록 지켜 오랜 동안 바꾸지 않았기 때문이다. 이 맹약을 위반하면 천지신명이 벌하였으니, 이것이 바로 『만국율례』(萬國律例)라는 책이다. 그래서 서양 각국의 공사(公使), 대신, 육해군의 원수, 영사(領事), 통역, 교사, 상인, 세무사 등이 모두 신주단지 모시듯이 한다. 이번에 미국의 선교사 윌리엄 마틴이 이 책을 번역한 것은 우리 중화가 국제 정세를 잘 살피고 그 논의를 따르기를 바라기 때문이다. 우리 중화는 일시동인(一視同仁)하고 낮은 곳의 말도 반드시 살펴왔기에 "월상(越裳)국에서 흰 꿩을 헌상하고, 서여(西旅)족이 큰 개를 공물(貢)로 바쳤던 것"이니, 이들이 중역(重譯)을 통해서라도 찾아왔던 것은 위엄을 경외하고 덕을 그리워했기 때문이다. 이 책 역시 중화에 크게 도움이 될 터이니, 이를 잘 마련해 두면 변방의 일을 대비하는 데 도움이 될 수 있을 것이기에 이 서문을 쓴다. (장사계의 '서문')

명말청초(明末淸初) 예수회 선교사들이 선교를 위한 전략으로 사용하였던 서학의 '보유론'(補儒論), 즉 서구의 학문을 통해 중국의 유학을 보완할 수 있을 것이라는 설득 방식과 유사하게, 장사계는 '서문'을 통해 마틴의 번역서가 변방을 어지럽히는 외적인 서구 열강에 대해 대비하는 데 도움이 될 수 있을 것이라는 점을 강조하고 있는 것이다. 당시 서구 열강들의 전반적인 정세에 대한 설명과 함께 그들 사이에서 통용되는 중요한 질서인 서구의 국제법 질서를 알아 둘 필요가 있음을 이해하기 쉽게 밝히고 있는 장사계의 이 글은 당시 청 정부 관료와 중국 지식인들을 설득하는 데 있어서 중요한 역할을 하였을 뿐만 아니라, 이후 장사계 자신이 청 정부의 외교 관리로 발탁되어 일본에 파견될 수 있도록 만드는 하나의 계기가 되기도 한다.

그 무렵 총리아문의 대신이었던 문상(文祥, 1818~1876)은 청 정부에 비교적 우호적이었던 미국의 공사인 벌링게임(Anson Burlingame, [중] 蒲安臣 1820~1870, 공사 재임 기간 1862.8~1867.11)에게 서구 국가들의 국제법에 관한 권위 있는 책을 소개해 달라고 요청한다. 당시 캄보디아 문제로 프랑스와 외교적인 분쟁이 생기자 프랑스에 논박하기 위한 근거를 찾기 위해 국제법 지식이 필요했던 것이다. 이에 벌링게임은 휘튼의 *E.I.L.*을 추천하게 되고, 상하이에 있던 영사 수어드(George Frederick Seward, 1840~1910, 당시 미 국무장관 윌리엄 수어드의 조카)를 통해 마침 이를 번역 중이던 마틴에 대한 소식을 듣고서 총리아문에 그를 소개하게 되면서 마틴의 번역 작업이 청 정부와 연결될 수 있었다.

윌리엄 마틴은 1863년 6월 번역 중이던 원고를 가지고 당시 베이징에 올라가서 미국 대리대사 윌리엄즈 박사와 미국 공사 앤슨 벌링게임을 만나는데, 당시 청 정부와 협조적인 노선을 펼치고자 하였던 벌링게임은 윌리엄 마틴의 번역이 중국에 국제법을 소개하고 설득하는 데 도움이 될 것이라고 보고 이를 청 정부에 적극 추천해 주게 된다. 그 덕분에 톈진조약 협상 당시 이미 알고 있었고, 당시 판리삼구통상대신(辦理三口通商大臣)의 직을 맡고 있던 숭후(崇厚, 1826~1893)를 만나 이 원고를 보여 주게 되는데, 그 중요성을 알아본 숭후로부터 총리아문의 대신 가운데 한 명인 문상에게 연락해 주겠다는 약속을 받아 낸다.

결국 이 같은 도움을 받아 1863년 9월에는 총리아문의 대신들과 접견하게 된다.[31] 사실 당시 중국의 대외 정책과 사무를 총괄하고 있던 총리아문의 입장에서 서구의 국제법에 대한 이해가 필요했던 이유에는 앞서 언급한 프랑스와의 외교 분쟁의 문제만 있었던 것은 아니었다. 1860년 베이징조약을 통해 함께 비준한 톈진조약의 중요한 내용 가운데 하나였던 '외교관의 베이징 주재'에 관한 항목으로 인해, 상호 대등한 입장에서 서구 각국과 외교관계를 수립하고 서구 국제법 관례에 맞게 서구 각국으로 외교사절을 파견하는 것 또한 시급한 문제였다. 그동안 동등한 국가들 간의 외교라는 개념 자체가 없었던 탓에 주로 조공국과의 관계를 담당해 오던 예부(禮部)나 이번원[理藩院, 특히 몽골, 신장(新疆), 티베트, 러시아 등의 사무 전담] 이외에 서구의 국가들과 관련하여 별도의 외교 사무를 관장하는 부서가 없었던 청 정부는 이를 담당할 새로운 전담 기구를 만들 수밖에 없었다. 그로 인해 황제 함풍제(咸豊帝)의 동생인 공친왕(恭親王) 혁흔(奕訢)을 그 책임자로 삼아 1861년에 설립했던 것이 바로 총리각국사무아문이었다. 중국과는 다른 서구 국제법의 전반적인 내용과 관례들을 알 길이 없었던 총리아문은 당장 시급한 문제를 해결하기 위해 당시 중국 총세무사 직무를 대행하고 있던 로버트 하트에게 서구 국제법에 관한 책의 번역을 부탁하여, 외교사절에 관한 부분인 *E.I.L.*의 'PART 3. International Rights of States in the Pacific Relations, CHAPTER I. Rights of Legation' 24개절에 대한 번역을 받을 수 있었다. 그래서 총리아문의 문상은 마틴과의 접견 자리에서 바로 그 24개절 부분이 번역에 포함되었는지

---

31 김용구는 마틴이 총리아문을 방문한 날짜에 대해, Covell의 연구(1978, 164쪽 각주102)를 인용하면서, 중국 측 왕대신들의 상주문을 근거로 한 음력 9월, 마틴의 자전적 기록인 *A Cycle Of Cathay* (233쪽)를 근거로 한 11월, 1864년 1월 8일자 New York Times에 실린 마틴의 기사를 근거로 한 9월 10일 등의 세 가지 설을 이야기하고 있는데, 그 가운데 마지막의 9월 10일이 가장 가능성이 높은 것으로 보고 있다[김용구(2008), 15쪽 각주1, 66쪽 각주90]. 또 어떤 학자는 미국 날짜로 9월 10일이므로, 실제 중국 날짜로는 9월 11일이라고 보는 경우도 있다.

부터 물어보았고, 이를 확인한 총리아문은 마틴의 번역서를 지원해 주기로 결정하게 된다.

다만 처음 미완성의 초고를 건네받은 혁흔은 사실 그 내용을 이해하기 힘들어 하였는데, 이는 상주문에서 그가 "다만 자구가 난잡하여 직접 대면하여 설명을 듣지 않으면 명확히 이해하기 힘들다"[32]고 설명하고 있는 것을 통해서도 확인해 볼 수 있다.

'자구가 난잡하다'는 것만으로는 그것이 당시 청 정부의 관료들에게 어떤 점에서 이해하기 힘들었다는 것인지 명확하지는 않지만, 대체로 십여 년간의 중국어와 고문의 학습에도 불구하고 고문 문장 사용상의 미숙함으로 인해 중국의 학식이 있는 전통 지식인들의 수준에는 미치지 못하였던 탓도 있었겠지만, 서구의 문장을 중국의 문장으로 전환하는 데 있어서 번역 개념의 낯섦과 번역 문맥상의 난삽함도 작용하였을 것이다. 하지만 보다 근본적으로 중국인들에게는 익숙지 않은 국제법의 내용과 판례를 설명함에 있어서 서양의 역사나 지리에 대한 배경지식이나 선이해가 없이는 사실상 그 맥락을 파악하기가 쉽지 않은 부분이 많았는데, 당시 중국인들의 인식상의 한계 역시 그러한 '이해하기 힘듦'의 한 원인으로 작용하였을 것으로 보인다.

어쨌든 번역의 교정과 윤문을 위해서는 청 정부의 지원과 학식 있는 중국인의 도움이 필요하다는 사실을 잘 알고 있었던 마틴은 총리아문과의 접견 자리에서 그러한 지원을 해 줄 것을 요청하였고, 이에 응하여 총리아문은 수하의 장경(章京)들로 하여금 마틴을 도와 번역을 마칠 수 있도록 지원해 주게 되는데, 이에 관해서는 혁흔이 1864년 8월 30일에 올

32 總理各國事務衙門「奕訢」等(1864).

린 상주문과 『만국공법』에 실려 있는 동순의 서문 및 범례에서도 언급하고 있다.

> 총리아문의 장경 진흠(陳欽), 이상화(李常華), 방준사(方濬師), 모홍도(毛鴻圖) 등의 네 명은 성심을 다해 협의 검토하여 삭제 윤문하였는데, 다만 그 어휘를 바꾸었을 뿐 그 본뜻을 고치지는 않는 방식으로 반년간 작업한 끝에 번역 초고를 완성시켰다(혁흔의 「상주문」).[33]
>
> 윌리엄 마틴은 중국어에 능통하나 이 책의 교정을 원하기에 내 휘하의 역성(歷城) 출신 진흠, 정주(鄭州) 출신 이상화, 정원[定遠, 현재 안후이성(安徽省) 중부에 위치한 현(縣)] 출신 방준사, 대죽(大竹) 출신 모홍도[34] 등이 잘못된 부분을 삭제 교정하여 돌려주었다(동순의 '서문').
>
> 총리각국사무아문이 교열 수정하였으며, 왕대신(王大臣)이 관원을 파견하여 원고를 교정하고 자금을 대어 출간하였다(범례).

'장경'이란 청 정부 부서의 실무 관료들을 말하는데, 진흠, 이상화, 방준사, 모홍도 등은 모두 이 '서'를 쓴 동순의 휘하에 있던 총리각국사무

---

33 總理各國事務衙門「奕訢」等(1864).

34 이들 네 명의 장경은 청 정부의 관료였기 때문에 어느 정도 기록이 남아 있는 편인데, 우선 진흠(陳欽)은 현재 산동성(山東省) 지난시(濟南市) 중부에 위치한 역성(歷城) 출신으로 자(字)가 자경(子敬)이며 1851년에 거인(舉人)에 급제하고 이후 총리아문 장경이 된 인물이고, 이상화(李常華, 1824~1874)는 현재 허난성(河南省)의 성도(省都)에 해당하는 정주(鄭州) 출신으로 자는 숙언(叔彦), 호(號)는 위제(韡齋)로 1861년에 총리아문 장경이 된 인물이다. 방준사(方濬師)는 현재 안후이성(安徽省) 중부에 위치한 현(縣)인 정원(定遠) 출신으로 자는 자엄(子嚴), 호는 몽잠(夢簪)인데, 1855년 거인이 되고, 이후 총리아문의 장경이 되었으며, 마지막으로 모홍도(毛鴻圖)는 현재 쓰촨성(四川省) 동부에 위치한 현인 대죽(大竹) 출신으로, 1864년 총리아문 장경이 되었던 인물이다[郭明芳(2015) 267-268쪽 참조].

아문의 장경들이었으며, 이 가운데 한 명은 한림(翰林)으로, 이들 모두 상당한 학식을 갖춘 전통 지식인들이었다. 이들은 주로 문맥이 이상한 부분을 삭제하거나 윤문하고, "그 어휘를 바꾸었을 뿐 그 본뜻을 고치지는 않는 방식으로"(易其字不改其意)으로 수정함으로써 중국의 지식인들이라면 읽고 이해하는 데 별문제가 없을 정도로 교정하는 역할을 하였다. 이는 당시 중국인들이 이해하기 힘든 문장과 관념들을 이해하기 쉽도록 만드는 불가피한 과정이기는 하였지만, 오히려 이러한 윤문 과정이 앞서서 언급하였던 협역의 과정에서보다도 더욱 감수 교정을 맡은 전통 중국 지식인의 언어 문화적 감각이 반영되거나 기존 관념과 담론의 틀에 속박된 중국화된 해석과 관념들이 가미되도록 만들었을 것임은 미루어 짐작해 볼 수 있다

결국 반년 가까이 작업한 끝에 교정과 윤문까지 마치고 1864년 4월에 번역 초고가 완성될 수 있었다. 이 무렵 책의 출간에 대해 다소 소극적이었던 청 정부가 보다 적극적으로 지원해 주게 되는 사건이 하나 발생하게 된다. 1864년 2월 16일 비스마르크의 프로이센 정부가 덴마크와 전쟁을 일으킨 지 얼마 안 된 4월경, 톈진을 통해 베이징으로 가려던 프로이센 대사 레푸스(G. von Rehfues)가 중립국인 중국의 다구커우(大沽口) 인근 해상에서 적국 덴마크의 선박을 나포하는 일이 벌어졌다. 그러자 이에 대해 청 정부가 항의를 하였고, 이제 막 번역된 초고 상태였던 『만국공법』에 담긴 서구 국제법을 근거 삼아 선박의 반환과 배상을 요구하였는데, 프로이센이 그 요청에 따르게 되면서 청 정부로서는 처음으로 서구 국제법을 활용하여 서구 열강과의 외교 분쟁을 성공적으로 해결할 수 있었다. 이 같은 성과는 청 정부가 『만국공법』 번역에 대한 지원에 더 적극적으로 나서도록 만드는 한 계기가 되었으며, 혁흔은 책을 인쇄 출간

할 수 있도록 은 500량을 지원하여 300부를 찍어 내고, 이를 각 성의 지방 관원들에게 보내 참고할 수 있도록 해 달라는 상주문을 올려 8월 30일 비준을 받게 된다.

이후 이 책은 마틴이 세운 기독교 학교인 경도숭실관(京都崇實館, 즉 수도 베이징에 있는 숭실관)에 마련된 인쇄시설을 이용하여 1864년 11월 인쇄를 위한 판각을 완성하고, 총리아문의 대신 가운데 한 명이었던 동순이 1865년 1월 하순에 작성한 '서문'을 덧붙여, 2월에 정식으로 300부를 인쇄하였다. 『만국공법』은 출간 이후로 각 성의 지방 관원들에게 보내졌을 뿐만 아니라 동문관의 교과서로도 쓰이기도 하였는데, 1879년에 나온 동문관 교안에 따르면 8년차 교육 과정에 『만국공법』을 교육받도록 하여 통역과 외교 실무에 활용할 수 있도록 하고 있다. 이처럼 『만국공법』은 번역 출간 이후로 점차 중국의 외교사무 관련 관리들과 지식인들 사이에서 서구의 국제 관계를 이해하는 중요한 참고서로서 자리 잡게 된다.[35]

4. 『만국공법』의 구성 내용과 그 영향

1) 『만국공법』은 어떻게 구성되어 있었나?

윌리엄 마틴은 *E.I.L.* 제6판을 저본으로 삼되, 상당 분량을 차지하고 있던 서문(196쪽)과 부록(104쪽), 그리고 각주 부분은 생략하고 본문 내용은 모두 번역하였기 때문에, 그 권(part), 장(chapter), 절(§)의 구성은 기본적으로 영문본 제6판과 거의 동일하다.

---

35 Martin(1896); 윤영도(2005) 146쪽 재인용.

1865년 2월 숭실관에서 정식으로 출간한 『만국공법』은 중국의 전통적인 서적 인쇄 방식을 따라 목재 판각 인쇄[36]의 선장본(線裝本) 형식으로 제작되었다. 총 4개의 책[37]으로 분책되어 있는데, 각 책의 겉표지 왼쪽 상단에는 해서체로 된 '萬國公法'이라는 제목과 함께 각 책의 순서를 나타내기 위해 『주역』 건괘(乾卦)의 괘사(卦辭)를 의미하는 '원'(元)·'형'(亨)·'이'(利)·'정'(貞)이라는 이름이 적혀 있다.

각 책별로 순서대로 그 구성과 내용을 살펴보자면, 우선 제1책인 '원'(元)의 경우 속표지의 가운데에는 전서(篆書)체로 '萬國公法'이라는 제목이 쓰여 있고 그 오른쪽 편에는 '동치3년 갑자년(즉 1864년) 음력10월 새김'(同治三年歲在甲子孟冬月鐫), 왼쪽 편에는 '베이징 숭실관 판각 보존'(京都崇實館存板)이라고 해서체로 적어 놓아 그 인쇄에 관한 서지사항을 밝히고 있다.

---

36 아래에서 살펴보게 될 두 개의 서문을 제외한 다른 부분은 모두 금속활자를 이용해서 활자인쇄 원판을 만들어 우선 인쇄를 하고 이를 다시 번각 방식으로 목재에 판각하여 대량 인쇄를 위한 목판인쇄 원판을 만든 것으로 보이는데, 이 목재 판각작업이 1864년 11월에 끝난 것으로 보인다. 그래서 1864년 10월 영문으로 된 번역자 서문이 쓰일 무렵 활자인쇄본이 먼저 1차로 나오고, 목재 판각작업 완료 후 1865년 1월 하순 총리아문의 대표로 동순이 작성한 서문까지 포함시킨 목판인쇄본 300부가 1865년 2월에야 정식으로 나왔을 것으로 추정된다. 이 같은 한자 금속활자의 제작과 이를 이용한 인쇄 작업의 진행에는 마틴이 닝보에서 활동하던 시기부터 The American Presbyterian Mission Press(美華書館)에서 선교 출판 일을 담당하였던 갬블(William Gamble)의 역할이 컸다. 1858년 중국에 건너온 갬블은 1859년부터 전기 도금방식으로 금속활자를 제작하는 방법을 도입하여 품질 좋은 한자 금속활자들을 만들어 낼 수 있었는데, 이는 이후 베이징에 인쇄소를 마련한 마틴이 인쇄 출판 작업을 하는 데도 활용될 수 있었다[Martin (1896) 308쪽; 郭明芳 (2015) 273-274쪽 참조].

37 여기서의 '卷'·'冊'은 한국어에서 말하는 '권'·'책'과는 다소 다른 의미를 지니는데, '卷'은 내용적으로 분할되는 'part'에 해당하고, '冊'은 제본할 때 물리적으로 분할되는 단위를 말한다.

그리고 이어서 두 편의 서문(序)이 들어가 있는데, 우선 총리아문의 대신 동순이 쓴 서문은 '萬國公法序'라는 제목과 함께 만국공법의 의미와 번역 및 감수 과정에 대해 간단히 설명하는 내용을 담고 있다. 그리고 '동치3년 갑자년 음력 12월(양력으로 1865년 1월) 하순 양주 출신 동순이 서문을 쓰다'(同治三年歲次甲子冬十有二月下浣揚洲董恂序)라는 기록을 통해서도 확인할 수 있듯이 이 서문은 총리아문이 『만국공법』 인쇄 출간의 출간 직전 그 최종적인 승인을 확인해 주는 성격의 글임을 알 수 있다. 총 3쪽 분량의 이 서문은 한 면에 6줄, 1줄에 11글자씩 해서체로 필사된 글을 판각하고 거기에 동순의 인명과 호 '온경'(醞卿)을 새긴 두 개 낙관을 찍어 두었는데, 여기에는 따로 선장본 각 쪽의 접히는 부분에 새기는 쪽수가 따로 표기되어 있지 않다.

두 번째 서문은 마틴의 지인이었던 장사계가 쓴 서문으로, 이 역시 '萬國公法序'라는 제목과 함께 춘추전국 시기 각 제후국들과 비교하면서 당시 서구 열강들의 전반적인 정세에 대해 설명하고, 동시에 청나라도 그들 사이에서 통용되는 중요한 질서인 서구의 국제법 질서를 알아 둘 필요가 있음을 강조하는 내용을 담고 있다. 다만 동순의 서문에서 책의 제목을 '만국공법'이라고 적고 있는 것과 달리, 장사계의 서문 내용 안에서는 이 번역서의 이름을 아직 '만국율례'(萬國律例)라 적고 있어서, 그가 서문을 쓰던 1863년 6월 당시에는 아직 이름이 '만국공법'이 아니었으며, 동순이 서문을 쓸 무렵에 이르러서야 '만국공법'이라는 이름이 확정되었음을 짐작할 수 있다. 그리고 글 마지막에 '동치 계해(癸亥)년 단오, 사명(四明) 사람 노생(魯生) 장사계가 강남 춘신포[즉 황포강(黃浦江)의 옛 이름으로 여기서는 상하이를 가리킴]에서 적다'(時在同治癸亥端午, 四明魯生張斯桂識於江南春申浦)라고 쓴 부분을 통해서 이 글이 윌리엄 마틴이 베이징에 올라가서 벌링게임과 숭후를 만났던 1863년 6월, 아직 미완성의 번역 원고를 살펴보고서 쓴 것이라는 사실을 알 수 있다. 그리고 총 13쪽인 장사계의 서문은 한 면에 6줄, 1줄에 12글자씩 해서체로 필사된 글을 판각하고 맨 마지막에 장사계의 인명과 호 '노생'(魯生)이라 새긴 두 개 낙관을 찍어 두었는데, 여기에는 따로 선장본 각 쪽의 접히는 부분에 새기는 쪽수가 표기되어 있다.

두 개의 서문 다음부터는 책 전체가 한 면에 10줄, 1줄에 21글자씩 해서체 활자본으로 판각되어 있다.

서문 다음 첫 번째로 나오는 범례에서는 이 책의 원저자에 대한 간단한 소개, 만국공법의 의미, 공법학자에 대한 설명, 번역자와 조력자 및 감수 출간 과정, 번역 원칙, 서기 연도표기에 대한 설명 등의 내용을 담고 있다. 특히 그는 범례에서 "역자는 오로지 정확하고 바른 뜻의 번역에 전념하여 사사로운 의견은 보태지 않았으며, 원서의 모든 조례를 전부 수록하였지만, 인용하여 증명하기 번잡하고 쓸데없는 부분은 일부 생략하였다"고 밝힘으로써, 불필요한 부분은 일부 생략하였지만 자신의 사사로운 의견을 보태지 않고 정확하게 번역하였다는 자신의 번역 원칙에 대해 밝히고 있다.

범례 뒤에는 두 쪽에 걸쳐 지구본 모양의 서반구, 동반구 세계지도와 함께 세계의 전반적인 지리적 개요를 싣고 있는데, 영문 원저에는 없던 이 부분을 삽입해 놓은 것은 당시 세계 지리에 대한 지식이 부족하였던 중국인들을 위해 서구 국제법을 이해하기 위한 사전 기본 지식의 전달 차원에서 마련해 놓은 것으로 보인다. 다만 내용이 『만국공법』의 본문에서 다루고 있는 내용들을 이해하기에는 너무 소략하고 일부 실제와 다른 부정확한 부분도 있어서 정확한 정보와 지식을 전달하는 데는 다소 한계가 있다.

예를 들어 스웨덴을 『만국공법』의 본문에서는 '瑞威敦'으로 표기하였는데, 지도에서는 '瑞敦'이라고 표기하고 있고, 또한 지도 아래의 설명에서는 아예 빠져 있다. 그리고 작은 유럽지도에 표기하려다 보니 불가피해서였겠지만, 독일연방과 프로이센, 오스트리아는 각기 '日', '普', '奧' 등의 첫 글자로만 표기해 두었고 그 바로 옆에 오스만제국도 '투르크'(土爾其)를 의미하는 '土'자 한 글자만으로 표기해 두었는데, 지도 아래 설명에서는 이를 유럽 국가 중 하나로 소개하고 있다. 더군다나 지도상에서 오스만제국의 위치에 해당하는 지역에는 오히려 정작 당시는 존재하지 않았던 '유대'(猶太)라는 이름을 적어 두고 그 아래 설명에서는 이를 아시아 국가 중 하나로 소개하고 있다. 그리고 티베트를 의미하는 '서장'(西藏)이 별도의 국가처럼 표기되어 있는 점도 다소 특이하다.

이 같은 세계 지리에 대한 부정확한 정보들, 특히 오스만제국이나 유대에 관한 부정확한 정보들은 마틴과 같은 그 당시 서양인 선교사들의 기독교도로서의 입장과 심상지리가 반영된 것임을 짐작할 수 있는데, 이는 세계 지리에 대해 설명하고 있는 이 부분의 마지막에 "유일의 대(大)주재자께서 그 시조를 창조하고, 살아가도록 보우하며, 만사를 관장하신다"는 문장을 집어 넣고 있는 점을 통해서도 확인해 볼 수 있다.

서문과 범례 뒤에는 전체 목차와 함께 본문의 번역이 본격적으로 이어지고 있는데, 권과 장의 제목은 본문 중에 배치되어 있지만, 일련번호가 붙은 절 제목과 번호가 따로 없는 소절 제목의 경우는 영문 원저와 유사하게 쪽 테두리의 위쪽 바깥부분에 배치하여 잘 보이도록 해 놓았다. 그리고 중국인들에게 익숙지 않은 서구의 고유명사를 알아보기 쉽게 그 오른편에 인명은 실선으로, 지명은 이중선으로 표기를 해 놓았고, 또한 쉼표에 해당하는 표점부호(현재는 '頓號'로 사용되는 표점부호)를 달아 두어 해석과 이해에 도움을 주고 있다.

이상과 같이 제1책 '원'(元) 134쪽에는 서문, 범례, 세계전도, 목차, 제1권(74쪽)의 내용을 담고 있으며, 제2책부터는 겉표지 이외에 따로 속표지 없이 본문의 번역 내용만이 들어가 있다. 전체 구성상 제2책 '형'(亨) 142쪽에는 제2권 전체가 담겨 있고, 제3책 '이'(利) 88쪽에는 제3권(54쪽)과 제4권 제1장(34쪽)의 내용이 담겨 있으며, 제4책 '정'(貞) 116쪽에는 제4권 제2장부터 제4장까지의 내용이 담겨 있다. 각 책은 기본적으로 영문본의 'Part'에 해당하는 4개 '권'의 내용을 담고 있기는 하지만, 제3권의 분량이 워낙 적어서 제4권 제1장을 하나의 책으로 같이 묶었음에도 불구하고 제3책의 분량이 가장 적어서 각 책별로 쪽수의 편차가 심한 편이다.

이상과 같은 체제와 형식으로 구성된 『만국공법』의 '숭실관 원본'은 이후 다른 이들에 의해 새롭게 판본이 구성되거나 새로 번각되면서 전반적인 체제상으로 각 판본별로 다소간의 변화가 나타난다.

우선 윌리엄 마틴이 미국 공사 벌링게임을 통해 미국 국무장관 윌리엄 수어드(William Henry Seward, 1801~1872)에게 보낸 판본이 있는데, 이는 '숭실관 원본'과 완전히 같은 구성과 내용이긴 하지만, 속표지와 중문 서문 사이에 영문 속표지와 함께 벌링게임에 대한 감사의 말을 담은 헌사와 1864년 10월 11일에 윌리엄 마틴이 쓴 영문으로 된 역자 서문(Translator's Preface)이 추가되어 있다. 영문 속표지에는 "Assisted by a Commission appointed by Prince Kung" "Published at Peking at the Expense of the Imperial Government, 1864"라는 부기 사항을 적어, 청 정부와 공친왕 혁흔의 공식적인 후원을 받았음을 명시하고 있다. 그리고 1865년 1월 하순에 작성된 동순의 서문이 포함된 것으로 보아, 이 판본이 책으로 엮어진 것 역시 정식 출간 이후일 것이라 여겨지지만, 그럼에도 불구하고 영문 속표지상에 1864년 출간 사실을 밝히고 있는 점을 통해서 1865년 2월 정식 출간 이전에 이미 동순의 서를 제외한 부분에 대한 1차 견본 인쇄가 이루어졌음을 알 수 있다. 다만 이 판본은 미국 정부에 보고하기 위하여 보내진 것 이외에 따로 대량으로 인쇄되거나 널리 보급되지는 않아서 사실상 그 사회적 영향력은 거의 크지 않았다.

그리고 '숭실관 영문서문본'은 물론 '숭실관 원본'보다도 사회적으로나 동아시아 지역 전반적으로나 훨씬 커다란 영향을 끼쳤던 것은 사실 일본에서 번각[38]되어 출간된 '가이세이쇼 번각(開成所飜刻)본'이었다. 이 번각본 『만국공법』의 속표지 위쪽 여백에는 "게이오 원년 가이세이쇼[39]에서 번각함"(慶應元年開成所飜刻)이라고 적혀 있는데, 게이오(1865년 5월 1일~1868년 10월 23일) 원년은 1865년으로, 중국에서 출간된 지 얼마 안 되어 바로 일본에 유입되었음을 알 수 있다.[40]

---

38 번각(飜刻, 현대한자어로는 翻刻)이란, 판각본(板刻本) 서적을 모방하여 다시 새겨서 만드는 복각(復刻) 인쇄 방식의 일종으로, 과거에 인쇄된 얇은 반투명의 한지를 반으로 접어서 책을 만드는 전통적인 선장본 형식의 서적의 경우 그 인쇄된 한지를 펼쳐 목판 위에 엎어서 그대로 붙인 뒤 이를 그대로 새기는 방식으로 복각을 하였기 때문에 '뒤집어서 새긴다'라는 의미로 번각이라 불렀으며, 이렇게 하면 원판과 거의 완벽하게 동일한 모양으로 복제하는 것이 가능하였다.

39 가이세이쇼(開成所, 개성소)는 1863년도에 에도막부가 서양학문의 교육 번역 출간 등을 위해서 설립한 연구 기관으로, 1854년 페리 내항 이후 1855년 에도막부가 양학 연구 및 외교 문서 번역 전문 기관으로 설립한 요가쿠쇼(洋學所, 양학소), 1856년 반쇼시라베쇼(蕃書調所, 번서조소) 등이 그 전신이라고 할 수 있으며, 가이세이쇼는 훗날 도쿄대학을 구성하게 되는 기관들 가운데 하나였다.

40 그 구체적인 유입 경로에 대해서 밝혀진 바는 없지만, 마틴의 자전적 기록인 A Cycle Of Cathay(1896, 234쪽)에 "이 책은 일본에서 즉시 재인쇄되었으며, 당시 에도(즉 도쿄)의 영국 공사였던 해리 파크스(Harry Parkes) 경은 국제법학을 소개하려는 나의 노력에 대한 공감의 표시로 나에게 일본어판 초판 사본을 보내 주었다"고 기록하고 있는데, 이를 통해서 당시 영국을 비롯한 서양인 외교관들에게 이미 『만국공법』이 전해졌거나 잘 알려

이 번각본은 전반적인 체제에 있어서 '숭실관 원본'의 '속표지 - 서문 - 범례 - 지구전도 - 목차 - 본문'의 순서를 '속표지 - 서문 - 범례 - 목차 - 지구전도 - 본문'의 순서로 바꾸었으며, 또한 분책에 있어서도 내용상 각 권별로 나뉘는 게 아니라 쪽수 분량을 거의 균일하게 맞추어 총 6책으로 나누어서 출간하였다.

그리고 '숭실관 원본'과 달라진 점은 겉표지의 제목 위에 '관판'(官版)이라고 명기하여 정부에서 판각 인쇄한 것임을 밝히고, 제목 아래에는 원래의 '원·형·이·정' 대신에 분책한 순서대로 '一'부터 '六'까지 숫자를 적어 두었다. 또한 번역 본문 안에는 일본인이 이해하기 쉽도록 일본의 독특한 한문 훈독(訓讀) 순서 표기법인 'レ'·'一'·'二'·'上'·'中'·'下'와 같은 가에리텐(返り点)이나 고유명사의 발음을 좌측에 가타카나(片仮名)로 표기한 요미가나(読み仮名) 등이 삽입되어 있는 점이 '숭실관 원본'과 다른 부분이다.

더불어 제6책 마지막 페이지에는 '숭실관 원본'에는 없는 "본서 속의 지명과 인명에는 모두 일본 문자로 서양 발음을 표기해 두었는데, 그 가운데 어떤 것은 네덜란드어 발음이고, 어떤 것은 영어 발음이라, 하나로 통일시키지 않았으니, 각자 익숙한 바대로 기억하고 읽기 편하게 하고자

져 있었고, 또한 이들에 의해 일본에 전해졌을 가능성이 적지 않음을 짐작해 볼 수 있다. 특히 해리 파크스는 『만국공법』이 출판된 지 석 달 뒤인 1865년 5월 일본에 특명 전권공사 겸 총영사로 임명되어 파견되었던 인물로, 일영화친조약(日英和親條約, 1854)과 일영수호통상조약(日英修好通商條約, 1858)의 천황 승인을 위해 일본의 에도막부와 협상을 해야만 했던 그로서는 『만국공법』을 가지고 가서 이들을 설득하려 했을 가능성이 매우 높고, 또한 그 일본어판 초판 사본을 마틴에게 보내 주었다는 사실이나 『만국공법』의 번각본이 나온 곳이 바로 에도막부가 세운 관립 번역기관인 가이세이쇼였다는 사실 역시 그러한 심증을 더욱 굳히도록 만든다.

하였을 따름이다. 독자들의 양해 바란다"(本書中地名人名, 今皆國字詮洋音, 其或以荷音, 或以英音, 不必一而定, 則欲從人所慣, 以便其記誦而已, 覽者諒焉.)는 문장이 삽입되어 있다. 서양의 고유명사에 대한 발음 표기를 네덜란드어 발음과 영어 발음이 혼용되고 있음을 밝히고 있는데, 이는 당시 일본 내에 네덜란드어에 익숙한 난학자(蘭學者)들도 있었기 때문인 것으로 보인다.[41]

마지막으로 '번각본' 제6책의 뒤표지 안쪽에는 일본 로큐칸(老皀館)에서 간행한 서적목록에 대한 광고가 실려 있다. "오른편의 외래 신기 서적과 그 밖의 이가쿠쇼(醫學所) 선생들이 번역한 의학서 및 가이세이쇼의 관판어서(官板御書)류를 매월 간행하니 여러 군자들의 많은 구독 바람(右之外舶來新奇之書籍其外醫學所諸先生翻譯醫書并開成所官板御書類月月刊行希四方諸君子多拔閱)", "겐시 갑자년(1864년) 추석, 도쿄 다테가와산노바시[竪川三之橋, 지금의 도쿄도 스미타구(墨田区)에 위치함]의 요로즈야 헤시로(萬屋兵四郎)[42] (元治甲子秋夕 東都竪川三之橋 萬屋兵四郎)"라고 기록된 것을 통해서도 알 수 있듯이, 당시

---

41 이 훈독 표기법을 단 것이 누구인지에 대해서는 아직까지도 확실한 근거나 정론은 없지만, 김용구는 시네노 야스쓰구(重野安繹, 1827~1910)라고 보고 있지만[김용구 『만국공법』(2008) 72쪽], 다른 한편으로 니시 아마네(西周, 1829~1897)가 그 무렵 네덜란드에서 국제법을 배우고 귀국하였던 데다 가이세이쇼의 교수로 임용되기도 하였기 때문에 이 훈독 표기와 발음 표기를 추가한 것이 니시 아마네일 것이라 추정하는 이들도 있다. 이에 대한 명확한 근거가 있지는 않지만, 1864년 사쓰마번의 조시칸(造士館)에 부임하였던 시게노 야스쓰구보다는 니시 아마네일 가능성이 더 높아 보인다. 왜냐하면 번각본의 출간 시기가 게이오 원년이기 때문에 아무리 빨라도 1865년 5월 이전일 리가 없고 또한 니시 아마네의 귀국시기가 1865년 2월 13일이었고, 얼마 뒤 가이세이쇼 교수로 부임하였던 점을 감안해 본다면 그가 『만국공법』에 훈독 표기와 발음 표기를 했을 가능성이 적지 않기 때문이다.

42 요로즈야 헤시로(萬屋兵四郎, 1818~1894)는 막부말기에 잡화점 겸 인쇄출판소 로큐관을 운영하였던 출판업자이자 화가이기도 한 후쿠다(福田)의 별칭으로, 자는 게교(敬業), 호는 메가(鳴鵞)이다.

관판으로 간행된『만국공법』의 번각본을 민간 인쇄출판업자가 복제하여 판매용으로 출간한 것이었다. 다만 1865년 2월에야 간행된『만국공법』(4권)을 그 전해 가을에 출간하였다는 것은 불가능한 일이니, 게이오(慶應) 1년인 1865년 출간 시 그 전년도의 내면 광고 페이지를 함께 찍어 낸 것으로 추측된다.

주로 외교 사무와 관련된 고위 관료들이나 동문관 학생과 같이 일부 관리층 독자들을 대상으로 하여 상대적으로 한정적인 범위 내에서만 주로 보급되었던 '숭실관 원본'에 비해, 이 일본 번각본은 애초에는 일본 에도막부(江戶幕府) 산하 번역기관인 가이세이쇼의 번각본으로 나왔던 것이지만, 나중에 일반 민간 인쇄 출판업자들에게 풀려나와 복제판을 대규모로 찍어 내게 되면서 중국에 비해 대중적으로 널리 보급될 수 있었다. 또한 메이지 유신 이후 근대화에 성공하고, 또한 조선을 개항시키고 청일전쟁에서 승리하면서 동아시아 내에서 외교적 영향력이 커지면서 이 번각본이 역으로 중국과 조선, 타이완 등지로 흘러들어가게 되었고, 이로 인해 그 번각본이 일본뿐만 아니라 다른 동아시아 지역에서도 비교적 많이 남아 있는 편이기도 하다.

2)『만국공법』은 어떤 내용을 담고 있었나?

(1) 번역되거나, 생략되거나, 추가되거나

제6판	중문판	한글
PART FIRST Definition, Sources, and Subjects of International Law	第一卷 釋公法之義, 明其本源, 題其大旨	제1권 공법의 뜻을 설명하고, 그 본원을 밝히며, 그 요지(大旨 subject)를 적다

제6판	중문판	한글
CHAPTER I Definition and Sources of International Law	第一章 釋義明源	제1장 뜻을 설명하고, 본원을 밝히다
CHAPTER II Nations and Sovereign States	第二章 論邦國自治自主之權	제2장 국가(邦國 nations)의 자치 자주권을 논하다
PART SECOND **Absolute International Rights of States**	**第二卷** **論諸國自然之權**	**제2권** **국가들의 자연권(自然之權 absolute international rights)을 논하다**
CHAPTER I Right of Self-Preservation and Independence	第一章 論其自護・自主之權	제1장 그 자위권(自護之權 right of self-preservation), 자주권(自主之權 right of independence)을 논하다
CHAPTER II Rights of Civil and Criminal Legislation	第二章 論制定律法之權	제2장 법률 제정(制定律法 civil and criminal legislation)의 권리[입법권]에 대해 논하다
CHAPTER III Rights of Equality	第三章 論諸國平行之權	제3장 국가들의 평등권
CHAPTER IV Rights of Property	第四章 論各國掌物之權	제4장 각국의 재산권 (掌物之權 rights of property)
PART THIRD **International Rights of States in the Pacific Relations**	**第三卷** **論諸國平時往來之權**	**제3권** **국가들의 평시 왕래의 권리를 논하다**
CHAPTER I Rights of Legation	第一章 論通使之權	제1장 사절 교환(通使 legation)의 권리

CHAPTER II Rights of Negotiation and Treaties	第二章 論商議立約之權	제2장 조약 협상(商議立約 negotiation and treaties)의 권리
PART FOURTH International Rights of States in Their Hostile Relations	**第四卷 論交戰條規**	**제4권 교전의 조규를 논하다**
CHAPTER I Commencement of War and its Immediate Effects	第一章 論戰始	제1장 전쟁의 시작에 대해 논하다
CHAPTER II Rights of War as between Enemies	第二章 論敵國交戰之權	제2장 적국과의 전쟁권(交戰之權 rights of war)을 논하다
CHAPTER III Rights of War as to Neutrals	第三章 論戰時局外之權	제3장 전시 중립의 권리를 논하다
CHAPTER IV Treaty of Peace	第四章 論和約章程	제4장 평화조약 장정

『만국공법』의 내용을 그 권별로 살펴보면, 우선 제1권 74쪽, 제2권 142쪽, 제3권 54쪽, 제4권 150쪽으로 구성되어 있어서, 주권국의 입법 및 사법적 권리와 국가 간의 민사상 재산권 문제에 관한 내용을 다룬 제2권, 그리고 전쟁에 관한 내용을 다룬 제4권의 분량이 압도적으로 많은 편인데, 『만국공법』은 영어 원저 *E.I.L.*의 본문을 거의 그대로 번역하였기 때문에 그 전반적인 내용은 앞서 설명한 *E.I.L.*의 내용과 동일하다. 게다가 각 문장들을 대조해 보면 거의 직역에 가깝게 의역을 하고 있어서 중국어 번역의 문장들에 대한 영어 원문과 어휘들을 대조해 볼 수 있을 정도로 거의 그대로 옮겨 놓고 있다. 하지만 그럼에도 불구하고 그 가운데

번역되지 않고 생략되거나 달라진 부분도 종종 있기 때문에, 이를 각 권과 장별로 좀 더 세세히 살펴볼 필요가 있다.

우선 제1권 '공법의 뜻을 설명하고, 그 본원을 밝히며, 그 요지를 적다'에서는 주로 국제법의 기원과 법리적 본원과 관련된 이론적 논의들을 다루고 있다. 서구 국제법의 발전 과정에서의 대표적인 논자들의 주장과 쟁점들에 대해서 다루고 있는 제1장에서는 그로티우스에서부터 바텔, 벤담, 헤프터 등에 이르기까지 점차 자연법주의적 입장으로부터 법실증주의적 입장과 주장들로 전환해 가는 과정을 정리함으로써 당시 서구의 국제법 이론과 분과학문의 전반적인 이론과 개념들을 잘 보여 주고 있다. 그리고 제2장에서는 국제사회의 주체로서의 국가(邦國 nations)의 동등한 권리인 '自主'(sovereignty, 혹은 '주권')의 문제, 그리고 다양한 국가 정체(政體)의 형식에 관한 논의가 이어지고 있는데, 특히 '주권'의 대내적 대외적 권리나 국가의 성립 조건, 변란과 분리 독립, 군주 교체 등과 같은 문제들, 자주국-반자주국-속국의 권한과 요건, 합병·연합·연방 등의 국가 형태 등에 관하여 자세히 설명하고 있다.

『만국공법』은 기본적으로 영어 원문의 각 장과 절을 모두 번역하였고, 또한 대부분의 문장들이 영어 원문과 대조가 가능할 정도로 충실히 번역하려고 애쓰기는 하였지만, 서구 국제법에 대한 배경 지식이나 이해가 거의 없었던 당시 중국인들 입장에서는 이를 이해하거나 수용하기가 쉽지 않았던 탓에, 격의식 번역어도 많이 사용되고 해석에 가깝게 의역되고 있는 부분도 있으며, 또한 필요에 따라 일부 압축적으로 번역되거나 아예 번역되지 않고 생략된 부분들도 있다.

우선 의역되거나 변형된 부분의 대표적인 사례를 먼저 살펴보자.

"① 천하에 능히 법을 정하여 만국이 준수하도록 하고, 소송을 판결하여 만국이 반드시 따르도록 만들 수 있는 사람은 없다. 그러나 만국에는 공법(公法)이 있으니, 이를 가지고 그 사무를 다스리고 그 송사를 판단한다. 혹자는 이 공법이 군주에 의해 정해진 것이 아니라면, 과연 어디로부터 나온 것이란 말인가라고 묻는다. 대답하건대, ② 모든 국가들의 교제(交接; reciprocal relations)에 관한 일들에 있어서, 그 사정을 살피고 이치를 따져 공의의 대도(公義之大道; principles of justice, 현대어로 '정의의 원칙')를 깊이 헤아린다면, 그 연원을 알 수 있을 것이다. ③ 무릇 각국은 본디 임금이 자신의 백성을 위해 법을 만들고 안건을 판단해 왔다. ④ 만국에 어찌 이처럼 통령(統領; legislative)할 수 있는 군주가 있으며, 어찌 이처럼 통용될 법이 있을 수 있겠는가? ⑤ 모든 통용되는 법은 합의(公議; convention)에 의해서 만들어진 것이다."

이 부분에 해당하는 영어 원문의 해석은 아래와 같다.

"① 모든 민족들에게 인정받는, 국가들 상호 관계를 규정하는 법을 결정할 수 있는 입법적 혹은 사법적 권위란 없다. ② 이 법의 기원은 그런 [국가들 간의] 관계들에 적용할 수 있는 정의의 원칙들에서 찾아봐야 할 것이다. ③ 모든 시민 사회 혹은 국가에는 선언을 통해서 그 국가의 민법을 만드는 입법권이 항상 있으며, 그 법을 해석하고 개별 사안들에 이를 적용하는 사법권이 있는 반면, ④ 여러 민족들의 거대한 사회 속에는 입법권도 없고, 또한 그로 인해 명문화된 법도 또한 없다. ⑤ 국가들이 서로 간에 맺은 조약(합의)들로부터 나온 산물들로서의 법을 제외하고는 말이다."[43]

워낙 영어 원문 자체가 여러 개의 복문으로 연결된 만연체 문장인 경우가 많은데다, 사용되고 있는 어휘도 전문적인 이론적 개념들이 많은 탓에 번역이 쉽지 않기 때문에, 의역과 어느 정도의 변형이 불가피하였을 것으로 보이지만, 위에 붙인 번호 순서대로 각 문장들을 대조해 보면 기본적으로 영어 원문의 문의(文意)를 최대한 그대로 전달하고자 애쓰고 있음을 알 수 있다. 『만국공법』의 번역이 영어 원문에 대한 현대어 번역과 다르게 느껴지는 부분은 일정 부분 고문 자체의 특유한 문체적 특징이거나, 당시 영어 어휘에 대한 일대일 대응이 가능한 중문 번역어가 거의 부재하였던 상황에서 기인한 측면이 크다. 이러한 점을 감안한다면 사실 그 의역과 변형이 마틴의 개인적인 한계나 의도 때문인 것으로 보기는 힘들 것이다. 다만 위의 밑줄 친 부분은 영어 원문에는 딱히 보이지 않는 부분을 추가하여 삽입한 것인데, 이는 다른 문장들을 통해 충분히 유추할 수 있는 내용을 다시 한 번 풀어서 설명하고 있는 부분으로, 중국의 전통 경전에서 종종 보이는 문답식 화법을 차용하여 국제법을 가지고 국가 간의 문제를 판결하는 것의 당연함을 강조하는 듯한 뉘앙스를 담고 있다.

이처럼 전반적으로 봤을 때 영어 원문 대부분의 내용을 충실히 번역하고 있다는 점에서 봤을 때, "역자는 오로지 정확하고 바른 뜻의 번역에 전념하여 사사로운 의견은 보태지 않았으며, 원서의 모든 조례를 전부 수록하였지만, 인용하여 증명하기 번잡하고 쓸데없는 부분은 일부 생략하였다"고 범례에서 밝혔던 마틴의 번역원칙에서 크게 벗어나지는 않는다.

그리고 생략에 있어서도 제1권 가운데 가장 많이 생략되고 있는 부분

43 Wheaton (1855) 1쪽.

은 제2장 23절인데, 영어 원문에서 상당한 분량을 할애한 독일연방의 역사적 배경이나 통합 과정, 그리고 조약 내용 등이, 중국어 번역에서는 원래 내용의 2~3% 정도 분량에 해당하는 간단한 개요만 번역하고 나머지 부분은 모두 생략하였다. 이 부분은 독일연방에 대한 역사 지리적 지식과 이해 없이는 이해하기도 쉽지 않고, 그다지 중국인들이 관심 가질 만한 내용도 아니었던 탓에 생략된 것으로 보이는데, 그런 의미에서 보자면 범례에서 말한 '인용하여 증명하기 번잡하고 쓸데없는 부분'에 해당한다고 볼 수 있을 것이다.

그런데 내용상 중요해 보임에도 불구하고 마틴의 중국어 번역에서는 생략된 부분도 일부 보인다. 제1장 제4절의 중간부분에 성법(性法, 즉 자연법)과 공법(公法, 즉 국제법)을 구분한 그로티우스의 논의를 설명한 부분의 뒤에 다음과 같은 영어 원문상의 긴 문단이 생략되어 있다.

"그로티우스의 논거들은 모두 그 구분에 근거하고 있는데, 그는 제 민족의 자연법과 실정법(혹은 자의법)을 구분하고 있는 것이다. 그는 만민법(law of nations)의 최초의 요소를 인간이 소위 자연의 상태 속에서 함께 살고 있다고 하는 사회의 한 가정된 조건으로부터 추론해 내었다. 그 자연적 사회는 신 이외의 지배자는 없으며, 인간의 마음속에 새겨지고 양심의 소리에 의해 밝혀지는 신성 법 이외에는 다른 어떤 규범도 없다. 그와 같은 상호 독립적인 상태 속에 함께 살아가고 있는 여러 민족들은 반드시 이와 마찬가지의 법에 의해 통치되어야만 한다. 그로티우스는 자연법에 대한 다소 모호한 정의를 명확히 하기 위해 방대한 증거들을 보여 줌과 동시에, 그의 지식의 모든 원천들은 우리를 매료시킨다. 그리고 그는 여러 민족들의 실정법 혹은 자의법을 상호 관계 속에서 일정한 행동의 법칙들을 지킬 것에 대한 모든 민족들, 혹은 대다수의 민족들의 합의에 근거지우고 있다. 자연법에 대한 그의 정의에서처럼 그는 마찬가지의 권위를 환기시킴으로써 이런 법칙들이 실재함을 보여 주고자 애썼다."[44]

이 부분은 그로티우스의 자연법적 경향을 강조하는 내용인데 오히려 생략되었다는 점을 놓고 봤을 때, 이는 마틴의 번역에 자연법주의적 경향이 반영되어 있다고 설명해 온 후대 학자들의 주장과 다소 배치되는 측면이 있다. 그리고 이 부분이 생략됨으로 인해 바로 뒤에 나오는 "그로티우스의 이 말은 오히려 근거 없는 것이라 하겠다"라는 문장의 맥락이 잘 이해되지 않도록 만드는 측면이 있다는 점에서 봤을 때, 굳이 이 부분을 생략한 의도가 명확하지 않다.

제2권 '국가들의 자연권(自然之權; absolute international rights)을 논하다'는 분량상으로 두 번째로 많지만, 실질적으로 영어 원저에서 판본별로 가

44 All the reasonings of Grotius rest on the distinction, which he makes between the natural and the positive or voluntary law of nations. He derives the first element of the law of nations from a supposed condition of society, where men live together in what has been called a state of nature. That natural society has no other superior but god, no other code than the divine law engraved in the heart of man, and announced by the voice of conscience. Nations living together in such a state of mutual independence must necessarily be governed by this same law. Grotius, in demonstrating the accuracy of his somewhat obscure definition of natural law, has given proof of a vast erudition, as well as put us in possession of all the sources of his knowledge. He then bases the positive or voluntary law of nations on the consent of all nations, or of the greater part of them, to observe certain rules of conduct in their reciprocal relations. He has endeavored to demonstrate the existence of these rules by invoking the same authorities, as in the case of his definition of natural law.[Wheaton (1855) 4-5쪽]

장 분량이 많이 늘어난 부분이기도 하다.[45] 초판본이 간행된 이후 제6판이 간행되기까지 19년 동안 관련 분야에서의 사안과 판례들이 다른 분야에 비해 더 많이 늘어났거나 관련 분야에 대한 관심이 더 증가했기 때문인 것으로 보인다. 자위권 및 자주권에 관한 내용을 다룬 제1장에서는 프랑스 대혁명과 나폴레옹 전쟁 이후 빈 체제가 성립되면서 이루어진 유럽 5대 열강들의 간섭과 개입에 관한 사건들을 주요 사례로 들고 있는데, 1839년에 있었던 오스만제국에 대한 이집트의 반란과 그에 대한 5대 열강의 개입은 *E.I.L.*의 초판 이후 벌어진 사건으로 3판 이후로 추가된 부분이다. 그리고 민사 및 형사 입법권에 관한 내용을 다룬 제2장의 경우에도 초판 발행 이후의 사건들이 추가되었는데, 특히 그 가운데는 1844년에 있었던 미국과 중국 사이의 평화통상조약장정[일명 망하(望厦)조약]에 관한 사례도 포함되어 있다.

국가 간의 예우 문제를 다룬 제3장 '국가들의 평등권' 부분은 거의 분량의 변화가 없는 반면, 국가의 영토와 재산에 관한 원리와 분쟁을 다룬 제4장은 영토나 바다, 강 등을 두고 일어난 서구 국가들 간의 분쟁 사례에 대한 언급이 워낙 많았기 때문에 1, 2장과 마찬가지로 초판 대비 두 배 가까이 분량이 늘어났다. 그런데 제4장 후반의 17~19절은 유럽 내륙을 흐르는 하천의 공동 이용을 위해 1815년에 맺은 빈 협약(treaty of

---

45 제2권 부분의 경우, 쪽수만을 놓고 단순 비교해 보더라도 *E.I.L.*의 제2판에 비해 제6판은 분량이 2배 넘게 증가하였다. 여기서 제2판을 비교한 이유는 1836년의 초판본과 같은 해에 나왔고 내용도 같지만 판면 구성은 제6판과 비교적 유사한 편이기 때문인데, 제2판에 비해 제6판이 줄 수도 한 줄 더 많아지고 줄당 글자 수도 더 많아졌기 때문에 실질적인 내용은 쪽수 증가분보다도 더 많이 증가하였다고 볼 수 있다. 그 증가분의 상당 부분은 조약 내용이나 판례와 같은 증거 자료들을 보완한 각주 부분이 많아졌기 때문이기도 하지만, 그 본문 내용에서의 증보도 적지 않았다.

Vienna), 라인(Rhine)강에서의 선박 운행, 미시시피(Mississippi)강에서의 선박 운행, 세인트 로렌스(St. Lawrence)강에서의 선박 운행 등과 같은 여러 지역에서의 사례들을 자세히 설명하고 있는 부분이라서, 당시 중국인들이 이해하기도 쉽지 않을뿐더러 내륙의 강을 둘러싼 국가 간 분쟁을 겪을 일이 거의 없었던 중국의 입장에서는 그다지 관심을 가질 만한 내용이 아니었기 때문에 『만국공법』에서는 아예 생략되었다.

다음으로 제3권 '국가들의 평시 왕래의 권리를 논함'은 제1권 부분과 마찬가지로 두 개의 장으로 구성되어 있고, 분량도 전쟁과 관련된 내용을 다루고 있는 제4권의 1/3 정도밖에 안 되는 적은 분량을 차지하고 있다. 사실 법으로 따질 만한 분쟁이나 갈등이 없는 상태가 바로 평화 시이고, 국제법이라는 것 자체가 갈등을 조정하거나 과도한 전쟁을 막기 위한 목적으로 발전해 왔다는 사실을 놓고 봤을 때, 국제법 저술에서 전쟁에 관한 부분보다 비중이 적은 것은 어찌 보자면 당연한 일이기도 하다. 그렇지만 '사절 교환(通使; legation)의 권리'를 다룬 제1장과 '조약 협상(商議立約; negotiation and treaties)의 권리'를 다룬 제2장은 *E.I.L.* 초판본에 비해 제6판에서 분량이 두 배 가까이 늘어난 부분으로, 19세기를 거치면서 신생 독립국이나 국민국가들이 점차 늘어나고 있던 당시 상황하에서 사절 교환과 조약 협상과 같은 문제에 대한 사례들이 지속적으로 발전할 수밖에 없었던 것 또한 사실이다. 특히 톈진조약(1858)과 베이징조약(1860)으로 인해 새롭게 국제법 질서를 따라야만 하는 상황을 맞이하였던 청 정부와 총리아문은 국가 사절과 관련된 제1장 부분에 대해 많은 관심을 가질 수밖에 없었다.

이 부분에서도 대부분 충실히 번역하였으나 일부 생략된 부분이 있는데, 영어 원문에는 제1장 17절에 공사의 면책권을 둘러싼 미국과 프로이센 정부 사이의 논쟁 사례에 대한 설명이 13쪽에 걸쳐 다뤄지고 있는데, 『만국공법』에서는 그 간단한 개요를 제외한 나머지 부분은 모두 생략하였다. 그리고 제2장에서는 제5절 '공적 조약의 비준과 폐기'의 내용 가운데 영어 원문에서 빈커쇼크 이후의 국제법학자들인 바텔, 클뤼베르(Johann Ludwig Klüber, 1762~1837), 마르텐스(Georg Friedrich von Martens, 1756~1821) 등이 전권대사의 권한이나 조약의 비준 및 폐기에 관하여 논한 부분은 대부분 번역이 생략되었고, 기본적인 조약 비준 폐기에 관한 핵심적인 내용만을 번역하였다.

마지막으로 제4권 '교전의 조규를 논함'은 전체적으로 가장 많은 분량을 차지하고 있을 뿐만 아니라, 서구 국제법의 원조라 할 수 있는 그로티우스의 책 제목 자체가 『전쟁과 평화의 법』인 것을 보더라도 알 수 있듯이 국제법 내에서 가장 중요한 의미를 지니는 부분이기도 하다. 제4권에서는 제1장 전쟁의 개시에 관한 내용으로부터 전쟁권, 중립권, 평화조약 등에 이르기까지 각 장별로 전쟁의 시작에서 종결에 이르는 과정 전반과 관련하여 서구 국제법의 발전 과정에서 축적되어 온 다양한 규정, 관례, 조약, 판례 등을 상세히 정리해 두고 있다.

원래부터 전쟁과 중립국에 관한 문제는 워낙에 민감하고 복잡한 문제이기 때문에 국제적으로 관심이 많은 부분이기도 하고, 또한 휘튼이 원래 *E.I.L.* 이외에 따로 해상 나포법이나 임검수색권과 같은 문제에 관하여 논문을 썼을 정도로 관심을 두고 있던 분야이기도 해서 이 부분에 관한 서술과 설명은 특히 상세한 편이라서 비중이 큰 편이었던 데다, 영문 원저의 각 판본별로 봤을 때도, 전쟁권에 관하여 다루고 있는 제2장은 두 배, 나머지 장들은 거의 1.5배씩 증가하여 분량의 증가가 큰 편이다. 이는 원래도 전시 나포나 정전조약, 중립국 및 중립국에 관한 문제 등은 논쟁거리였지만 나폴레옹 전쟁과 그 이후 각 국민국가들 간의 갈등 및 전시 사례들의 급증으로 인한 영향이 컸기 때문인 것으로 보인다.

공친왕 혁흔이 『만국공법』의 내용을 요약하면서 전쟁 시에도 규칙이 있다는 점에 주목하고 있는 사실을 확인할 수 있는데, 그는 상주문에서 아래와 같이 설명하고 있다.

> 이 책을 살펴보니, 대략 동맹과 전쟁법에 관한 제반 사항을 논하고 있는데, 전쟁을 벌이는 중에도 피차간에 제약이 있으며, 더욱이 각기 법도가 있다고 합니다.[46]

이 같은 설명은 서구를 예제나 법도를 모르는 오랑캐로 보고 있던 중국인들이 『만국공법』을 통해 서구에서도 전쟁에 관한 법의 제약이 있다는 사실을 알게 되었음을 보여 주기도 하지만, 다른 한편으로 중국인들이 『만국공법』 제4권의 전쟁법에 관한 부분에 대한 관심이 적지 않았음을 보여 주기도 한다.

제4권의 내용 역시 다른 부분들과 마찬가지로 대부분 충실히 번역되긴 하였지만, 워낙에 전쟁과 관련된 세부적인 사건 사례들과 조약 내용이 많은 편이어서 그에 대한 생략 역시 적지 않은 편이다. 제1장에서는 11절의 전쟁 선전포고 이후 적국의 사람과 재산을 체포 압수하지 않도록 한 미국 법률의 사례에 관한 설명 부분, 13절의 미·영 전쟁 당시 무역상들에 대한 나포 압수 관련 사건들의 판결 과정 설명, 21절의 덴마크인 재산 몰수 사건의 적법성을 둘러싼 법리적 논쟁 설명 등이 생략되었다. 그

---

46 總理各國事務衙門「奕訢」等 (1864).

리고 제2장에서는 6절의 미·영 전쟁과 나폴레옹 전쟁 당시 약탈 전리품 관련 사건에 대한 설명, 12절의 나포한 재화를 돌려줘야 하는 경우와 적에게 나포되었다가 바로 되찾아오는 경우에 관한 역사적 사례 설명(영문 12쪽 분량) 등의 부분이 생략되었다. 또한 제3장에서는 23절의 적국 선박에 실린 중립국 화물이나 중립국 선박에 실린 적국 화물에 대한 나포권을 둘러싼 역사적 사례 설명(영문 27쪽 분량), 24절의 17~18세기를 거치면서 나왔던 전시 금수품(contraband)에 관한 각국의 금지령과 여러 국가들 사이의 관련 조약 설명, 26절의 위조 증명서로 인한 몰수(공유화) 판결 사례 설명, 32절의 중립국 선박 나포 관련 덴마크와 미국 사이의 사건 전개와 협상의 과정에 대한 설명(영문 12쪽 분량) 등이 생략되었다. 이처럼 각 개별적 사안과 판례들에 대한 상세한 설명은 사실 해당 사건에 대한 역사적 지리적 인적 정보에 대한 지식 없이는 이해가 쉽지 않았던 탓에, 영어 원문상 각 절별로 적게는 2~3쪽에서 많게는 27쪽이나 되는 분량이 범례에서 말한 '인용하여 증명하기 번잡하고 쓸데없는 부분'으로 간주되어 생략되었다.

이상에서 언급한 생략된 부분들은 대부분 절의 일련번호가 붙어 있지 않은 소절에 해당하는 부분이고, 일련번호가 붙어 있는 절 자체가 생략된 경우는 제2권 4장의 17~19절밖에 없으며, 그 외의 권, 장, 절은 모두 번역되었다. 심지어 제2권 1장 14~16절에서는 원저에서 실수로 일련번호가 밀려서 15, 16, 16절로 표기되어 있는 것을 중국어 번역문에서 바로잡아 놓았을 정도로 각 권, 장, 절의 내용을 충실히 옮기려 애썼다. 다만 각 절 아래에 있는 소절 부분은 대부분 개별 사안이나 판례에 대한 상세한 설명을 달아 놓은 경우가 많은데, 사실 이처럼 상세한 사례 설명은 국제법의 원리나 내용에 대한 이해를 돕기 위한 보조적인 역할을 하는 부분이었기 때문에, 너무 번잡한 사례들의 열거는 오히려 핵심적인 내용을 이해하는 데 방해가 될 수 있다는 점에서, 이처럼 불필요한 부분의 생략은 당시로서는 불가피한 것이었을 뿐만 아니라, 어떤 면에서는 필요한 것이기도 하였다.

마지막으로 『만국공법』의 번역 과정에서 영어 원문에는 없지만 중문으로 추가한 부분이 있는데, 앞서 언급하였듯이 제1권 1장의 도입부에서처럼 독자의 이해를 돕거나 의미를 강조하기 위해 문장을 삽입한 경우도 보이기는 하지만 그리 많지 않은 편이다. 그보다는 번역문 중간에 영어 원문에는 없는 주석을 삽입하여 개념 설명을 하고 있는 부분이 있는데, 이 부분은 원래 본문 활자에 비해 2/3정도의 크기의 작은 활자에 두 줄로 삽입하여 본문과 구분하여 알아보기 쉽게 해 놓았다. 예를 들어 제1권 1장 10절에서 '均勢之法', 즉 '세력균형'(balance of power)이라는 단어 뒤에 삽입된 "소위 '세력균형'이란 강국들의 세력의 균형을 유지하여 서로 무시하지 못하도록 하여 약소국이 안전을 확보할 수 있도록 하는 것이다. 진실로 태평세를 이루는 데 있어 중요한 책략이다"라고 설명한 문장이나, 제1권 2장 14절에 나오는 인디언 민족의 '고대의 불꽃'(古火; national fire)이라는 단어 뒤에 나오는 "이 고대의 불꽃은 대대로 꺼지지 않은 불꽃이었는데, 마치 중국의 상명등(常明之燈)과 같은 것이다"와 같은 설명이 바로 그러한 경우이다. 이런 식의 주석은 『만국공법』에 총 16회 나오는데 모두 위의 예와 같은 간단한 개념 설명들로, 모두 중국인에게 낯설거나 원래 의미와 다른 의미로 사용되는 개념에 대한 이해를 돕기 위한 것이었다.

(2) 격의식 번역어, 신조어, 그리고 두 개의 담론질서

이상과 같은 번역 과정을 통해 『만국공법』에서는 수많은 번역어들이 나오게 되는데 일부는 기존 중국어 어휘에 있던 용어들로 그대로 번역되었지만, 당시 중국의 전통적 담론 질서 속에서 이해되기 힘들거나 낯선 새로운 개념들을 번역하기 위해 격의식 번역어들을 차용하거나 신조어를 만들어 냄으로써 서구 국제법의 개념과 담론 수용의 출발점이 되었다.

『만국공법』에서 언급되고 있는 국제법과 관련된 서구의 이론적 개념들이 그동안 중국에 전혀 없었던 개념들이라고 보기는 힘들겠지만, 매우 다른 사상적 전통과 맥락, 그리고 언어 문화적 담론 질서하에서 형성된 이질성을 지니고 있었으며, 그런 의미에서 이는 단순한 일대일 대응이나 치환식의 번역어나 문장으로는 번역되기 힘든 번역 불가능성, 내지는 통약 불가능성의 측면을 지닌 것이었다. 그로 인해 마틴은 『만국공법』에서 중국화된 번역어 내지는 격의식 번역어를 이용하여 번역할 수밖에 없었는데, 특히 제1권에서는 주로 이론·사상적 개념들이 다뤄지고 있었던 탓에 그 같은 격의식 번역어와 신조어들이 많이 등장하고 있으며, 형이상학적인 이론적 개념이 많은 편인 제1권 제1장에서 더욱 그러하다.

우선 하나의 중국어 어휘로 여러 가지 영어 개념어들을 번역한 경우가 적지 않다. 가장 대표적으로 『만국공법』의 제목이자 주제이기도 한 '公法'이라는 어휘는 영어 원문상 'voluntary or positive law'(자의법), 'law of nations'(국가들의 법 내지는 만민법), 'positive law'(실정법), 'international law'(국제법), 'justice'(정의), 'jus gentium'([라] 만민법) 등과 같은 다양한 개념들에 대한 번역어로 사용되고 있다. 일정 부분 유사하면서도 다른 의미와 맥락들을 지닌 이런 원어의 개념들을 구별해서 번역할 만큼 충분히 세분화된 용어나 개념 인식 자체가 없었던 중국 내의 언어나 담론적 한계로 인해서 그렇게 번역된 측면도 있겠지만, 역으로 이처럼 다양한 개념들을 뭉뚱그려서 서구 국제법에 대한 더욱 깊이 있는 이해를 저해한 요인이기도 하였다.

다음으로, 역으로 하나의 영어 개념을 각 문장에서의 맥락에 따라 각기 다른 여러 가지 중국어 용어를 이용해서 번역하여 어휘 개념 간의 일대일 대응관계를 찾기가 쉽지 않도록 만들고 있기도 하다. 예를 들어 '公義'나, '公義之大道', '義法'와 같은 어휘들은 영어 원문과 대조해 보면 모두 'principles of justice'(정의의 원리)의 번역어에 해당하는데, 이는 원어 개념에 대한 두 언어 간의 일대일 대응관계보다는 그 기의에 대한 중국인의 이해상의 용이함만을 목적으로 하였기 때문으로 보인다. 이는 또한 중국어를 잘 아는 서양인이 구두로 문장의 의미를 풀어서 설명해 주고 이를 중국어 고문으로 옮겨 적는 '구역필술'과 같은 협역 방식 때문이었을 가능성도 적지 않다. 제1권 1장의 가장 핵심적인 개념 가운데 하나인 'natural law'(내지는 'law of nature')를 '性法', '天性', '理法' 등과 같은 다양한 용어로 번역한 것 역시 그러한 사례들 가운데 하나로 볼 수 있다. 이처럼 'nature'라는 서구의 개념을 번역하는 데 있어서 유교 주자학의 핵심개념인 '天', '性', '理'를 섞어 가며 사용한 것은 전통 유가 지식인들이 자주 사용하는 개념과 용어를 써서 쉽게 이해할 수 있도록 하기 위함이었겠지만, 이는 오히려 번역상의 통일성과 일관성을 떨어뜨려 서구의 개념에 대한 이해를 더 어렵게 만든 측면도 있고, 또한 중국인들이 낯선 개념으로서 새로운 인식의 전환을 가져왔어야 할 서구 국제법 개념을 자기화하거나 중국화하여 이해하도록 만드는 하나의 요인이 되기도 하였다.

그리고 원래 중국어 맥락 속에서 다의성을 지니고 있는 어휘를 사용하여 서구의 다양한 낯선 개념들을 번역함으로써 혼동을 주는 경우도 있다. 예를 들어 '저울', '조정', '임기응변', '변통', '힘', '권력' 등의 다양한 함의를 모두 지니고 있는 '權'이라는 단어를 가지고 'specially'(특별히), 'authority'(권력, 권위), 'exceptions'(예외, 임기응변)을 번역하거나, '權'이 들어가는 용어인 '權衡'으로 'regulator'와 'rule'을, 그리고 '從權'으로 'exception'(예외, 임기응변)을 번역하고 있어서 맥락 이해가 쉽지 않도록 만드는 측면이 있다. 또한 기존의 중국어에는 없던 '權'이 들어가는 신조어를 만들어 번역어로 쓰기도 하였는데, '權利'로 'privileges'(특권), 'capacity'(능력), 'rights'(권리) 등과 같은 개념들을, 그리고 '主權'으로 'sovereignty'(주권)나 'original proprietor'(원소유주) 같은 개념을 번역한 것이 그러한 경우이다.

그리고 영어 개념 가운데 중국어에서 적절한 대응어를 찾기 힘든 경우에는 그냥 하나의 의역한 구절을 이용하여 번역어처럼 쓰기도 하였다. 예를 들자면 현대어로 '자의법'(혹은 임의법)에 해당하는 '기꺼이 따르는 법'(甘服之法; voluntary law)을 비롯해, '마땅히 준수해야 할 의'(當遵之義; voluntary law of nations), '지방관할에 귀속시키지 않음'(不歸地方管轄; immunity, 현대어로 '면책'), '[자국에] 있지는 않지만 마치 [자국에] 있는 것처럼 함'(不在而在; extraterritoriality, 현대어로는 '치외법권') 등과 같은 것들이 그러한 경우이다.

마지막으로 그리고 다소 다른 맥락으로 전환하여 번역한 경우도 종종 보인다. 일례로 영어 원문상 'positive law'(실정법)의 번역어로 '王法'이라는 용어를 쓰고 있는데, 이는 군주국가인 중국의 맥락에 맞춰 의역한 것이기는 하지만 사실상 원어의 맥락을 거의 살리지 못하고 있다는 점에서 '격의'에 가까운 번역어이다. 또한 문명국을 의미하는 'civilized nation'에 대한 번역어로 '服化之國'라는 개념을 사용하고 있는 점은 더욱 격의식 번역어로 볼 수밖에 없는데, 왜냐하면 사실상 비서구를 야만 내지는 반

(半)문명으로 타자화함으로써 형성되었던 근대 서구중심주의적인 함의를 담고 있는 '문명'이라는 개념을 중화질서에 귀화하여 따른다(順服歸化)라는 의미를 지니는 '服化'로 번역한 것은 중국인들 입장에서 매우 자기화된 맥락으로 이해할 수밖에 없기 때문이다.

이처럼 마틴은 서구 근대 국제법의 주요 개념들을 번역할 때 하나의 통일된 번역어를 사용하기보다는 그 문맥의 전개상 필요에 따라 하나의 영어 개념에 대해 다소 다른 의미를 지니는 번역어들을 뒤섞어서 혼용하거나, 때로는 역으로 영어 원문상 서로 다른 여러 개의 다른 개념을 하나의 번역어로 번역한 경우도 있다. 또한 때로는 중국인에게 이해시키기 힘든 하나의 개념어를 풀어서 설명하는 구절로 표현하거나 중국인들에게 익숙한 개념으로 전환하여 번역하기도 하였다. 이는 아직 서구 개념에 대해 일대일 대응의 번역어가 정립되지 않은 상황하에서 낯선 서구의 근대적 개념들을 번역하는 데 있어서 중국인들에게 낯선 새로운 개념을 이해시키기 위하여 초기 불경번역에서 사용하였던 격의식 번역어와 의역 방식을 채택하여 단어 자체에 얽매이기보다는 문맥 전체적인 의미 전달 위주로 번역하였기 때문이다. 또한 이런 격의식 번역과 의역은 사실 '구역필술'의 번역 방식 자체의 한계로 인해 나타나는 특징이기도 하였다.

이런 번역 방식과 번역어들은 당시 상황으로서는 불가피한 것이었지만, 원어의 의미와 맥락을 제대로 이해하는 것을 방해하거나 자신들의 기존 관념과 담론질서에 속박된 자기화된 이해에 머무르도록 만들 수밖에 없다는 점에서, 시간이 흘러 서구의 언어와 문화와의 접촉이 더 늘어나고 더 많은 다양한 참조체계들을 접하게 되면 될수록 그 한계가 더 드러날 수밖에 없었다. 이와 같은 이유로 인해 『만국공법』에서 사용되었던, 특히 제1권 1장에서 사용되었던 격의식 번역어들은 일본에서의 국제법 번역어의 발전 과정을 거치면서 대부분 일본식 신조어들로 대체되고 만다. 국제법(國際法 ← 萬國公法, 公法), 자연법(自然法 ← 性法, 天法), 실정법(實定法 ← 王法, 公法), 문명(文明 ← 服化) 등과 같은 개념어들이 바로 그러한 예이다.

그리고 제1권 제2장에서 주로 논하고 있는 내용 역시 제1장에서의 이론적 논의나 개념들이나 마찬가지로 그 이전까지 봉건 예제(禮制) 시스템을 바탕으로 하여 형성되어 있던 동아시아의 역사적 맥락과 담론 질서에서 봤을 때는 매우 낯선 개념과 사유였지만, 다른 한편으로 제1장과는 달리 형이상학적 개념이 아니라 주로 현실 제도상의 개념들이 많았던 편이라서 기존 중국 사상 담론 내의 개념과 어휘를 차용하는 격의식 번역보다는 새로운 신조어를 만들어서 번역한 경우가 비교적 많은 편이었다. 예를 들자면 '자주', '주권', '권리'(權利; privileges), '민주'(民主 republican, 民主之國 democratic republic) 등과 같은 것들이 그러한 신조어들인데,[47] 이로 인해 대부분 나중에 일본식 번역어들로 대체되면서 사라져 버린 제1장에서의 격의식 번역어들과 달리, 제2장에서의 신조어 번역어들은 근대화 과정 속에서 다른 번역어로 대체되지 않고 현재까지도 사용되는 경우가 많은 편이다.

이상에서 살펴본 바와 같이 '구역필술' 협역 방식을 이용한 이역과 격의식 번역어는 현대의 번역의 관점에서 봤을 때 매우 변형이나 왜곡

47 물론 이 단어들 가운데 '자주'나 '권리'라는 번역어는 제1장에 이미 나오기는 하지만, 주제 내용상 주로 사용되고 있는 것은 제2장 부분이기 때문에, 여기서는 제2장의 번역어와 함께 논하였다.

이 많은 한계와 문제점이 많은 번역일 수밖에 없다. 그리고 다른 한편으로 그 사례가 그리 많지 않기는 하지만, 의역과 격의식 번역어와는 달리 기존 담론 질서로부터 거리두기를 하며 새롭게 만들어 낸 신조어 역시 서구 국제법 개념과 담론을 최초로 번역 수용하고자 한 노력의 소산이었다.

이는 두 개의 언어 간에 일대일 대응관계를 찾기 힘든 낯선 언어와 문화가 상호 충돌하여 교류를 막 시작할 무렵 불가피한 번역 방식이었다. 사실 윌리엄 마틴이 번역을 하던 당시 그가 참고할 수 있을 만큼 많은 어휘수를 갖춘 규모 있는 중·영, 영·중 사전이라고는 로버트 모리슨의 『화영자전』(華英字典, 총 3부 6권, 마카오, 1815~1822)과 메드허스트(Walter Henry Medhurst, 麥都思)의 *Chinese and English Dictionary* (上海, 1848) 정도였는데, 그나마도 19세기 전반기에 나왔던 데다 일반적인 영어 어휘와 담론 수준에 머물렀기 때문에, 국제법과 같은 전문적인 서적의 내용의 어휘를 담아내기에는 한계가 많았기 때문에 사실상 마틴이 격의식 번역어를 차용하든 신조어를 만들어 내든 거의 최초로 번역해야 하는 경우가 많았으며, 마틴의 『만국공법』에서의 번역방식과 번역어들은 번역불가능성과 통약불가능성을 넘어서기 위한 하나의 과도기적 과정으로 봐야 할 것이다. 그리고 그것의 해결을 위해서는 수많은 시행착오와 경합 그리고 여러 단계의 매개 과정들이 필요하였고, 이후 근대화 과정이 바로 그런 해결 과정이었다고 할 수 있다.

결국 『만국공법』의 번역 과정에서 이루어 낸 마틴의 성과들은 이후 중국은 물론 동아시아 언어와 담론질서에 커다란 영향을 주게 된다.

3) 『만국공법』은 어떤 영향을 주었나?

(1) 중국에서의 『만국공법』과 국제법 담론 수용

『만국공법』의 번역 출간 이후 그 영향은 적지 않았다.

주로 개항도시들에서 활동하던 개신교 선교사들에 의해 번역되었던 다른 서학 번역서에 비하면 더욱 그러하다. 이들의 번역이 양무운동을 펼치던 중국의 지식인들이나 그와 관련된 학생들을 대상으로 하여 과학 기술이나 실용적인 지식 위주의 내용을 담는 경우가 대부분이었던 탓에 중국인들의 사고방식이나 담론에 변화를 가져오기에는 다소 한계가 있었다. 그 외에 선교활동을 위해 번역하였던 성경이나 기독교 관련 서적들 역시 개신교 신도들 정도의 범위에 한정된 것이었다.

그런 의미에서 보자면, 『만국공법』은 당시 청 정부의 최고위 관료로부터 서구 열강의 외교관이나 상인들을 주로 상대해야 했던 지방 관료들에 이르기까지 지배계층과 지식인들에게까지 널리 읽히기 시작하였고, 또한 단순한 과학 기술의 지식이 아닌 사상 문화적 담론에까지 영향을 줄 수 있는 개념과 논의들이 담겨 있다는 점에서 더욱 그 파급력은 무시할 수 있는 것이 아니었다. 물론 초판본 300부는 외교 사무를 담당하는 관료들이나 서구와 관련된 지역들의 지방 관료들에게 보내졌을 뿐이고, 그 후로도 제한적인 추가 간행과 보급만이 이루어졌기 때문에, 대규모로 인쇄되어 대중적으로 널리 보급하고자 하였던 기독교 관련 팜플렛이나 서적에 비하면 보급 범위가 일부 관료 사회에 한정된 편이기는 하였지만 말이다.

그리고 『만국공법』은 출간되기도 전에 이미 덴마크 선박 나포 사건으로 인해 청 정부로부터 그 효용가치를 인정받은 바 있고, 이후로도 종종 서구 열강과의 분쟁이나 외교사절의 대우와 파견, 조약 체결 등과 같은 문제들을 해결하기 위한 중요한 참고서가 될 수밖에 없었기 때문에 그 외교적 가치와 의미는 매우 중요하였다.

하지만 그렇다고 해서 서구 국제법이 청 정부의 기존 외교 시스템이나 세계관 자체를 완전히 대체한 것은 아니었고, 주로 서구 열강들을 응대하기 위한 하나의 예외적 시스템으로서의 의미가 컸다고 하겠다. 『만국공법』을 번역한 것이 '일시동인'을 근간으로 하는 "중화가 국제 정세를 잘 살피고 그 논의를 따르기를 바라기" 때문이며, 또한 중화가 "이를 잘 마련해 두면 변방의 일을 대비하는 데 도움이 될 수 있을 것"이라는 장사계의 설명은 『만국공법』을 수용해야 하는 이유를 설득하고자 함이기도 하였지만, 다른 한편으로 서구의 정세에 대한 이해와 변방에서의 외교 사무를 처리하는 데 도움이 될 것이라며 『만국공법』의 의미를 그 실용적 가치에만 국한시키고자 하였던 당시 청 정부 관료의 인식을 반영한 것이기도 하였다.

그 때문에 『만국공법』 이후로도 여러 차례 다른 국제법 저서에 대한 새로운 번역들이 나오기는 하였지만, 근본적인 세계관의 발전이나 인식상의 적극적인 변화도 거의 없었고, 또한 번역 방식이나 번역 어휘에 대한 문제의식 없이 그저 『만국공법』의 번역방식과 어휘들을 답습하는 수준에서 머물렀다.

청일전쟁의 패배(1894)와 무술변법운동(1898)을 통해 청 정부에 근본적인 변화의 시도가 나타나기 이전까지 중국 내에서 번역되어 나왔던 국제법 저술로는 외교상의 매뉴얼과 지침을 담고 있는 프로이센의 카를 폰 마르텐스(Karl von Martens, 1790~1861)[48]의 *Guide Diplomatique*(1832)를 동문관의 불어 부교습인 연방(聯芳, 1835~1927)과 경상(慶常)이 번역하고 월리엄 마틴이 감수한 『성초지장』(星軺指掌, 1876)이나, 미국인 시어도어 울시의 국제법 서적 *Introduction to the Study of International Law*를 동문관의 왕봉조(汪鳳藻, 1851~1918)와 봉의(鳳儀)가 번역하고 윌리엄 마틴이 감수한 『공법편람』(公法便覽, 1877), 그리고 스위스인 블룬칠리의 *Das moderne Völkerrecht* (1868)를 번역한 마틴의 『공법회통』(公法會通, 1880) 등이 있다.

『공법회통』의 범례에 따르면 독일어(프로이센어)인 원서의 프랑스어 번역본으로 블룬칠리의 책 전반부를 연방과 경상, 연흥(聯興) 등이 번역하고 나머지는 마틴이 구술 번역한 것을 천문관(天文館)의 부교습 귀영(貴榮)과 동문관 학생이었던 계림(桂林)이 받아 적는 방식으로 번역하였다는 사실을 알 수 있는데, 이런 번역 방식이나 번역 어휘 면에 있어서 거의 마틴의 『만국공법』을 답습하고 있었던 탓에, 격의식 번역어로 인해 기존의 중국어 담론 질서의 속박을 받았던 측면이 크다. 주로는 서양인, 특히 선교사 출신의 교습들과 조력자 역할을 하는 중국인 학생이나 교습들이 함께 번역하는 방식, 특히 '구역필술'의 방식은 중국인들이 이해하기 쉬운 번역 문장을 만드는 데는 편리한 방식이었겠지만, 격의식 번역어나 중국화된 의역 문장들이 많이 사용될 수밖에 없도록 만들었던 것이다. 그로 인해 중국화된 개념이나 의역 문장들은 공친왕 혁흔을 비롯한 청 정부 관료와 전통 지식인들을 설득하는 데는 유리했겠지만, 번역되기 힘든 낯선 서구 본래의 근대적 개념이나 문맥들을 지워 비림으로써

48 카를 마르텐스는 독일의 군인이자 국제법학자로서, 불어로는 'Charles de Martens'이라고도 하며, 중국어로는 '馬頓斯'로 번역되었다. 그는 저명한 국제법학자인 게오르그 프리드리히 폰 마르텐스(Georg Friedrich von Martens)의 조카이기도 한데, 그의 *Guide Diplomatique*(1832)은 사실 삼촌의 저서 *Manuel diplomatique* (Leipzig, 1823)를 재간행한 것이다.

기존 관념 및 담론 질서에 균열을 내거나 변화를 가져오기 힘들도록 만들었다. 다시 말해 서구 국제법이 대부분 역사적 판례들을 중심으로 구성되어 있기 때문에, 서구 각국에 대한 역사적 지리적 배경 지식이 전제되어야 했던 점 역시 『만국공법』의 이해를 방해하였지만, 그보다도 원론적 개념들에 대한 번역어로 사용되었던 '公', '天', '性', '道', '理', '情', '權', '分'과 같이 자연법주의적 성향이 강한 중국 전통의 유가 담론과 관련이 깊은 익숙한 어휘들 역시 상당 부분 중국과는 다른 서구 근대적 개념들의 차별적 뉘앙스를 제대로 인식하기 어렵게 만들었던 측면이 있다.

게다가 이런 번역서들 대부분이 외무 관료나 통번역 인재를 길러 내기 위한 기관이었던 동문관에 의해 번역 생산되고, 그런 교육기관이나 외교 사무와 관련된 관료들을 주요 대상으로 하여 보급되었기 때문에 그 사회적 영향이 사실상 매우 제한적일 수밖에 없었다. 결국 『만국공법』을 비롯한 그 이후 마틴과 동문관에 의해 번역되었던 국제법 저서들은 기존의 담론 질서 내에 추가된 보완적 담론들 내지는 서구 열강에 응대하는 직무나 지역의 관료들에 한정된 제한적인 전문 지식의 범주를 넘지 못한 셈이었다.

이 같은 제한적인 보급 범위와 격의식 번역 및 '구역필술'의 번역 방식으로 인한 기존 담론에의 속박이라는 한계가 해결되기 위해서는 19세기 말 청일전쟁의 패배에 의한 전 사회적 충격과 일본에서 새롭게 만들어진 신조어들에 의한 중국 담론 지형 자체의 변화가 일어나기를 기다려야만 했다.

(2) 일본에서의 『만국공법』의 보급과 그 이후

그렇다면 일본에서 『만국공법』의 수용과정은 어떠했는가?

위의 두 가지 근본적인 문제, 제한적인 보급 범위와 격의식 번역어에 대한 기존 전통 담론 질서의 속박은 사실 일본에서도 역시 마찬가지였지만, 중국과 달랐던 점은 1868년 메이지 유신을 전후로 일어난 급격한 변화 속에 이 두 가지 모두 해결되어 갔다는 점이다.

우선 『만국공법』이 처음 일본에 도입되어 번각본의 형태로 간행되어 나온 것은 번각본 속표지에 번각 년도를 '게이오 원년'이라고 새겨 있는 사실을 놓고 보자면, 원년이 시작된 1865년 5월에서 1866년 1월 사이라는 사실을 알 수 있다. 번각되기 이전에 이미 가이세이쇼(開成所)에서 전문가들이 그 전체 내용을 검토하고 거기에 일본식 훈독 표기법인 가에리텐과 서양 고유명사에 대한 발음 표기인 요미가나를 같이 새겨 넣고, 출판을 위한 막부로부터의 승인 과정을 거치기까지 어느 정도 시간이 필요했을 것이라는 점을 감안해 봤을 때, 일본에 처음으로 『만국공법』 숭실관 원본이 처음 전해진 것은 사실상 중국에서 간행된 직후였다.

『만국공법』이 처음 일본에 전해진 경로에 대해 확실한 정설이 밝혀진 바는 없지만, 당시 중국에서도 제한적인 관료들에게만 보급되었지 일반 민간인들에게까지는 보급되지 않았던 상황을 감안해 봤을 때, 일본의 민간인이 들여왔을 가능성보다는 오히려 서양인 외교관이나 선교사를 통해서 전해졌을 가능성이 더 높아 보인다. 『만국공법』의 영어서문판이 몇 부나 제작되었고 미국 본국 정부와 중국 주재 미국 공사와 영사 이외에 또 어떤 사람들에게 보급되었는지 명확한 기록은 없지만, 『만국공법』의 영문 서문에 영국 공사 브루스(Sir Frederick Bruce, 1814~1867, 중국 주재 특명 전권공사 1859~1865 재임)에 대한 감사 인사를 남긴 점이나, *A Cycle of Cathay*에 1865년 5월 일본 에도(즉 도쿄)에 특명 전권공사 겸 총영사로 임명되었던 해리 파크스(Harry Parkes) 경이 일본어판 초판 사본을 보내 주었다는 사실을 기록한 점 등을 놓고 봤을 때, 이들 영국 외교관들도 이미 『만국공법』을 가지고 있었고, 이들에 의해 일본에 전해졌을 가능성도 적지 않아 보인다. 더욱이 시기상으로도 파크스 영국공사가 바로 게이오 원년이 시작될 그 무렵 일본에 파견되었고, 또한 당시 그의 주요 임무가 일영화친조약(日英和親條約, 1854)과 일영수호통상조약(日英修好通商條約, 1858)의 천황 승인을 위해 일본의 에도막부와 협상하는 일이었기 때문에, 『만국공법』을 가지고 가서 이들을 설득하려 했을 가능성도 매우 높다. 그리고 번각본이 나온 가이세이쇼는 에도막부가 외국 문서의 번역과 연구를 위해 세웠던 기관이라는 사실 역시 위의 가능성을 더 높여 주는 근거이기도 하다.

이처럼 일본에 처음 전해져서 에도막부에 의해 나온 『만국공법』 번각본은 당시 에도막부를 곤혹스럽게 만들고 있던 일본 내의 반외세 정서, 즉 양이론(攘夷論)을 잠재우기 위한 방편으로 민간에도 보급하기 시작하였다. 1854년 미국에 대한 개항을 필두로 서구 열강들과 연이어 맺은 화친조약과 수호통상조약 등의 불평등조약들은 에도막부의 권위를 무너뜨렸고, 그로 인해 야기되었던 물가 인상과 사회적 혼란은 막부정권의 통치력에 균열을 내었던 탓에, 에도막부로서는 그 원인이 된 서구와의 조약과 국제법을 제대로 파악하는 것 자체가 존망을 다투는 시급한 과제일 수밖에 없었고, 이는 막부의 외교적 무능력과 실책을 비판하며 그들을 타도하고 서구 세력을 몰아내고자 하였던 존황양이(尊皇攘夷)파들에게 있어서도 중요한 문제였다.

이 같은 일본 국내 상황에 덧붙여 도쿄의 로큐칸과 같은 민간 인쇄출판업자들의 역할도 중요하였는데, 이들은 서구의 학문에 관심을 갖는 독자층을 대상으로 가이세이쇼의 관판어서(官板御書)류나 이가쿠쇼(醫學所)

에서 번역한 의학서를 복각하고 이를 인쇄하여 『만국공법』의 보급에 도움을 주었다. 이런 민간 출판업자들에 의해 『만국공법』의 대량 복제와 보급이 이루어지기 시작하면서 중국에서와 같이 제한적인 범위의 관료 계층만이 아니라, 난학(蘭學)이나 의학, 서학 등에 관심을 갖던 하급 사무라이나 일반인들까지도 서구 국제법 지식을 접할 수 있었다.

하지만 결국 에도막부가 양이론의 기세를 등에 업은 존황양이파에게 패배하게 되면서 천황에 실질적인 통치권을 넘겨주는 대정봉환(大政奉還, 1867)을 선언하고, 그 뒤를 이어 메이지 유신(明治維新, 1868)이 진행되면서 막부시대가 종말을 고하게 되자, 『만국공법』의 보급과 전파는 오히려 권력을 잡게 된 존황양이파에 의해 주도되기 시작하였다. 원래는 서양 세력의 축출을 구호로 내걸었던 존황양이파였지만, 막부를 타도하고 난 이후로는 곧바로 '존황'의 구호만을 남기고 '양이'라는 구호는 버림으로써 서구 열강을 따라잡기 위해 근대 문물을 받아들이자는 방향으로 선회하여 서구 국제법을 자발적으로 수용하기 시작하였고, 『만국공법』을 비롯한 국제법 번역 소개와 대중적인 보급에 더욱 적극적으로 나서게 된다. 유신정부가 '대외화친. 국위선양의 포고'(對外和親 國威宣揚の布告, 1868.1.15.)나 '5개조 선언문'(五箇條の御誓文, 1868.3.14.) 등을 통해 이전의 막부정부가 행한 외교관계를 계승할 것을 천명하고, '천하의 공법'(宇内の公法)이자, '천지의 공도'(天地の公道)인 만국공법을 준수할 것을 밝힘으로써 개국과 개화를 정당화하고자 하였던 것이다. 거기서 '공법', '공도', '공론'(公論)과 같은 '공' 담론은 전통적인 유가 담론의 주요 개념이자 서구 국제법의 보편성과 수용의 불가피성을 강조하는 데 중요한 담론으로 빈번히 사용되었으며, 『만국공법』이 그 중요한 근거가 되었다.[49] 폐쇄적인 양이론을 잠재우고 '문명개화'의 방향으로 나아가도록 국민들을 일깨우고, 국제법 지식

과 담론을 선전하기 위하여 『만국공법』의 보급은 더욱 중요해질 수밖에 없었으며, 이는 일본에서 『만국공법』이 폭발적으로 인기를 얻도록 만드는 배경이 되었다.

그러나 이런 대중적인 보급과 소비에도 불구하고 『만국공법』을 통해 서구 국제법을 이해하고 그 실체를 파악하는 것은 쉽지 않은 일이었는데, 이는 또 다른 문제였던 번역된 내용을 이해하는 데 있어서의 어려움 때문이었다.

이 문제를 해결하기 위한 첫 번째 방법은 이미 에도막부의 가이세이쇼가 번각할 당시 시도하였듯이 일본식 훈독 표기법인 가에리텐과 고유명사 발음표기법인 요미가나를 사용하여 이해를 돕는 것이었다. 하지만 그것만으로는 『만국공법』의 내용을 제대로 이해하기에는 충분치 않았고, 메이지유신이 시작된 1868년도부터 일본인들에 의한 『만국공법』에 대한 해설서와 일본어 번역서들이 쏟아져 나오기 시작한다. 그 대표적인 것들이 1868년에 나온 쓰쓰미코쿠 시시(堤殼士志)의 『만국공법역의』(万国公法訳義),[50] 고 세키사브로(呉碩三郎)와 테 우쥬로(鄭右十郎)가 공역한 『화역 만국공법』(和解万国公法),[51] 우류 미토라(瓜生三寅)가 번역한 『교도(交道)의

49 강상규 (1999) 38쪽.

50 『만국공법역의』(万国公法訳義)는 1868년 쓰쓰미코쿠 시시(堤殼士志)가 마틴이 번역한 『만국공법』을 다시 일본어로 번역하여 교토의 제니야 소시로(錢屋惣四郎)에서 간행한 것이다. 전체 내용은 마틴의 『만국공법』과 동일하지만, 맨 앞의 두 개의 서문은 생략하였고 지구전도의 설명 마지막 부분에 있는 하나님에 관한 내용 역시 삭제한 점은 다르다.

51 『화역 만국공법』(和解万国公法)은 막부 말기에서 메이지 초기 사이에 외교관이자 통역관으로 활동하였던 고 세키사브로(呉碩三郎)와 청나라 대리공사를 역임하기도 한 외교관 테 우쥬로[鄭右十郎; 본명은 테 에네(鄭永寧), 1829~1897]가 『만국공법』을 일본어로 공역한 것이다. 그리고 이를 나가사키 출신의 메이지 초기 관료이자 외교관이었던 히라이 기주로[平井義十郎; 본명 히라이 키슈(平井希昌), 1839~1896]가 교열(校閲)하여 1868년 출간하였다.

기원: 일명 '만국공법전서'』(交道起源: 一名万国公法全書)[52] 등이었고, 1870년에 나온 시게노 야스쓰구가 역주한 『화역 만국공법』[53]도 있었다. 이 가운데 우류 미토라의 『교도의 기원』을 제외하고 나머지는 『만국공법』을 일본어로 번역하고 거기에 주석을 추가하였다고는 하지만, 이들 모두 중국어나 한문에 익숙하였던 외교관 내지는 학자들이 『만국공법』을 저본으로 삼아 일본어로 번역한 것이라서 기본적인 번역 내용과 용어는 『만국공법』과 거의 동일하다고 할 수 있다.

그리고 우류 미토라의 『교도의 기원』은 독특하게 영어 원저인 *E.I.L.* 제6판(로렌스판)을 저본으로 삼아 그 Part 1, Chapter 1만을 일본어로 번역한 것이기 때문에 번역 내용에 있어서 영어 원문을 보다 충실하게 번역한 편이고, 몇몇 절에는 로렌스의 설명이 추가되어 있는 점이 다소 특이하다. 그리고 번역어에 있어서 『만국공법』과는 상당한 차이를 보이고 있는데, 당장 제목으로 삼고 있는 '교제의 도리'라는 뜻의 '교도'(交道) 혹은 '공도'(公道)라는 어휘를 가지고 'international law'를 번역한 것을 비롯하여, '성법'(性法) 대신에 '천도'(天道), '천법'(天法) 대신에 '신도'(神道), '복화'(服化) 대신에 '개화'(開化) 등의 번역어를 쓰고 있는 점도 『만국공법』과는 차이가 있다. 다른 번역어들 역시 일부는 마틴의 번역어를 쓰기도 하였지만 상당 부분 우류 미토라 자신이 만든 신조어나 일본식 번역어들을 사용하고

---

52 『교도의 기원: 일명 '만국공법전서'』(交道起源: 一名万国公法全書)는 메이지 시기 관료이자 영어학자 겸 기업가이기도 하였던 우류 미토라[瓜生三寅; 본명은 우류 하지메(瓜生寅), 1842~1913]가 휘튼의 *E.I.L.* 제6판(로렌스 판)을 구술 번역한 것으로, 1868년 교토(京都) 치쿠호로(竹苞楼)에서 간행되었다.

53 『화역 만국공법』(和譯万国公法, 총 3책)은 막부말기부터 메이지 초기에 활약한 한학자이자, 일본 실증주의 역사학의 태두인 시게노 야스쓰구(重野安繹)가 역주(訳注)한 것을 1870년 가고시마번[鹿児島藩, 원래는 사쓰마번(薩摩藩)]에서 간행한 것이다.

있는데 이들 일본식 번역어는 어찌 보자면 마틴의 번역어보다도 더 자연법주의적으로 보일 정도로 일본 국학파의 전통 유가 담론이 농후하게 배어 있다. 번역 내용 자체도 서문을 보면 천황주의 색채가 강한 일본 국학파의 사상을 담고 있어서 마틴의 『만국공법』과는 다른 뉘앙스의 격의식 번역어와 의역을 보여 주고 있다.

그리고 이처럼 마틴의 『만국공법』이나 휘튼의 *E.I.L.*을 저본으로 삼지 않은 국제법 저술들도 그 무렵부터 이미 속속 등장하기 시작하였는데, 1868년에 니시 아마네(西周, 1829~1897)의 『네덜란드 피세링의 만국공법』(和蘭畢洒林氏万国公法)이 그 시초였다. 이는 1862년 네덜란드에 유학을 가서 레이던(Leiden)대학의 법학교수 시몬 피세링(Simon Vissering, 1818~1888)에게 법학을 공부한 뒤 1865년 귀국한 니시 아마네가 피세링이 구술한 내용을 기록하여 번역한 것으로, 이를 관판서적제본소(官版書籍製本所)에서 간행하였다.

이처럼 『만국공법』의 유입 이후 일반인들의 이해를 돕기 위하여 다양한 일본어 번역과 해설서들이 등장하였다는 점은 앞서 언급한 이해의 어려움을 해결하기 위한 것이자, 서구 국제법을 파악하거나 수용하고자 한 일본인들의 적극적인 노력을 보여 주는 것이었다. 또한 중국인들이 서양인 선교사 마틴에 의존하여 서구 국제법을 이해하고 수용하였기 때문에 그 번역상의 한계를 인식하거나 벗어나기가 힘들었던 반면, 일본에서는 일본인 스스로 영어 원저를 직접 번역하거나 네덜란드의 학자인 피세링과 같은 다른 국제법 학문과 저술들을 통해 서구 국제법을 이해하기 시작하면서 별도의 다른 참조체계들을 가질 수 있게 되었던 점은 일본의 서구 국제법 이해가 중국의 수준을 앞질러 가게 되는 주요한 계기가 되었다.

그럼에도 불구하고 번역어에 있어서는 『만국공법』과 마찬가지로 기존의 유가 전통 담론의 용어들을 차용한 마틴의 격의식 번역어를 그대로 사용하거나, 나름의 독자적인 번역어를 고안하여 사용하였다 하더라도 대체로 일본식 격의라 할 만큼 기존 전통 담론의 용어들을 주로 차용하여 번역하였다는 점에서는 마틴의 『만국공법』과 크게 다르지는 않았다는 점에서 어느 정도 발전에 한계가 있었다.

하지만 1871년부터 1873년 사이 기존에 맺은 불평등조약을 재협상하고 서구 열강들의 현황과 발전상을 파악하고자 구미 12개국에 파견되었던 이와쿠라 도모미(岩倉具視, 1825~1883)의 외교 사절단이 이 방문을 통해 국제사회에서 선험적 보편성이나 동질성에 근거한 '공'이나 '도'라는 것이 사실상 허구적인 것임을 깨닫고, 실질적인 무력에 기반한 실력과 조약·판례 등에 기반한 법실증주의적 근거가 중요함을 인식하게 되면서, 『만국공법』에 대한 자연법주의적 해석에 대해 회의적인 시각을 갖기 시작하였다.

그리고 1875년 미쓰쿠리 린쇼(箕作麟祥, 1846~1897)[54]의 『국제법: 일명 '만국공법'』(国際法: 一名万国公法, 弘文堂, 총 3책)이 나오게 되면서 일본의 국제법학은 한 단계 도약하여 나아가기 시작한다. 1873~1875년에 미쓰쿠리 린쇼는 미국의 시어도어 울시(Theodore Dwight Woolsey, 1801~1889)의 *Introduction to the Study of International Law*(1860)를 번역하여 『국제법: 일명 '만국공법'』라는 이름으로 간행하였는데, 여기서 그는 'International law'

---

54 미쓰쿠리 린쇼(箕作麟祥, 1846~1897)는 원래 난학자 집안 출신으로, 가이세이쇼에서 영어를 담당하였으나, 이후 프랑스에서 잠시 유학하고 난 뒤 1869년부터 약 5년에 걸쳐 프랑스 민법전(나폴레옹 법전) 등을 번역한 바 있고, 이어서 울시의 국제법 저술을 번역하였다.

의 번역어로 '만국공법'을 대신하여 '국제법'(国際法)이라는 용어를 처음으로 만들어 냄으로써, 새로운 단계로 나아가게 된다. 더욱이 이 무렵부터는 서구 국제법 저술에 대한 번역에 있어서도 중국보다 한 발 앞서게 되는데, 미쓰쿠리 린쇼가 울시의 저서를 번역한 지 2년 뒤에야 울시의 같은 책을 번역한 마틴의 『공법편람』이 나왔다는 점을 통해서도 확인해 볼 수 있다.

이처럼 그가 마틴의 격의식 번역어와는 다른 새로운 번역어를 만들어 내게 되었던 것은 격의식 번역어가 지닌 유가 전통담론하의 자연법주의적 이해와 해석의 한계와 함께, 일본어 맥락 속에서 마틴의 번역어가 일으키기 쉬운 오해 · 오독의 가능성이나 그로는 담아내기 힘든 서구 원어의 개념이 지닌 차이 등을 인식하였기 때문이었다. 그래서 그는 '국제법'이라는 신조어 이외에도 『만국공법』에서 '분'(分)으로 번역되었던 'duty'(혹은 obligation)을 '의무'(義務)로 번역한 것을 포함하여, '동산'(動産 ← 動物), '부동산'(不動産 ← 植物), '헌법'(憲法 ← 國法) 등과 같은 번역 신조어들을 만들어 내기도 하였다.

이후 1884년에 도쿄대학(東京大学)이 학과 명칭에 '국제법'이라는 용어를 사용하게 되면서부터 점차 '국제법'이라는 용어가 보편화되었고, 또한 서구의 근대법 체계를 모방하여 메이지 정부의 법체계를 만들어 가는 과정에서 그가 사용한 새로운 번역어들이 많이 사용되기 시작하면서 미쓰쿠리 린쇼의 신조어들이 점차 널리 사용되었고 마틴의 번역어들을 대체하게 되었다.

그리고 후로도 제임스 켄트(James Kent, 1763~1847)의 *Kent's Commentary on International Law*(1866)를 번역한 번지사무국(蕃地事務局)의 『켄트의 만국공법』(堅土氏万国公法, 1876), 헨리 할렉(Henry Wager Hallec, 1815~1872)

의 *International law, or, Rules regulating the intercourse of states in peace and war* (1861)를 번역한 아키요시 쇼고(秋吉省吾)의 『할렉의 만국공법』(波氏万国公法, 1876), 헤프터(August Wilhelm Heffter, 1796~1880)의 *Das europäische Völkerrecht der Gegenwart auf den bisherigen Grundlagen*(1873)을 공역한 아라카와 쿠니조(荒川邦蔵, 1852~1903)와 기노시타 슈이치(木下周一, 1851~1907)의 『헤프터의 만국공법』(海氏万国公法, 1877) 등이 속속 번역됨으로써 일본에서는 더 많은 서구 국제법의 참조체계들을 가질 수 있게 되었다.

정리해 보자면 『만국공법』의 수용 당시 민간 인쇄출판업자들에 의한 자유로운 대량 복제와 보급을 통해 제한적인 관료층만이 아니라 일반 민간인들에게도 익숙한 지식과 담론이 될 수 있었고, 또한 중국으로부터 유입된 마틴의 『만국공법』 이외에 니시 아마네나 미쓰쿠리 린쇼와 같은 이들에 의해 다양한 참조체계들을 가질 수 있었던 점은 일본 근대화 초기에 서구 국제법이 수용되고 이를 내재화하는 데 매우 중요한 배경이 되었다. 이 같은 배경 위에서 새로운 근대적 번역어와 개념들 사이의 언어적 내지는 담론적 경합과 정착이 이루어지고, 전통 담론질서에서 벗어난 새로운 근대적 담론질서가 형성될 수 있는 바탕이 만들어질 수 있었던 것이다.

(3) 조선에서의 『만국공법』의 제한적 수용

동아시아 지역에서 유지되고 있던 기존의 조공무역질서를 해체시키고 중국 내륙과의 자유교역질서를 형성하고자 한 영국에 의해 강제로 연안지역을 개항하고 난징조약으로부터 베이징조약까지 연이은 불평등조약을 맺어야만 했던 중국이나, 중국과 교역하기 위한 태평양 항로의 중간기착지로 활용하고자 한 미국의 페리 함대에 의해 강제로 개항을 하며 열강들과 불평등조약을 맺어야만 했던 일본과는 달리, 조선은 강화도조약(1876.2.27.) 이전까지는 지정학적 입지상 서구 열강으로부터의 관심이나 개항 압박으로부터 다소 비껴나 있었던 덕분에 서구 국제법이나 국제질서에 대해 관심을 갖거나 고민할 필요가 상대적으로 적은 편이었다. 물론 그 무렵 이웃 나라들에서 벌어지고 있던 상황에 대해 몰랐던 것도 아니고, 또한 강화도조약 이전에 이미 베이징을 오가는 사신들을 통해 『만국공법』을 구하여 가지고 있었던 것으로 보이지만,[55] 일부 고위 관료나 몇몇 지식인들을 제외하고는 그 이전까지 『만국공법』과 서구 국제법에 대한 관심이나 지식을 가지고 있는 경우는 그리 많지 않았다.

『만국공법』의 전래 자체도 중국이나 일본에 비해 10년 이상 늦었던 데다, 『만국공법』이 유입된 이후로도 그 자체가 복제되어 널리 보급되었던 것도 아니었기에, 강화도조약 이전까지는 이를 본격적으로 연구하거나 담론화하는 경우는 더더욱 없다시피 하였다. 게다가 쇄국과 위정척사(衛正斥邪)를 기조로 하던 당시 조선 내 상황하에서, 당시 개화파 지식인들처럼 그나마 관심이 있는 경우가 있다 하여도 소수에 불과할 뿐이었고, 그들마저도 국제적 상황에 대한 제대로 된 정보나 지식이 많지 않은 상태에서 대체로 그저 『만국공법』의 서문이나 제1권의 원론적인 부분들에 대해서만 어느 정도 이해하고 있었던 것으로 보인다. 그리고 김홍집

55 『만국공법』의 조선으로의 전래에 관한 구체적인 기록은 없지만, 도쿄에 주재하고 있던 영국 공사 파크스의 본국 보고 서신(1876.3.27.)을 통해 조선에서 이미 『만국공법』을 가지고 있었음을 알 수 있다. 다만 이는 간접적인 전언일 뿐이고 구체적으로 어떻게 전래 수용되었는지에 대해서는 알 수 없고, 1877년 12월 17일 조선 주재 일본 대리공사 하나부사 요시모토(花房義質, 1842~1917)가 『만국공법』과 『성초지장』을 조선 예조판서 조영하에게 기증하였다는 사실에 관한 기록이 남아 있어서 이것이 확실한 최초의 전래에 관한 기록으로 알려져 있다[김용구(2008) 100-101쪽].

을 통해 일본에서 들여온 당시 청나라 주일공사관 참찬관 황준헌(黃遵憲, 1848~1905)의 『조선책략』(朝鮮策略, 1880)이나 정관응(鄭觀應, 1842~1922)의 『이언』(易言, 1880)과 같은 중국인이 저술한 국제관계 정략서나 이차적인 국제법 해설서 같은 책들을 통해 간접적인 수준에서 이해하는 정도에 불과하였지, 국제법 전반이나 국제질서에 대한 깊이 있는 이해를 가진 경우는 거의 부재하였다.

1880년대에 이르러서도 상황은 크게 달라지지 않았다.

『만국공법』이 널리 보급된 것도 아니었고, 또한 이해하기 어려운 『만국공법』에 대한 해설서나 번역서가 따로 나온 것도 아니었고, 주로 『이언』과 같은 소개서를 통해서만 간접적인 지식과 이해를 갖고 있었다는 사실은 당시 서구 국제법과 관련된 조선의 담론지형의 한계를 잘 보여주고 있다. 이러한 제한적인 이해와 빈약한 담론화 과정은 조선 성리학의 담론 질서하에서 『만국공법』의 격의식 번역어들을 중국보다도 더욱 유가적 자연법주의적 개념이나 담론으로 이해하고 받아들이도록 만드는 원인이 되었고, 또한 이는 이후의 조선 역사를 통해 드러나는 사회적 혼란과 외교적 난맥상의 주요한 배경이 되었다.

5. 나가며

중국에서 윌리엄 마틴에 의해 『만국공법』이 번역되던 1864년으로부터 일본에서 미쓰쿠리 린쇼에 의해 『국제법』이 번역되던 1875년 사이는 전 세계적으로 국제질서에 새로운 변화가 나타나고 있던 시기였다.

19세기 중반이 되면 나폴레옹 전쟁 이후 형성되었던 빈 체제도 거의 해체되고, 1862년 내각 총리대신에 오른 비스마르크가 이끌던 프로이센이 앞서 언급한 덴마크와의 전쟁(1864)을 비롯해 오스트리아와의 전쟁(1866)과 프랑스와의 전쟁(1870~1871)에서 연이어 승리하고, 1871년에는 독일연방의 구성국들을 통합하여 독일제국을 선언하면서 홉스봄이 말한 이른바 '제국의 시대'(1875~1914)를 선도하는 유럽의 새로운 강자로 떠오르고 있었다.

동아시아 역시 그 무렵 중요한 변화들이 있었는데, 1864년은 조선에서는 어린 나이의 고종이 즉위하고, 중국에서는 당시 청 왕조를 위태롭게 하였던 태평천국의 난이 한족들로 구성된 지방군과 서구 열강의 도움으로 완전히 진압되면서 상대적인 안정기로 접어들고 있었던 반면, 일본에서는 같은 해 시작된 조슈(長州) 전쟁이 계기가 되어 1867년 막부 정권이 결국 몰락하게 되고 1874년에는 타이완 원주민들에 의한 류큐 주민의 피살사건을 빌미로 타이완에 출병하면서부터 메이지유신정부는 서구 열강을 모델로 하여 본격적인 제국주의의 길로 접어들고 있었다.

그러한 점에서 보자면 이 책이 번역되던 무렵은 동아시아 각국에게 있어서 외적 충격과 내적 모순으로 인한 사회적 혼란이 중첩되면서 국제 질서의 패러다임 전환이라는 역사적 전변이 막 시작하던 시점이었다.

19세기 초에 형성된 빈 체제 전후의 국제법적 사례와 조약들을 반영하여 최신의 국제법 저서로서의 명성을 얻었던 휘튼의 *E.I.L.*도 시간이 흐르며 새로운 판례들이 쌓이면서 점차 그 유효성이 약해져 가고 있었던 데다, 19세기 후반으로 갈수록 제국 열강들 간의 경쟁이 격화되면서 국제법 학계의 전반적인 경향이 자연법주의와 법실증주의에 대해 절충적인 입장을 보여 주었던 E.I.L.보다는 좀 더 법실증주의적 입장으로 기울게 되면서 다른 국제법 저술들이 더 주목을 받기 시작하였다. 그런 상황

속에서 처음 수용할 당시는 '각국이 서로가 마땅히 지켜야 할 자연의 의법(天然之義法; principles of justice)'인 '만국공법'으로서 기존 유가 전통담론의 자연법주의적 관념을 통해 이해하며 받아들였지만, 그것이 엄혹한 힘의 논리와 약육강식의 국제 현실과는 괴리됨을 인식하기 시작하였다. 자신들의 손으로 다양한 참조체계들을 만들어 냄으로써 국제 현실에 대해 자각할 수 있었던 일본의 경우 전통담론에 의한 자연법적 이해로부터 좀 더 일찍 빠져나와 새로운 번역어들을 통해 국제법 질서를 수용해 갔던 반면, 그렇지 못하였던 중국과 한국은 국제법 질서의 양면성에 대한 제대로 된 인식을 갖지 못한 채, 내분과 외압 속에 무너져 가기 시작하였다.

1895년의 청일전쟁은 그처럼 『만국공법』 수용 이후 30여 년 동안 동아시아 3국이 걸어갔던 각기 다른 세 갈래 길의 결과를 확인시켜 주는 결정적인 사건이었던 셈이었다. 그 이후 중국과 조선 지식인들이 일본식 근대화 과정을 본받기 위해 유학을 하거나 일본에서의 서학 번역서들을 수입 재번역하는 과정에서 일본식 번역어와 신조어들도 유입되면서 기존 격의식 번역어들을 대체하였고, '구역필술'과 같은 협역에 의한 의역방식이 아니라 두 언어의 개념들 사이의 일대일 대응관계를 기반으로 축자적 대조가 가능한 수준으로 원문 텍스트를 직접 번역하는 개별 번역가의 번역방식으로 전환해 가게 되었다. 이는 『만국공법』을 비롯하여 근대화 초기에 서구 학문 수용의 유일한 매개와도 같았던 서양인 선교사들에 의한 번역서들이 더 이상 큰 의미를 지니지 못하는 과거의 유물처럼 여겨지도록 만드는 결과를 낳게 되었다.

더욱이 20세기로 넘어오게 되면서 근대 국제법 담론이나 근대적 번역방식에 익숙해진 현대인들, 특히 일본의 지식인들에 의해 『만국공법』

은 성법(性法)을 강조하는 자연법주의적 경향이 강하다거나, 번역이라기보다는 설명적 해석에 가깝다는 식의 평가가 이어져 왔다.[56] 대체로 이런 식의 평가들은 마틴 번역의 한계나 문제점으로 지적되는 경우가 많았으며, 이는 19세기 후반 중국에서 근대적인 국제법 관념이 제대로 형성되지 못하거나 아니면 적어도 늦어지도록 만든 원인 가운데 하나로 인식되기도 하였다.

하지만 이 같은 한계나 문제점은 사실상 마틴의 문제였다기보다는 시대적 내지는 상황적 한계였다고 보는 것이 더 정확할 것이다. 그 이전까지 전례가 없었기에 적절한 대응관계를 지닌 번역어나 다른 번역상의 대안이 없었던 상황하에서, 당시 중국의 전통 지식인들에게는 낯선 서구의 관념과 지식들을 번역하기 위하여 최대한 그들이 이해하기 쉬운 기존 유가 담론의 어휘와 개념을 차용한 격의식 번역어를 사용할 수밖에 없었던 것은 당시의 시대적 산물이었다고 할 수 있다. 더욱이 그런 격의식 번역어를 사용하는 데 일정부분 '구역필술'의 조력자였던 중국인들이나 감수를 맡았던 청 정부 관리들의 역할이 컸을 것이라는 점을 감안해 본다면, 이 역시 번역 과정에서 불가피했던 상황의 결과물이었다. 그리고 그러한 '구역필술'의 협역 방식이 근대적 번역 방식의 기준에서 봤을 때 번역이라기보다는 대의만을 전달하는 해석처럼 보이는 측면이 있기는 하

56 이런 식의 평가는 이미 20세기 초반부터 일본에서 나오기 시작하였는데, 그러한 『만국공법』의 번역이 왜곡과 오해를 가져왔다는 부정적인 평가도 있지만, 다른 한편으로 그럼에도 불구하고 충실한 번역을 하려고 애썼다는 긍정적인 평가로 갈리기도 한다. 전자에는 법관 출신이면서 메이지문화 연구자이기도 하였던 오사타케 다케키(尾佐竹猛, 1880~1946) 같은 이들이나 국내의 김용구 같은 학자들이 있다면, 후자에는 타오카 료이치(田岡良一, 1898~1985), 스미요시 요시히토(住吉良人, 1934~) 같은 학자들이나 최근 일본에서 활동하는 중국계 학자인 장자닝(張嘉寧)이나 저우위안(周圓)이 있다.

지만, 전체 내용과 각 문장들을 대조해 보면 사실상 대부분의 주요 어휘와 어구의 대조가 가능하고, 원문의 맥락과 의미를 충분히 전달할 수 있을 만큼 충실히 번역하고 있음을 알 수 있다.

이 같은 한계에도 불구하고 『만국공법』은 동아시아의 국제질서는 물론 담론질서에 근본적인 변화를 가져왔던 가장 중요한 번역서 가운데 하나로서 불멸의 성과를 남겼다. 비록 과거 불경 번역 초기에 격의불교가 그러했던 것처럼 『만국공법』과 그 번역어들은 일본을 경유한 새로운 국제법 번역서와 일본식 번역어들로 대체되면서 그 시대적 임무를 다하고 역사의 뒤안길로 밀려나기는 하였지만, 그 시대적·역사적 의미는 결코 축소되거나 사라질 수 없을 것이다.

참고 문헌

Esson MacDowel Gale, *Salt for the Dragon: A Personal History of China, 1908-1945*, Ann Arbor and East Lansing: Michigan State College Press, 1953

Henry Wheaton, Lorense ed., *Elements of International Law, (6th edition),* Boston: BOSTON: Littel, Brown and Co., 1855

Henry Wheaton, Coleman Phillipson ed., *Elements of International Law (5th English ed.)*, London: Stevens and Sons, 1916

Lydia H. Liu, *Clash of Empires*, Harvard, 2004

Robert Hart (赫德),『赫德日記』, 北京: 中國海關出版社, 2003

William A. P. Martin (丁韙良),『萬國公法』, 京都崇實館, 1865

William A. P. Martin (丁韙良),『認字新法常字雙千』. Shanghai: Presbyterian Mission Press, 1863.

William A. P. Martin (丁韙良), *A Cycle Of Cathay: Or China, South And North, With Personal Reminiscences*, New York · Chicago · Toronto: Fleming H. Revell Co. 1896

William A. P. Martin (丁韙良),『公法會通』, 同文館, 1880

강상규,「근대 일본의「萬國公法」수용에 관한 연구」,『진단학보』87집, 1999

김용구,『만국공법』, 소화, 2008

아르투어 누스바움 저, 김영석 역,『국제법의 역사』, 박영사, 2019

에릭 홉스봄 저, 정도영 외 역,『혁명의 시대 : 시민혁명과 산업혁명』, 한길사, 1998

윤영도,『中國 近代 初期 西學 飜譯 研究 —『萬國公法』飜譯 事例를 中心으로』, 연세대학교 대학원, 2005

瓜生三寅,『交道起源: 一名万国公法全書』, 京都: 竹苞楼, 1868

箕作麟祥,『國際法: 一名萬國公法』, 弘文堂, 1875

堤殻士志,『万国公法訳義』, 1868

周圓,「丁韙良『万国公法』の翻訳手法: 漢訳『万国公法』1巻を素材として」,『一橋法学』第10巻 第2号, 2011.7

重野安繹,『和訳万国公法』, 鹿児島藩(薩摩藩), 1868

郭明芳,「萬國公法版本考述」, 沈乃文 主编,『版本目录学研究(第六辑)』, 北京大学出版社, 2015.6

羅新璋,『飜譯論集』, 商務印書館, 1984

馬祖毅,『中國飜譯簡史: 五四以前部分』, 中國對外翻譯出版公司, 1984

孫建軍,「『万国公法』の翻訳に関わった中国人」,『西方伝教士与近代中日語言文化互動』, 2012

王开玺,「1864年清廷翻译《万国公法》所据版本问题考异」,『北京师范大学学报(社会科学版)』2005年 第6期, 2005

王文兵,「通往基督教文學的橋樑 — 丁韙良對中國語言、文學的介紹和研究」,『漢學研究通訊』26:1(總101期), 2007.2

汪暉,『现代中国思想的兴起 : 上卷 第二部 帝国与国家』, 北京: 三联书店, 2004

魏源,『海國圖志』 100권본, 1852

李亞舒 · 黎難秋 主編,『中國科學飜譯史料』, 湖南教育出版社, 2000

陳惠美 · 謝鶯興,「萬國公法板本概述」,『東海大學圖書館館訊新』150期, 2014

總理各國事務衙門「奕訢」等,「《奏》請刊刻並頒布《萬國律例》(『萬國公法』)事」,『軍機處檔摺件』同治3年7月29日 (1864-8-30), https://qingarchives.npm.edu.tw/index.php?act=Display/image/197903817XPiuf#deJ)

번역어
목록

- 번역 원칙상 한글 번역어는 중국어를 기준으로 번역하되 고유명사인 경우나 불가피한 경우에는 영어 원문의 어휘를 참조하여 번역함.
- 한글 번역어에 해당하는 『만국공법』상의 중국어 어휘와 그에 해당하는 영어 원문상의 어휘를 병기하고, 그 첫 번째 용례의 쪽수만을 표기함.
- 번역된 의미는 같지만 영어 원문상의 어휘가 다른 경우 별도의 항목으로 둠.
- 번역된 의미도 같고 영어 원문상의 어휘도 같지만 다른 중국어 어휘로 번역된 경우에는 별도의 항목으로 두되, 각각의 쪽수를 병기함.
- 고유명사의 중국 음역어 표기상 한자에 차이가 나는 경우에는 그 음역어 어휘를 ';'로 병기하고 각각의 쪽수를 병기함.

구분	한글 번역어	중국어	원어(영어 및 기타 서구어)	쪽
개념	[자국에] 있지는 않지만 마치 [자국에] 있는 것처럼 한다	不在而在	extraterritoriality	228
개념	1등급의 국가사절	第一等國使	public ministers of the first rank	197
개념	가정	虛設	political fiction	154
개념	가해권 밖에 있는 것	置於害外	exempt from the general operations of war; exempt from hostilities	295
개념	간단한 법	簡法	simplest rule	172
개념	간섭	出於其間	interposition	115
개념	간접적으로 시행	旁行	indirect and collateral effects	180
개념	강제 배상의 위임장	強償之牌票	letters of marque and reprisal	100
개념	강제배상	強償	reprisal	264

구분	한글 번역어	중국어	원어(영어 및 기타 서구어)	쪽
개념	강제징발	逼勒	impressment	168
개념	강화	講和	peace	313
개념	개신교	耶穌教	Protestant	110
개념	개인	私; 民人	individuals	47, 68
개념	개인	人身	person	187
개념	개인에 관한 사안	涉身之案	personal action	193
개념	개인에 관한 소송	涉身之訟	personal action	187
개념	개화	化導漸開	civilization	139
개념	거주하는 자	住家	residence	144
개념	결혼	娶嫁	marriage	144
개념	경계	戒	admonition	111
개념	경우에 따라 갖는 특권	特權	conditional or hypothetical rights	105
개념	계약	約據	contract	100
개념	계약 성사의 방법	成契之方	remedy to enforce the contract	189
개념	계약 양식	契之式樣	form of the contract	192
개념	계약 외 증거자료	契外之證據	extrinsic evidence	192
개념	계약 위반의 피해만을 처리	專制失約之弊	remedy for a breach of the contract	191
개념	계약근거	契據	contract	133
개념	계약의 양식	契據之式樣	external form of the contract	190
개념	계약의 책임	契據之責	obligation of the contract	189
개념	고급선원	班官人等	officer	161
개념	고급선원	班主	officer	180
개념	고대의 불꽃	古火	national fire	89
개념	고발	告發	charge	177
개념	공개서신	公函	letter of council	225
개념	공경	公卿	electors	197
개념	공고	公誥	letters-patent	226

구분	한글 번역어	중국어	원어(영어 및 기타 서구어)	쪽
개념	공공	公	civil society	47
개념	공공관청	公宇	the houses of the government	298
개념	공동 동의	同許; 共許	general consent	46, 59
개념	공동 합의	共議	general consent	35
개념	공법	公法	international law	31
개념	공법	公法	law of nations	35
개념	공법	公法	positive law	50
개념	공법	公法	voluntary or positive law	39
개념	공법 개혁의 대강	大端	most important modifications and improvements	60
개념	공법의 간성	公法之干城	rampart of justice	53
개념	공법의 사적 조항	公法之私條	private international law	133
개념	공법의 상시적인 원칙	公法之常經	general law	60
개념	공법의 의의	公法之義	the idea of the jus gentium	52
개념	공법의 진의	公法之眞義	just principles of international law	62
개념	공법학	公法之學	science of international law	44
개념	공법학자	公師	jurist	24
개념	공법학자	公師	publicist	33
개념	공사	公使	ambassador	41
개념	공식 문서	公函	instrument	242
개념	공식 접견회	公朝覲見	public audience	227
개념	공유화	入公	condemn	273
개념	공유화	入公	confiscation	80
개념	공의	公義	international justice	188
개념	공의	公義	justice	59
개념	공의	公義	principles of justice	31
개념	공의의 대도	公義之大道	principles of justice	31
개념	공익	公好	common welfare	45

구분	한글 번역어	중국어	원어(영어 및 기타 서구어)	쪽
개념	공익	公好	the utility of the great body of states communities	36
개념	공익	共好	general welfare	98
개념	공적 이익	共好	utility	135
개념	공적 재산	公物	property of government	296
개념	공적 재산	公物	property of state	204
개념	공적 재산	公物	public property	205
개념	공적 조약	公約	public treaty	244
개념	공적 토지	公地	place of sovereign	296
개념	공적인 문제가 된다면	入公	in question in the judicial tribunals	151
개념	공적인 사정	公情	comity	136
개념	공전	公戰	public war	268
개념	공정	公	equity	43
개념	공정성	公	impartial	60
개념	공정한 이치로 판단	秉公理斷	arbitration	374
개념	공허한 논리	憑虛之論	general speculation	40
개념	관례	規例	rule	369
개념	관례	例	usage	42
개념	관례법	例法	customary law	50
개념	관례법	例法	customary law of nations	46
개념	관례법	例法	usage	43
개념	관례에 따라 태어난 아이	按例而生	legitimacy	143
개념	관례에 어긋나게 태어난 사생아	背例而私生	illegitimacy	143
개념	관례와 예절	例款	usages and comity	39
개념	관여	管制	interference	112
개념	관여	管制	interfering	112

구분	한글 번역어	중국어	원어(영어 및 기타 서구어)	쪽
개념	관여	預聞	interfering	112
개념	관유화	入官	alienation	312
개념	관할	管轄	jurisdiction	41
개념	관할 법원	統理之法院	tribunal	62
개념	관행	慣行	consuetudinary	46
개념	관행	慣行	custom	43
개념	관행	常行	constant usage	196
개념	관행	常行	the customary	50
개념	관행	常行	usage	43
개념	교류	交通	intercourse	48
개념	교전국	戰國	belligerent	307
개념	교제	交接	reciprocal relations	31
개념	교제	交際	mutual relation	51
개념	교회법원	英國之教法院	English Eclesiastical Courts	149
개념	구두 선언	口宣	declaration	242
개념	국가	邦	state	95
개념	국가	邦國	nations	65
개념	국가	邦國	societies	67
개념	국가	邦國	state	78
개념	국가 권력	國勢	public force	337
개념	국가 형세	國勢	safety	156
개념	국가들	邦國	independent communities	35
개념	국가들의 동맹	衆邦會盟	confederation	96
개념	국가들의 법	諸國之法	international law	52
개념	국가들의 사회	大宗	general society of nations	70
개념	국가들의 의법	諸國之義法	law of nations; [라] Jus Gentium	35
개념	국가들의 합의	諸國之公議	universal consent	36
개념	국가들이 기꺼이 따르는 법	甘服之法	voluntary law of nations	45

구분	한글 번역어	중국어	원어(영어 및 기타 서구어)	쪽
개념	국가들이 천하에 동거함	諸國之同居於天下	great commonwealth of nations; [라] civitate gentium maxima	46
개념	국가사절	國使	ambassador	41
개념	국가의 연합	以國相合	incorporate union	91
개념	국가의 조약	國約	real treaties	78
개념	국경	疆	frontier	84
개념	국경	疆	territory	113
개념	국경	疆界	state of territorial possession	75
개념	국경	邊界	territory	113
개념	국경 내	疆內	territory	62
개념	국경 밖	疆外	out of the territorial limits	166
개념	국고	帑	public treasury	81
개념	국내법	內法	internal law	49
개념	국내법	內法	internal public law	52
개념	국법	國法	constitutional law	69
개념	국법 간책	國法簡冊	constitutional charter	116
개념	국새 관리자	掌國璽	Keeper of the Seals	178
개념	국외	疆外	extraterritorial	179
개념	국외법	外法	external law	49
개념	국적	名	national character	288
개념	국적	本名	native character	284
개념	국적	本名	original character	283
개념	국참사원	議事部	Council of State; [불] Conseil d'État	162
개념	국채	國債	public debts	78
개념	국체	國體	essential form of the State	79
개념	국토	國土	public domain	78
개념	국회	國會	Diet	94
개념	국회	國會	senate	241

구분	한글 번역어	중국어	원어(영어 및 기타 서구어)	쪽
개념	국회	荷蘭總會	states general	160
개념	군 형사재판	軍營刑官	military tribunal	298
개념	군권	君權	monarchical sovereigns	198
개념	군기국	軍器局	arsenal	98
개념	군비	軍餉	supplies	363
개념	군사 원조	助兵	succor	254
개념	군주	君上	paramount	205
개념	군주	君身	sovereign prince	68
개념	군주의 작위 통합	以君身相合	personal union under the same sovereign; personal union under the same crowned head	91
개념	군주의 조약	君約	personal treaties	78
개념	굳건히 지킴	堅守	firm possession	303
개념	권력 분산	分派執權	general distribution of the constitutional powers of the government	366
개념	권리	權利	capacity	143
개념	권리	權利	privileges	41
개념	권리	權利	rights	48
개념	권위	權	authority	33
개념	권형	權衡	regulator	53
개념	권형	權衡	rule	60, 374
개념	귀족회의	爵會	Assemblies of the Nobles	94
개념	규정	定章	the rules	50
개념	금수품	禁物	contraband	73
개념	기꺼이	自甘	freely	106
개념	기꺼이 따르는 것	甘服	the voluntary	50
개념	기꺼이 허락하는 마음	甘心允許	will expressed	190

구분	한글 번역어	중국어	원어(영어 및 기타 서구어)	쪽
개념	기독교	奉教	Christian	117
개념	기독교	耶穌之教	Christian	57
개념	기독교 지역	教內	Christian	55
개념	기밀문서	秘書	written opinion	63
개념	긴 모래톱	長灘	shoal	208
개념	나포	捕拿	capturing	74
개념	나포 허가증	令兵照	admission for privateers	327
개념	내공법	內公法	internal public law, droit public interne	69
개념	내란	內亂	dissolution of social tie	70
개념	내란	內變	internal revolution	72
개념	내적인 사정	內情	moral sanctions	109
개념	노상 공고	出告白於道路	formal public notice	188
개념	다른 국가에게 정사에 관한 의견을 묻는	聞他國政事	Intervention or Interference	107
개념	닫힌 바다	閉海	mare clausum	210
개념	대강	大綱	axiom	48
개념	대국	大國	superior State	220
개념	대리인	代辦之人	attorney	185
개념	대리주	代理之邦	directing Canton	102
개념	대법관	上法司	Chief Justice	152
개념	대법관	上法師會	the Grand Judge, Minister of Justice	163
개념	대법원	上法院	Court of Kings Bench	145
개념	대양	大海	high seas	166
개념	대우의 예제	款待禮制	ceremonial	222
개념	대원칙	大理	general principles	161
개념	대의	大旨	subject	29
개념	대제후	大諸侯	electors	198
개념	대중의 행복	衆慶	general welfare	97

구분	한글 번역어	중국어	원어(영어 및 기타 서구어)	쪽
개념	대통령	首領	President	99
개념	도리	道理	testimony of philosopher	36
개념	도의	義	moral	105
개념	독립	獨立	single	91
개념	동맹	會盟	alliance	43
개념	동맹	會盟	federal compact	91
개념	동맹 연횡	會盟連橫	confederated states	95
개념	동맹 협약	會盟立約	treaties of peace, alliance	60
개념	동맹조약	並同戰約盟	treaty of alliance	280
개념	동산	動物	personal property	132
개념	동산은 뼈에 붙은 것 처럼 몸을 따른다	動物貼骨跟身	[라] Mobilia ossibus inherent, personam sequuntur	141
개념	동양	東土	the East; the eastern parts of the world	286
개념	동의	同議	consent	36
개념	땅이 그 일을 주재한다	地主事	Locus regit actum	141
개념	라틴어	剌丁古文	Latin language	200
개념	리	利	common utility	137
개념	마땅히 준수해야 할 의	當遵之義	voluntary law of nations	49
개념	만국공법	萬國公法	general law of nations	237
개념	만국공법	萬國公法	law of nations	38
개념	만국율례	萬國律例	law of nations; [불] droit des gens	56
개념	만국의 공법	萬國之公法	jus gentium	51
개념	만국의 공법	萬國之公法	law of nations	36
개념	면	免	discharge	146
개념	면제	釋放	discharge	146
개념	면제 증거	釋放之憑	bankrupts certificate	147
개념	명분	名分	obligations	48

구분	한글 번역어	중국어	원어(영어 및 기타 서구어)	쪽
개념	명시적 허락	明許	express permission	236
개념	명시적으로 동의	明許	admitting	40
개념	명시적으로 동의하여	明許	express consent	45
개념	무역상사	商行	house of trade	287
개념	무죄	免罪	acquittal	180
개념	무효	虛	void	248
개념	문관	文官	members of the civil government	295
개념	문관 관청	文職公廨	public edifices	296
개념	문명	文教	arts and letters	119
개념	문명국	文雅	civilized	55
개념	문명국	服化之國	civilized nation	59
개념	문명화	敎化	modern civilization	219
개념	문명화	服化	civilized	39
개념	문명화	教化	civilized	54
개념	문제	礙	impair	83
개념	민간 금고	錢莊	private bank	251
개념	민간공회	民間公會	bodies corporate	205
개념	민간단체	民間大會	corporations	66
개념	민간단체	民間之會	corporations	68
개념	민간재산	民產	private property	79
개념	민간재산	民產	private rights of property	78
개념	민주국가	民主之國	democratic republic	75
개념	민주주의	民主	republican	69
개념	바깥	教外	Pagan	55
개념	반자주국	半主之國	semi-sovereign States	84
개념	발견	尋覓	discovery	206
개념	방문 조사	往視稽查	visitation and search	356
개념	방침	箴規	policy	115

구분	한글 번역어	중국어	원어(영어 및 기타 서구어)	쪽
개념	배상	抵償	reprisal	266
개념	배상금	贖	ransom	319
개념	배상금 계약서	贖契	ransom bill	320
개념	법 제정권	制法之權	legislative power	98
개념	법관회의	法師會	Court of Delegates in England	141
개념	법률	律法	ordinances	42
개념	법률	律法	positive law	57
개념	법률	律法	positive unwritten law	57
개념	법률 제정	制律	civil legislation	132
개념	법률 제정	制定律法	civil and criminal legislation	132
개념	법에 따라 되갚는 것	如法以報	amicable retaliation; [불] rétorsion de droit	264
개념	법원	法院	tribunal	99
개념	법학자	法師	jurisconsult	42
개념	변동	變異	effect	148
개념	변론	辨論	forms of action and pleadings	183
개념	변법	變法	change in the internal constitution of the state	78
개념	변통	變通	determining the conflicts	133
개념	변통	變通	modification	46
개념	변통	變通	modify	48
개념	변통의 법	變通之法	private international law	133
개념	병국	拼國	community of states; [독] Gesammtstaat	92
개념	병선	兵船	navy	98
개념	병선	兵船	public armed and commissioned ships	152
개념	병선	兵船	public armed vessel	152
개념	병선	兵船	ship of war	157

구분	한글 번역어	중국어	원어(영어 및 기타 서구어)	쪽
개념	보	保	surety	253
개념	보장된 대가	保價	insurance	149
개념	보호	保護	guaranty	252
개념	본분	本分	duty	360
개념	본분	分	duty	106
개념	본분에 마땅한 행위	分所當行	moral obligation	56
개념	본성	性	nature	34
개념	봉쇄	封	embargo	267
개념	봉쇄 나포	封捕	seizure	267
개념	부	副	agent	245
개념	부동산	植物	real property	132
개념	부재지주	不住之地主	non-resident land owner; [불] sujet forain	133
개념	불완전 중립	半局外	imperfect, qualified, or conventional neutrality	322
개념	불의한	不義	inhospitable	139
개념	불편부당	不偏不倚	immutable	49
개념	불평등	非平行	unequal	83
개념	비밀서신	密函	cabinet letter	225
개념	비서	代書	secretary	229
개념	비준의 권리	准行之權	authority to ratify	246
개념	비합법적 약탈	法外擄掠	lawless banditti	301
개념	사권	私權	civil rights	47
개념	사권	私權	personal right	68
개념	사권	私權	private relations	52
개념	사권의 법	私權之法	private international law	52
개념	사람들의 공법	世人之公法	law of nations	52
개념	사신	使臣	chargés daffaires	220
개념	사인	畫押	signature	169

구분	한글 번역어	중국어	원어(영어 및 기타 서구어)	쪽
개념	사인 부분	關防	signatures	199
개념	사적 이익	私益	interest of subjects	135
개념	사전	私戰	private war	269
개념	사절 교환	通使	legation	219
개념	사절 접견	接使	reception	221
개념	사정	情	social nature	34
개념	삼판선	舢板	vessel	330
개념	상규	常規	laws of every maritime nation	302
개념	상례	常例	custom	50
개념	상례	常例	general usage	42
개념	상례	常例	law of nations	43
개념	상례	常例	usage	43
개념	상례	常例	usage and practice	40
개념	상시적인 원칙	常經	in general	229
개념	상원	上房	Senate	98
개념	상원	爵房	House of Lords	142
개념	상원	長老院	senate	246
개념	상위 권력	上權	political superior	56
개념	상위 권력	上權	supreme power	69
개념	상인단체의 국적	以商會得名	in the character of association or factory	286
개념	상제	上帝	Supreme Ruler of the universe	50
개념	상제의 법	上帝之法	law of God	56
개념	상호 교대	互易	alternat	199
개념	상호 동의	互認	presumed or tacit consent	50
개념	상호 승인	相認	recognition	69
개념	상황	時事	circumstances	184
개념	서기관	記室	secretaries	231

구분	한글 번역어	중국어	원어(영어 및 기타 서구어)	쪽
개념	서기관	記室	secretary of legation	229
개념	서리	書吏	notary or public officer	192
개념	서리 사신	署理使臣	chargés daffaires	227
개념	서민들	庶民	citizens	96
개념	서민들	庶民	the people	97
개념	서양	西土	Europe and America	286
개념	선거	選舉	chosen by electors	99
개념	선박세	船費	tonnage duty	100
개념	선비	士人	men of science and letters	295
개념	선원	班內之人	crew	161
개념	선주	船戶	owner	288
개념	섬	擔	talents	272
개념	성리	性理	science of ethics	44
개념	성법	性法	law of nature	56
개념	성법	性法	natural law	34
개념	성사	成事	enforcing	189
개념	성사시킬 능력	能成	personal capacity	190
개념	성세교화	盛世敎化	liberal spirit of the age	302
개념	성직자	教士	ecclesiastic	190
개념	세금	丁稅	taxation	232
개념	세력균형	均勢之法	balance of power	58
개념	세습귀족	世爵	noblemen	190
개념	소송	訟獄	contentious jurisdiction	230
개념	소송	爭訟	civil jurisdiction	231
개념	소송	追討	sue/suit	187
개념	소송	興訟	action	187
개념	소송	興訟	proceeding in case	189
개념	소송 판결문	興訟結案	viis et modis	188

구분	한글 번역어	중국어	원어(영어 및 기타 서구어)	쪽
개념	소송의 형식	興訟之式狀	rule of proceeding	189
개념	소유	所有	possession	369
개념	소유권	主權	original proprietor	306
개념	소재지 관할	所在管轄	lex loci rei sitae,	183
개념	소환	召回	recall	238
개념	속국	藩邦	feudal relation	88
개념	속국	藩屬	vassal state	87
개념	속국	屬國	colony	74
개념	속국	屬國	dependent State	220
개념	속국	屏藩	colony	86
개념	속법	俗法	common law	176
개념	속지	藩屬	province	74
개념	손해를 주지 않고 사용할 수 있다	無損可用	innocent use	213
개념	송사 양식	訟詞式樣	forms of process	183
개념	송유	松油	rosin	344
개념	송환	交還	extradition	177
개념	수색	勒索	impressment	169
개념	순양하는 해군	巡洋之水師	commissioned cruisers	61
개념	시세	時勢	circumstances	246
개념	시행당한 바대로 시행하는 것	所行而行	reciprocity	136
개념	시행하는 바에 따라 시행한다	照行而行	reciprocity	273
개념	신민	民人	subject	43
개념	신분	分位	condition	143
개념	신분	分位	condition	143
개념	신사	紳士	the States-General	365
개념	신성동맹국	聖盟	Holy Alliance	374

구분	한글 번역어	중국어	원어(영어 및 기타 서구어)	쪽
개념	신임장	信憑	accredit	223
개념	신임장	信憑	letters of credence	225
개념	실제 법의	國法實義	actual constitution	367
개념	실행	成就	execution	150
개념	심판	審斷	adjudications	63
개념	아직 동의하지는 않았지만	未許	presumed consent	45
개념	안전통행증	護身票	safe-conduct	316
개념	암묵적 허락	默許	permission implied	236
개념	암묵적으로 동의	默許	necessary implication	188
개념	암묵적으로 동의	默許	tacit consent	40
개념	암묵적으로 인정	默認	recognize	53
개념	압수	捕拿	reprisal	264
개념	야만국	蠻貊	savage	55
개념	야만적	野蠻	barbarous	139
개념	양식	式樣	form	148
개념	양안	兩涯	either side of the Atlantic	171
개념	양지	良知	right reason	34
개념	억울한 일	委屈	injuries	264
개념	억울함을 풀 수 있는	伸冤	redress	263
개념	여권	過路票	passport	316
개념	여러 종류의 인민	人民	nation and people	67
개념	역사	史鑒	history	53
개념	연방	上國	the Union	98
개념	연방 대법원	上法院	Supreme Court	71
개념	연방 합일	衆邦合一	United states	97
개념	연방국가	衆盟邦	confederation	96
개념	연방국가	衆盟之邦	confederated states	95

구분	한글 번역어	중국어	원어(영어 및 기타 서구어)	쪽
개념	연방법	合邦律法	the Constitution and laws of the Union	99
개념	연방의회	總會	Congress	98
개념	연방정부	上國	federal head	367
개념	연합	相合	union	91
개념	연합	相合	united	92
개념	연합국의 백성	合兵之民	allied subjects	280
개념	연해 근처	沿海近處	Maritime Territory	207
개념	영구 통합	會盟永合	federal union	95
개념	영국의 건국대법	建國大法	great foundation of the law of England, Magna Charta	273
개념	영국의 기본법	英國大綱	fundamental laws of Great Britain	112
개념	영사급 관리	領事等官	consuls and other commercial agents	173
개념	영욕의 관례	榮辱之例	the laws of honor	56
개념	영토	疆土	possession	113
개념	영토	地	territory	80
개념	영토	土地	domain	166
개념	영토 할양	讓地	cession of territory	312
개념	예배	禮拜	religious worship	236
개념	예시	預示	proclamation	350
개념	예외적인 대우	曠典	exemption	229
개념	예우	禮款	ceremonial distinctions	196
개념	예의	禮儀	etiquette	228
개념	예절	禮款	etiquette	228
개념	오랑캐	蠻夷	savage	67
개념	오랑캐	夷狄	savage nations	293
개념	온 세상에 통용되는 법	遍世通行之法	universal law of nations	55
개념	올바른 이치	正理	true principle	55

구분	한글 번역어	중국어	원어(영어 및 기타 서구어)	쪽
개념	완전 중립	全局外	1st, natural, or perfect neutrality	322
개념	완전한 강제배상	渾強償	general reprisal	265
개념	완전한 전쟁	全戰	perfect war	268
개념	왕례	王禮	royal honors	196
개념	왕법	王法	positive law	33
개념	외공법	外公法	external public law	52
개념	외공법	外公法	external public law, droit public externe	69
개념	외무대신	部臣	the minister of foreign affairs	223
개념	외적인 권력	外權	external sanctions	109
개념	요청	討索	demand	177
개념	우리 문화	吾儕之化	civilization	57
개념	원래의 권리	原權	primitive or absolute rights	105
개념	원류	源流	sources	59
개념	원칙	經	general rule	123
개념	원칙	經	generally	278
개념	원칙	經	rule	112
개념	원한 맺힌 만큼 보복하거나	以怨報怨	vindictive retaliation; [라] retorsio facti	264
개념	위탁 받은 사람	所託之人	assignee	146
개념	윗자리	首位	precedency	197
개념	유언	遺囑	testament	132
개념	유언이 없지만	無遺囑	from the intestate; [라] ab intestato	132
개념	유죄	擬罪	conviction	180
개념	융성	教化興隆	civilized	291
개념	의	義	equity	137
개념	의무	分	be bound to	177
개념	의지	情願	will	50
개념	의회	議事部院	Chambers	364

구분	한글 번역어	중국어	원어(영어 및 기타 서구어)	쪽
개념	이로움	利	principle of utility	37
개념	이법	理法	law of nature	292
개념	이법	理法	natural law	45
개념	이사부원	理事部院	executive council	241
개념	이주	遷居	colonization	206
개념	이치	理	general principles	40
개념	이치	理	reason	42
개념	이치	理	reasonable nature	34
개념	이치	情理	reasonableness	61
개념	이치 상의 마땅함	情理之當然	natural reason	56
개념	이혼	出妻離夫	divorce	144
개념	인간의 성법	人心之性法	Natural Law	36
개념	인민	民	nation	67
개념	인민	民	subjects and citizens	68
개념	인민	人民	civil	143
개념	인민	人民	individual	51
개념	인신 매매	販賣人口	slave trade	182
개념	인심의 정리	人心情理	principles of reason	60
개념	인의	仁義	humanity	117
개념	인장	加印	seal	192
개념	인지	已知	knowledge	350
개념	일반 관례	大例	general principles	303
개념	일반 관례	大例	principles	162
개념	일반 원칙	大綱	general principle	134
개념	일반 원칙	大綱	general rule	125
개념	일반원칙	大綱	great principle	318
개념	일반적인 규정	常規	constant and uniform usage	190
개념	일상적인 조약	常約	treaties	249

구분	한글 번역어	중국어	원어(영어 및 기타 서구어)	쪽
개념	임기응변	權	exceptions	123
개념	임기응변	權	specially	278
개념	임기응변	變通達權	discretion	226
개념	임기응변	從權	exception	229
개념	임기응변	從權	exception to general principles	112
개념	임기응변	從權	making exceptions	61
개념	임시거주자	暫住之人民	temporary resident; [불] sujet passager	133
개념	입법회	制法之會	legislature	93
개념	입적	入籍	naturalization	144
개념	자기 교인	己之教友	Greek communion	220
개념	자연	自然	necessary	48
개념	자연권	自然之權	absolute international rights	103
개념	자연권	自然之權	rights of men in general	52
개념	자연법	自然之法	necessary law of nations	48
개념	자연스러운 이치	自然之理	natural principle	341
개념	자연의 의법	天然之義法	principles of justice	33
개념	자원	財源	resources	108
개념	자위권	自護之權	right of self-preservation	105
개념	자위권	自護之權	self-protection	52
개념	자주국	自主之國	sovereign state	47
개념	자주권	自主之權	right of independence	105
개념	자주의 축복	自主之福	blessings of liberty	97
개념	작성	寫明	writing	192
개념	작성되고 실행된	所寫所成	have been made or the acts executed	133
개념	장교	官弁	officer	294
개념	재물	貨物	property	286
개념	재산	產業	property	132

구분	한글 번역어	중국어	원어(영어 및 기타 서구어)	쪽
개념	재산권	掌物之權	proprietary rights	204
개념	재산권	掌物之權	rights of property	204
개념	재화	貨	property	80
개념	적산	敵貨	enemys property	74
개념	적을 해할	害敵	engage in hostilities	301
개념	전권	全權	full power	225
개념	전권	專權	exclusive and absolute jurisdiction	152
개념	전권	專權	Exclusive power	132
개념	전권	專權	exclusive right	209
개념	전리법원	戰利法院	prize court	185
개념	전리법원	戰利法院	prize tribunals	61
개념	전리법원	戰利法院	the English High Court of Admiralty	332
개념	전리품	戰利	prize	63
개념	전매권리	專賣之利	exclusive right	98
개념	전유	專主	jurisdiction and right of property	209
개념	전유	專主	sovereignty	209
개념	전유	專主	supremacy	209
개념	전유 관할	專管	dominion	202
개념	전유 관할	專管	jurisdiction	168
개념	전유 관할	專管	supremacy	202
개념	전쟁 결정	定戰	making war	267
개념	전쟁권	交戰之權	rights of war	73
개념	전쟁권	交戰之權利	rights of war	269
개념	전쟁권	戰權	right of war	105
개념	전쟁허가증	戰牌	commission	302
개념	전적으로 관장하는 권리	專掌之權	exclusive right	205
개념	전체 물권	全物之權	exclusive right of the property	146

구분	한글 번역어	중국어	원어(영어 및 기타 서구어)	쪽
개념	전투로 강하게 저항	戰爭強禦	fight and make resistance	358
개념	전표	錢票	bills of credit	100
개념	전표	錢票	bills of exchange	281
개념	전함	戰船	belligerent cruisers	330
개념	점령	據	conquer	369
개념	접견	延見	audience	227
개념	접견	接待	receive	155
개념	정리	情理	reason	42
개념	정리	情理	rules	38
개념	정의대신	正義大臣	Minister of Justice	178
개념	정전조약	停兵之約	conventions of truce	314
개념	정전조약	停兵之約	truce or armistice	312
개념	정탐 조사	窺探稽察	visitation and search	167
개념	제4등급 사신	第四等使臣	chargés daffaires	224
개념	제한적인 전쟁	限戰	imperfect war	268
개념	제후국	諸侯國	inferior princes	197
개념	조공국	進貢之國	tributary states	88
개념	조규	條規	rules	39
개념	조례	條例	common law	45
개념	조사	稽查	visitation and search	338
개념	조선소	船廠	dock-yard	98
개념	조약	立約	compact	95
개념	조약	盟約	treaties; treaty	42, 99
개념	조약	約據	compact	242
개념	조약	約據	treaty	100
개념	조약	條約	convention	243
개념	조약 결정의 권리	定約之權	treaty-making power	246
개념	조약 장정	盟約章程	compact	50

구분	한글 번역어	중국어	원어(영어 및 기타 서구어)	쪽
개념	조약 협상	商議立約	negotiation and treaties	241
개념	조약조항	條款	treaty	152
개념	조인	畫押	signature	370
개념	조항	條款	articles	251
개념	존비	尊卑	rank	196
개념	존엄 불가침성	尊爵而不可犯	sacred and inviolable character	41
개념	종교	教化	religious faith	57
개념	주	邦	Canton	76
개념	주	邦	state	97
개념	주	省	Province	75
개념	주 의회	邦會	state legislature	99
개념	주권	主權	sovereignty	69
개념	주인을 바꿀	易主	transfer of property	185
개념	주재	主持公論	negotiation	260
개념	중개 보호	中保	protection	220
개념	중립	局外	neutrality	73
개념	중립	中立	intermediate	322
개념	중립국	局外者	neutral	63
개념	중립국의 항해권	局外者航海之權	rights of neutral navigation	42
개념	중세시대	中古時	Middle Age	88
개념	중재	居間管理	intervention	124
개념	중재 보증	中保	mediation	259
개념	중재관리	居間管理	mediation	126
개념	중재논의	中議	interference	120
개념	증거	傳證	evidence	151
개념	증거자료	證據	formalities	192
개념	증명서	憑照	commission	180
개념	증명서	憑照	license	317

구분	한글 번역어	중국어	원어(영어 및 기타 서구어)	쪽
개념	증명서	照	license	317
개념	증빙자료	傳證	evidence and prescription	183
개념	증서	文憑	document	316
개념	증표	牌票	passport	226
개념	지방	省部	province or colony	76
개념	지방 법률	地方律法	law of state	134
개념	지방 법률	地方律法	laws of a country	137
개념	지방 법률	地方律法	municipal laws of the State	143
개념	지방관할에 귀속시키지 않는다.	不歸地方管轄	immunity	154
개념	지방관회의	紳會	Communal Assemblies and Council of the Waiwodes	94
개념	지위 품계의 고하	人品之鄭重	character	61
개념	지위서열	位次	precedence	197
개념	지적장애	癡呆	idiocy	143
개념	진정한 군주	眞主	lawful sovereign	80
개념	징세법원	徵稅法院	revenue court	185
개념	참의부	參議部	Council of Administration	94
개념	채권자	債主	creditor	146
개념	채권자의 청구권	債主討索之權	right of the original creditor to sue for the recovery of the debt	276
개념	책임	責任	obligation	148
개념	천거	公擧	appoint	99
개념	천리	天理	divine law	56
개념	천리 자연의 의	天理自然之義	general principles	40
개념	천리의 자연	天理之自然	principles of natural justice	36
개념	천법	天法	law of god or Divine law	35
개념	천성	天性	natural law	34
개념	천주교	天主教	Catholic	110

구분	한글 번역어	중국어	원어(영어 및 기타 서구어)	쪽
개념	천지의 정의	天經地義	moral order of the universe	53
개념	천하의 공익	天下之公好	general happiness of mankind	38
개념	천하의 공익	天下之公好	public opinion	53
개념	청구	討	title	303
개념	체포 심문할 수 없는 관례	不可拿問之例	inviolability	231
개념	총독	總督	Governor-General	94
개념	총리각국사무상서	總理各國事務尙書	Department of State	172
개념	총회	總會	federal body	95
개념	최상위법	無上之法	supreme law	98
개념	추궁	追討	enforce	149
개념	추밀원	君合議部	king in council	128
개념	치국 최상위 권력	治國上權	the Executive	179
개념	치외법권	置權外	exemption	231
개념	치외법권	置權外	immunity	229
개념	통	桶	hogshead	288
개념	토지	土地	territory	204
개념	토지	土地	domain	205
개념	토지 경계	地土疆界	definite territory	67
개념	통령	統領	legislative	32
개념	통례	通例	common law	45
개념	통사	通使	embassies	43
개념	통상	通商	commerce	43
개념	통상 장정	通商章程	treaties of commerce	60
개념	통일국가	統一之國	united kingdom	93
개념	통제	制	affect, bind, or regulate	134
개념	통치	理治	administration	93
개념	통합동맹	合盟	act of union	96

구분	한글 번역어	중국어	원어(영어 및 기타 서구어)	쪽
개념	통합동맹	合盟	compositive state	96
개념	통합동맹	合盟	the Constitution	97
개념	통합동맹국가	合盟之國	[독] Bundesstaat	101
개념	통행면허증	准行照	license	317
개념	퇴임	卸任	termination	237
개념	특별 강제배상	特強償	special reprisal	265
개념	특별 조약	特條明許	positive compact	196
개념	특별 허가	特准	particular license	156
개념	특별한 언급	特言	special compact	177
개념	특별협약	盟約特言	positive regulation or international compact	198
개념	특약	特論	special treaties	177
개념	파산	虧空	bankruptcy; bankrupt	98
개념	파산	虧欠	bankruptcy	143
개념	판결	斷案	decision in case	189
개념	판결의 법률	斷案之律法	rule of decision	189
개념	판사	臬司	Judge	332
개념	판정	定擬	criminal sentence	179
개념	패잔병	散兵	irregular band	301
개념	패잔병들	亂兵	stragglers	298
개념	평등	平行	equal	83
개념	평등권	平行均權	natural equality	196
개념	평등한 동맹	平行會盟	treaty of equal alliance	95
개념	평화조약	和約	diplomatic transaction	58
개념	평화조약	和約	treaties of peace	64
개념	폐기	廢	invalid	371
개념	포고	出示告知	declaration	350
개념	포괄적인 허가	總准	general permission	156

구분	한글 번역어	중국어	원어(영어 및 기타 서구어)	쪽
개념	프랑스 대법원	上法院	French Court of Cassation	164
개념	프레지던트	伯理璽天德	president	99
개념	피고	被告	defendant	159
개념	하원	紳房	house of commons	128
개념	하원	下房	House of Representatives	98
개념	학문	文學	learned	291
개념	함부로 맺은 조약	擅約, 擅自立約	sponsion	243
개념	합의	公議	convention	32
개념	합의	公議	negotiation	64
개념	합의	公議	resolution	95
개념	합의	公議	the conventional	50
개념	합의	公議	voluntary law of nations	41
개념	합중국	上國	United states	99
개념	합중국	合成之國	compositive State	96
개념	합중국	合成之國	supreme federal government; compositive state	95
개념	합중국	合衆國	United States	174
개념	항구 봉쇄	封港	blockade	73
개념	항구적인 조약	恒約	transitory conventions	248
개념	항해 장정	航海之章程	marine ordinances	62
개념	해군	水師	navy	158
개념	해사법원	司海法院	court of admiralty	61
개념	해사법원	航海法院	court of admiralty	185
개념	해상법의 조례	海法之例	principles of marine law	62
개념	해석	解	definition	322
개념	해석	解說	interpreting	314
개념	해석	解說	interpretation	148
개념	해양의 사안	海案	maritime capture	62

구분	한글 번역어	중국어	원어(영어 및 기타 서구어)	쪽
개념	해적	海盜	piracy	98
개념	해협	狭港	strait	209
개념	행사권	操權	right	105
개념	행사할 수 있는 권리	有權可行	right	72
개념	행적	迹	accidental form	79
개념	행해야 할 본분	有分當爲	duty	72
개념	허가문서	准文	license	153
개념	허가증	領照	permit	278
개념	허가증	牌	commission	180
개념	허가증	牌照	commission	180
개념	헌법	大法	the Constitution	125
개념	협의체	議士	consultative provincial states	94
개념	협의하여 만든 법	同議而設者	positive institution	46
개념	협해	狹海	narrow seas	169
개념	형벌 권리	刑權	Judicial power	180
개념	형법	刑典	criminal laws	143
개념	형법	刑典	sanction	56
개념	형식	式款	form	242
개념	형식	定式	formality	138
개념	호	護	guarantee	253
개념	호위선단에 들어가기	入幫	undertake convoy	361
개념	호의	情	amity	358
개념	혼합전쟁	雜戰	mixed war	269
개념	화물 나포	捕物	embargo	267
개념	화물세	貨稅	duties	232
개념	화주	貨主	owner	288
개념	화폐	通寶	money	98
개념	효력정지	暫置	suspend	128

구분	한글 번역어	중국어	원어(영어 및 기타 서구어)	쪽
개념	훈령	訓條	instruction	226
개념	흠차사신	欽差	High Commissioner	85
개념	힘	用力	forcible means; force	263

구분	한글 번역어	중국어	원어(영어 및 기타 서구어)	쪽
지명	나바리노	那瓦利諾	Navarino	119
지명	나폴리	那不勒斯	Naples	82
지명	노르망디	挪滿	Normandy	296
지명	노르웨이	挪耳瓦	Norway	92
지명	뇌샤텔주	牛邦	Neufchatel	91
지명	대영제국	大英	Great Britain	93
지명	덩케르크	頓及耳客	Dunkirk	107
지명	덴마크	丹國; 丹尼	Denmark	19, 181
지명	독일왕국	日耳曼國	Germanic Empire	86
지명	독일의 대공국	日耳曼諸侯	grand duchies in Germany	196
지명	라인	蓮那	Rhine	367
지명	런던	倫敦	London	87
지명	맘루크	馬每路	Mamelukes	87
지명	모나코	摩納哥	Monaco	86
지명	모레아	木利耶	Morea	119
지명	몰다비아	摩爾達; 馬喇達	Moldavia	86, 220
지명	뭄바이	門買	Bombay	258
지명	미연방	美國之合邦	United states	97
지명	미합중국	美國之合邦	United States of America	71
지명	바르샤바	瓦瑣都城	Warsaw	93
지명	바이에른	巳華里	Bavaria; [독] Bayern	126
지명	바젤	巴細耳城	Basel; [불] Basle	107

구분	한글 번역어	중국어	원어(영어 및 기타 서구어)	쪽
지명	발트해	波羅	Baltic Sea	202
지명	베네치아	威內薩	Lombardo-Venetian kingdom	92
지명	베네치아 공화국	威內塞	Venetian Republic	239
지명	베로나	非羅那	Verona	112
지명	베른	伯爾尼	Berne	124
지명	베스트팔렌	韋似非略; 外似非利	Westphalia; [독]Westfalen	110, 251
지명	베이	費國	Veii	315
지명	보헤미아	波希米	Bohemia	92
지명	브라운슈바이크	本瓦	Braunschweig	82
지명	브란덴부르크	班丁堡	Brandenburg	201
지명	사르데냐	薩爾的尼	Sardinia	86
지명	세르비아	塞爾維	Servia	86
지명	스웨덴	瑞威敦	Sweden	92
지명	스위스연방	瑞士盟邦	Swiss Confederation	92
지명	스위스연방	瑞士合盟之國	the Germanic and Swiss Confederations	196
지명	스켈트	斯加爾達	Scheldt	214
지명	스코틀랜드	蘇格蘭	Scotland	92
지명	아이티	海底	Haiti	284
지명	아일랜드	阿爾蘭	Ireland	93
지명	아프리카	阿非利加	Africa	58
지명	오스만 제국	土爾其; 土耳其	Ottoman	19, 85
지명	올덴부르크 대공국	俄定堡公	Grand Duchy of Oldenburgh	87
지명	왈라키아	襪拉幾; 瓦喇加	Wallachia	86, 220
지명	왕의 방	王房	King's Chambers	208
지명	위낭그	虎凝	[불] Huningue; [독] Huningen	107

구분	한글 번역어	중국어	원어(영어 및 기타 서구어)	쪽
지명	위트레흐트	烏達拉; 烏得喇	Utrecht	107, 251
지명	이오니아 제도	以阿尼諸島	Ionian Islands	85
지명	이오니아 제도 합중국	以阿尼合邦	United States of the Ionian Islands	85
지명	잉글랜드	英吉利	England	93
지명	장강	長江	river Mississippi	330
지명	제네바	日內哇	Geneva	124
지명	조지아주	若耳治	Georgia	89
지명	취리히	蘇黎	Zurich	124
지명	크라쿠프	戈拉告; 革喇高	Cracow	84, 325
지명	탕헤르	丹吉耳	Tangier	258
지명	테베	推拜	Thebans	271
지명	파리	巴勒	Paris	85
지명	폴리차	波里薩	Poljica; [이] Poglizza	86
지명	하노버	亞諾威爾	Hanover	91
지명	헝가리	匈牙里	Hungary	92
지명	헤센	黑西	Hessen	82
지명	회교국	回回國	Mohammedan	58

구분	한글 번역어	중국어	원어(영어 및 기타 서구어)	쪽
인명	그란트	戈蘭得	William Grant	62
인명	그로티우스	虎哥	Hugo Grotius	33
인명	나폴레옹	拿破侖; 拿波良	Napoleon I	83, 298
인명	니콜라이 1세	尼哥勞	Emperor Nicholas	94
인명	라이프니츠	萊本尼子	Gottfried Wilhelm Leibniz	37
인명	러더퍼드	魯氏	Thomas Rutherforth	166

구분	한글 번역어	중국어	원어(영어 및 기타 서구어)	쪽
인명	레네발	來內法	Joseph-Mathias Gérard de Rayneval	55
인명	레오폴드	留波爾多	Prince Leopold of Saxe-Cobourg	75
인명	로버트 필 경	畢耳	Sir Robert Peel	127
인명	매디슨	馬的遜	James Madison	60
인명	매킨토시	麥金托士; 麥金督士	James Mackintosh	119, 299
인명	메를랭	麥爾林	Philippe-Antoine Merlin	235
인명	몽테스키외	孟得斯咎	C. de Montesquieu	54
인명	무함마드 알리	阿里	Muhammad Ali	87
인명	바텔	發得耳	Emmerich de Vattel	44
인명	밸랑	發林	René-Josué Valin	304
인명	베리 공작부인	北里侯之夫人	Duchess of Berry	164
인명	벤담	本唐	Jeremy Bentham	56
인명	볼프	俄拉費	Christian Wolff	44
인명	비크포	越克甫	Abraham de Wicquefort	234
인명	빈커쇼크	賓克舍	Cornelius van Bynkershoek	42
인명	사비니	賽賓尼	Friedrich Karl von Savigny	57
인명	스코트	斯果德; 斯果得	William Scott, 즉 Baron Stowell	40, 267
인명	알렉산더	亞利三德	Alexander	271
인명	알렉산드르 1세	亞勒山德第一	Emperor Alexander	93
인명	에카테리나 여제	加他鄰第二	Empress Catharine II	201
인명	울릭 후버	胡北路	Ulrik Huber; [라] Huberus	43
인명	웹스터	畏卜思達	Daniel Webster	168
인명	윌리엄 1세	韋良	William I	296
인명	윌리엄 마틴	丁韙良	William A. P. Martin	13
인명	쟝 부예	卜熙爾	Jean Bouhier	136
인명	주앙 6세	約翰第六	John VI; [포] João VI	116

구분	한글 번역어	중국어	원어(영어 및 기타 서구어)	쪽
인명	카를 5세	查理第五; 查里第五	Charles V	110, 211
인명	컴벌랜드	根不蘭	Richard Cumberland	37
인명	크롬웰	工衛爾	Oliver Cromwell	198
인명	키케로	得哩	Marcus Tullius Cicero	55
인명	파머스턴 자작	巴麥斯敦侯	Lord Palmerston	129
인명	포티에	破退	Robert Joseph Pothier	340
인명	표트르 1세	彼得第一	Peter the Great	201
인명	푸펜도르프	布番多	Samuel Pufendorf	38
인명	프랭클린	佛藍林	Benjamin Franklin	302
인명	프리드리히 1세	菲哩特第一	Friedrich I	201
인명	헤프터	海付達	August Wilhelm Heffter	51
인명	홉스	霍畢寺	Thomas Hobbes	38

구분	한글 번역어	중국어	원어(영어 및 기타 서구어)	쪽
서명	『법의 정신』	律例精義	De lesprit des lois	54
서명	『평전조규』	平戰條規	The Rights of War and Peace	34
서명	『필리피카이』	論戰	Philippicae	89

구분	한글 번역어	중국어	원어(영어 및 기타 서구어)	쪽
기타	뉴튼호	扭敦	The Newton	162
기타	동인도회사	客商大會	great association of British merchants	66
기타	동인도회사	商會; 印度商會	East India Company	66, 144
기타	동인도회사	通商大會	commercial corporation; British East India Company	267
기타	런던 공사 회의	倫敦公使會	conference of London	375
기타	런던회의	倫敦國使會	ministerial conferences at London	203

구분	한글 번역어	중국어	원어(영어 및 기타 서구어)	쪽
기타	빈 회의	維也納公使會	Congress of Vienna	84
기타	사르데냐 증기선	薩爾的尼火船	Sardinian steam-vessel	164
기타	샐리호	撒力	The Sally	162
기타	엑스라샤펠 회의	沙北爾國使會	Congress of Aix la Chapelle	203
기타	인디언 동맹	苗人會盟	alliance and dependence of the Indian nations	90
기타	인디언민족	紅苗	Indian nations	89
기타	체로키 인디언	奇羅基苗人	Cherokee nation	91
기타	테살리아인	得撒利人	Thessalians	271
기타	파리 조약	巴勒和約	treaty of peace at Paris	199
기타	파샤	巴沙	pasha	87
기타	회교인	回回人	Mohammedan	119

영문 원저자 소개

헨리 휘튼(Henry Weaton, 1785~1848)

미국의 법률가이자 외교관으로, 19세기 중반 서구에서 가장 권위 있는 국제법 저술 가운데 하나인 *Elements of International Law* (1836년 초판. 국내에서는 주로 '국제법 원리' 혹은 '국제법 요소'라는 이름으로 알려짐)의 저자이다.

1785년 영국의 식민지로부터 벗어나 새롭게 건국된 미국 로드아일랜드(Rhode Island)주 프로비던스(Providence)에서 태어났으며, 1802년 자신의 고향 주립대학(현재의 브라운대학교)을 졸업한 이후 나폴레옹 전쟁이 한창이던 1805년 프랑스 푸아티에(Poitiers)와 영국 런던 등지에서 유학하며 영미법은 물론 소위 '나폴레옹 법전'으로 불리는 프랑스 민법전을 연구하였다. 그 뒤로 뉴욕 해양법원 판사(1815~1819), 미국 연방대법원 판례편찬관(reporter of decisions of the Supreme Court of the United States, 1816~1827), 덴마크 주재 대리공사(chargé d'affaires, 1827~1835), 프로이센 베를린 주재 전권공사(1837~1846) 등으로 활약하면서 법조계와 외교의 현장에서 다양한 활동을 펼쳤다.

덴마크 주재 대리공사로 있는 동안 틈틈이 저술한 *Elements of International Law*를 통해 국제법학계에 이름을 날렸지만, 프로이센 주재 전권공사에서 물러나 귀국한 지 2년 뒤인 1848년 갑작스러운 병으로 인해 63세의 나이로 생을 마감하였다.

중문 역자 소개

윌리엄 마틴(William Alexander Parsons Martin, [중] 丁韙良, 1827~1916)

미국 장로회 선교사로서, 중국에서 선교사업을 하는 동안 헨리 휘튼의 *Elements of International Law*(1855년 제6판)를 중국어 『만국공법』(萬國公法, 1864)으로 번역하여 중국과 동아시아 사회에 서구 국제법을 소개한 인물이다.

1827년 미국 인디애나주의 리보니아(Livonia)라는 작은 마을에서 장로회 선교사 집안의 아들로 태어나, 1846년 인디애나주 뉴알바니(New Albany)의 장로회신학대학원에 들어가 신학을 공부한 이후, 1850년 중국 저장(浙江) 닝보(寧波)에 정착하여 본격적인 선교활동을 시작하였다. 그곳에서 선교활동을 위해 익힌 중국어 실력을 바탕으로 미국 영사관에서 통역관으로 일하며 1858년 톈진조약 협상과정에 참여한 바 있으며, 1864년 『만국공법』 번역 이후로는 중국 청 정부의 신임을 얻어 관립 외국어 교육기관인 경사동문관(京師同文館)의 교습(教習)을 거쳐 총교습의 자리에에 올라 1894년까지 25년 동안 재임하면서 중국에서의 서양 학문 교육과 수용과정에 크게 기여하였다. 이후 중국 최초의 근대적 공립 고등교육기관인 경사대학당(京師大學堂, 베이징대학의 전신)의 총교습에 재임하는 등 미국과 중국을 오가며 다양한 저술과 강연 활동을 펼치던 끝에, 1916년 베이징에서 폐렴으로 사망하여 베이징 시즈먼(西直門) 밖 외국인 공동묘지에 묻혔다.

한글 역자 소개

윤영도(尹泳祹)

연세대학교 중어중문학과를 졸업하고 동 대학원 박사 과정을 졸업하였다. 현재 성공회대학교 동아시아연구소 소장 겸 HK교수로 재직 중이다.

논문으로 「국제법과 춘추의 유비(類比)적 사유 연구 — 윌리엄 마틴의 중국 고대 국제법 연구를 중심으로」, 「'권/권리' 개념 절합의 계보학 — 『만국공법』을 중심으로」가 있으며, 저역서로 종보현 저 『홍콩영화 100년사』(공역, 2014), 윤영도 편저 『정동하는 청춘들: 동아시아 청년들의 정동과 문화실천』(2017), 왕후이 저 『근대 중국 사상의 흥기 2』(공역, 2024) 등이 있다.

중국 근현대 사상 및 문화사를 탈식민주의적 관점과 문화연구의 방법론을 통해 재조명하는 작업을 진행하고 있다.